梦思故国
静听箫

我 的 祖 父 周 立 波 （下）

周仰之 著

团结出版社

图书在版编目（ＣＩＰ）数据

　　梦思故国静听萧 / 周仰之著. -- 北京 ： 团结出版
社, 2016.1（2021.8 重印）
　　ISBN 978-7-5126-2606-5

　　Ⅰ. ①梦… Ⅱ. ①周… Ⅲ. ①纪实文学—中国—当代
Ⅳ. ①I267

　　中国版本图书馆 CIP 数据核字(2015) 第 297208 号

出　　版：团结出版社
　　　　　（北京市东城区东皇城根南街 84 号　邮编：100006）
电　　话：（010）65228880　65244790　（出版社）
　　　　　（010）65238766　85113874　65133603（发行部）
　　　　　（010）65133603（邮购）
网　　址：http://www.tjpress.com
E-mail：zb65244790@vip.163.com
　　　　　tjcbsfxb@163.com（发行部邮购）
经　　销：全国新华书店
印　　装：天津盛辉印刷有限公司

开　　本：170mm×240mm　　　　16 开
印　　张：28
字　　数：393 千字
版　　次：2016 年 1 月　　第 1 版
印　　次：2021 年 8 月　　第 2 次印刷

书　　号：978-7-5126-2606-5
定　　价：68.00

前 言
PREFACE

1

2008 年 7 月的加州，天气晴好。一向习惯按部就班工作，不喜欢开晚班的我废寝忘食，狠狠地加了几个晚班，把《人间事都付与流风》（《我的祖父周立波》上部）的最后三章写完。历时二十个月写完了平生第一部书稿，心里真有生育了一个孩子一样的劳累和喜悦。

女儿当时高中毕业，正准备离开家到中部去上大学。老公和我恋恋不舍，百般地要留住和女儿相处的好时光。

7 月底一家三口去南加州游玩，心中有种要送走两个孩子的成就感和揣测不安。刚满十八岁的女儿要放单飞，幼稚的书稿也要送出去，两个宝贝都要离开我的手，去经历我不能掌控的外部世界。

那次去南加州，由女儿开车。小妮子六七个小时一口气开下来，倒也稳稳当当，不慌不忙，反而是我们惊出了好几身冷汗，坐车的比开车的还累。长大的小鸟无论如何都是要飞的，我们能做的只有祝福他们有好的运气。

把女儿送到学校，8 月的盛夏里我回到了中国，家乡湖南，参加祖父周立波诞辰一百周年的纪念活动。祖父祖母同年，亲友们也为祖母芷青举办了一个小小的私人追思会，纪念她老人家一百周年诞辰。

在那个家宴上，我忍不住热泪滚滚，哭了好久好久……

祖母芷青总是让人流下眼泪。她1985年过世时我刚刚结婚不久，丈夫当时在北京读研究生，听到消息后他日夜兼程赶回家来参加老人家的葬礼，在葬礼上他这个孙女婿放声大哭，不可遏止。

我的母亲大人是芷青的媳妇，20世纪90年代我们都在国外，她一人尽心尽意把婆婆的墓地做好，还把我外公外婆舅舅的墓也迁到一起，说是要让他们四个人在一起打牌。那年我们回家探亲，妈妈带领我们去扫墓，买下大盘的鞭炮大叠的钱纸，在响彻山谷长久不息的炮竹声中，我妈妈一边烧着纸钱一边涕泪交流地痛哭，难以止息。

几个月前我弟弟牧之接受《光明日报》的采访，记者看过我的书，和他谈起来，据他自己事后说："控制得不好，哭起来了，挺丢脸的。"

过世了二三十年还能得到后人这许多眼泪的老人家是有德的，也是有福的。但我还是诚心地期望人世间少些眼泪多些欢笑，少些纷乱多些理智，少些遗憾多些幸福。

2

2008年送走女儿，回了趟家乡，老公和我又去日本玩了几天。了却心事，少了负担，静静地面对自我，突然发现我们两人都是喜欢城市生活的。

住在小小的房子里，步行就可以去图书馆博物馆电影院戏院，吃好吃的小馆子，看美丽的小店，交有趣的朋友。简简单单，丰丰富富就是我们下半辈子要过的生活。

为了这个理想，我们在金融风暴的压力下"顶风作案"，搬出住了好多年的大房子，告别郊区生活，在城市的中心安置了一个美丽小巧的家。大刀阔斧地处理旧物，精心细意地装饰新家。女儿的外飞带给我们伤感也带给我们改变，我们第一次可以自由地按照自己的意愿安排生活，这也是人生一乐。

经过两次修改后，《人间事都付与流风》由团结出版社出版了，初出茅庐的文字得到那么多人的爱护，我心存感激，虽然好多的夸赞让我受之有愧，但真心书写收获的知音知己更让我心满意足。

没有忘记要写小说的愿望，我接连又写下了《高城望断》《东边日出，西边雨》两部中篇小说。

春去秋来，岁月匆匆，两年多过去了。按顾骧叔叔的话说："玩也玩够了，该收收心做正事了。"我终于决定再次坐下来，回望过去，写《我的祖父周立波》的下部。

写作是好事，可以梳理思路，洗涤灵魂。用中文写作是美事，几千年来既入世又出世的中国知识分子洞察人情世故，发展出的一套冷静的思考方法，简洁的叙述方式，是我们宝贵的财产，我能浅尝妙处，玩味其中，沉迷不可自拔。

写1949年到1985年这段历史和生活在其中的长辈家人是难事，其纷乱，其险峻，其不可解，其难叙说，让人望而生畏，久久不愿意触摸。但既然开了头，就把故事讲下去。

今天是个阳光灿烂的好日子，就挑这个日子开笔吧。

2010 年 12 月 1 日于上海

目 录
CONTENTS

1   第一章   解放了的中国之一

6   第二章   解放了的中国之二

15   第三章   盛名之下的困惑

22   第四章   怂人老爸之一

31   第五章   怂人老爸之二

40   第六章   沉舟侧畔千帆过

48   第七章   困难，但是有趣味

55   第八章   有点阳光就灿烂

66   第九章   早上八九点钟的太阳之一

72   第十章   早上八九点钟的太阳之二

78   第十一章   山那边的人家

88   第十二章   云淡风清的好时光

100   第十三章   山乡巨变

110   第十四章   芳草无情，更在斜阳外之一

118   第十五章   芳草无情，更在斜阳外之二

132　第十六章　敢教日月换新天之一

139　第十七章　敢教日月换新天之二

148　第十八章　生于忧患

157　第十九章　玉兰花开处之一

167　第二十章　玉兰花开处之二

182　第二十一章　春去春来，花谢花开

194　第二十二章　山雨欲来风满楼之一

208　第二十三章　山雨欲来风满楼之二

222　第二十四章　烈焰升腾沸水翻卷，水火再无情之一

234　第二十五章　烈焰升腾沸水翻卷，水火再无情之二

248　第二十六章　烈焰升腾沸水翻卷，水火再无情之三

258　第二十七章　烈焰升腾沸水翻卷，水火再无情之四

267　第二十八章　烈焰升腾沸水翻卷，水火再无情之五

281　第二十九章　家破船沉任逍遥

294　第三十章　屋漏偏逢连夜雨之一

307　第三十一章　屋漏偏逢连夜雨之二

318　第三十二章　江头未是风波恶，别有人间行路难之一

330　第三十三章　江头未是风波恶，别有人间行路难之二

341   第三十四章   悲欢离合总无情之一

353   第三十五章   悲欢离合总无情之二

363   第三十六章   病来如山倒，病去如抽丝

374   第三十七章   迟迟钟鼓初长夜，耿耿星河欲曙天

385   第三十八章   晴空一鹤排云上

396   第三十九章   无边落木萧萧下

410   第四十章   不尽长江滚滚来

422   后   记

第一章
解放了的中国之一

1

1949 年 10 月新中国成立，这一年立波和芷青都是四十二岁。

这是改变了中国和每一个中国人命运的一年，很多人为这一翻天覆地的变化拼着性命奋斗了二十多年，很多人在巨变到来前或迟或早地看到变化的必然性，欢天喜地地迎接新时代的到来。也有很多人被这变化引起的滔天大浪打得晕头转向，进退失据，不知所措。

这样的巨变值得看仔细一点，在把故事往下讲之前，让我们来回放一下巨变前后的人和事吧。

1945 年抗日战争胜利后，为了避免内战的爆发，国民党、共产党和美军三方成立了军事调处执行部。立波被调去军事调处执行部担任共产党一方的英文翻译，先后在汉口、北平、赤峰工作，同时开始报告文学《南下记》的写作。

军事调处失败，谈判也没有谈成功，国共之间的战争在东北开打了。在这历史的转折时期，立波一刻不停地进行他的写作，1946 年 7 月完成了《南下记》十四篇写作，8 月 1 日《南下记》在赤峰第一次出版，10 月他就到了东北参加土改。

1947 年立波一边在乡下参加土改，一边在哈尔滨编辑《松江农民报》，一边开始写作有关土改的长篇小说《暴风骤雨》。当年的 12 月底，哈尔滨的《东北日报》开始连载《暴风骤雨》。

1948年2月报告文学集《南下记》由哈尔滨光华书店再次出版，4月《暴风骤雨》上卷由东北书店出版。5月，《暴风骤雨》上卷的第一次讨论会召开，同行们对这本书评价很高。立波一边写作《暴风骤雨》下卷一边担任一家文学杂志的主编。这年的12月《暴风骤雨》下卷完成。

1949年1月哈尔滨光华书店出版了立波的一本文学论文集，5月《暴风骤雨》下卷由东北书店出版。《暴风骤雨》作为东北地区的优秀作品被推荐给了将要在北平召开的新中国第一次文代会。

立波并不是文坛新手，但《暴风骤雨》是他的第一部长篇小说，也是第一部引起极大反响的著作。作为多年从事文字工作者的他也终于找到了小说这种他特别擅长的文学表现体裁。立波原来主要做的都是记者、编辑的工作，从那以后虽然还担任过一些主编之类的职位，但开始把主要精力都放在小说写作上了，而且以长篇小说为主，同时穿插短篇小说以及其他体裁文章的写作。

立波在写作上的长处和有利条件在这个时间段里也被发挥得淋漓尽致。

第一，立波是个视野比较开阔也有生活趣味的人，他能够把握大的变局，观察在这个变局中发生的人和事，并把这些用小说的形式表现出来，还让人有阅读的愉快。

第二，立波按美国人的话说是个有 Vision 的人，知道自己要什么，同时他还是个非常努力的人。

成就一个好的艺术家我认为有两点缺一不可。一个是要弱，要弱到能忘我地放开自我感知别人；第二个要强，要强到能够不受外界影响地把自己的所知所感表现出来。这强和弱要同时在一个人身上出现当然是非常小的概率，通常只有顶级艺术家才能兼具。

常常有一些艺术家，他们要么像本色演员一样顽强地表现自我不受外部世界的干扰，要么优柔多感但需要外界的扶植支持。后者如果有一个强有力的伙伴和团队支撑，环境也合适的情况下可以散发出迷人的光芒，有利的环境一旦消失就有可能令人遗憾地凋谢了。这两类艺术家都为我们带来绚丽多彩的艺术享受，而带给我们高尚的情怀，让我们能够超越时代永记在心的当然是顶级的艺术家们了。

第三，立波对当时的时代巨变深入其中。作为一个文学家来说这点既有利又不利。

比方我弟弟周牧之是个经济学家，对我这个外行人来说，他的经济论著比较好看是因为他一直和各个国家经济界的决策人物都相交深厚，对他们的思虑得失知之甚详，他的思想和理论也或多或少地影响过重大的经济决策，写的书才有的放矢，比纯粹纸上谈兵的经济学论著好看得多。

周牧之的另一个有利条件是他虽然研究中国经济，但处在体制之外，加上游历各国眼光开阔，看问题才客观理性。这些好条件都是当年我们的祖父立波所不具备的，这一点是立波本人的遗憾，也是他所处的那个时代的遗憾。

第四，新中国的好日子也是立波的好日子。那几年立波的写作之多，书的出版之快对他来说是前所未有的。这种速度他后来再也没有达到过了，他的写作在不久的未来将会遭遇困境，难怪到了老年他还不停地怀念在东

刚到北京时的立波

北的日子，发出"要是不离开东北就好了"的感慨。

一心只对写作感兴趣的立波当然没有留在东北，1949 年 9 月他奉调到了北平，在中央文化部编审处工作。一个月后中华人民共和国成立，北平改名为北京。

新中国成立后，周扬担任中宣部副部长和文化部副部长，领导中国文化艺术界十七年，人称中国的"文化沙皇"。

2

再说芷青这方面。

抗战胜利后芷青带着婆婆孩子回到了益阳，还没有忘记自己是民选的妇女会理事长，想恢复战前妇女会的工作。无奈房子已经被三青团占去了，不许妇女会挂牌子，还闹了一场纠纷。

1946 年春天，芷青被扣以"妇女界的败类"之名登报开除出了妇女会，结束了她的公共服务工作。当时国民党和共产党在东北已经打起来了，国民党政府对社会的控制愈加严厉而没有理性。

芷青这个一心只想帮助旧式妇女，让她们能够从家庭走向社会，运用自己的劳动，发挥自己的技能过上独立自主生活，既受到上层知识妇女的追捧又受到没有出路的可怜女人们的喜爱的妇女领袖就这样结束了她的"公共服务"工作。

当时的妇女领袖很多都是有权人士的太太，比方县妇女会长就是县长的太太，理事长才是民选的。好像有个好丈夫才能当妇女领袖似的，也显示出这职务的无关紧要，买一送一地送给夫人们做礼物。

当然没有有势力的丈夫做靠山的妇女领袖们也就透着点没有人撑腰的脆弱。比方没有丈夫罩的单亲妈妈芷青就算是妇女们喜欢也没法子继续干下去，接任她的人就是另一位官员的夫人。夫人们一般很难做到设身处地为一般的女人着想，最多办点善事接济接济她们，只有自己挣扎出来的芷青才知道解决问题的根本是要在经济上独立。

　　当年芷青的另一个弱点是她是个实干家，闷头干活，不显山不露水，也不会讲什么大道理。

　　1946年秋天，芷青开始在县立职业学校和县立中学担任女生指导。她带着两个孩子住在益阳县城，婆婆有时也租下房子住在他们附近。微薄的工资不够开销，她就接些私人的衣服做。

　　芷青是家政系缝纫科毕业的学生，绣花做衣服受过职业训练，在这方面也有天赋，衣服做得又快又好。在妇女会的缝纫工厂里，她曾经是最好的裁缝师傅，要以此赚钱没有问题。但是那年头做裁缝是招人看不起的，被人知道了要影响学校的声誉，搞不好都有可能丢掉教职，所以芷青的裁缝工作要避着人。

　　尽管能干的芷青想尽办法维持，但家庭的经济还是经不起任何的风吹雨打。雷姑爷突然去世，芷青陪着小姑子到长沙办丧事花了些钱，就让她负债了好久才还清。路易每个学期的学费也时不时地让芷青背上债务，好在她的人缘好，还有些地方可以借得到钱，在学校也可以预支工资，这才让她勉强度日。

　　芷青的好人缘还在1947年救了她一命，邓姓农民被杀的那一次如果没有当时担任保安大队长的何金彪阻挡，她就没有命了。平日里就算是小心谨慎也免不了提心吊胆。

　　1949年8月3日，益阳和平解放。芷青很快就知道了舅舅和丈夫的下落，一个已经战死在长征路上，一个还在人间，真是叫人伤感又期盼啊。

　　芷青应该有着劫后余生、苦尽甘来的感觉。

第二章
解放了的中国之二

1

《人间事都付与流风》出版后送给舅舅徐叔华，据说他老人家看得一晚上都没有睡，一直兴奋地对舅妈说："我们家又出了个作家了，又出了个作家了！"舅妈嘲笑他："是周家又出了个作家了，与你无关。"

我听到这笑话忙说："我一多半是徐家的，我也是徐家的人。"

这是笑话也是真话。中国人挺有意思的，是父系社会没有错，但小孩都和外婆家亲，受外家影响深厚。中国的很多老话就能说明这种习俗，比方"娘亲舅舅大"，再比方"宁要讨饭的娘，不要当官的爹"什么的。小孩子多半跟母系的亲友走得更近，也从母系亲友中受到很多影响。

我母系的徐家是非常典型的中国传统知识分子家庭，崇尚读书，家族观念强，亲戚间互相帮助，讲情讲义。对政治也不是完全不问，但离得比较远，多少有点孤芳自赏的傲气。

我们从小就和徐家亲友的关系密切，也许真的是更像徐家人，朋友们看了我的书打趣我是红色后代的时候，我还真的有些环顾左右，疑疑惑惑地想："这说的是我吗？"

说起来，周家和徐家的不同体现在我身上的矛盾，要在今天看来还真的不算什么，相比起来，我女儿他们在中西方文化的异同里左右逢源或苦苦挣扎就要刺激得多。但在时代发生巨大变化时就不一样了，周家和徐家的这些小小的差异所带来的命运感还真的很强，不由得让我想要看仔细些。看过之后忍不住一声叹息，唉，做中国人难，做乱世里的中国人更难。

我的外祖父徐幼圃，原籍安徽，祖上出过进士，也做过生意。但徐家重视读书，轻视做生意，不但把祖传的生意轻易让给了管理人员，自家的子弟不再从事商业活动，还留下了徐家女儿不许嫁作商人妇的家训，弄得徐家女儿一旦和商家子弟产生了爱情还得经过一番家庭斗争才能如愿。

因为祖上到湖南做官而迁居湖南的徐家有弟兄五个，我的外祖父在家排行老五，是最小的弟弟，却是五个兄弟中最有才华也最有能力的，人称徐老五。他写得一笔好字，做得一手好文章，诗词歌赋也都出手不凡，是个旧学底子深厚的人。

他所处的年代已经废除了科举，但官场上还是敬重有文化的人。家无恒产又不做生意的徐家兄弟们多半都选择在邮局财务税务等比较需要文化的政府部门工作，也就是现在所称的公务员。

当时这些工作被称作金饭碗，在社会上受人尊敬，薪水也不错。只要是不打仗的和平环境，他们的生活还是可以过得很有情趣的。除了一般的生活用度外，他们对买地买房置家业兴趣不大，钱财主要都用在培养子弟念书上了。

徐老五在湖南省省政府的财政厅当过秘书，也在桃园县当过税务局长。在那个贪渎成风的时代，这种职位光听听就知道是很有油水的。但连生意和生意人都不愿意接近的徐老五当然不屑于贪污纳贿，据说人家带了土特产来访的话，他连门都不让进，直接就把人堵在门口了，伸手就打笑脸人，一点面子也不给。

不贪污纳贿的官在任何时代都是好官，会受到上司器重的，但据说徐

文质彬彬的徐幼圃是个传统的中国知识分子，他是家中五个兄弟中的第五个，人称徐老五。

徐老五和他的朋友们。如今的文艺女青年很欣赏民国时期的男人，觉得他们虽然身处乱世但依然能够保持儒雅的气度，内敛不张扬，衣着也大方得体，我很同意她们的观点。

老五除了有极其清廉的为官之道还伴随着极坏的脾气，眼里揉不进沙子，也绝受不了任何委曲。

他这么一个小小的官，手里只有一枚私人印章也威风凛凛，时不时地和上司起冲突，拍桌打椅之后就可以揣着印章回家，宣称辞官不干了。碰上气量大的上司会到家里来看看他，劝他回去。若是碰到不吃这一套的上级，那要养活一大家子人的他就得失业一阵子了。

据说他税务局长的官是这样丢掉的：徐老五在桃源当官，自觉一片公心可昭日月星辰，但上面还是派来了督察检查他的工作。上级告诉他，这是每个机关都要走的过场，并不是针对他，派过来的督察也是熟人，对他说这是例行公事，他是没有问题的。但徐老五仍然觉得这是对他不信任的表现，就愤然辞了职，以致失业了很久。

有这般性格的人在社会上受人敬重朋友多没有错，但升官发财就和他不沾边了。

抗战结束后徐老五回到了长沙，在国民党的省政府财政厅工作。他脾气硬很有风骨，但处世谨慎小心不出格，听说亲友中的年轻一辈有人是共产党，他悄声告诉儿女们不要接近这些人。

徐叔华是他的侄儿，父亲过世后寄住在他家念书，从高中一年级开始思想"左倾"，参加新民歌运动，后来更没日没夜地参加了长沙轰轰烈烈的学生运动。徐老五急得不得了，和侄儿谈了又谈，苦口婆心地劝其好好读书，不要参加危险的学生运动。

十七八岁的侄儿表面上沉默以对，背地里该干什么就干什么，还把包括我母亲在内的当时还拖着鼻涕的弟妹们都带上，关起门来唱《一根竹竿容易弯》《小蚂蚁》《古怪歌》等讽刺时局的歌曲，一点也没有把长辈们的急和怕放在心上。

其实长辈们的急和怕并非没有根据，高中生徐叔华原来很好的数理成绩一落千丈不算，当时的军警宪兵都可以开着车子在街上随便抓人，学生运动领袖被抓被杀的都有。国民党退到台湾之后检讨丢失大陆的原因时，还有人说是因为当时不够狠，杀人不够多之故，所以当初为数不少的"左倾"学生们处境还是蛮危险的。

这么老实、洁身自好只想谨慎过日子的旧式知识分子徐老五，在新中国成立前夕惊慌失措，不知要怎样躲过又一次的兵荒马乱。他眼睛高度近视，肩不能挑手不能提，家里最大的三个孩子和最小的幼子加上年轻的如夫人都在抗日战争中相继死去，剩下的五个小孩中最大的还只是个高中生，不识字的太太加上两个寡嫂，还有一个没有生活能力的哥哥，一共十个人都靠他的工资养活。

他怕飞机，怕枪炮，怕乱纷纷买不到米，也怕机关关门没有了薪水一大家人会挨饿……思来想去他觉得留在即将兵临城下的长沙还是太危险，不如躲到乡下去。当时湖南的军政高层人士正和共产党秘密商议，希望政权的转移能够和平过渡，使在对日战争中饱经战火的湖南免去再一次的兵灾，但作为省政府中级官员的徐老五对这些一无所知。

　　恰好这时一位老朋友来访，听到他的为难处就慷慨表示可以住到他家去。他说他家房子大田地多，要养活徐家这一大家子不成问题。这个朋友姓罗，家住桃源县城附近的罗家湾，所以徐老五把长沙的大件家什卖的卖送的送，雇了一条船，带着家小细软在长沙解放前夕回到了他曾经短暂担任过税务局局长的桃源。

　　这个由饱读诗书但毫无政治头脑的徐老五和他的罗姓友人所做的决定事后看起来是极端错误的，这个错误也导致了外祖父晚年的不幸和早逝。

　　第一，长沙后来并没有经历战乱而是和平解放的，是继北平以后的第二个和平解放的城市。徐老五当时如果不离开长沙，一家人的生活将会平稳过渡到新的社会，照当时的政策，他的工作也会按留用人员保留下来。

　　第二，慷慨的罗姓友人毫无疑问是位不小的地主，在随之而来的土地改革中将失去所有的土地和财产，连自保都做不到，如何能照应到朋友？所以徐家大小很快就搬离了罗家，完全没有生活来源，只能在桃源县城里靠变卖从长沙带来的一点细软过日子。

　　从来看不起生意人的徐老五这时还做了一次失败的商业尝试，把家里的衣物变卖后开了个豆腐店，试图向桃源人民介绍安徽香干。但也许是桃源人固执地只吃湖南风味的香干，又或者在乱纷纷的战时大家什么香干都顾不上吃，再或者几代都没有从商经验的徐家老小根本就摸不到市场开发的门道。

　　总之花了不少钱财，动员了全家老小日夜苦干所做出来的香干豆腐乳等商品并没有得到市场的青睐，只好自产自销自家吃，没有多久豆腐店就关门大吉了。家里的女人们包括还在读初中小学的女孩子们都接针线活来做以维持家用。

　　第三，桃源税务局长是他在前朝当过的最大的官，在改朝换代的前夕不合时宜地回到这里来当然引起新政府的一再调查。虽然当年他是带着不少光洋的家产来上任的，当官期间不但不贪还贴了不少，清廉的名声在外，但毕竟查了又查对他的精神压力还是很大的。这也算是他自己送上门去的结果，不能不叫人后悔不迭。

2

春江水暖鸭先知，在时代的变迁中最能感知也最快做出反应的总是年轻人。

周路易我的父亲大人，1947年前后是个高中生，基本上算是个无父的孩子。父亲是个什么样的人，到哪里去了，他只是隐约猜得到，家里的大人们一会儿告诉他是去了美国，一会儿又告诉他是去了泰国，母亲是中共地下党员更是瞒着他的。

但这并没有妨碍他变成一个思想"左倾"的学生，在教会学校读书的他看了周而复在香港主编的《北方文丛》和周扬在石家庄编的《解放区文艺丛书》，这两套丛书包括了袁静、孔厥的《新儿女英雄传》，赵树理的《李有才板话》，柳青的《铜墙铁壁》，刘白羽的《无敌三勇士》等。这些书都是和同学们交换着传看的，连信教的基督徒同学都在看。

这些半大的孩子都不大清楚共产党是个什么组织，主义什么的更搞不清，只是兴奋地传看这些禁书，只是觉得在黑暗的现实中还有光明的地方。

我问老爸："你是在贵族学校念书的学生，生活还过得去，现实对你们来说有多黑暗？"

老爸答："走在路上都能看到冻饿而死的流民，亲眼看到被打得半死的逃兵被装在箩筐里抬去枪毙，还要别的兵围着看，稍有良知的人都会觉得这社会太黑暗了，不改变不行。"

在益阳的高中生周路易和在长沙的高中生徐叔华是同龄人，几年后会变成好朋友的他们当时并不相识，但无独有偶的在同一时间从一心读书的好学生变成对当局不满的"左倾"学生，连看的书都一样。

抗战中失去父亲的徐叔华靠着在上海工作的大哥大姐的资助，到长沙来念书。数理成绩非常好，以前五名的成绩直升高中，准备高中毕业后出国留学。但进入高中一年级后他的思想和行为转变了。

我问叔华舅舅什么是促使他转变的关键点？他答：当时哥哥姐姐每个

月从上海寄钱来养家和供他上学，所以每个月他都要到邮局去取钱。眼看着取出来的纸币越来越不值钱不由得心惊，后来更发展到拿到钱后马上要跑去买米，不赶快的话钱就变成一叠废纸了。

有文化的年轻人徐叔华敏感地体认到金融系统恶化得这么快，那社会一定是要出大问题了，抗战结束后大家都想过和平好日子的愿望恐怕很快就要破灭。好好读书谋取一个好前程，这种和平时代的上进之道不能解决他的疑惑。

疑惑中的少年徐叔华花高价从香港订购《北方文丛》里的书籍，薄薄的几本小书花了他不少的钱，但书中所描述的不同于他的生活环境的新的社会形态让他心向往之。

数理成绩不错的高中生徐叔华放下书本参加了由左派学生组织的新民歌运动，惊讶地发现了自己的戏剧热情和天赋。老天不但让他能编善演，还送给他一个响彻云霄的嘹亮的好嗓子。轰轰烈烈的新民歌运动让徐叔华成了学生明星，更决定了他以后以戏剧编剧为职业的人生路。

新民歌运动让学生们从学校走入了社会，"反内战要和平"的学生游行也势不可挡。

长辈们的急和怕挡不住他们，好心的老师跪在学校的大门口苦劝他们回去读书，也拦不住学生们游行的队伍，军警特务把他们的领袖高继青同学杀掉，还把已经切成几块的尸体丢在外面没有吓着他们，反而引起了学生们强烈的愤怒，长沙的学生运动如熊熊烈火般烧了起来。

这猛烈的学生运动所显示的民心应该是湖南军政高层最后决定和平解放长沙的重要因素之一。

3

离开一下湖南，看看别的地方的年轻人。

顾骧叔叔是江苏人，1930 年生，比周路易和徐叔华大一岁，也算是同龄人。他出身于大地主家庭，还是几代单传的少爷，长得眉清目秀的他自幼就很会读书。但他十四岁就脱离家庭参加了新四军，虽然只是个文工团员，但毕竟是军队生活又是战时，既有生命危险，生活条件也相当艰苦，这和他的家庭背景生活习惯天差地隔。

有幸和顾叔叔有过多次坦率的长谈，我问他当时是怎么想的？这个问题估计很多人都问过他，以高屋建瓴的大理论家闻名的顾叔叔对我这种小女人似的提问似乎有些不耐烦，但他还是认真地回答了。

当时像他这样背景的大少爷有两条路走，第一条路是带着银子下人到北京上海等大地方念书，然后再留洋。第二条路是留在家乡娶几房漂亮的老婆外加吸鸦片。当然是个人能力强有志气的都走第一条路，能力弱一点的走第二条路。少年顾骧对这两条路都没有兴趣。

从小就饱读诗书的他和所有的有历史感的中国知识分子一样对国家受到外族入侵有强烈的使命感，哪怕还只是手无缚鸡之力的弱冠少年也不能置身事外。

中国几千年的灿烂文明史其实只属于知识分子，只有他们能够用和口

2010 年 10 月，顾骧叔叔和我在北京长聊数小时后合影。

语完全不相干的文字纪录历史交流思想。这些华丽的文章辞藻在一般的老百姓眼里好似天书密码一般难以理解也没有关系，统治者根本就不希望他们能够理解，他们只要听话就好。不听的话轻者打屁股，重则杀头。

所以中国社会历来分为识字的和不识字的两个阶层。若识字的懂道理，不识字的听话，社会就相安无事。若识字的不懂道理或者是不顾道理胡作非为，不识字的开始不听话了那就会进入乱世。乱世之后进入新秩序，改朝换代，就是换一批懂道理的或者是顾道理的识字人管理不识字的人，不识字的人重新开始听话和守规矩，循回往复，数千年不变。

这就是传统的所谓"民可使由之，不可使知之"。

五四运动以来，中国文化人特别是当时的海归们认识到把整个社会割裂成两种人是中国落后于世界发展的根本问题之一，从西方文明里学到了民不强国就不能富的道理的他们，把文言文改成口语化的白话文，试图打开知识阶层和普罗大众的沟通渠道，建立提升国民素质的基础，这就是改变了中华文明史的新文化运动。

少年顾骧受新文化运动的影响，平权意识浓厚。对当时新四军宣传机构走下层路线，以开发普罗大众的民智为己任，连从不出门的大姑娘小媳妇也被当作独立个体尊重的作为强烈认同，在老师的带领下参入其中，抛弃旧式家庭的生活方式和庞大的家产也在所不惜。

再者顾骧的艺术感知丰富，和一群美丽活泼的少年人在江淮大地上边走边唱的日子让他过得挺乐呵，以致到了老年还回味无穷。

少年顾骧作为文工团员更参加过淮海战役的宣传工作，亲眼见证了历史的轰然巨变。

第三章
盛名之下的困惑

1

　　盛名之累算是文学家所要经历的九九八十一难中间的一难。倒也不是每一个优秀的文学家都要经过这种磨难的，我们中国最伟大的小说家曹雪芹就没有受过这般苦，在过世很久后他的文学才华才受到肯定，他的后辈家人没有沾过他的光，连他到底有没有后辈家人我们都不怎么清楚。

　　我的祖父周立波幸运地享受过文学作品得到同时代读者认同的盛名，也经历过让他困惑的盛名之累。

　　他的盛名之累来自几个方面：

　　第一，社会活动大大增加了。20 世纪 50 年代初是立波最红的时期，红的标志之一就是社会活动多。担任社会职务，出席重大会议，接待来访者，出访外国都是社会活动。

　　他去过苏联两次，他作为文化界的代表参加周恩来率领的中国吊唁团出席斯大林的葬礼。他带领中国文艺代表团出访过蒙古，和巴金一起去东德参加过德国的作家代表大会。

　　这是好事，但立波似乎并不太能融入其中。据说当时作协安排他到北京来准备去德国的访问，别的人都到了，只有他一推再让老是不来，作协反映到周扬那里，由周扬亲自打电报去湖南催他才勉强动身。

　　说到这里，插一段后来发生的事。1956年和他一起访问德国的是文学大家巴金，1967年"文革"期间湖南的干部去上海找也在挨批斗的巴金，要他揭发立波。

　　穿着一身旧衣服、头发花白的巴金津津有味地回忆起立波在德国时如何不耐烦，如何发脾气，如何吵着要回国写书，终于得偿所愿提前一周回国；如何断然拒绝大使馆请他回国后写有关访问的文章；如何收到出版德文版《暴风骤雨》的四千元稿费，自己留一千送给巴金五百，其余的都上缴；拿到钱后两个人如何买了冬天里很贵的鲜花献到歌德和台尔曼墓碑前。

　　也是性情中人的巴金完全忘了他的任务是要提供批判立波的材料，自己也是专政对象。他回忆到有趣处忍俊不禁不算，还得意地跷起了二郎腿，搁在左腿上的右脚颤悠颤悠地把从湖南来的两位外调干部都逗笑了。终于，上海的陪同人员发现气氛不对，一声断喝："把脚放下来！"巴金才放下脚，收起笑容，作被专政对象状。

　　作为小说家的立波对于有趣的人和事总是过目不忘，回味无穷。谁知

祖父周立波是名作家，有很多写作的相片流传，但我认为那些多半都是摆拍的，只有这一张才表现了他真实的写作状态。看立波专注到了心力交瘁地步的样子就知道写作是个苦活了。

一不小心间自己也成了另一位小说家脑子里鲜活生动，回忆起来能够让他乐而忘忧的人。

第二是拍电影。1950 年整个一年，立波主要是参加中苏合拍的《解放了的中国》和《中国人民的胜利》两个纪录片的拍摄，他和刘白羽担任这两部电影的文学顾问，掺入了剧组在中国大半年的拍摄和在苏联三个月的后期制作。

后来立波便把这三个月和后来访问苏联的感想写成了十四篇散文，以《苏联札记》为名结集出版。

前面说了，这两部电影得了斯大林奖，应该是一次成功的经验，是好事。但立波从来没有把自己的这部分工作算成是自己的创作，也没有由此而对电影创作感兴趣起来。

不但对这两部电影他不大提，连后来太太林兰把《暴风骤雨》改编成电影，他也置身事外。

在五七干校时他和我谈起过这部电影，他评价说改得不怎么样。他说，"她也不和我商量一下……"听起来像是抱怨，但口气非常淡，好像在说别人的作品。可见当时和后来立波都没有把电影《暴风骤雨》看作是自己的作品。

立波最放在心上的就是长篇小说的创作。文学家们有他们自己的世界，这个世界里的最高峰就是长篇小说创作，一个成名的文学家如果没有够分量的长篇小说作品的话，后人会为他惋惜的。

长篇小说并不是写得长就行，写得最好的长篇小说不是像《战争与和平》《静静的顿河》《双城记》一样视野广阔跨度大，就是像《安娜·卡列尼娜》《悲惨世界》那样敏锐深邃，要不就像《红楼梦》那样，作者把悲苦无奈和无常的造化命运化作了一片姹紫嫣红的世俗画卷，都是作者的全部心血甚至生命的结晶。

立波在第一次长篇小说的尝试成功之后就再也放不下了，之后他的主要创作热情都放在了长篇小说上，其余的一切都不能打动他，甚至被他视作打扰，他希望能够避开所有的"盛名之累"。

第三，也是最重要的困惑恰好就来自长篇小说的创作。

新中国 1949 年 10 月成立后马上面临的最重要问题就是如何尽快发展工业，特别是重工业。

1950 年 6 月，新中国成立还不到一年就爆发了朝鲜战争，刚刚结束了内战的中国军队在韩国和美国军队斗上了。韩国是中国的紧邻，地形气候和中国的东北很相似，中国军队占了地利的优势，美国军队要跨洲而来，生活习惯和气候都对他们不利，但美军在军备上占有绝对优势。

美军是二次大战的胜利之师，中国军队更是经历过长年的战争磨炼，他们在韩国苦战数年打了个平手，朝鲜半岛的格局恢复到了战前。

这场战争对中国的影响非常大，它让西方世界对中国关上了大门，也让中国更加体会到重工业，特别是钢铁工业建设的刻不容缓，迫在眉睫。

认识到这一点后，刚刚从战争中恢复过来的中国迅速把注意力转移到工业，特别是重工业建设上去。1953 年到 1957 年的第一个五年计划期间，还很贫穷的中国对基本建设的投资额高达 600 亿元，以重工业为中心的固定资产总额达到了将近 500 亿元，是解放初期的四倍，国力在这么短的时间里就大大增强了。

当时中国的工业生产以平均每年 18％ 的速度增长，超过了日本的 15％，也远远超过了美国和英国不到 4％ 的增长。

对大局非常敏感的立波的第二篇长篇小说要写什么呢？他放过了下过很多功夫，做过充分准备，在军队的人脉也非常丰富的战争题材，而选择了重工业题材。和他写土改一样，他准备和重工业建设同步，写作他的长篇小说。

说同步其实并不准确，立波的这部长篇小说比重工业建设的高潮还早了一步，他是 1951 年开始为这部小说做准备的，1955 年《铁水奔流》由作家出版社出版。

立波花费了四年时间完成第二部长篇小说《铁水奔流》。虽然也是他准备和写作得非常认真的作品，但并不怎么为人所知，连立波自己也承认是失败之作。他很坦率地说："我试过，可没有成功。"

为什么呢？

立波自己认为是因为不熟悉工业的缘故。因为有这样的认知，写完这部长篇之后，他又回到了他认为自己熟悉、能把握的农村题材。

照我看来，这个怎么都不能说是主要的原因。作家和普通人有什么不同呢？如今每个人都能写会读，为什么只有很少的几个人能够成为作家？作家是一群超级敏感，能够一叶知秋，还能把他知道的秋写给你看，让你读了他的文字后能感受到秋风扑面的人。

立波就是这样一个人，他只在东北待了短短几年，就能把东北人、东北话和东北的风土人情写给你看，这个是连土生土长的东北作家也没有几个能够做到的。把他自己都不会说的东北话写得栩栩如生，是他作为优秀文学家的能力，也是他对自己这种能力的得意和炫耀。

为了写《铁水奔流》这部小说，立波到石景山钢铁厂生活过好几次，熟悉那里的人事物。对于他这样一双有经验的眼睛来说，时间应该是够了的，这样的做法，也完全有可能成功。

日本有位叫山崎丰子的女作家，就写过医学界、工业界、金融界等非常专业的题材，都写得很到位。我第一次看她的作品是《白色巨塔》，怎么也不相信她和医学界没有渊源。

我想立波当时的问题恐怕是出在创作方法上了。人家说，无知者无畏，我这文学的外行人就来谈谈文学创作吧。

中国现在非常有名的年轻作家韩寒说过一句非常有名的话，就是："文坛是个屁！"我小时候有很多年都是在文联院子里度过的。所谓的文坛就是我老爸和邻居的叔叔伯伯们，他们的思虑得失我略知一二。他们中的很多人也像韩寒一样有过才华横溢狂放不羁的年轻时代。

说他们"是个屁"，这种话我可说不出口。但是他们当年的才华和激情呢？连和韩寒对骂叫板的人都没有出现，真的叫人失望，因为被认为有创作能力才成为职业作家的这么一群人确实没有创作出多少能够与之相匹配的作品来，是什么妨碍了他们？

其中有一项我得说是作品讨论会。不是现在流行的书出版以后举办的作品讨论会，而是在创作过程中的作品讨论会，也就是所谓的集体创作。

这个做法好像开始于20世纪50年代初，我的祖父周立波应该是最早经历这种创作方式的作家之一。

《铁水奔流》这部小说在出版前就有过多次的作品讨论会。领导、作家同行和钢铁厂的干部工人们都对作品发表过意见，立波为此对这部小说修改过六次之多。把那么多人的意见考虑进去以后，他自己对作品的构建和想法恐怕已经所剩无几了吧？

前面说了，好艺术家得又敏感又强悍才能感知并把自己的感知表现出来。

比方在大学里教授过文艺理论，担任过《理论与创作》杂志主编的老爸看到我开始写文章了情绪非常高昂，常常要修改我的文章指导我的写作，告诉我不能这样写，只能那样写之类的。我刚开始听话，后来开始推搪，再后来实在搪塞不过的时候就要无赖说："你是一级作家，想写的话自己写，我的文章我负责。"不惜把他顶到墙上来保有我的写作自由。

立波当年不可能像我对付老爸一样来对付来自领导群众和同行的意见，那年头所有的意见都是要听的，而且还要照着这些意见改。听了这许多意见改了这么多遍以后您还能不能写出有趣味有独立见解的文章来那就是您自家的事了，要不怎么曹禺先生等一大批大作家、大剧作家新中国成立后都没有写出多少像样的作品了呢？条件和关注度比原来好了许多也不行，或者说是反而不行了。

我的学工程的朋友们对文学艺术也不是完全没有见解，有位在美国多年的大学同学就说，你祖父算是不错的了，新中国成立后还写出了《山乡巨变》这样有影响的长篇小说，比起他同时代的作家来算是有成绩的了。

我同学说得对，好脾气的立波也有强悍的一面。比方他就不让编辑改他文章，不但不让，还到处嚷嚷，说："我花了好多时间构思写作的作品你看一看就来改，难道你比我想得更多，更深入？"他当时毕竟是有名气的大作家，还有点子威风，听了他这话，领导只好说：那编辑就改改新作家的文章吧，有经验的老作家就不必改他们的文章了。

　　上次到叔华舅舅家，他挺不好意思地拿出一本小薄书来送给我，是他写的几个剧本，其中包括产生了《浏阳河》这个有名的歌曲的花鼓戏《双送粮》和成就了李谷一这位大歌唱家的花鼓戏《补锅》。

　　舅舅说："你看看我就这么点子作品，算什么剧作家啊？！"这当然比不上他儿子现在几个星期就能写出一部话剧，每年有上百万字的作品，但在那个年头也真的只能出这么多了。

　　记得小时候舅舅带我看他的戏，演完了领导就开始做指示，编剧导演齐齐做笔记，之后当然就得按照领导意图修改。就这么改来改去，几十年来能拿出三五个剧本当然也得算是有成绩的剧作家了，对吧？

2

　　上面说了，立波为了写《铁水奔流》去了石景山钢铁厂好几次，其中有一次住了四个月之久，离开时工会的党小组给他做了个鉴定，前几天我把这鉴定高声朗读给我老公听的时候，他哈哈笑了好久。既然这么具有娱乐性，我就全文录下来吧。

　　优点：一，思想作风好，能处处从群众利益出发，作风朴素，态度和蔼，能联系群众，没有一般文艺工作者的自由散漫作风。二，组织观念强。三，肯帮助人，工作谨慎，认真。

　　缺点：接近工人还不够深入，主要是工作方法的问题。下厂工作的同志最好能担任本厂一定的工作，更便于接近工人，体验生活。

　　说一千道一万，文学家们写出来的作品要能够为读者带来阅读的快感才能算是成功，立波在这样的要求下写不出让人有多少阅读快感的作品得说是正常的，要是换着我的话肯定更写不出来了。

第四章

怂人老爸之一

1

那天我如往常一样抱着一本厚书在看，看着看着突然爆发出了一串哈哈大笑，笑得不可遏止，还差点笑岔了气，把我老公引得跑过来连声问："怎么了！？你怎么的了！？"他的老婆我虽然不是聪明人，但抱着本书如此傻笑的时候倒也不多，也难怪他要吃惊了。

我当时看的书是王蒙先生写的，书名叫作《尴尬风流》，其中一篇名为"怂人"，全文如下：

老王问夫人，为什么孩子对我们说话那样强硬？我们究竟做错了什么？

太太说，我问过孩子，孩子说，他是见了怂人压不住火，他觉得我们这一辈子太窝囊太老实太谦虚太胆小太退缩太保守太吝啬太不懂得享受太不懂得为自己谋一点福利了。

老王点点头，从此见了孩子更是心虚气短，满脸愧色了。

孩子问爸爸、妈妈，你们怎么愈来愈这个样儿啦？

老王说，我们只不过见了火人压不住怂罢了。

我看了这段文字笑得打跌当然是因为王蒙先生的文字简洁形象有趣，更重要的原因是和我们家很像，我老爸也是一位生了火人儿子的怂人。

我弟弟和老爸之间也有过和王蒙父子相类似的交谈，老爸承认他自己是个怂人，同时辩解说："你是父母双全的孩子，我可是无父之子啊。"

我老爸不但怂还爱吹牛，他常吹的一条是："我多厉害啊，这么多年从来没有整过人，也没有被人大整过。"对中国那五十年的历史有所了解的人应该知道他的这个牛皮有多大了，还真够能唬人的。

王蒙先生经历了什么之后才领悟到了出头鸟不能当，能怂就怂才是该有的处世之道，他是文章大家，说得很清楚。我那个从小没有受过多少管束，曾经是个主意多多的轻狂少年的老爸如何变成怂人的我到如今才弄明白，原来他后来知道规避风头并不是生下来就先知先觉，不过是吃亏吃得早罢了。

2

湖南刚刚解放，十八岁的路易就放弃了已经快毕业的高中生活，到长沙报考革命大学，时间是 1949 年的夏天，新中国还没有成立。

革大是短训班似的学校，年轻学生们在那里接受几个月的短期训练后就会分配到各个地方单位去工作。那时需要大量的干部，一批一批的年轻学生就这样迅速走向了工作单位。

当时革大的教务长叫龙潜，他 20 世纪 30 年代初期加入共产党，担任过八路军桂林办事处的秘书，新四军湖南办事处的指导员，中共中央南方局组织部的秘书和周恩来的秘书，接触面非常广。他既认识立波也认识芷青，对他们的儿子路易相当照顾。知道路易眼睛不好有夜盲症，身体也比较弱，就希望他毕业后先留在长沙，把眼睛治好以后再去工作，并且对治病的事宜做了安排。

刚刚参加革命的路易不干，坚决要求到最艰苦最危险的地方去，当时他们那批学员要分配的工作中最艰苦最危险的就是去湘西剿匪。路易就要求去哪里，写了决心书不算，还把决心书贴到了龙教务长的门上，让龙教务长不同意也得同意。

崇山峻岭的湘西从清朝开始就是土匪出没的地方，已经有好几百年的历史了，让历代的中央政权都很头痛。湖南解放前夕，国民党又用钱财枪炮和委任状发展了一批政治土匪，让这一带的匪患问题更严重了，大约有两万多武装土匪在这个地区出没。

湖南和平解放不久，就派第四野战军的第四十七军到湘西剿匪。历时一年多，到 1950 年底才彻底肃清了这个地区的土匪。

当时的政治和军事是同时进行的，部队开进去的同时也把干部派进去，一边打仗一边开展土地改革，建立地方政府。虽然土匪们打野战军打不过，但对付派进去的工作人员还是很凶狠的，当年派到湘西去的年轻干部们死伤很不少，有些还死得很惨，活下来的人后来大部分都留在那个地区工作了。

1950 年元旦过后，路易他们那一届革命大学学生毕业，剿匪当时正在准备布局的阶段，四十七军是和学生干部们同时开进湘西的。

毕业典礼在寒冷的冬天举行，典礼的同时宣布分配名单，有四百多个同学分配到湘西，其中包括还不到十九岁的路易。

四百多个意气风发的年轻人当时就坐上了四十七军的几辆军车，向湘西进发。

汽车傍晚时分到益阳，因为回到了家乡，路易请假回家看看。

芷青见到儿子高兴得不得了，带着路易去拜访亲友，并在刘姓太太那里晚餐。时值春节前夕，又见到最喜欢的长孙来到，刘姓太太非常高兴，做了很多好吃的菜招待路易，其中包括路易最喜欢吃的火焙鱼和腊肉。周小姑也在，她的儿子雷表弟是路易带到革大去的，这次也一起毕业，分配到省委机关工作，就留在长沙了，这让周小姑非常高兴。

路易依依不舍地离开了母亲、祖母和姑妈，回到了驻地。第二天一大早他们坐上军车，继续赶路，开车一天后他们将抵达常德。常德是在沅水旁建立的城市，也靠近烟云缥缈的号称是中国第二大淡水湖的洞庭湖，水陆两路交通都方便，是湖南的一个重要城市，也是进入湘西的大门户。

路易也许是前一天晚上吃了油腻的食物，当天又在车上吹了冷风，也许是身体本来就不好，这天上了车就开始呕吐，连续吐了一天，到了常德后全身无力，站都站不起来，是被担架抬下车的。

抬下车后直接送到医院治疗，诊断的结果是急性肠胃炎并发肺炎，需要住院。

当时常德通往湘西的一座大桥已经被土匪炸毁，只好滞留在常德，直到过完春节桥修好后队伍才重新开拔。这个时候路易的病还没有好，大队只好留下了一男一女两个同学在常德照顾住在医院里的路易，指示他们等路易病好了以后再一起去湘西，军车就带着其他的人继续上路了。车队的下一个留宿地是一个叫官庄的小镇。

如果说常德是进入湘西的大门户的话，官庄就是小门户，过了这个小镇子，就正式进入到湘西地界。这个小镇子的房子已经开始有了湘西的格局，有许多倚山修建的高高的吊脚楼。

已经进入了土匪出没的地区，学生们派出了自己的岗哨。后半夜值班的哨兵是位眼睛近视的同学，对环境不熟悉也看不清楚，一脚踏空从吊脚楼上摔下去，当场就摔死了。如果说路易是他们这四百多人中第一个生病的，那这位同学就是他们中第一个牺牲的了，他还没有进入湘西呢，真的可以说是出师未捷身先死。

说起生病，也是他们遇到的极为严重的问题之一。路易在汽车上呕吐不停的时候有个小个子的女同学一直照顾他，路易还吐了她一身。这位女同学听说到湘西后不久就染病身亡了。那年头人们相信大山里有瘴气，外面去的人不习惯，很容易染病身亡。

这话我有点相信，人烟稀少的地方会有些奇怪的病，像我们去阿拉斯加就是打了预防针还带了防蚊子的药去的，回来后几个人还都病了一场，和平时感冒的症状很有些不一样。据说几十年前美国本土的人去那里后得病身亡的就很不少，其中还有些著名的人物。

几个月前我又去了一趟湘西，如今那里人口稠密得很，光张家界市就有一百五十万人口，瘴气早就不见了踪影。倒是晚上在野地里看了一场戏，印象深刻。开演前还没有打灯，暗夜里抬头看着拔地而起的高山，黑墨墨森森然，遮住了大半个天空。虽然周边都坐满了人，这环境还是带给人压迫感，有几分瘆人。

五十年前的那批少不更事的年轻学生们进入这大山里，面对这样的自然环境和如鬼蜮般来去的土匪，真是不容易啊！路易的这批四百多个同学如今还能联系上的只有一百多人了。

再回顾一下。这批学生干部是 1950 年初派进去的，当时刚刚开始剿匪的准备工作。从那时开始，通过半年多的调兵遣将和准备布局，到 1950 年 10 月才开始打大规模的会剿战，11 月中的那一次战役，消灭土匪五千多。

1950 年 12 月的那次会剿，更调集了四万多人的军队，以四十七军为主，加上四野四十六军的第 136 师，包括地方武装和与湘西交界的湖北四川贵州的军队合围，歼灭土匪两万多人。这次会剿之后，才彻底解决了湘西的匪患。

1950 年初派进去的学生干部们因为是剿匪之前进入湘西的，不可避免地损失惨重。我老爸自己说，他当时要是进去了，多半是活不下来的。

3

路易在常德度过了春节，病还是拖拖拉拉地不好，一直到元宵节才见好。

元宵过后，三个人到常德地委报到，请求按原计划到湘西去。地委则认为送他们三人进去得派一个班的武装人员护送才行，如今一时也没有那么多人可以派，不如他们三人就留在常德地区工作好了。

路易被分配到位于洞庭湖畔的南县的一个区里担任青年委员，发了一支枪给他，出去办事的时候还有一个来自北方的警卫战士跟着。这是很必要的安排，因为常德虽然没有大股土匪，但离湘西太近，散股土匪还是很可能遭遇到的。

比方有一次他们到一个湖边的小镇上工作，就碰到了土匪来袭。听到镇上有人边打锣边喊土匪来了，他们二人急忙跑到镇上唯一的一座高楼上。这里是制高点，他们上去一看，湖边已经停了十几条船，船上有灯火，土匪们正在船上向镇子里开枪。

路易和那位北方战士每人有一支枪，还有两枚手榴弹，准备当土匪发现他们时就开枪丢手榴弹。路易没有打过仗，也没有丢过手榴弹，土匪人又多，情况不怎么妙。

情急中路易发现那位北方战士身上还带着两枚信号弹，就决定发信号弹向正在七八里地之外的区中队求援。两枚信号弹发上天以后，土匪们也看见了，他们也并非没有见识，知道信号弹会带来援兵，就马上坐船撤离，等区中队到来时镇子里已经恢复了平静。

那时的区干部们一天到晚在乡下跑，走到哪里睡到哪里。路易在区政府里没有固定的房间，回来了就随便找个房间和人家搭铺睡觉。那时的上下级关系也非常平等，路易最常搭铺的人竟然是区委书记李晓明。

李书记当时年纪也只有二十七八岁，是个北方人，对路易非常好。芷青带着雅可来看过一次路易，李书记张罗着在附近的村子里买了一只鸡来招待芷青。买来的鸡逃跑了，李书记又打发人再去买一只来，务必要好好招待路易的家人。他对路易的工作也很满意，向上级汇报过路易的表现，还计划着要发展他入党。

路易工作得很起劲，业余时间还开始向长沙的《民主报》投稿，稿子如果被采用了，让人高兴之外，更有稿费寄给他。那时是供给制，政府供应干部们的衣食住行，每人每月再发三块钱的零用钱，相当平等。路易的稿费每次都有好几块钱，有一次居然有六块之多，比起旁人来就富裕多了，他也常常请大家吃点土特产。

这时上级指示在区一级发展共青团组织，路易在革命大学里加入了共青团，就被任命为区团委书记。新的团委书记工作热情高涨，一时间把在区里工作的年轻干部们都发展成了团员，区团委很快就从一个人壮大到二十几个人，其中还包括七八个女孩子。

这些年轻人多半都是学生出身，和革命大学的年轻人一样崇拜革命，向往新生活。区团委的二十多个年轻人呼啸来去，充满了活力。

农民出身的李书记对学生干部路易不错，和他睡一个房间，还常常和他讲些知心话，倒是路易渐渐地对李书记有了看法。

李书记的老婆从北方来看他，他不理不睬把人家晾在一边。李书记的老婆是他的同乡，也是一个能干人，当年李书记在村子里当村长，她就当妇女主任，也算是他的同志爱人。这次到常德来看丈夫，丈夫愣是不理她，天天拉着路易一间房子睡，把远道而来的老婆撂在一边。

路易是个半大不小的男孩子，男女之事半通不通，但还是知道夫妻是要同房的，就跑到别人房间去搭铺，把房子让出来。但李书记还是找到了另外的人进去睡，就是不搭理自己的老婆。那位长得不错，也非常能干的北方女子没好意思多待，住一阵子就生气地回去了，这事让区政府的同事们私底下议论纷纷，很为李书记的爱人抱不平。

爱人走后不久，李书记就私下找路易说，让路易把他们团委的学生出身的漂亮女团员介绍给他。这让路易大吃一惊，本来就对李书记爱人的事愤愤不平的路易没有想到自己还要给书记介绍对象，这太不像话了，路易无论如何也做不出来。

还有一点让路易疑惑的是李书记做了好几件新衣服，他不把路易当外人，睡觉前会很兴奋地把新衣服试穿给路易看。路易认为自己三块钱的月薪加上稿费都做不起新衣服，只有月薪没有稿费的李书记是不可能有钱做好几件新衣服的。

1950 年春天，中国共产党开展整风运动，在党内开展批评和自我批评。

刚刚参加革命的十九岁的小青年路易就在会上批评了他的直接上级李晓明书记，把他对李书记的意见和看法当众和盘托出。

当他说到李书记让他介绍女团员作对象是如何的不应该又是如何地让他为难的时候，李书记的脸涨得通红，难堪极了。

意见提过没有多久，路易的配枪被区分队借走，还回来的时候被告知枪中的重要零件失落，说是路易的责任。当时丢失和损坏配枪都是非常严重的错误，路易为此得了一个处分，并被撤销了区团委书记和青年委员的职位，区里不再有他的位置，把他退回到县里重新分配工作。

路易从始至终都坚持认为他是被冤枉的，这是李书记的报复。

前几天我又问老爸：你平时就是个马马虎虎丢三落四的人，那时又只有十九岁，是不是真的是你自己丢了枪支零件？老爸答：那时规定人不离枪枪不离人，人在枪在，我对枪的守护是非常认真的，再说枪的撞针螺丝在枪里面，不拆开的话不可能自己掉出来。说我自己丢了零件，完全不可能。

我问：你从小没有受过什么委屈，既然是受了冤枉，难道不去申诉？

他答：当然去了，先去了县团委，那家伙一边听我讲话一边和女人谈恋爱，我说了半天等于白说。后来还去了县委，我说完也没人有任何表示。

区里给的处分想到县里翻案，根本就不可能。区里还整理了一个材料放在路易的档案里，但当时的路易并不知道这档案材料的可怕，虽然觉得委屈，倒是没有把档案的事太放在心上。

被退回到县里的路易很快就被重新安排了工作。当时的县委书记以前还专门表扬过他对他印象不错，这时把他安排在县大队当参谋，到任后他立即和县大队政委一起被送到常德军分区去接受正规的军事训练。

4

打发走了路易，李书记很快就和漂亮的女共青团员结婚，生活得很如意。但时间不长，1951年年底，全国范围内的三反五反运动开始了。

三反就是反贪污反浪费反官僚主义，五反就是反行贿反偷税漏税反盗骗国家财产反偷工减料反盗窃国家经济情报。三反主要是针对干部，五反则针对私营工商业主。这次运动1951年底开始1952年秋天结束，时间不长力度很大。1952年2月就因为重大贪污的缘故枪毙了天津的两个共产党高级干部，引起了整个社会的震动。

常德也和全国各地一样清查公粮，发现李书记的那个区里面短缺了几千斤粮食。当时那个区里的会计是旧政府的留用人员，短少了粮食当然要问他。这位会计要求道："你们如果能保证在我说了实话后不枪毙我，我就说实话。"得到了肯定的答复后，他交出了一叠收条，都是李书记签的字。

原来李书记经常到粮库里提粮食，变卖成钱之后自己享用，他的新衣服和结婚费用都是这么来的。留用人员的会计没有制止他，只是要求他每次提粮食时写下条子签上名字，李书记照办了。

县委领导找李晓明谈话，出示了这些他签字的条子，他贪污的人证和物证都有了，李晓明无可辩驳。

和领导谈完话后，李书记垂头丧气走过木板楼窄窄的楼梯，往楼上自

常德时期的周路易，不到二十岁的他不但担任区团委书记，还可笑地兼任了区妇女会主任，对世事半通不通的学生官居然负责调解妯娌相争婆媳不和等妇女们之间的矛盾，人称小老周。那时的他不但不怂还有几分初生牛犊不畏虎的鲁莽。

己的房间走。他的周围当时还有人，有位学生出身的年轻干部正紧跟在他身后上楼。

李晓明走到楼梯拐弯处，突然拔出配枪，照自己头上就是一枪，轰的一声，就向后倒在那位学生干部的身上。他脑袋开花，当场毙命，那位年轻人受此突然惊吓，也病了好久。

路易听到这个消息后并不舒服，觉得李晓明虽然人不怎么样，但并没有犯死罪，根本没有必要自杀，况且用这种方式自杀也相当可怕。当时领导虽然找他谈了话，确认了他贪污的事实，但连配枪都没有收走，应该没有要判他死刑的意思。

路易并没有想到他可以因为李晓明的死而再次申诉，把那个冤枉他的，以后还为他找了不少麻烦的处分拿掉，但他一直记得当时那种明明自己有理，但有理没处讲，有冤无处申的感觉，觉得自己响应党的号召，对领导提了意见，结果却非常不好，这给领导提意见还真的是不能随便提。

他也检讨自己当年为人太天真，做事太鲁莽。李晓明私人的问题别人都只在私下议论议论，只有少不更事的他会拿到会上当众讲，这样的傻事他告诫自己今后不要再干了。

第五章
怂人老爸之二

1

美国人对小孩挺爱护也挺歧视的，他们武断地认为十二周岁以下的孩子一刻也不能没有成年人的陪伴。父母把孩子单独留在家里会受到指责，严重的有可能失去对孩子的抚养权，出了事还得吃官司。学校幼儿园等教育单位出了这种问题当然更为严重，这规矩在中产阶级集中的郊区执行得尤其严格。

宝宝读小学二年级的时候正好七岁，我们那时住在芝加哥的远郊。她的同学多半都有一个全职的妈妈在家照顾小孩，学校下午两点多放学后会用校车把孩子们送回家。我们这样的双职工家庭和单亲家庭的孩子放学后就留在学校的课后班，等家长下班之后去接，这批孩子人数比较少。

那天来了个新的义工妈妈，不知道还有些孩子是需要留在学校的，就安排所有的学生都上校车。有孩子告诉她他们不应该上车应该留在学校，但也许是孩子年纪小说得不怎么清楚，也许是那位高大的中年太太性子急，没有认真听孩子们的话，总之她用大人的权威干脆利落地把这帮小孩都轰上了车。

结果这帮孩子就被送回了没有大人、他们也进不去的家，算是流落街头了。在下午的三个小时里，他们有的被邻居发现通知学校或家长，有的主动到邻居家求援，才被陆续安顿。这期间孩子慌乱，学校紧张，家长抱怨，纷纷扰扰。有个小男孩最可怜，他坐在自家门口整整哭了三个小时都没有被邻居发现，等他妈妈下班回来时已经哭得嗓子都哑了。

那天我下了班去接女儿时学校热闹得很，家长老师们都告诉我下午发生的事故，那位男孩子的妈更是气得不得了，扬言要告学校，学校领导正狼狈不堪地试图安抚她。我急忙跑到课后班去看，只见宝宝一人神定气闲在玩拼图，非常事不关己。

我忙问她有没有被送回家？她翻了我一眼说："怎么会？"

开车回家的路上，我仔细盘问端坐在车子后座儿童椅上的女儿她是怎么躲过去的？小丫头告诉我，那太太也命她上车，她辩说不能上车必须去课后班，那太太不听坚持让她上车回家，她就趁着那太太管别的孩子的时候偷偷拐到房子后面躲开了她的视线，并溜墙根绕路到了课后班。

我谈到那男孩可怜，哭了好几个小时。宝宝小嘴一撇说："怎么能被送回家呢？家里又没有人。"一副他怎么这么笨的样子。

第二天我把这故事当笑话说给同事听，同事哈哈大笑说，宝宝果然是你的女儿啊。

我是老实人，没有什么机变，所以我同事的"污蔑不实"之词你们不要听信，倒是宝宝这种思维模式和她外公有几分相似。当年十九岁的路易受了委屈，申辩也无效之后，觉得常德不是久留之地，也思量着怎么一拐弯溜走。

2

1950 年的秋天，路易以常德南县县大队参谋的身份和县大队队长一起被送到常德军分区去接受军事训练，途经益阳时，他要求回家休几天假。

回到有母亲和祖母的温情怀抱里，在常德受了委屈的路易不想再离开家了。他去看望当时担任益阳地委副书记的万达，要求留在益阳工作。

万达曾经在益阳解放的那天，骑着马带着警卫到周家来报告立波的情况，之后也相当照顾周家和路易，是位让路易觉得非常亲切的长辈。路易向他提出要求，万书记问，那你愿意做什么样的工作呢？

路易从参加工作开始就积极向报纸投稿，虽然只有半年多时间，他就在不同的报纸上发表了不少文章，光是在当时湖南的两大报纸之一的《民生报》上就发表了十几篇。这些文章为路易带来了不少的稿费，让他零花钱充裕可以常买书常请客之外，也让他对写文章有了一些信心，再说他大概也意识到自己眼睛近视，身体不强壮，做一个军事干部是没有什么前途的，就告诉万书记说愿意当一名记者，要求到报社去工作。

万达当即把他带到地委组织部，说："看，我为你们带来了一名小记者。"于是路易被安排到益阳的《湘中日报》当了一名记者。

在益阳安顿下来后，路易简单地写了一封信给县大队队长，通知他自己已经在益阳工作，不再去受训也不再回常德了，他认为自己换了一个地方也换了一个专业，开始了新生活。看过好多武侠小说的革命青年路易大概还有几分"此处不留爷，自有留爷处"的神气。

记者当得很顺利，再一次和母亲祖母弟弟在一起的日子也非常美好。谁知过了没有多久万书记找他谈话，说是常德找他要人了。说路易是常德的干部，怎么一错眼就到了益阳？万书记要路易自己做出选择，是继续留在益阳还是回到常德去。

万书记并没有批评路易，但当时担任益阳地委副秘书长的张化儒知道这件事情以后把路易狠狠地教训了一顿，说："你怎么能这样呢？你这叫无组织无纪律你知道吗？！"路易辩说，哪里搞不来一拍屁股就走人，大家不都是这样做的吗？我走之前还没有拍桌子呢。张化儒说那是旧社会，革命队伍是要讲组织纪律的，不能说走就走。

十九岁的路易和大部分那个年龄段的男孩子一样相当叛逆，大人们的话是不大听得进去的，但张化儒的话他听得进去。没有享受过父爱也没有接受过父亲管教的路易心中对张化儒有着类似恋父的感情，这种感情一直延续到今天。

张化儒是河北邯郸人，是共产党的南下干部，在湖南和平解放前夕他就已经到了益阳，他和路易的缘分也在那时就开始了。

1949 年夏天，路易在长沙的姨妈姚四家过暑假。当时湖南的学生运动风起云涌，国民党军警宪兵的镇压也非常恐怖，有学生领袖被杀被关。左派学生周路易愤愤不平，到处发表激进言论，让做公务员的姨父听得胆战心惊，怕他在长沙惹祸，忙打发他回益阳。

于是七月末的一个燥热的早上，路易坐上了开往益阳的小火轮。如今坐汽车从长沙到益阳只需不到两个小时，那时坐小火轮的话要坐上一整天。时间虽然长但条件还是不错的，轮船上吃得很好也干净，有些讲究的人还会带着干净的被褥上船，一路上可以舒舒服服睡上一觉。

时局乱，天气热，兜里没钱，不能吃轮船上要额外付费的饭食，只能饿上一天，这一切都让路易心情郁闷，只好站在甲板上看着江水发愁。这时一个商人模样的中年人来找他搭讪，知道他没有钱吃饭后热情地邀请他一起吃，还不断为他夹菜，对路易十分亲切。

一天下来，两个人变得相当熟悉，那人到了益阳后便以商人的身份住在一家旅馆里，路易每天都去旅馆看他，还帮他跑前跑后办些事情。8 月 4 日益阳和平解放后，路易才知道那人叫张化儒，是中共益阳地委的秘书，张也才知道路易是作家周立波的儿子，中共中央办公厅发了文件到益阳地委请他们代为寻找照顾。

暑假里路易帮张化儒做了许多工作，为他介绍会计，背一大捆钱到长沙去送款等等，自认为已经参加革命是公家的人了，谁知到了学校开学的时候，张化儒却命他回学校读书，说这是他父亲立波的愿望。

路易怎么也不愿意再回普通中学学习，张只得介绍他去长沙考革命大学，还批了一笔钱作为路易以及他的朋友们到长沙考试的路费。算是既满足了父亲要儿子读书的要求，又满足了儿子要马上革命的愿望。

路易是知道好歹的，这么爱护他的长辈的批评他是听得进去的，于是表示愿意再回常德工作。回去之后，常德方面也没有为难他，还依照他的意愿把他重新分配到了《滨湖日报》工作。

这件事在当时也可大可小，那位县大队长后来碰到路易还开玩笑吓唬他说："你知道吗？我们当年差点要到益阳把你当逃兵抓回来的。"虽然没有造成多恶劣的后果，路易还是得到了教训，知道新社会有了新规矩，在哪里工作，做什么工作，都是要通过组织批准的，不能随心所欲。

关于张化儒还有后话，1950年代张调任长沙，负责长沙烈士公园的筹建，在他的努力下这公园很快就建成了。如今位于长沙市区，占地辽阔，湖水荡漾，绿树成荫，为长沙人所喜爱的这块乐土正是出自于张化儒之手。其实按照他原来的构想，这个公园还应该包括湘湖渔场和马王堆，如果他当时宏大的构想能够实现，长沙将成为一个美丽的花园城市，将比现在的长沙有更多的绿地，也将更有灵气。农民出身的张化儒的胸怀、眼界和行动力都非同小可。

建完公园后，张化儒被分配到农科院当负责人，据说这是他自己最喜爱的工作。在农科院没有干多久，他就培育出了重达八百斤的良种猪，据说是当时湖南全省最重的猪。张化儒干一行爱一行，行行都能出成绩，还干得兴高采烈，总是满心欢喜地向朋友们介绍自己的新事业。当时三五九旅也到新疆去开军垦农场，他们的老旅长，出身湖南农村的王震将军对农事也很感兴趣，到农科院去看了张化儒养的八百斤重的猪后，把张好好地夸了一通，说他是中国最好的农科院长。

人说燕赵之地多出慷慨悲歌之义士，这话用到张化儒身上一点也不为过。"文革"时我们家最倒霉，立波坐牢，家里被反复抄家，一搬再搬，直到搬到潮湿的窝棚里，弟弟和我还反复生病，厄运连连。张因为出身农民，经历单纯，处境要好些，但他不避嫌疑，不管我们搬到什么地方，都来看望照应。

后来他离休回了邯郸老家，竟然千里迢迢带着大量的土特产和当时紧缺的粮票回湖南来看望过我们两次。他对我们家那些年一年不如一年，喝口凉水都塞牙的境况感同身受，尽力相助。他曾经跑到当时的湖南省革委会里面找他原来的老相识，试图说服他们改善立波在牢房里的条件。有次从长沙看了我们回邯郸老家的路上，他突然拐去北京，摸到了王震将军的家中，向他描述立波和他的家人在湖南的糟糕境况，王将军听了气得拍桌骂娘，却也无可奈何。

慷慨大度、义气深重的张化儒是个爱笑之人，高兴起来他会仰天大笑，笑声滚滚如天雷。他爱下棋，如出妙着或险胜对手他也会放声大笑，不可遏止。1976 年中国政坛骤然开朗，为此兴奋不已的他又下了一局绝妙好棋，仰天大笑，竟然在笑声中停止了呼吸，真是让人赞叹不已的圆满人生结局。

3

十九岁的路易高中还没有毕业，在工作人员大部分都有大学学历的《滨湖日报》得从最基础的校对开始。老的校对也看出来了路易是个心思比较活泛的年轻人，怕是看不上校对这份工作，就教育他说：你知道吗？校对是很重要的，搞得不好是要被杀头的，以前有个校对把蒋中正的正字少写了一横，错写成了蒋中止，就被砍了脑壳。

第一个就文字工作吓唬路易的就是这位老先生了，后来的吓唬当然更是连绵不断。要说这些吓唬还真的都很有用，我的父亲大人十九岁时可以一个晚上写一篇文章，半年里能在报纸上发上好几十篇。虽然这些文章我都没有看过，好不好不知道，但最起码他也算是快手了。如今他老人家写篇游记都要磨好多年，拖得比八年抗战还久，构思瞻前顾后，下笔犹疑不决，与少小时的他可以说是判若两人了。

路易回常德不久，再派到乡下去工作，日夜辛苦，很快就又大病一场。这次生病差点送掉了性命，被农民们连夜送到常德，再次住到了广德医院。这家教会医院条件好，医生医术高明，又一次治好了路易的病。

立波和芷青虽然都不是大富人家的子弟，但从小生活都不错，先天和后天的条件都非常好，所以都身材高大体质强健，虽然历经磨难但很少生病，绝不是什么东亚病夫。可是他们出生在战争年代又进过孤儿院的儿子路易就不一样了，个子不高身体也非常不好，工作学习一紧张就要大病一场，这种状况一直延续到"文革"后期才得到改善。

我一直和朋友们开玩笑说，我父系是长寿家庭，可是我妈妈家的长辈们都早逝，所以我长寿的机会是一半一半的。直到这次写书看了不少家族的资料之后才知道，其实徐家原来也是长寿家庭，我外公的母亲就活到九十多岁才去世。徐家长辈们的早逝都和战争有直接和间接的关系，和基因倒是没有什么关联。

一场战争就能让人好几代都恢复不了元气，何况近代的中国人被迫经历了一场接一场的战乱和动荡，害得我们几代积弱，到现在都身受其害。

如今在网上读到一些无知青年，夸夸其谈，轻言战事，我就气得不得了，盼望着有谁再发明些厉害的竞技性体育运动，让他们自己折腾自己。届时我肯定呼朋唤友，坐飞机轮船买高价票，还带上吃的喝的去为他们摇旗呐喊，鼓动他们拼死争斗浴血奋战，我们也看得热血沸腾心情舒畅。这才叫刺激过瘾，不枉此生的美好生活嘛。

4

路易再次得病，好了后身体还是很弱需要休息，常德地委就写了一封介绍信让他回家到父母处调养。

于是十九岁的路易就带着十三岁的弟弟到北京找爸爸。虽然已经和平了，但当时从长沙到北京也很麻烦，要旅行好几天才能到。

当时没有长江大桥，两兄弟从长沙坐火车到武昌，然后坐船到汉口，在汉口时去拜访了他们的姨妈姚三，然后从汉口坐火车到郑州，从郑州到石家庄，再从石家庄到北京。一路往北，天气越来越冷，在益阳准备的衣服渐渐不够了。

立波见到两个半大不小的儿子非常高兴，带着他们到处游玩。已经当了文化部副部长的周扬知道了也非常高兴，立刻传话叫立波带着两个孩子去见他。

立波当时在文化部编审处工作，写作也抓得很紧，但生活并不奢华，他和当时担任文化部秘书的太太林兰有两间住房，一间起居，一间作书房。两个儿子来了就安顿在书房里。

芷青到长沙送走了两个儿子之后非常伤心，在长沙友人家整整哭了一个晚上。她无论如何不想再回到益阳那个空落落的家里去了，就找到当时在长沙市妇女联合会担任副主任的老上级韩淑仪，要求参加工作。韩安排她到市妇联工作，她也就住进了干部们的集体宿舍。

芷青写了一封长信到北京给前夫和儿子，信中除了询问儿子们的近况，报告自己生活的改变之外，也尽诉心中的悲苦。

芷青是个礼貌周到的人，常常给亲友们写信，但她的信都只有三四个段落，占满多半张纸就结束了。这与她文化程度不高有关，也与她注重实干不喜多言的性格有关，这出自她手的唯一一封长信是她失落伤心到极点时的一次罕见的爆发。

路易读了妈妈的信，伤心地跑出门去大哭，恰好林兰进到书房，也读到了摊在桌上的芷青的长信。

林兰当年三十岁，和立波的婚姻有过波折，他们在延安离过婚，孩子也都没有能够保住。如今两个这么大的儿子来到，再看到芷青这份感情充沛的信，她情不自禁地就找立波大吵起来。

立波被吵不过，只好尽快把两个儿子送走以图眼前清净。雅可还小比较好办，马上就送到位于北京郊区的干部子弟学校去了，已经工作了的十九岁的大儿子一时不知如何安排是好，就送到文化部的招待所去暂住，粗心的爸爸并没有给儿子一分钱零用钱，就忙自己的去了。

身无分文的路易在北京城里闲逛，遇到了一位正在北京大学读书的同乡哥哥。这位同乡哥哥对路易很照顾，经常带他到北大去吃饭，有时就留他住在那里了。

当时北京大学的学生生活条件非常好，两个人一间房，还有工友照顾生活。同乡哥哥的室友不知何故已经离开了学校，路易住在那里非常方便。

两个人彻夜长谈，路易告诉他自己在父亲和继母家里的尴尬处境，也告诉他自己对前途的茫然。同乡哥哥力劝路易到北大来读书，这样既可以学习又解决了食宿，他们二人还可以同进同出住在一起。

当时中国大部分热血沸腾的年轻人都和路易一样，欢欣鼓舞地迎接新的时代，十分积极地要求加入其中，纷纷离开学校参军参干。当时的大学人去楼空，需要开展劝学运动，劝学生们回到课堂完成学业。北大也一样，学生流失问题很严重，也在开展劝学运动。

路易中学读的是名校，人聪明会考试，每考必中，还发表过不少文章，再加上当时劝学的大形势和同乡哥哥积极的操办，要进北京大学读书是不成问题的。可惜当年的路易已经进入社会工作一年了，虽然也碰了钉子，但对再回到学校读书还是有点打不定主意。如今想来他这么轻易地放过了深造的机会，还蛮让人遗憾的。

立波想到的安顿大儿子的办法也是读书，他安排路易去参加军队办的俄文翻译训练班，毕业后将会在军中担任翻译，路易也考试合格了。事情要是照这样发展下去，父子俩迟早会拿定主意让路易进一个学校学习的。

迟疑间事情突然起了变化，路易不得不黯然回到了湖南。

看到这些情况的同乡哥哥气得不得了，多年后他在马路上偶遇林兰还孩子气地摆出生气的姿态，后来更在书信中大骂。北京大学出身的他气起来也顾不得什么绅士风度，文化人的修养了。

不知天高地厚的十九岁的路易，在走进社会的第一年里就遭遇到了来自上级李晓明和继母林兰的两次打击。天真热情有理想，莽撞不懂事，还多少有点傻气的少年路易终于完成了他的成人礼，从那时开始，他为人处世有了很大的变化。

当然，他要完全变成怂人还要再过好多年，再经历更多的人和事。

第六章
沉舟侧畔千帆过

1

我的外祖父徐老五和他的儿女亲家周立波的处世哲学是截然不同的。立波为达目的不惜轻装上阵，不但负担一个都不要，连自己的生命都可以轻抛，在离开上海去华北打仗之前就把自己的墓志铭都写好了。

徐老五也是一个非常有能力的人，但他胆子小，对生命挺爱惜，日常生活讲究情趣，对周围亲人的态度是一个不能少，小家庭大家族担得起担不起的责任都担上身，碰到亲戚朋友有难处也是一拍胸脯就应承下来，还加大力度地办。

他作决定只问应该不应该，不管能够不能够，于是担子越背越重，越来越不可收拾。

徐老五早年定过亲，但未婚妻还没有过门就病逝了，有情有义的徐老五作为未婚夫送那女子上山，被肖家看中，觉得他对没有过门的太太都这么好，以后一定是位好丈夫，于是有意把自家最小的女儿嫁给徐老五。

虽然徐家也是诗礼传家的大家族，但肖家的实力更雄厚，肖家小姐算是下嫁了。肖家虽然是大族，但遵照"女子无才便是德"的古训，没有送女儿读过书。肖家小姐美丽端庄，温柔敦厚，做得一手好针线活，只是不识字，没有文化。

毕竟时代变迁了，肖家虽然不送女孩子读书识字，但对女孩子的养育比有皇帝的时候还是宽松了许多，肖家女儿在娘家时多半住在乡下，大部分的时候都无拘无束地在安徽乡村里玩耍，没有受过什么约束，身心愉快地长大，长成了一个性情非常愉快开朗，身体也非常健康结实的女孩子。

身心健康的肖家女儿嫁到徐家后生养了八九个儿女，还担当起一个大家族当家媳妇的重责大任。徐家没有旧式家庭的经济基础，却有着旧式家庭的各种礼数规矩和讲究，再加上个不顾现实爱招揽责任的丈夫，这个家不好当。

徐老五是政府工作人员，工资不低，但无奈家累实在太重。自家太太生了很多孩子以外还有高堂老母要奉养。他早年做过官的大哥脾气很大，对当家媳妇来说是个比婆婆更难待候的老人家，也住在他家。徐家的老二和老三都非常能干，都曾经在政府里做事，但很可惜都死得早，他们的太太和孩子也要由老五抚养了。徐家老四没有什么能力，也没赚过钱，一辈子都伴着弟弟过生活。

这么一大家子人要吃饭要生活，还有很多礼节要遵守，情绪要照顾。老母亲是个好脾气的老太太不难待候，但也不能让她受委屈。老哥哥脾气不好，常常吹胡子瞪眼睛敲着拐棍骂人要忍让。两个寡嫂更是情绪不好，说哭就哭说闹就闹，时时要年纪最小但是当家的老五太太安抚。

比方徐家老三死了这件事就要瞒着老太太不让她知道以免伤心，所以三嫂就只能另外租房子住在外面，后来经济上实在是扛不住了才搬回家来。但三嫂还是时时伤心，想起了死去的丈夫和自己无所依靠的黯淡前景就要大哭起来，这要让婆婆听见了如何是好，于是总是在怀孕、时时大着肚子的老五太太就要急急忙忙地跑到三嫂的房间里，跪在地上求她不要再哭了，不断安抚三嫂的情绪。

要说肖家小姐到徐家来做媳妇虽然辛苦，但美好的地方也很多。徐老五是个知情识趣的男子，太太过门后给她取了个美丽的名字叫肖蔗卿，平时对她更是善待尊重，轻言细语，口口声声叫她肖妹，肖小同音，听起来像叫小妹。我外婆在娘家就是最小的女儿，备受宠爱，被年长许多的哥哥们小妹长小妹短地叫，到了婆家在丈夫眼里也还是个娇憨的小妹妹。

身体健康，夫妻关系和谐，肖妹婚后接二连三地生起孩子来。孩子们也都健健康康、聪明会读书，还都孝敬父母，听话不调皮，她真的是个有福气的妇人啊。

徐老五的家累如果到此为止那倒也就算了，但没有什么家庭理财观念又有个温柔贤惠对他百依百顺的太太，他拉的场面相比他的收入可大多了。我母亲是肖妹所生的最小的孩子，她是大学中文系毕业的，能言善道，我们从小就不时听她讲她的哥哥姐姐们的故事。

她嘴里的这些哥哥姐姐们细细研究起来来源非常复杂，他们包括亲生的，姑表的，隔了一代两代三代的，弯弯绕绕一表三千里的，没有亲戚关系的同乡好友家的，甚至哥哥姐姐们的同学好友们，还有些连我妈妈也搞不清和他们家有什么关系的年轻人，都在其中。

她说起这些哥哥姐姐们来都不分彼此亲热得很，听得出来都有共同生活的经历，似乎都在她们家住过不少的日子。看来徐老五是债多不愁，来者不拒，来了人就加付筷子，搞得我母亲的兄弟姐妹名单如历史长河般长，讲起他们的故事来滔滔如流水，让我对那个时代的年轻人没有什么陌生感。

徐老五的这种个性和生活方式在和平时期还是行得通的，虽然是拆东墙补西墙，工作了一辈子也没有攒下什么家产积蓄，还时不时陷入困境。但为人四海讲义气的他朋友多，还都对他讲义气，有困难时总会遇到贵人帮助，总有办法走出难关。他不管怎么说也是那个时代的成功人士，在家里是一言堂，在社会上也很受人敬重。

家里要是有什么红白大事，朋友们不管远近纷纷来到，把事情操办得轰轰烈烈，尽人皆知。尤其是他的朋友中文化人多，红白大事上收到的对联横幅都文采斐然，让人能够久久回味。

要说徐老五也真的是个精力充沛的人，他用一己之力把家的场面拉得这么大，生活搞得这么复杂，要照顾的方方面面这么多之外，作为一个修养深厚的文化人，还尽力地保有了中国传统知识分子的生活情趣，一直靠在政府当差养家的他可不是什么风尘俗吏。

从来没有置办过房产的徐老五，买的字画书籍并不少，只要有一点条件，他的住房里必有一间气派的书房，一溜顶天立地的大书柜里装满了书籍，宽大的书桌上文房四宝罗列。他字写得非常漂亮，诗词歌赋都不错之外，还纂写过一部清史。他一直在工作，没有过清闲的日子，又生活在不太平的岁月里，拖家带口，颠沛流离，能够独立完成这么一部大著作，真让人瞠目结舌，不能相信。

但这是真的，那部"文革"中被毁掉的著作我看见过，有好多册，都装订得非常体面，里面一行行整齐的小楷干净漂亮，难以想象是徐幼圃先生一人所为。

2

日本人打来了，徐家和整个中国一样陷入了无边的灾难。

徐老五上有老下有小家累极重，责任心强，谁也舍不下，不到万不得已是走不动的。那时政府也不给老百姓报告敌情，组织撤退，资讯完全不透明，要靠老百姓自己作判断。就算是在政府部门工作的徐老五也没有什么内部消息，对日本人和中国军队的进退动态茫然无知。

等到实在不行了，无论如何也要出走时，徐家匆忙收拾了一些装备，夹在鸦雀无声、如在地狱中行走的民众中开始逃难，携老扶幼的徐家简直是被日本人追着屁股后面跑，甚至不止一次遭遇到了残暴无比的日本军队。

徐老五的大儿子，我母亲口中的铁哥，当时是位个子高大英气勃勃的高中生，也是父亲最得力的帮手，那天他和日本军队劈头相撞。当时日本人非常痛恨抗日最坚决的中国学生了，看到身着学生装的铁哥，二话不说，举枪就打，一枪就把铁哥打到了路边的池塘里。

受伤掉进池塘的铁哥还没有死，还在挣扎，日军又追过去再补了几枪，把他活活打死了才扬长而去。和他一起的家人就在附近的小山坡上，生生看着自己的孩子被枪杀，连惊叫痛哭都不敢。

一位亲戚的女儿，也是高中生，长得水灵灵娇滴滴的，跟着学校转移时遇到了日本军队，被强奸后疯了。战后回到家人身边，受到呵护治疗后病情好转，开始准备回学校上学再过正常生活，一天和家人去看反映战时生活的电影《一江春水向东流》，受到刺激，大哭不已，再次犯病。这一次就再也没有好起来了，不久死去。

我妈妈当时还只有几岁，家人把几个金戒指藏在她的衣服里，让她和一位邻居老太太在一起，想着她们老小不会引人注目。谁知日本人还是不放过她们，在老太太身上搜到了钱物，老人家不让抢，日本兵就用穿着高筒皮靴的脚狠狠地踢她。

家里的人在逃难中一个一个地死去，慌乱中他们只好托农民草草地埋葬，就算是不让亲人暴尸野外了。他们一路走来，看到路边都是尸体，无人闻问，最可怕的是，尸体中还能时不时看到认识的人。

比方有一天他们借宿在一户人家，主人是一对相依为命的母女二人，但都有些毛病，母亲脑子不清楚，女儿是哑巴。第二天日本人来了，对这对可怜的母女也没有放过，他们后来在不同的地方分别看到了这两个女人的尸体。

日本人甚至连动物也杀，小小年纪的母亲忘不了她看见的，睁大着眼睛的，被残杀的大水牛的尸体。这头大水牛她也认识，作为战时生活贫乏枯燥缺乏娱乐的小姑娘，她经常在黄昏时静静地看着整天劳作后的大水牛安详缓慢地吃草。日本人杀牛后弃尸野外，表明他们并非粮食缺乏需要肉类，就是野蛮地要让人日子不好过。

多年前我在一家日本公司工作，公司不大，老板员工关系亲密，大家常在一起吃饭。有天正吃着饭，不知说到什么话题时，我的日本老板突然说："我们日本人当年到中国去是去帮助中国发展的。"一听这话，我当时气得脸涨得通红，一口气上不来，差点被饭噎死。

要说这是帮助中国发展的话，那这些在战争中枉死的人算什么？他们一个个真真实实都是我们血肉相连的长辈亲人，都是心地善良手无寸铁谁也没有招惹过的平民呐！

我的日本老板年纪不大，是战后出生的，他为人温和，那天也并不是有意要激怒我，他脱口而出自以为理所当然的这些观点都是他的政府，他的老师，他的父辈从小教给他的。这帮横蛮霸道凶狠残暴还颠倒黑白的人真的是伤天害理遗祸子孙，他们留下的仇恨何时能化解？结下的死结何时才能打开？

3

战争结束后，元气大伤的徐家回到长沙，但阴影还没有散去，战争带来的灾难还没有结束。

肖妹生的两个大女儿非常优秀，会读书，还听话懂事，是一对深受老师同学喜爱的姐妹花。战时姐姐带着妹妹随学校转移，在湖南的山区里继续她们的学业。生活差没有什么吃的，姐姐要读书，要打工，还要照顾妹妹，太辛苦了，不幸染病身亡，伤透了父母的心。

战事结束后一家人回到长沙，妹妹也长成了一个亭亭玉立的大姑娘，进入当时长沙有名的艺芬女子学校继续学业。也许是长年的战时生活对身体的损害太大，这孩子不久也染病，百般调养和医治都没有留住她年轻的生命，终于也病逝了。

这个孩子的离去对肖妹的打击是致命的。失去了这么多孩子，战争结束了，死亡还没有放过徐家，肖妹伤心得不要活了，她觉得老天爷已经不再眷顾她了，她最引以为骄傲的，教养得这么好的孩子们都一个一个地离去，还不如自己也死了算了。是包括我母亲在内的几个年幼的孩子守着妈妈日夜啼哭，苦

抗战胜利后徐家部分孩子的合影，左边这个最大的花季少女就是不久后得病身亡，让父母伤心得痛不欲生的叫作羡的女孩，左起第三是当时还在念小学的豪（我母亲）。

苦地拖住了她，肖妹才勉强打起精神活了下来，继续照顾几个年幼的孩子和当这个百孔千疮的家。

以后的日子里，我那善良的，说话慢声细语，操着一口软绵绵安徽腔的外婆的眼睛再也没有离开过儿孙，她把全部注意力都放在他们身上。对她来说只要孩子们都在身边日子就算是幸福的，哪怕是后来"文革"武斗的时候，大家都不能工作也不能学习，惶惶然不知所措，只有我外婆镇定自若，还不止一次地说，大家窝在一起在乡下躲难的日子挺好的，谁都看得见摸得着，她最觉得安心。

在抗日战争中失去太多孩子和亲人的徐老五像惊弓之鸟一样在湖南和平解放的前夕带着全家离开了长沙。那时并没有多少人离开长沙，亲戚朋友们也都选择留下，肖妹其实舍不得离开刚刚安定下来的家，也觉得这么一大家子人都跑去依靠朋友不是办法，但她一向听丈夫的，也非常惧怕战争，觉得只要是一家子安安全全在一起，飘落到任何地方都是无所谓的。

如今徐家夫妇带着五个小孩，两个寡嫂和一个哥哥滞留在桃源，没有

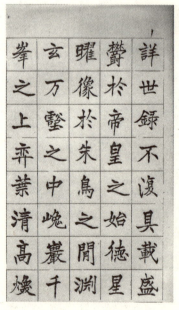

外公徐幼圃先生为家人练字写的帖

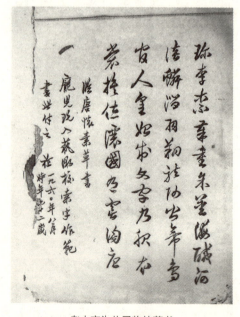

老人家为儿子临的草书

工作收入,孩子们也不能上学,手上的一点点财物也渐渐用尽了,如何是好?肖妹不怕生活艰难,遇到这种困境并不急躁,孩子们也听话乖巧,完全不需要大人操心,高中生哥哥带着弟弟妹妹们把生活安排得井井有条,还教他们读书唱歌,俨然一个组织严密的小团队。

　　但作为一家之主的徐老五不能不作出决断。新的时代到来了,他要怎样适应这个他不熟悉的时代?他能够适应吗?这个时代会接受他吗?他如果不能适应新时代的话,他的孩子们能吗?

第七章
困难，但是有趣味

1

徐老五对旧的时代并不满意，躲日本人的时候，政府官员不管老百姓死活，只顾着自己逃命，就让他很生气。

有一次一大群老百姓惶惶然跟着一位有枪兵保护的县长逃难，县长怕跟的人太多暴露目标被日本人发现，就趁着天没有亮想偷偷溜走。老百姓也非常关注他的动向，他一走大家也都扶老携幼地要跟上，于是县长一边加快速度跑，一边命令士兵朝天上放枪，警告老百姓不要再跟着他。

也带着全家准备跟着县长逃命的徐老五想不到会有这么一幕，应该守土牧民的县长竟是这么一副德行，他气得要死，站在高坡上跳着脚痛骂："我认识你！知道你是谁，看我以后不告死你！！"

他们家在逃难时遇到过土匪，到了桃源的罗家更是比较接近湘西的土匪窝了。罗家是大户，是土匪们常常袭击的对象，于是跑土匪就成了这里的生活常态。村子里隔三岔五响起警告的锣声，听到锣声，全家老小就要身着黑衣往山里躲。有时候好多天都会处于紧张状态，随时准备跑，没有办法过正常的生活。

这么根深蒂固的匪患，解放军来只打了一仗就彻底解决了。而且这一战还只听枪声不见军队，是在村子外面打的，没有怎么惊动老百姓，第二天，解放军还来处理误伤百姓的事情，让徐老五佩服得不得了，发感慨说：真是天兵天将啊！

　　但他也知道自己是在旧时代的政府里做事的，不管怎么样也是属于旧时代的。如今他还可以出去工作吗？新的政府怕是不会需要他了。谨慎的他在观察，在等待。

　　但孩子们不能够等待了，他的五个儿女不能老是待在家里。这时最大的孩子叫万，在长沙读高中时成绩很好，一直希望学医当个医生。第二大的是个叫醇的女儿，是个正当年的花季少女，如今走出去都会有年轻男子注目了。

　　第三个叫豪，取了个男子的名字却是个娇弱的女儿，在战争年代里出生长大，身体不好又常年跟着大人们颠沛流离，如今都十一二岁了，还没有怎么正式上过学，底下的是个叫孜的女儿和一个叫庞的儿子，年纪就更小了。

　　没有了收入，家里的女人们包括三个女孩子都接些针线活在家里做，换些买菜的钱回来，邻居们建议他们要不就送这三个女孩子去附近的袜厂或纱厂做工吧，管吃住还能赚些钱回来。徐家是再困难也要送孩子念书的人家，舍不得女孩子们这么小就出去打工，就一直迟疑着下不了决心。

　　那个叫豪的女孩子就是我的母亲大人，想到挺有文化人气质的她当年差一点就变成了大字不识几个的女工，还蛮不可思议的呢。

　　新的时代也在观察他和他的家庭，那时他们租着陈姓人家的房子住。陈家房子大，一部分房子还驻进了一个解放军的电台。电台的工作人员不少，都是知识分子模样的年轻人，负责人姓苏。

　　电台的这些年轻人和他们同住了不少的时间，渐渐开始接触。首先和他们接触的是庞，小小的他爱跟着大哥哥们跑，那些多半是北方人的大哥哥们也喜欢他，有了饺子之类的好吃食都不忘记给他一份，对他很关爱。有一次他们带庞玩耍的时候孩子不小心受了伤，苏领导紧张得不得了，每天都带着医生来治疗，直到庞完全康复。

　　其次是醇，电台的年轻人中有人开始关注她了，默默地注视，托小弟弟传纸条，含蓄地展开追求。

　　再就是肖妹，这么多和她死去的大孩子们一般大的年轻人在这里转来转去，自己做饭，自己打扫，只有生病的时候才听见他们叫妈妈，这到底是什么人家的孩子们呢，他们的父母怎么能够放心让他们就这么走到天涯海角，肖妹觉得不可思议。

不但是电台的年轻人引起他们的注意，街上也时不时有军队的宣传队来表演。那些年轻人都朝气勃勃，军装干净合体，尤其是他们中间还有不少女孩子，军帽下露出黑油油的大辫子，美丽又大方，引得家中的几个女孩子羡慕不已，这和她们以往接触的女人大不一样啊。

旧时代的女人们是没有自我的，只有家庭完美幸福她们才有幸福可言，如果没有家庭就连安身之处都没有了。比方他们有一位朋友，丈夫和孩子都病死了，太太无所依靠，只好住到庙里去度残生，那还是一位很有文化修养的太太呢，写得一笔好字，做得一手好文章，是个可以和徐老五这样的高手唱和的才女。

就算是家庭美满富裕的太太们也没有什么生气，一过了四十岁就恨不能在家里行走都要扶着个丫头，如秋叶般衰败了。如今看到这些截然不同的女性，如同看到了新的希望，三个女孩子跃跃欲试，连万都开始为她们提请求了。他说我的妹妹们都聪明好学，是金子般的宝贝，若是让她们出去参军参干，都是会有出息的。

万为妹妹们请命，其实更是为自己，他已经快成年了，更迫切地需要投入到新的社会中去。但徐家的孩子们都听话，他们在等待父亲徐幼圃先生的抉择。

2

徐家的转折源于苏同志和徐幼圃先生的一次谈话。

1950 年的春天，电台接到命令要离开桃源，三天时间里这些年轻人很忙碌地开始收拾行李，打扫房屋院子，百忙之中苏同志约谈了徐家的家长徐老五。

苏同志坦率地告诉徐老五，新政府对他的过去的职场经历有所防备，尤其是他在新中国成立前夕逃到桃源来的举动更让人费解。为此做了很久的调查，发现他在那么有油水的职务上确实没有贪污，名声不错。

苏特别强调的是他们认为徐家的孩子们都教养得非常好，应该尽快让孩子们出去学习或工作，新的时代会接受和欢迎他们的。听到万有学医的打算，苏更是把自己正在哈尔滨学医的妹妹的联系地址写下，说是愿意帮助万进入医学院学习。

后来听说苏同志他们去了朝鲜，此后再也没有通过音讯，不知后来他们怎么样了，命运如何？但是和他的一次谈话打消了徐老五的顾虑，让徐家的孩子们很快融入了新的时代，我母亲认为苏同志的坦率诚恳都是后来的政治工作干部中很少见到的，非常让人怀念。

苏同志他们走后徐家马上行动起来，徐老五还是非常实际地觉得自己再回政府部门核心岗位工作的可能性不大，就去了一家私营公司找了一个文员的工作打打杂，然后在朋友的帮助下回到长沙进入救济署工作，再次进入他熟悉的业务部门。

新的时代里，就算是大官工资都很有限，何况是一般工作人员。徐老五知道他已经不可能供养一个大家庭了，于是把一个寡嫂送到养老院由社会照顾，一个寡嫂送到了她自己的女儿家，自己带着哥哥和家小回到长沙。

万和醇都考进了银行做职员。醇适应得很好但万很快就退了出来，他看不惯银行职员们的油光铮亮的打扮和油嘴滑舌的谈吐，觉得自己在这个环境里适应不了。当时参军参干的机会很多，很欢迎年轻人加入到新的时代，万很快又考进了合作干部学校。

如果说当时的银行多半还保留了老的财务经济管理方式的话，合作经济就是财经方面的新形式了。理念新，人员新，充满了新气象，万在学校学得很愉快，还被送到北京去学习了好久，他工作努力，理论水平也不错，后来就当了财贸学院的教师，供给制改为薪给制时他定的工资级别不低，于是在经济上代替徐老五成了徐家的家长，挑起了奉养老人、培养弟弟妹妹读书的重责大任。

万从小就想学医，他时时为别人着想，工作作风细腻，如果学医的话一定能够成为一个好医生。但是学财经也不错，毕竟他的父亲和祖父都是做这一行，挺有传承的。和长辈们不同的是，他已经不再担任政府部门的职务，而是做财经方面的研究和教学工作。

工作干得不错，生活方面的负担却太重了，他的工资虽然不低但弟弟妹妹多，生活要过得像模像样之外还都要送进大学去读书，负责任的大哥承担这个责任一担就是好多年，连自己的婚姻都耽搁了。这样的付出和牺牲在徐家算得上是理所当然，祖祖辈辈都是这么过来的，当大哥大姐的常常为了帮助父母或者干脆代替父母教养弟弟妹妹，不惜牺牲自己的个人幸福和事业前途。

3

20世纪50年代初期在全国范围内大力开展扫除文盲的运动，就是教不识字的成年人识字，当然对他们要求也不高，只要能够达到简单的读写就够了。这其实挺重要的，听说当年日本军人战斗力强的原因之一，就是他们全部识字，可以看得懂长官的命令，也读得懂武器的使用说明。

当时中国庞大的不识字人口里更多的是女人，其中也包括有一个知识分子丈夫有一群会读书的孩子的肖妹。新中国成立后肖妹也上了扫盲班，丈夫则成了她的专职家教。

徐老五如今不忙了，社会活动已经减少到了零，急躁的脾气一扫而空，下了班吃过饭后就在灯下教太太识字，还耐心地为太太写下好多的样板字，让她照着练习。

照我看这一幕比红袖添香还浪漫，对此肖妹似乎也有同感。扫盲班结束了很久，她还在不断地练字，大概是要留住难得的和丈夫这么亲近的好时光吧。新的时代把大家庭变成了更加亲密的小家庭，还把一天到晚在外面活动的丈夫送回了家，夫妻间的距离拉近了，肖妹对这一点应该有感触。

我的外公去世得早，我对他没有多少印象，外婆肖妹和我一起生活的时间就长了。会做鞋总在做针线活的她走到哪里都带着一个好大的针线筐，里面除了针头线脑各色扣子碎布以外还有一大沓打着方格子的练字的纸，第一行是徐老五漂亮的字做样板，后面则是肖妹歪歪斜斜但非常认真的描画。我的外婆似乎并没有学会念书，但经过长期的努力认得了好多的字，反复的操练下字也写得越来越周正了。

性格平和不急不躁的肖妹总是在不停地做着什么，我小的时候几乎没有穿过买的鞋子，都是在穿外婆做的，针线紧密整齐的鞋子，胖胖的棉鞋，红红的布鞋，花色式样层出不穷。这鞋子一双一双的被做出来总是多到我穿也穿不完的地步，要哄着我试穿还真是一件难事，那时小小的我得福不知，非常盼望不要每天都穿外婆做的家制鞋，能够穿一穿外面商店里买的皮鞋就好了。

细细密密做鞋子给我穿之余，外婆也慢条斯理地练字，天生有一头波浪翻转的大卷发的她总是把头发绑得紧紧的。外婆梳着一个巴巴头安详端正地坐着做针线或练字的样子在我心中根深蒂固，认为所有的外婆都应该是这个样子的。其实不然，我母亲做了二十年外婆了如今还是心急火燎，活蹦乱跳的一点也没有外婆样。我过些年要是当外婆了恐怕也会和肖妹版的外婆形象差得远，这正宗的外婆模式怕是真的要失传了。

徐老五年轻的时候是个严厉的父亲，他的几个大孩子都被要求长时间地练字和学习古文，中国文字文学的基础打得相当好。到了豪这里事情起了变化，一则是战时颠沛流离的生活不允许，二则豪从小身体就不好，家长不敢对她在读书上加负担，最重要的是徐老五自己年纪也大了，境况也不是很好，心性大不如前，顾不上监督小女儿念书了。

但到底是徐家的女儿，虽然没有正经练过字，我母亲的字还是写得非常秀丽漂亮，要说字是敲门砖的话，她这砖还挺结实的呢。豪不但字写得好，念书也念得很顺利。没有正经上过什么小学的她一上手就考初中，而且一考就以前几名的好成绩进入了名校，进了学校也读得轻松愉快成绩优异。

社会安定了，徐家的三个小儿女都开始认真地念书，三个人都念得好，在学校也受欢迎，每天都愉快地到学校去享受读书之乐。他们听父母的话，从来不需要大人操心，每天同来同去，相互间感情深厚。

　　徐老五如今就是个普通工作人员，在社会上没有什么地位，但新的时代也没有找他的麻烦。如今他赚的钱有限，但万已经开始在经济上帮助他了，家里生活还过得去。

　　敏感的他已经认识到这个时代不再属于他了，但沉舟侧畔千帆过，他的家庭还是有希望的。这个阶段他最得意的就是和谐的家庭和有出息的子女们了，他们在新的时代都适应得很好，值得欣慰。

　　于是夫妇俩带着五个孩子照了一张全家福，徐老五在相片上题字："困难，但是有趣味。"

　　那年头中国和苏联的关系非常好，大家都相信苏联的今天就是中国的明天，受苏联的影响既广泛也深入。这句话恰是当时苏联的二战英雄马特洛索夫的名句。

　　熟悉中国古典文学，家里收藏着整套的"曾，左，彭"和很多古籍字画，还独立完成过一部清史的徐幼圃先生也在很努力地调整自己，跟上时代的步伐，他已经可以准确地应用时尚语言描述自己的处境，表达自己的心声了。

第八章
有点阳光就灿烂

1

人是挺矛盾的，我逮着机会就批评林妹妹，其实并非不喜欢她。她美她聪明她真实，更难得的是她懂得识人，她不肯辜负自己。这么多好处让人看也看不够爱也爱不完，不但宝哥哥爱她，我也爱她，我们大家都爱她，爱了这么多年都放不下。

林妹妹的好处多，坏处也不少，还都挺突出的。她最大的坏处就是难养活，让养她的长辈，爱她的宝哥哥，喜欢她的姐妹都为难。她为难别人就算了，还为难自己，事事处处都能够找到理由让自己不快活，终于把自己给为难死了。

要说林妹妹还是挺幸运的，家庭条件个人条件都好得出奇。妈妈虽然过世得早，但那年头人均寿命本来就不长，没有妈妈的孩子应该是很多的。林妹妹的好运是她有个在那个时代来说特别难得的好爸爸。

林黛玉的父亲林如海先生出身名门是高干子弟。他不但是高干子弟，自己还很会读书，中过探花，是全国联考的第三名。他不但会读书还会做官，是皇帝钦点的盐政，可见皇帝对他非常好，这种官不是谁都能当的。

中国古代只有几个行业是由国家控制的，其中重要的一项就是盐，这政府要是允许了谁做盐商，那简直就是送了一个天大的富贵给你。我们上个星期去了林妹妹的家乡扬州，到扬州玩很重要的一项就是参观历代盐商们的私宅，那些宅子都精雕细刻，情景交融，天人合一，可以让后人反复琢磨，叹了又叹，真的是富贵无边呐。

盐商不止一个，一般有七八个到十来个不等，管着盐商们的盐政就只有一个了，这官的重要性可想而知，等于是管着政府的一个小金库呢。想那饱读诗书的林如海先生绝对不可能是个不通人情，不晓世事的书呆子。

这么个人却非常难得的对太太深情对女儿爱护，在太太死后决定不再续弦了，就这么守着一个年纪小小的女儿过生活。所以林妹妹没有后妈，她也就没有经历过和后妈一起生活的委屈和为难。

那年头讲究女子无才便有德，是不主张开发女孩子智力，让她们得到过灵性生活的机会的。林如海先生却与众不同，思想很超前，他不但给女儿找老师，还找了个很有水平的老师。

贾雨村先生不是一个让人喜欢的人，但谁也不能否认他是一个有学问有能力的人。他的学问能力还不是一般般的，他考取过进士，有国家级的高级文凭，进可以到政府做大官，退可以和那个时代的上流社会相交往。这么个人却被林如海先生雇到家里来当家教，教导还只有几岁的女儿林黛玉。

不但教还只教她和她的陪读丫鬟，是她的全时家教，大手笔吧？这当父亲的爱女儿之心还真的是没有话说。他当然知道教导女儿是为他人作嫁衣裳，这女儿迟早是要嫁到别人家去的，并不能在他身边和他谈诗论艺，慰藉他可以预见的孤独晚年。

林妹妹一生最大的亮点其实就是她的学识才情了，她在这方面高出了她周围所有的人，这是她骄傲的源泉，也是她精神寄托之所在。在这方面唯一能够和她比一比的也就是宝姐姐，但宝姐姐的学问是偷偷学来的，自己都有点觉得名不正言不顺，不像林妹妹堂而皇之是父亲礼聘的名师精心教导出来的，所以她炫耀起来比宝姐姐自在多了，很有几分理直气壮。

大观园里除了林妹妹以外，大家都没有什么像样的老师。宝姐姐是自学的，迎探惜三姐妹似乎也是自学成才。另一个才女史湘云小姐更可怜，她的工作任务和丫头们一般繁重，只能利用业余时间自学成才，连时间都没有保障，更谈不上有名师指点了。

那个时代的女孩子们没有什么必需的理由要读书，男孩子就不一样了，他们必须要读书才能到社会上安身立命，为家里光耀祖宗。但宝哥哥的爸爸贾政先生教养孩子的水平比起他的妹夫林如海先生来就差得太远了。他倒是特别挂心儿子的学业，见了儿子不是骂就是打，急得不得了。

急归急，却一点有力措施也没有，他从来没有想过为儿子请高水平的家教，自己也没有亲自下海教过儿子。当然他不像妹夫一样有高学历，估计水平也挺有限的，不教也罢。没有私家教师，宝哥哥又不肯自学成才，就只好去学校了，可惜的是那个学校和学校里的老师都非常扯淡。

那个学校唯一的老师贾代儒是个没有文凭，书也没有读通，只好靠教小孩子混饭吃的老头子。他年纪大，精神不好，上课喜欢打瞌睡。他能力不强，不但管不好学生，连自己的儿孙也调教不好。就是这么个糟糕的老师还并不是宝玉专属的，他要同时管教一大批年纪大小不一，但个个调皮难缠的孩子，对宝玉也没有什么特殊的关照，像开个小灶什么的。

宝哥哥的老师，学习的条件比起林妹妹的来都差得太远，其结果当然是样样不如人。难怪他一天到晚要佩服林妹妹学问大，有才情了。

父亲处处为女儿着想，不惦记着自己没有人陪伴，只惦记着女儿没有姐妹们相伴会太孤单，就把孩子送到外婆家去教养。这是说出口来的道理，林先生没有说出口来的道理应该是女儿的前程。贾家比林家经济条件更好社会地位更高，加上有贾母王夫人一大帮正牌女眷时时和上流社会的夫人们相交往，可以方便地为女儿介绍合适的对象，女儿在那里长大会受到更好的教养，出路也会更好，应该是这个父亲的真正打算吧。

有这么为她着想的父亲，加上爱她疼她的外婆，再加上宝哥哥的知心，姐妹们的陪伴，还锦衣玉食地生活在那么诗意的环境里，这在那个年代里也没有办法再要求更多了。但是林妹妹活得不开心，很不开心，非常不开心，认为环境对她是风霜刀剑严相逼，简直是活不下去了。

林妹妹的不开心当然有道理，她也确实是遇到了自己没有办法解决的困境，但退一步海阔天空，她的生存空间并不小。可惜她是一个纯粹的人，追求完美，不能生活在有缺陷的世界里，也就只能用短暂的生命成就一段爱情了。

要说林妹妹也是值得的，宝哥哥和她不但相爱还知心，这么美好的感情中外古今都难寻，也许真的是值得以生命相许。但是平常日子平常人就不能这么要求了，如果都像林妹妹似的需要那么多阳光雨露还难活的话，日子还真的很容易就会过得暗无天日，了无生趣。

2

有的人就不会了，他们的生命里只要有一点点阳光就欢喜，时时按捺不住地要表现出生的愉悦。

比方在美国做劳工的好多都是墨西哥人，他们不但在工厂做工，也做短工。我们家如果碰上整理花园修理车库或者是搬家等需要人帮着做力气活的时候，常常雇些西裔的工人来帮忙。他们一来往往首先就把自带的小小的录音机装上，音乐响起，就开始边干边唱了。他们的音乐简单明快，唱的人很容易跟，听的人也觉得舒服愉快。

我老公只要一看到这么快乐的工人就很高兴，跟着他们忙进忙出帮着打下手之外，还要多给他们小费，说是最喜欢兴高采烈的体力劳动者了。他下过三年农村，全时干过三年体力活之后还没有腻，有点机会就要干一干，乐一乐。乐完了还不忘批评人，说是最不喜欢看到干一点体力活就觉得委屈得不得了，撅着嘴不开心的人了。

他的理论是，要干就要开开心心地干。我的理论是要活就要开开心心地活，过鸡蛋里面挑骨头求全责备的日子没有意思。

芷青也是一个有点阳光就灿烂的人。她的命运连中国很有名的苦命太太王宝钏都不如，苦熬苦等地熬到丈夫功成名就回故里，却没有回到她的身边，两个儿子也很快地离开了她，她用心维护的家也就不再存在了。这一切都让她非常痛苦，但她还是很快地找到了自己的路，全身心地投入到了新的时代，新的生活中去了。

芷青送走孩子后就找到了当年介绍她加入共产党的韩淑仪，韩当时担任长沙市妇女联合会的副主任。
当时百废待兴，干部奇缺，尤其
是有点文化的妇女干部更是难
得，于是韩就安排芷青到妇联工
作。芷青住进了集体宿舍，干练
的她不但工作很快就上了手，还
一如既往地照顾周围的同事，迅
速得到大家的尊重和喜欢，被尊
称为姚大姐。

努力工作的同时她也重新过
起了学生生活。当时的社会不但
以各种方式为文盲扫盲，也鼓励
成年人提高文化程度，于是芷青
利用晚上和休息日进了业余成人

这是当年的一张分科结业证书，上面提到以后可以凭各科结业证换领分类毕业证，给忙碌的成年人提供了边工作边系统进修的机会，方法灵活思想超前。这种受教育的方式如今在美国也非常普遍，公司里很多员工甚至有些高管的学位都是这样读出来的。

学校，一门课一门课地上，一门课一门课地考，坚持了好多年，终于拿到
了初中毕业文凭。

妇联的主要工作是帮助深受不平等婚姻关系之害的妇女追求幸福获得
独立人格。这一部分全新的工作需要法律知识，所以当时的法律部门给干
部们开法律普及班的时候要求妇联也派出干部参加，芷青等被派去参加法
律普及班。

芷青上班的时候学法律，下班的时候学文化，学得不亦乐乎，成绩也
很好，法律部门缺干部尤其是缺女干部，就向妇联要求把芷青留在法院工作。
于是芷青就到了长沙市中级人民法院的婚姻庭做了书记员，她拿到初中文
凭后被提升为审判员，也就是当上法官，可以独立承办案件了。

芷青的工作学习都很努力，发展也很快，但有件事情她没有怎么放在
心上，那就是她的党员资格。她和贾小姐都由韩淑仪介绍入党，也由她介
绍进入妇女联合会工作，韩和他们二人都想着要把这党员资格的事情办了，
但当时工作学习挺忙的，她们都觉得这事挺顺理成章的，也没有什么紧迫感。

谁知没有多久韩淑仪到北京开会时生急病开刀死在了手术台上，芷青对韩的突然去世挺伤心但也没有多想自己的事。她不是一个对政治敏感的人，算不算党员她都在努力地工作和学习，上级和同事也都看重她，年轻同事也尊重她，她过得很充实，也算得上愉快，这些地方她就想得不多了，也没有想到这件事的不明不白之后会变成她的软肋，甚至是致命伤，让人抓住不放，断送了她的事业前程。

3

正当芷青又工作又学习忙得不可开交之际，路易回到了长沙，芷青挺高兴的，但并没有办法把儿子安顿在自己的集体宿舍里，于是路易住到了招待所，一边休养身体一边看书学习。那时是供给制，对干部包吃包住之外发一点点零花钱，大家虽然不愁吃穿但手头没有什么钱，他们母子只能各自住在集体宿舍里，没有办法安一个家。

芷青还是想办法照顾儿子，在办案学习的间隙里不时约儿子在外面吃碗面或者吃个小馆子补充一点营养。路易常常在约会地点附近找个书店一边看书一边等待忙碌的妈妈，他也常常到妈妈的集体宿舍去，那里的人对芷青很尊重，也爱屋及乌地对路易非常好。

变得沉静爱读书，不像以前那么毛躁的路易运气转好了，他住在湖南省委的招待所里一边养病一边等待分配工作，没有多久新的工作就来了。当时刚刚成立了湖南省文学艺术界联合会筹备委员会，省委书记周小舟批了一大笔钱置办了筹委会所需的房子，也创立了《湖南文艺》杂志。路易被分配到这个杂志社担任编辑，第一天去上班，编辑部的秘书就交给他一叠稿子要他处理，让他一下子就陷进了忙碌的编辑工作中。

参加工作一年多来，东跌西闯的路易到这时候才找到了适合自己的路，沉下心来开始了他真正意义上的第一份工作，这一干就是八年之久。当时路易进入编辑部一看，所有的工作人员都是大学毕业生，有的还一边编杂志一边在大学教书，学识都非常渊博，让他佩服之余也感到了自己学问的不足，于是他开始了持续多年的晚间自学生涯。

年轻时多少有点不知天高地厚的路易初到编辑部时被同事们的学问震住了，这震撼印象非常深刻持续了多年，比方编辑部有一位比路易大十多岁的女编辑叫周定之，是英文系毕业的大学生，中英文学养深厚，由学问深厚而致仪态从容优雅，让路易深深难忘。

在我小的时候，父亲不止一次地说他理想的女儿就是要教养得像周定之那样多才多艺，他也很努力地要把我往多才多艺的路上引。可惜我的资质和际遇都不如周前辈，没有她那般的成就，只是养成了兴趣广泛不单调乏味的生活习性。

这位我从来没有见过面的周定之先生翻译过大量的外国文学作品，还长期担任外语系教授，其语音水平更被业界评为中南地区第一人。她一定不知道她的学问和修养成了她当时的小同事路易教养女儿的样本，成了我小时候似有神交的前辈先进。

回到湖南做编辑的路易和已经去苏联读书的雅可（右），两兄弟的生活已经渐行渐远，但相貌依然非常相似。后排是被路易带去考革大，毕业后分配到省委工作的表弟。

当时的编辑工作做得非常认真，号称每稿必复，不许漏掉优稿，一旦发现有苗头的作者，不管远近，编辑必须亲自去拜访。几年下来成就了不少的作家，这些作家中好多人都成了专业作家，这就是所谓文坛的成因。湖南的作家在量的方面和质的方面都代代有人，号称湘军，在中国算是有影响的了。

这时干部的供给制改成薪金制，路易和芷青都有工资了。路易的工资很不错，有七八十块钱一个月，他除了每个月寄给姚外公一笔钱之外，还是很有富余，于是就开始大量买书。一边看一边买，几年下来学问长了不少，书也买得很多，这些书在三年困难时期多半被卖掉换成吃的东西，被包括我在内的家人吃掉了。

前几天和老爸谈起这批书时他一点都不心痛，说如果没有被吃掉，几年后遇到文革也会被抄家的抄走，还不如换了钱买吃的抵挡饥饿呢。

芷青的学历比较低，工资没有路易定得高，但也不错了。她花钱的方式是周末用一只小小的煤油炉做好吃的东西，然后把路易叫到宿舍里来改善伙食，还有就是做衣服。芷青是学缝纫的，一辈子做过好多衣服，但用的布料多半简朴。如今有钱了，她买了上好的呢料，并没有自己动手做，而是郑重其事地请专业裁缝为路易做了一身中山装，路易穿上后显得非常挺括神气，人人都说你儿子真帅，让芷青非常得意。

一来二去的就有人开始为路易介绍对象了，芷青对这事挺起劲的，也相中了好几个，无奈路易正沉迷读书，对谈恋爱没有兴趣，也可以说是还没有遇到特别能够打动他的人吧。

被周大姑夫妇护送到北京住在儿子家的刘姓太太这时回来了，她并没有抱怨在北京的生活，也没有讲北方媳妇林兰的是非，更不好说她要和芷青一起生活，只是强调她想念孙子，要和路易在一起。周大姑并没有跟着妈妈回湖南，伴着三哥三嫂留在了北京。

路易还没有结婚，住的是集体宿舍，没有办法安顿祖母，就在他的宿舍旁边为祖母找了一处房子，安顿了下来。这当然主要还是芷青张罗的，她工作忙没有办法照顾刘姓太太，就请了一位周姑娘来和婆婆同住，打理婆婆的生活。

周姑娘是结过婚的，她原来的丈夫对她非常不好，说打就打说骂就骂，她实在受不得了坚决要离婚，丈夫又死活不肯。有一天周姑娘跑到法院来求助，她的丈夫也追了过来，无法无天的他当着众人对老婆也是照头就打，拦都拦不住。周姑娘羞愤难当，哭着就往院子里的井里面跳，被身高力大眼明手快的芷青一把捞起，算是留下了一条命。

妇联和法院帮周姑娘做主离了婚，摆脱了她那个凶狠的丈夫，但她没有工作不能够自立，被暂时收留在法院的集体宿舍里。但这也不是个长法子，所以请她照顾刘姓太太也算是解决了她的生活问题。周姑娘做得很经心，常常做了好菜叫路易和芷青下了班去吃饭，一家三代再一次的过得其乐盈盈，大家有意无意地把立波和芷青婚姻问题没有得到解决的烦恼抛到了脑后。

后来朋友们帮助周姑娘找了个不错的丈夫，可惜那位丈夫不久就被打成了右派，周姑娘再一次地过起了苦日子，她追求幸福的人生路上还真的是波折多多啊！

4

人们常说 1949 年到 1957 年的八年是新中国成立以后的黄金八年，经济建设发展得很好，政治风波也相对比较少，尤其社会风气非常好。当时号称是路不拾遗夜不闭户，很有盛世的风范。苦难的中国经历了这么多年的战乱后终于盼来了和平的好日子，大家都很珍惜。社会一天天在变好，人人都很振奋很努力，个个希望能够加入其中，和全社会一起奋斗，也期望能够分享这份光明的前程。

直到如今很多人都非常怀念那段岁月，很多年长的人也比较喜欢那个时代的自己，觉得那个好时代把自己美好善良开朗向上的一面开发出来了，把自己狭隘自私阴郁的一面压抑了下去，或者是化解了不少。

我和顾骧叔叔聊天的时候也提到了这一点，他不太同意，他认为后来很多问题其实就是在那段时间里开始的，只是因为波及的面没有那么广，对社会的冲击没有那么大而已。静下心来，再多看看那时发生的事，觉得顾叔叔的话有道理，那时社会一天天变好变强，也一天天变得更加激进，更加狭隘，更加求全，受到责难的人也开始感到手足无措，有些人更是变得无处容身了。

勤奋工作，努力学习，虽然人到中年，但仍然充满了朝气的芷青这时候在工作中就遇到了困境。

芷青当时有一位同事姓朱，他有文化是知识分子出身，和芷青一样也是抗战时期在沅陵加入共产党的，他们那个时候就熟悉，如今又是同事，关系不错。他们两人的上级是位北方来的女干部，她文化不高，个性比较强，有一位地位比较高的丈夫。当时还有一批刚刚从学校毕业的年轻干部加入到了法院的工作中来了，有的还是法律专业的大学毕业生，初生牛犊不怕虎。

这时候朱同事和他们的领导有了不同意见，朱同事认为法院的有些案例的量刑太重了，量刑的标准超过了法律规定的范畴。这个应该是法律工作者们一天到晚都在谈论或争执的问题，但女领导强势又不怎么讲得清道理，朱同事觉得自己把法律吃得比较透也很坚持，这事闹得比较大。

芷青这个人一向与人为善，虽然是非清楚，但主张重罚轻判，给人留改过的余地，很同意朱同事的观点。但她个性温和不爱说话，很难和领导起正面的冲突，并没有大力地加入到争论中去。法院里的年轻人大多同意朱同事和芷青的观点，这场争执很有点一边倒。

女领导这时有点狼狈，要讲道理又讲不过这些把法律吃得很透，能言善辩的知识分子们；要服输又很不甘心，尤其是已经闹得这么大了，还真的有点下不来台。没有什么文化但是不缺少斗争经验的她选择的方法是避开争论点而去找对方的弱点。

朱同事和芷青是差不多同时在沅陵入党的，他的党籍新中国成立后已经恢复了没有问题，资格老党龄长动不得，小年轻们也不好去惹他们，只有芷青这个人是个软柿子有辫子可抓。说是地下党员，但党籍没有恢复，历史问题没有澄清，于是她组织了对芷青历史问题的审查工作。

对党籍的恢复问题，其实芷青并没有想得这么严重，也抓得不那么紧，没有想到过这个问题如果不解决的话会留下后患，成为一个随时可以被人抓到手上的辫子，说审查就审查了。这审查工作进行的力度还非常大，芷青曾经写到当时对她进行了逼供，让她觉得非常痛苦。这逼供到底到了什么程度芷青没有说，但架势不小是肯定的。

这个动作当然转移了那场有关量刑轻重的讨论，争论偃旗息鼓了，女领导的威权得到了伸张。对芷青的打击则比较大，她被调到当时承担类似律师角色的法律顾问处工作，离开了当时被认为权力比较大的审判员职位。

这种回避问题的争论点而抓对手弱点进而压倒对方的方法是恶例，但那时是行得通的，这种手法后来被一用再用，步步升级，遍地开花，人人都受害，这是后话。女领导后来怎么样了我并不清楚，十年后她丈夫和她自己恐怕也得当当这种争斗方法的受害者吧？在那全面开花的岁月里，我还没有听说有能够幸免的人呢。

经过这一折腾，心性很高的芷青会不会变得有些手足无措，心灰意懒了我不知道，只知道朱同事是芷青一辈子的朋友，不离不弃，不管我们搬到那里，境遇如何，他都不时地来拜访看望。只知道芷青离开法院几十年也不主动和同事们联络，但 1985 年她过世的时候法院一下子浩浩荡荡来了好多人参加她的葬礼，还是有不少的人记得二十多年前的姚大姐。

第九章
早上八九点钟的太阳之一

1

今天的社会对外貌非常看重，大家会花很多的时间金钱修饰自己的外表，认为相貌好穿着打扮时尚的人有更多的成功机会，甚至有更多的话语权。

比方电影电视的编剧应该是一个剧的思想和灵魂，成功的保障。但如今如果哪个电影电视成功了成就的却是演员，大部分的光环和金钱的回报都给了他们，面子里子都是名利双收。闹得本来应该是高高在上的，冷静超脱跟上帝似的编剧们的万千思索，辛苦劳动得不到应有的回报，灰头土脑的，跟一群被欠薪的民工似的非常哀怨，已经顾不得体面，差不多要赤膊上阵到街上去游行了。

漂亮的，或者是以漂亮为职业的演员们不但风光还有话语权，他们说什么都有人关注，干什么都有人追捧，人们认为漂亮的人儿一定是聪明的，有思想的，跟着他们的思路转，照着他们的样板过日子没有错。

对吗？浅薄吗？是个笑话吗？是个推理的谬误吗？这个我可说不清楚，我自己就很爱漂亮，花了不少的时间金钱在这上头，还很是乐此不疲。至于变漂亮了是不是会变得更有思想智慧我就不知道了，但愿是，内外兼修应该是人类发展的美好愿望。

有趣的是，一些爱漂亮的姐姐妹妹们眼界比较宽，对中外古今的美都有研究。她们研究来研究去发现生活在 20 世纪 50 年代的中国年轻人很好看，那时的年轻人只用了些非常基本的装饰就很生动了，带给人朝气蓬勃阳光灿烂的好印象。透过五十年前简陋的黑白照片还是能够打动今天的我们，让人感受到一股压抑不住的自然青春之美，非常有生命力，让后人好生羡慕。

我的母亲大人年幼时在战乱中度过，身体非常不好，也没有什么机会安安静静好好念书。好在幸运的她初中时赶上了和平的好时候，考进了名校，度过了认真读书，也在读书生活中找到无穷乐趣的初中年代。

那时的她成绩非常好，一直担任学习委员的职务，课余也喜欢看书，尤其喜欢看文学作品。受徐老五的影响非常喜欢看有关清代的文字，但还是更喜欢读当时很流行的苏联小说，深受感染。那时的她床头挂的是古丽雅的头像和格言，日记则是写给卓娅姐姐的信。

我的长辈们里面知识分子挺多的，但细细研究他们求得知识，养成读书习惯的过程很有意思。他们多半并没有条件一辈子手不释卷，但一定有好几年全心读书的日子。我的母亲大人一心一意用功读书的时间就是她的初中年代，说那时的她是个小书呆子也不为过。

到了高中事情起了变化，豪高中考进了长沙的名校，但离家里比较远，每天要走很远的路去上学。豪喜欢她的学校，早出晚归地走路上学也愿意，每天早上都精神抖擞按时起床，快步急走去上学，从来也不叫苦。虽然聪明，但从小体弱，挑食，爱粘着妈妈的豪每天这么走下来饭量增加了，脸色变红润了，性格变开朗了，身体变健康了。

这么资质优良的学生当然让同学老师喜欢，于是她交了很多的朋友，成为活跃的学生干部，假期里和别的学校的学生干部们一起参加夏令营，过集体生活，学习怎样做航空模型，活动多多。

在这些活动中她表现最突出的是体操。她上的这所学校叫长郡中学，1904 年还是清朝的时候就成立了，是当时湖南成立的第一所中学。这个老资格的名校不但读书风气盛，还特别注重在体育和文艺方面栽培学生。

这个学校最有名的就是体操了，他们的校体操队就曾经四次代表中国参加世界中学生体操比赛，牛吧？20 世纪 50 年代，长郡中学的体操就了不得，个子娇小，体态均匀灵活的豪参加了学校的体操队，每天训练不休，日日沉浸在青春的美好中。

这么多活动和训练，还交了好多的朋友，豪已经不可能有时间也坐不下来手不释卷了，说老实话，成绩也不如在初中时那么亮眼了。大概是因为这样吧？我的母亲大人一贯反对我在读书期间参加体育运动队或者是文艺表演团体，有时还不惜动用强制力量来阻止我，直到上了大学脱离了她的控制以后，我才开始有机会痛快地玩体育，直到今天都乐此不疲。

其实我倒是认为年轻的时候能够有一段这样的运动经历挺好的，一辈子都受益。看我七十多岁的老妈到如今还是身手敏捷，精神旺健，没有什么老态就知道运动的好处了。中国古代文化很美好，但缺失也很明显，不怎么关注身体的运动，不怎么崇尚强健的体格就是缺失之一。

要说人吧，常常抱怨社会还不够文明，进步还不够快，细细想想其实我们还是在不断地进步中。虽然有反复，但是走得并不慢，尤其是我们女人，也许是因为起点低吧？进化的脚步就走得更快了。

比方豪的妈妈我的外婆就是个不识字的家庭妇女，通过多年的努力学习文化，可以照着丈夫的楷模用毛笔写字，认得了不少字但还是不大会读书，不能算扫了盲。我祖母芷青是那个年代的先锋人物，运气好，得到过公婆的栽培，自己也非常努力才在人到中年的时候拿到初中文凭，难得地有了基本的文化知识。

20世纪50年代正在读高中的豪，她将会有和她的母亲肖妹完全不一样的，更为广阔的人生。不会再成为一个没有自我，对丈夫言听计从，家庭儿女是全部生命的女人了。

我的母亲大人豪和她的女性长辈们就大不一样了，她是大学毕业生，出口能成章，下笔能成文，自尊自信，没有自觉低人一等的旧式女性意识。她不但能够清楚准确地表述自己的所知所感所愿所望，还能够在大学里教书，培育人才。在运动方面她更是走在了时代的前头，是那个时候的风头人物，虽然没有专门从事体育工作，也卓有成绩，是当时国家论证过的二级运动员。

比起母亲大人来，我对文字有兴趣之外，和

不施粉黛的女学生们只要穿一件简单的花衬衣，用手绢扎一下辫子就很美了。前排左起第一人为豪。

数学的关系也不错，可以运用两种语言在两种不同的文化背景中生活自如，接触过不少的层面，多少也明白钢铁是怎样炼成的。不客气地说，我比母亲大人的生活空间要广阔一些，看到的世界和有兴趣了解的世界都更多。

说到我的女儿比起我来就更进步了，从小就生活在双语环境中的她对于进入陌生的生活环境适应得更快。只修了两个学期的意大利语就能够高兴地在意大利住上半年，自在地在欧洲跑来跑去，这个我可做不到。还有一点她比我强的是懂得音乐，有时听到她和她的朋友们长篇大论谈论起音乐来，觉得那是一个我不怎么熟悉的，像天籁般美好的世界，他们从音乐中得到的喜悦和感悟一定很多。

人类一天一天变得更文明，更健康，更有智慧，更有机会过物质和精神都丰美的人生，这太好了。

那时的豪也是这样觉得的，她就像早上八九点钟的太阳一样充满了活力，希望自己在生命的路途中能够跳过一个一个的高度。天天练习体操的她也经常参加舞蹈表演，那年头多半跳苏联的乌克兰舞，吉尔吉斯舞。大幅度的动作，激越的音乐常常伴有欢乐的呼啸，让舞者兴奋得喘不过气来。

豪享受着每一分钟的生命，希望自己真正沉浸在快乐的海洋里。

2

活泼的豪也不是完全没有心思，在新的时代里，她的父亲徐老五似乎越来越消沉了。那时虽然不像后来那么讲究个人和家庭的出身，但出身工农家庭的还是活得更理直气壮一些，豪多少有点为着父亲在旧时代的职业和经历抬不起头来。

三反五反的时候徐老五并没有受到影响，但打老虎时的惊天动地不但让他紧张，连偶尔去他工作的地方接他的小孩子们也被吓到了。豪很清楚地记得她在院子里听得到父亲工作的楼房里传出来的拍桌打椅大吼大叫声，让人听得胆战心惊。

1955年的暑假，豪和高中的同学们一起参加了新中国的第一次人口普查。在豪的记忆里，那是一次愉快的经历。派出所的民警们对前来帮忙的学生们非常好，把宿舍让给她们住，他们自己就到办公室里打地铺。同学们暑假里嘻嘻哈哈地在一起过集体生活，在外面跑来跑去一点也不觉得累。

对豪他们的要求是报户口一定要见到人，比方一家如果报有五口人的话，那每一个都必须要见到本人才能算数。这难不倒热情的中学生们，他们一趟一趟地把工作都按要求做好。

有一天豪和同学们到了一家异常穷困的人家，她们工作负责，坚持人人见面，就顺着破旧木板民房的窄楼梯爬了上去。楼上房子里除了两张大床之外没有其他家具，只有地上堆放了好几只大箩筐，里面装着衣服棉被和杂物。这家的女主人正低着头坐在床沿做针线，回答问题时她才抬起头来。虽然衣着破旧，但还是能够看出来她是个相貌清秀，态度端庄的妇人，回答问题时的声音不大但口齿清楚，很有条理。

豪猛然认出了这个妇人就是原来宋县长的太太，她小的时候跟着妈妈拜见过。那时的宋太太住在气派的房子里，见到小孩子很客气地拿出几本儿童读物招待。真像电影里的蒙太奇一样，七八年前的官太太幻化成了眼前缝补破旧衣服的穷愁妇人。豪的脑子里一时涌出了很多疑问，宋县长被枪毙后他们是怎样过日子的？宋太太如今的丈夫是个靠卖破烂为生的人，他是宋原来的部下吗？他们如今名下的四个孩子有几个该姓宋？

　　豪当时什么也没有问就离开了，宋太太也认不出当年还是小孩子，如今是高中生，已经变了模样的豪。

　　那位宋县长名宋旭，是国民党时期桃源县的县长，徐老五的上司。当时国民党的官员也是到处调动的，国共两党的军队在东北开战的时候他正在东北，曾经被共产党的军队俘虏过。解放军当时的政策是被俘国民党官兵愿意留下来的可以直接参加到共产党的军队，愿意回家的可以发给路费回家，宋当时选择回家，就真的让他领了路费回家了。回来以后他曾经对徐老五叹道，共产党的军队也没有那么可怕，我就真的被放回来了。

　　桃源解放后不久，已经逃到外地的宋被抓回桃源作为原来的县长当场公开枪毙了，高中生万目睹了全过程，这件事对徐老五的刺激应该是很大的，应该也是他最后决定离开桃源再次搬回长沙的原因之一。

　　普查之后中国就进入了户籍制，开始按人头发放粮票布票什么的了，人们不再能够随意地搬来搬去，一旦迁移就必须转户口和粮油关系。

　　这制度后来变得越来越严格，1958 年 1 月更颁布了《中华人民共和国户口登记条例》，农村户口和城市户口变成了一道不可逾越的鸿沟，城市和城市之间的迁移也得大费周章，转一次户口要办很多手续，花好长的时间都不一定办得下来。

　　还好在户籍制度成形前，徐老五就带着全家从桃源到了常德，最后回到了长沙，路易也从北京回到了湖南，在长沙留下了。没有过多久，路易和豪终于在长沙火星碰上了地球，对上了眼。要是这其中有那一步错过，可就没有我了，你说这悬不悬呐。

第十章
早上八九点钟的太阳之二

1

写到徐家三代都从事财务工作，也算是解了我心中的一个惑了。我不是一个精明的女人，很多地方甚至可以说相当的糊涂，开车开了很多遍的路都有可能走错，荷包里有多少钱也搞不清楚，买衣服只要出了商店门就不记得花了多少钱。可这么迷糊的一个人怎么会对财务有几分兴趣呢？原来从安徽到湖南厘金局（税务局）来做官的老外公和一辈子做财务税务工作的外公把这玩意儿不但传给了舅舅，还传了一点点给我呢。

那财务报表的主表，附表，又附表中间的曲曲折折，那些数字和商业决定之间的关关连连好像都和我挺近乎的，如今才知道，这就是徐家长辈们的看家本领了，应该是他们在冥冥之中把这些带给了我。就算是好几代前，一个省一个县的财务税务那也不是一件简单的事情，需要用很多复杂专门的办法来管理。我不是专业做财务的，但懂一点财务真的很有用，马马虎虎算得上是我职业生涯的三板斧之一了。

有本事有时候也并不见得是件好事，一张报表仔细读来，数字会告诉你很多问题。有时候看得恍然大悟之余，就好像徐幼圃先生附体一样，一针见血的刻薄话脱口而出，直到发现主要负责人变了脸色时才后悔自己嘴太快，在摸不清这位会感谢我的提醒，还是会痛恨我的明白前就开了口，太莽撞了。这个部分正是财务工作的精华之所在，也是凶险之所在。

有一位教过我财务课的老师很有实战经验，曾经担任过好几家有名的上市公司的财务主管。她对如何一边要对付老板一边要对付华尔街的走钢丝生涯深有感触，谈起来就摇头叹息。说不满足老板不行，不遵守法规更不行，左右为难。她告诉我们做这份工作必须和老板搞好关系，交流的技巧也要特别好。她自己钢丝走的累得慌，心力交瘁，早早就退休了。

徐老五的急脾气和宁折不弯的刚烈个性经过温和的肖家周家姚家这么一搅和，到了我这里最多也只有五分之一了，所以少少一点财务知识帮我忙的时候多，带来麻烦的时候少。徐老五就不同了，他负的责任重，脾气急，再要碰到个糊涂的主要负责人就更麻烦了，他的工作一再的失而复得应该是因为他家传的本事太专门，人才太难得，才一直有人要用他。

到了新时代，徐老五其实是知道要夹着尾巴做人的，无奈他的专业意识太强，他对新的时代也越来越有好感，越来越不把自己当外人，希望把工作做好做对，看到他认为不正确的财务决定时就管不住自己的嘴了。

后果不好，很不好。领导不跟他讨论他熟悉的财务问题，倒是经常跟他讨论他讲不清道不明的历史问题。一直不怎么富裕，但腰杆挺直，活得理直气壮神气活现的徐老五这时倒了霉，下了班就默默地抽烟想心事，有时轻轻地向肖妹辩说：要我交代还有什么问题，我什么都说了，实在是再没有什么可交代的了。

终于有一天他被隔离审查了，后来更被关进了监狱，虽然没有看到逮捕证，但据说是因为历史问题被抓的。

事情发生的时候豪正在学校联欢，找到学校来的弟弟妹妹告诉了她这个可怕的消息，三个孩子认真商量要怎样安慰妈妈，不让饱受磨难的肖妹精神负担太重，日子太难过。

孩子们以他们对新时代的见解安慰劝解肖妹，要她相信人民政府不会冤枉好人。他们自己也都分别向自己的学校汇报家中的变化。当时的学校老师并没有为难他们，只是告诫他们要保持态度明朗，说家庭问题不会影响他们的前途。

徐老五被关了好几个月，豪已经进了大学后才放出来，进去的时候说是有历史问题，但放出来时说是因为经济问题才关的，结论据说是挪用了几百块钱的公款。

徐老五到底有没有挪用公款这一点如今当然是谁也说不清楚，而且经济问题比起政治问题来算是给他台阶下了，再怎么不识时务他也该知道认了这个罪比较好，至于徐幼圃先生心中有没有委屈就只有他自己知道了。

徐老五的父亲和哥哥，还有他自己都长期担任财务方面的官员，他深深地知道这个行当职业操守的重要性。当年徐老五的官不大但权不小，估计巴结他的人是很多的，这也惯出了他的坏脾气，但他极端看重自己的职业操守，时时告诫家人说："我们徐家是大眼睛穷鬼。"

这话也常常听老妈说起，每次说的时候她都梗着脖子，眼睛一鼓一鼓的，口气斩钉截铁洋洋得意，那神态不像平时的她，应该是来自外公的吧。让我每次看到都忍不住想偷笑，心说外公时时做此表白是职业病，那您这是要说给谁听呐，您又不管钱。

对自己的职业操守如此自豪自傲的徐老五最后以挪用公款，还是这么一笔小小的数额的罪名结束了他的职业生涯，从监狱出来后就没有工作了，要靠儿子养活。他已经没有什么要急着做的事情了，也就不再发脾气，跟谁说话都轻言细语的，天天在家里看书，教太太认字，成了一个安静不多事的老先生，时时觉得自己是个多余的人。

2

在徐老五坐牢的日子里，肖妹经常带着衣物食品去探望，这一切她都瞒着儿女们进行。在探望的时候她和丈夫谈些什么我们都不知道，但应该谈说的最多的就是他们的儿女们吧。

徐家的孩子们在新的时代里都积极向上，万工作非常努力，作为业务能力很强的教师，他的工资有八十多元，很不错了，这时是全家唯一的经济来源，要养父母也要教养三个弟弟妹妹。包括豪在内的三个孩子都听话，学业优异，尤其是豪还是个样样出色，非常引人注目的学生，这一切应该带给徐老五很多安慰，应该是他熬过监狱生活最大的动力了。

说到这里，忍不住再说点往事。要不说，我觉得埋没了我的非常有德善良的外婆肖妹，她的温柔贤惠维系了整个家庭，也给子孙后辈带来福气。

年轻的肖妹来自富裕家庭，哥哥们多是做生意的，她安贫乐道地跟着丈夫，并无怨言。战乱时期，谁知不怎么富裕的丈夫还是瞒着她养了外室，这还不算，那位曾经的湘剧明星外室还为丈夫生了孩子。

肖妹知道这个消息的时候正怀着豪，她伤心欲绝，无论如何不想再为徐老五生孩子了，试图打胎又几次不果，无奈才把我的妈妈豪生了下来，这就是为什么豪从小就身体非常不好的原因之一。豪非常同情肖妹，一点也不怪她在心情极端恶劣的时候做出的打胎决定，肖妹也自觉愧疚，一辈子都对自己第九次生育下来的最小的女儿豪百般爱惜，她们母女感情深厚。

战前，有一次徐老五带着肖妹坐船回安庆。一天晚上，肖妹突然发现自家坐的大船旁边还有一条小船，自己的丈夫正在那艘船上读书，旁边有一位女子侍候着。这一幕深深地刺痛了她，她知道这就是传闻中的丈夫的外室了。肖妹伤心欲绝，试图投河自尽，被人发现了才没有成功。

逃难时万般无奈，两个家庭只好合在一起逃，内忧外患的肖妹烦闷无处排解，有一次用蒲扇拍打不停哭泣不肯吃饭的豪时，蒲扇上一根长长的竹刺插入了豪的腿上，让豪的腿溃烂了好久。这事让肖妹后悔得不行，倒是痛得不停哭泣的豪还是死粘着妈妈不放。

前明星太太日子更不好过，她那时已经有四个孩子了，最小的两个一个只有一岁多，一个才刚生下来，还需要喂奶，身体负担更重。有天走着走着就走不动了，靠着大树休息一下，还抱着孩子的她就这么无声无息地离开了人间。徐老五很伤心，也只好草草地掩埋了她，带着一家老小继续赶路。

第二天还没有走出多远，就发现吃奶的孩子也耷拉着头没有了生息，徐老五望着上天绝望地大喊："天要收人了，天在收人啊！！"无奈的他只好从带在身边不多的一些钱物中拿出一些来，请当地的农民把他们母子葬在一起。这枉死的母子俩就这样被留在了不知名的荒山野岭里。

那天和弟弟牧之聊到这一段，我疑惑道："为什么人可以这么无缘无故地死掉？"牧之说："这恐怕是细菌战引起的，那时日本人在湖南用过这一手。"战争太可怕了，战争中的平民太可怜了。

明星太太和她的小儿子过世以后，肖妹放下心结，默默地接手照顾明星太太遗下的三个孩子。没有她的尽心尽力，这三个孩子，特别是当时还是幼儿的庞命运堪忧。庞那时也濒临死亡，眼睛都翻白了，身体弱得连头都抬不起来，怎么逗他都没有什么反应，是肖妹精心的喂养才救了他一命。

有人给了肖妹一小包药粉，应该是消化素之类的普通药品。肖妹细心地每餐给庞喂上一勺，一旦有一点太阳，就把盖得严严实实的庞抬出去见阳光……在这么尽心的照料下，庞一天比一天有了生气，慢慢地他的眼睛愿意张开了，头不耷拉了。没过多久他就成了个穿着开档裤子，跟着哥哥姐姐们后面疯跑的顽皮孩子。

20 世纪 50 年代徐老五和肖妹带着四个孩子合影，四个孩子中除了前排左边的豪是肖妹所生以外，其余的三个孩子都是前明星太太所出。肖妹对他们都一视同仁地教养爱护，特别是最小的庞，如果没有肖妹的细心照料，在婴儿期就失去妈妈的他一定熬不过抗日战争的苦难。

晚年的徐老五已经不再神气霸道，甚至失去了原来的安详自信，活得多少有点不知所措，但他依然得意自己有一个和谐的家庭和一群争气听话的好孩子。那时的他对太太尊重体贴，心怀歉疚，可以说新的时代也成就了他和肖妹夫妇俩晚年的相濡以沫。

　　肖妹对丈夫曾经的背叛深恶痛绝，绝望到要打胎要自杀，但性情淳厚善良的她后来并没有把这股怨气发泄到明星太太的孩子们身上。这几个孩子在她身边长大，受到她一视同仁的教养爱护，他们也对肖妹非常好。如今豪和弟弟妹妹们手足情深，得说是托了可敬可爱的肖妹的福。

　　徐老五当然知道这一点，老年的他对太太非常敬爱，但是肖家的亲戚们到如今都没有原谅徐老五，他们认为他辜负了肖家，更辜负了肖妹。

第十一章
山那边的人家

1

写文章我是新手，但也知道要写好一个人物必须要明白他，要穿上他的鞋，体会他的处境，找出他为什么这么想这么做的原因，也就是所谓的设身处地。比方写周扬，就常常想我要是处在他的时代在他的处境里会怎么做呢？能够把伤害减轻吗？会有全身而退的可能吗？

说老实话，想来想去都想不通，真的很难站在他的立场上作思考。因为我们所处的年代不同，经历的人生受到的教育不同，性别不同，最重要的是性格不同，对人生的看法，处事的方式大不相同。

比方我从来没有当过什么官，也没有什么天将降大任于斯人的自觉。宝贝女儿九岁的时候就开始自己做功课不需要我操心了，我一点都不失落反倒乐得飞飞的，到处炫耀，美国同事笑话我一点都不像一个对儿女学习十分投入，日夜操心，好了还要再好，永不满足的中国妈妈。

看到现在电视上的相亲节目中妈妈们带着女儿出现，还积极得很意见多多，就大惑不解。这女儿都养大了，责任已了，还不放手，抓紧时间去追寻自己人生难得的第二个春天，准备把这包袱背一辈子不算，还毫不犹豫地介入小辈们的生活，让他们没有自我空间，这般纠缠到底是为什么？难道不明白这么认真费力的结果多半讨不了好还会遭到小辈们的抱怨吗？

碰到糟糕的人和事，我肯定该说的说该做的做，事情如果已经不受控制，也无法在自己的努力下得到改善的话，也别瞎耽误功夫，把头别过去，眼睛转开，说不定那边也有好风景。

所以当我把自己的脚放进周立波的鞋里面的时候，感觉还蛮舒服的，真是不是一家人不进一家门，我在写作的过程中惊讶地看到了自己和祖父性格中的相似之处。

20世纪50年代盛名之下的周立波避开了文化界的一切官位，离开了沸沸扬扬是非多多运动不断的京城，一头扎到湖南农村，写小说去了。

前面说过了，新中国刚刚成立的几年里，构建了延续至今的崭新的文化艺术界，各种机构都在设立中，需要大量的干部，所以周扬早年的朋友，在鲁艺的同事和学生很多都被委以重任，渐渐地位高权重。

立波不一样，一心只在写作上，对所有的职务都能推就推，能不到位就不到位。比方前几年和人民文学出版社的朋友聊天，他们告诉我他们社里的文件表明周立波曾经是人民文学出版社的第一任副社长，但他从来没有到过位，连会议都没有出席过。

人家都说朝中有人好做官，我的祖父则是朝中有人好修行。他这般任性固执也行得通，恐怕和他的老朋友周扬在文艺界主政有点关系。

立波对写作是很上心的，但年轻时候的他并不是个不关心政治的人，他为人率性，没有任何政治企图心，也毫无政治谋略，这没有错，但他起初热情还是很高的，就算是用打架的手段也要强烈地表明自己的态度。为什么后来他就变得没有多少政治热情，把关注点完全放到文学上去了呢？

我认为延安整风是个转折点。立波在那之前是个积极投身政治的热血青年。延安整风时他的太太林兰被关起来了，他虽然大受刺激但非常相信组织，没有犹豫的就和太太离婚划清了界线。但很快就是拯救运动一风吹，说是搞错了，被关被整的大部分人都被放出来了，毛泽东还亲自向他们鞠躬道歉。

这样翻云覆雨的政治形势应该是让头脑简单黑白分明的立波看傻眼了。他最起码是认为自己政治头脑不行，还是躲远一点，让行的人去做吧。他心灵深处有没有一点点疑惑呢？这我们就不知道了，就算有他也会把这念头压下去的，民族解放自由平等是他拼死追求的人生目标，前行的路上要经历种种磨难，波折在所难免。

还有一点就是天性，立波是个个性随和待人温和的人，声色俱厉地斥责这个批评那个真的违背他的天性，就算自己不上阵，在旁边看着也会让他难受的。可是那些年这差不多就是中国政治生活的常态了，而且当时的政治生活并不只是生活的一部分，而是生活的全部。

这对人的影响非常大。就算是到了今天，接触一些经历过延安整风、反右和"文革"的人，还能多少看到一些痕迹。以自己为正统，听到一点不同意见就翻脸，绝对的我是人非。我当然同情这些老人家，尤其有些还是当年的受害者，觉得斗争哲学真的是被他们吃到骨子里了，这么多年过去了都没有办法去掉，让别人不舒服之外也让自己的日子不好过。

同时也更让我佩服祖父周立波了。我跟祖父有交流的时候是"文革"后期，经历了延安整风、反右、"文革"等层出不穷的政治斗争的他还是一派天然，温文尔雅，言谈风趣，时时处处都对人事物好奇，看到美好的景致有趣的人，听到机智的谈话就能让他愉快，能引起他点评的兴致。他没有被打败，还拥有怡然享受人生的能力。

真是不容易啊，坐了那么多年牢，经历了那么多卑劣的人和事之后还能保有身心健康，还没有完全失去艺术家的感知，实在太强大了，让我佩服得不行。

2

1954 年 11 月，还在不停修改《铁水奔流》的立波回到了湖南益阳，他这一次并不只是来探亲的，而是在家乡住了下来，一住就住了好几个月，到 1955 年 2 月才回到北京。

前面说了《铁水奔流》这部小说改了六遍之多，但是是一部不成功的长篇小说。立波恐怕比任何人都更早地看出了这一点，小说还没有发表，

20 世纪 50 年代住在益阳农村写作的立波　　　　周立波下田干农活

周立波和乡亲们在一起。这三张照片都是记者
到益阳农村去采访他时照的。

他就知道自己遇到了写作的瓶颈。

1954 年正是批《红楼梦》研究、批胡适的高潮，当时胡风也已经提交了三十万言书，正式向周扬宣战了。可以说当时的文坛非常不平静，正是打胡风反党集团的前夜。立波对这些并不挂心，他回到家乡，贴近农村生活，寻找在文学上再次出发的灵感。

在益阳住了几个月后他回到北京，写了一个有关湖南农村的短篇小说《盖满爹》，这篇小说发表在《人民文学》杂志的 1955 年的 4 月刊上面。以今天的眼光看《盖满爹》也是时文，写的是当时合作化初期一位农村干部的酸甜苦辣，但是在写这些的同时立波细腻地、兴致勃勃地描写了湖南农村的风土人情。这是他写作风格改变的一个开始，他从暴风骤雨走向了恬淡平和，但是还保留了他的幽默风趣。

立波对写了好多年的 1955 年 5 月发表的《铁水奔流》兴致不高，反而对 6 月发表的短篇小说《盖满爹》有一种找到了新的写作方向的兴奋感，为此他在生活上还做出了重大的决定，在这一年的 10 月把家搬到了益阳乡下，连太太和女儿也一起搬去了。

立波工资高，稿费也多，但他一手进一手出地经常捐钱，比方他和丁玲得了斯大林奖以后不但捐钱给国家，还各拿出一笔钱来给中国作协机关办了一个幼儿园，这次到了益阳，他又拿出一笔钱来建果园、畜牧场，开办俱乐部。

益阳的老乡对他的一片深情念念不忘，如今老家修他的纪念馆并没有只修老屋，而是把整个村庄都重新规划了，纪念会开始前我去老家，一个正在埋头赶工的农民大大方方地站起来和我说："你祖父是个大好人啊，只想把家乡建好，现在他的梦想终于实现了。"

立波回到家乡准备写下一个长篇小说《山乡巨变》，同时他也不停地写有关益阳农村的短篇小说，一共写了二十多篇。当时立波是成名作家，这些短篇多半都在《人民文学》上发表，更有一篇名为《禾场上》的短篇发表在《人民日报》上。

其中有一篇叫《山那边的人家》，写的是一场喜事，写新郎新娘，写

立波两部最重要的长篇小说都是描写农村生活的，他自己也常常住在农村写作，如今的有些年轻人认为他是乡下农民，其实他是个会写小说的文化人。不但他不是农民，连他的父亲周相公也不是农民，是家住乡村的文化人，一辈子靠教书为生。当然立波如果知道他的读者通过读他的书，误以为他是一位农民，应该会非常得意。这张照片是立波20世纪50年代时的标准照，在当时很多的杂志上都可以看到。

参加婚礼的人和他们各自的言谈，写新房的摆设婚礼的开销……琐琐碎碎欢欢喜喜嘻嘻哈哈，发表在《人民文学》1958年的11月份刊上。

《人民文学》的编辑们很喜欢这篇文字清新的小说，但是刚刚经历了反右斗争的人民群众觉悟很高，文章发表以后收到了相当多的读者来信，除了少部分是欣赏赞扬作品的以外，大部分来信都是批评的，指责作者游离于阶级社会以外，脱离了政治，宣扬了结婚就是幸福主义，写了像闹新房听壁脚这样的低级趣味。

在艺术上，读者们也提出批评，说立波写了太多与主题无关的东西，这样一个主题，用五六百字就可以写完了，这样主题思想会更加鲜明，等等等等。当时的读者比立波革命得太多了，对革命的要求也高得很，反倒是年轻时不顾一切要革命的热血青年立波如今平静了下来，在用诗意的眼睛看家乡的风土人情，还精心地用文字把这些点滴记录下来，多么的不合时宜啊。

如今看立波的文章，确实有很深的时代印记，但要知道他那个时代的作家是不太可能有个人特色的，他多少留下了一些作品，也多少保有了一些个人特色，已经非常不容易了，需要天时地利人和才让他能够留下那么一点点有价值的文字，也让他有那么一点点空间可以在文学上、文字上做精益求精的探索追求。

　　非常温和的立波其实也是不停地在用他的文字讲的故事告诉他的读者们，政治不是生活的全部，斗争也不是解决矛盾的唯一方法，生活中有好多美好的东西可以细细品味……唉唉唉，其实今天的我也有点想告诉读我书的人，特别是生活在中国的年轻人：钱不是唯一，成功也不是全部。人生只有一次，生活中有好多美好的东西可以细细品味，错过了太可惜。

　　20世纪50年代离"文革"还有十来年，那时的情况没有那么坏，还有就是立波的运气好，《山那边的人家》没有撞在枪口上，又或许当时的编辑和批评家们被一波接一波的政治运动搞得累了，看批判文章看得烦了，对立波写的，在当时已经基本见不到了的优美文字止不住欢喜之心吧？他们站出来为立波的文章说话了。

　　编辑涂光群把这些意见整理出来送给了文艺批评家唐弢，请他做批评。唐批评家很快就寄来了文章，他说："在一切成熟的……作家的笔底，新的风格正在成长。暴风骤雨是一种风格，风和日丽也是一种风格，绚丽是一种风格，平易也是一种风格……"那年头批评读者是不可能的，唐批评家只是在温和地引导读者们如何放开心胸欣赏不同风格的文字。

　　写着写着，唐批评家还是忍不住调侃了一下写信来的读者，他说《山那边的人家》这篇小说："……倘说可以压缩到'五六百字'，使主题思想'更鲜明'……如果世界上真有这样的能手，我极愿意立刻卷起铺盖，登门持弟子礼，好好学会这个本事……"

　　在那个知识分子日渐卑微，越来越不知所措，越来越不敢说话的年代，唐批评家对提意见的读者温和的教导，弱弱的调侃已经是走到极限了，并不容易。而且他有意无意地把读者对立波政治上的批评降到文字风格上的不能接受，避重就轻，很聪明地在帮立波的忙。这篇名为《风格一例》的文章，发表在《人民文学》1959年第7期上。

　　立波对这些读者批评应该是知道的，但他并没有怎么放在心上，《山那边的人家》之后他又写了十多篇短篇小说，还是一贯的风和日丽，云淡风轻，并没有因为读者的要求而变得张牙舞爪起来。

　　其实立波在《山那边的人家》发表之前就知道这种风格的文字会受到

批评了。当时担任《人民文学》副主编的戏剧家陈白尘曾经告诉巴金，立波送这篇小说到《人民文学》的时候说："你们敢不敢登这篇小说？敢登我才给你们。"

我们现在看立波的那批短篇小说也许感觉并不强烈，因为如今这种风格的文章比较多，但当时这一类的文字不能说是唯一也是非常罕见的，所以当年的读者对它印象非常深刻。立波当年的那批短篇小说已经出过好几次集子了，很多都以《山那边的人家》做书名。

前面说了益阳修缮周立波故居的时候做了一个很大的规划，把离清溪村三里远的姚家湾也包括了进来，从故居里沿着一条弯弯斜斜的路到了姚家湾以后，已经看不到姚外公的家了，而是看到了"山那边的人家"。

这所隐在山坡后的房子是完全按照立波小说里所描述的细节建筑布置起来的，有时还会有演员出现，嘻嘻哈哈地为你重现立波笔下的乡村婚礼，当年立波写过的热水瓶啦，胖娃娃什么的，如今在上海的田子坊等时髦的艺术品市场上都有了价值，再过一些岁月价值应该会更高。

庆幸立波没有听从那些读者的意见，把小说压缩到五六百字，如果那样的话，我们除了知道当年的争斗以外，不会再有机会知道那时人们生活的细节和湖南农村祥和的一面。好的小说家在让你有阅读的快感的同时，还可以让你鲜活地看到一个你没有经历过的时代，到一个你没有去过的地方，认识甚至熟悉一些从未谋面的人们，也只有这样的文字才有流传下来的价值。

立波年轻时义无反顾地离开家并非不知道家的美好，人到中年功成名就的他执意要回来，就算是不合时宜，也要细细描画家乡的风土人情，应该是对自己年轻时轻易抛下的生活方式的一种怀念。

家已经不是原来的样子了，严肃有思想但不失慈爱的周相公已经离开了人间，能干勤快对丈夫体贴入微还做得一手好菜的芷青也已经离开了家乡。在周相公的严格管理下，由芷青等众媳妇慧质兰心，精心构建的、充满了野趣同时又甜美精致的乡居生活已经不存在了。立波回到家乡有段时间住在自家的房子里，后来寄居在一家农民家里，还时不时地请周大来同住，请他为自己做些熟悉的家常菜吃。

如今大家去湖南菜馆吃饭都是些火红香辣，重油重盐，颜色和味道都非常浓烈的菜，其实我从小吃惯的，由芷青、周小姑她们料理出来的菜和如今市面上的湘菜是大不相同的，非常清淡细腻。

如今回到中国，人家看我是湖南人，老是要请我吃湘菜，还真有几分吃不消，如果是熟悉的朋友，我就悄悄地说，要请我吃饭的话除了湘菜别的都行，有时还自嘲不能吃咸吃辣是因为在外面待太久了，忘本了。其实我没有忘本，只是此湘菜不同于彼湘菜，市面上还找不到芷青版或者是周小姑版的湘菜馆罢了。

芷青家常爱做肉枣子汤，肉枣子是肥瘦都有的肉加上一些碎饼干和清水剁到有颗粒状就可以了，不要太细，用汤勺挖出稍稍压一下就下到汤里，这样不是紧紧的肉丸子而是松松的肉枣子，有质感也有嚼头，汤里面再放上干虾、榨菜丁、紫菜、葱花等。她还喜欢做蒸鸡蛋，里面也放了瘦肉丁、虾仁、姜末等，营养丰富，味道也好。周小姑做的年菜一般都有腊味，但多半都是切成薄片蒸出来的，底下还铺垫着各式干菜，比起大油炒出来的腊味清淡多了。

芷青炒菜少油少盐，辣椒也放得不多，青蒜红椒都是点缀，并不会喧宾夺主。她主持厨政的另一个特点就是每顿饭都会有好多盘菜肴，但每盘菜的分量并不多，而且每盘菜肴都是由好多种原料搭配而成的，所以总体来说一顿饭下来你会吃到很多种食物，但每一种食物的量都不会很大。这其实非常符合养生之道，现在的营养师们写的书大多都是这个思路。

但是这么麻烦复杂的料理方法，做出来还要干净美丽，搭配得宜是需要花费很多精力时间的，如今也只有日本、韩国这样的家里多半有全职家庭主妇的社会才能继续保有这种生活方式。况且日本的食品加工业非常发达，主妇们可以采买半成品，回来稍稍加工一下就可以摆上餐桌，芷青们当时可没有这个条件，她的精力异常充沛才能长年坚持这么操持，才能把我的嘴养得这么刁。

　　当年的立波们志向高远，对这样高明的主妇全心操持的家庭生活轻易抛弃，几十年下来中国的女人们也多半不在这上面下功夫花心思了，但失去的总是最美丽，如今的男人们不由得又怀念起来。最近看电视上有名的相亲节目《非诚勿扰》，中国男孩对那么多美丽多才的长腿女孩视而不见，却对一个虽然笑眯眯不多言，但显然很有主意并不好将就的韩国小姐情有独钟，怕是期待着这是一位能够安守家庭的太太，哪怕将来要独自挑起养家重担，自己要拼命赚钱也愿意吧。

　　芷青的家庭梦碎以后虽然失落，但也能够振作精神，这时正在长沙边学习边工作，全心全意地走上了职业妇女的道路，没有离婚的丈夫回到了家乡，非常有自尊的芷青并没有主动和丈夫联络。

　　就算是有很深的恋父心结的路易，经过了北京的遭遇之后也像变了一个人，日夜不休异常努力地工作和学习，要靠自己走出一条路来，只是偶尔到乡下来看望一下寄住在农民家的父亲。

　　天生我才必有用，芷青持家的十八般武艺其实也没有浪费，后来都用来照顾我了，我是既得利益者，享受了祖母的百般爱抚。其实我的好运还不止这些，外婆肖妹的温香软玉抱满怀也给了我，让我度过了一个备受宠爱的幸福童年。

第十二章

云淡风清的好时光

1

十月怀胎对女人来说是种磨难，再自我的女孩子通过这场磨难也会激发出忘我的母爱，但是太过爱小孩，事事把儿孙放在首位的女人恐怕是对男人多少有些失望吧。里根总统的传记作家曾经说过，里根夫妇感情太好了，所以他们和孩子们的关系相对就淡一些。这其实无可厚非，就算是家人也有特别紧密的联系和比较松散的关系。

说起来西方文化比较重视夫妻关系，所有的社会构造都以核心家庭为重，甚至把孩子也看成是家庭的过客，倒是夫妻间是要相守一生的。而东方文化则比较看重亲子关系，对夫妻关系则多少有点刻意地放在第二位，所以你比较容易看到孝敬长辈和疼爱孩子的父亲，但体贴有情趣的丈夫却非常难寻，所以中国的太太们退而求其次，把最多的关注力放在孩子身上也是理所当然的。

林兰就是一个母性很重的人，据家里的阿姨说，她平时脾气有些阴晴难测，但是在怀孕的时候心情特别好，是个好侍候的孕妇。新中国成立后生活安定条件好，她生了一女一儿两个孩子后，心情顺畅之下连带着对路易也亲切起来了。林兰也是个新旧思想都有的人，新的方面她可以脱离家庭到延安去革命，旧的方面恐怕还是有老式中国大家庭的意识，觉得只有生了孩子的母亲在婚姻里才有保障吧。

当初路易满腔热情带着弟弟到北京投奔父亲碰了钉子后，回到湖南发奋图强，一心靠自己的力量好好工作和学习，虽然当时在文学界立波声名显赫，但和路易同一个办公室坐在对面的同事几年都不知道路易是立波的儿子，如今立波回到了家乡，路易对父亲还是淡淡的，只偶尔去看望一下。

面对父子间这种有点尴尬的关系立波是没有什么办法的。他是个文学家，观察力表现力惊人，但并不长于主动出击解决复杂的感情问题。立波个性里还有一种随遇而安、听天由命的特质，你说他达观也好，说他消极也罢，反正他不会去想办法把结打开，而是等待事情自然起变化。

这种特质照我得说不怎么好，我在世界一流的大公司工作多年，觉得成功的公司当然有些成功之道，最起码处理问题的方式就挺高明的。不管多麻烦多复杂的矛盾，多困难多棘手的事情，正面直视，认真观察研究之后总能找到解决的方法，必要时做出让步牺牲也要把事情及时解决掉，拖下去自然变好的可能性不是没有，但多半都会变得越来越复杂，越来越不可收拾。

周家的人和立波一样，多少都有些不愿意面对麻烦能拖就拖的特质，这也是家族里很多问题小事化大变得难解决的原因之一。照我说中国的很多社会问题也是这么一步步造成的，很多事如果一开始就面对了解决了，根本不会酿成不可调解的大矛盾。

林兰当然是个很为自己着想的人，但她处理问题的有些方式我还是蛮欣赏的，她做事非常有主动性，也比较拿得起放得下。这时候她随丈夫回到了湖南，看到已经长大成人，稳重了许多的立波的大儿子路易，态度完全变了。

路易每次来看立波，林兰都和他谈论文学，这方面她是前辈行家，很有些可谈之处，再说她也没有再把路易当成小孩端起长辈的架子，而是以一个同行的姿态平等地和他谈诗论艺。父亲是高手，继母的文学修养也很高明，路易应该从这些谈论品评中获益匪浅吧。

后来立波的长篇小说《山乡巨变》在《人民文学》杂志连载的时候路易正好住在洞庭湖地区写小说，他每期都认真地读，读后就会给父亲写一封长信和他讨论这一期的文章，还提一些建议。连载结束出书的时候，立波果然在某些地方按照路易的建议做了修改，既是家人又是同行的这种讨论挺美好的。

2

芷青离开法院调到法律顾问处虽然委屈，但也不是完全没有好处。离开了办案的第一线工作没有那么忙了，她更加努力学习，在法律和文化知识方面都继续进修。那时的她已经有自己一间单独的房间了，可以照自己的意思把房子收拾得干净整洁大方得体，周末还能够在房间里做些饭菜，叫上路易和朋友们一起改善生活。

土改后姚外公分到了土地和房子，加上路易每个月都寄二十块钱给他，生活上比以前宽裕了许多，他每年都养两头猪，过年的时候杀了猪后总要挑出好大的一片精心做成腊肉送到长沙女儿这里。姚外公是杀猪佬出身，做腊肉也是一把好手，他做的腊肉油光铮亮漂亮极了，再加上芷青做菜的手艺也好，她用小火炖腊肉所散发出来的香味至今都让路易回味无穷。

那时长沙城非常小，各家单位的所在地都不远，都在现在的市中心蔡锷中路一带，路易从自己的住处出发走到母亲那里只需十分钟左右，散着步就到了。这还不算，一路行来经过一条当时算是比较繁华的街道，街上有当时长沙唯一的西点店沙利文，飘出来糕点的甜香让人垂涎不已，于是路易时不时地在沙利文买些糕点和母亲家人共享。

这条街上发出好闻气味的不只是沙利文，还有一家窗明几净洋里洋气的冰品店，坐在圆桌旁用精致的小勺子在高脚杯里吃冰淇淋，状甚高雅。土的方面有长沙最有名的扬峪兴面店，在那里可以吃到口感上佳的汤面和干拌面，还有一家叫奇峰阁的餐厅也不简单，如今在旧金山湾区也有一家同名的湖南菜馆，可见其名头响亮。

这条街上就算是小铺子里摆的刮凉粉都不含糊，粉是白白净净的一大块，现点现刮成胖胖短短的透明粉条装到细巧的小碗里，放上切得细细的红红的辣椒绿绿的葱花，再点上各式各样的调味料，轻轻一拌，香气怡人，让人吃得胃口大开，吃了还想吃，连吃好多碗都不在话下。

这么方便好居住的地方大家都喜欢，后来为刘姓太太找的房子也在这条大街的后面，闹中取静的一条叫司马里的小街，芷青和路易都可以很方便地来看望老人家。这还不算，姚四一家也住在附近，姚四的孩子们当时还小，常常在路上拦住路易要零花钱，要来的钱立马就可以在街上消费，好不滋润。大哥哥大姐姐被弟妹们劫道要零花钱是传统，当年姚四还是小姑娘的时候也没少拦着在长沙读中学的准姐夫立波要零花钱。

芷青的新单位人不多，关系都很好，有一位同事和她还大有渊源，是她在蔚南女中的学生叫刘凤仙。蔚南女中是私立女校，学费挺贵的，学生们的家庭经济情况都不坏，但老师中中共地下党员多到能成立支部，校长林大也很左，所以这家学校的学生们受老师影响解放初期参军参干的非常多。

刘同学不但参军还去了朝鲜前线，不但到了前线还参加了打得非常艰苦的上甘岭战役，担任战地救护员出生入死，以初出家门的女学生的幼稚天真见证了最惨烈的战事。刘同学从部队转业后经过学习也到了法律顾问处工作，遇到老师非常高兴，差不多每天都要到姚老师房子里来聊天，什么事都找她商量，她们二人的关系既是师生又是同事还有几分像母女，最难得的是刘同学的丈夫也和芷青、路易的关系非常好。

刘同学的丈夫叫杨其昌，年纪不大但也是益阳地下党的，人正直有理想，做过《湘中日报》的编辑部主任，如今在只隔一条街的文化局工作，就住在太太的单位里。他不但和芷青的关系好，和法律顾问处的徐姓负责人也谈得来，两个人都非常关心国家大事，对自己所从事的专业工作也很有主张，他们比路易要大些，对待路易就像对小弟弟一样的亲切。芷青不善言辞，朋友们高谈阔论时她主要是做好吃的饭菜给大家吃。顺便提一句，当年那个为了共产党朋友坐牢的蔚南女中的校长林大如今作为民主人士担任了湖南省图书馆的馆长，也在长沙工作。

工作顺利，人际关系亲密，芷青心情舒畅人都发福了，成了一个白白净净，富态安详的中年妇人。人人都说1956年的中国是云淡风清的好时光还不是吹的，当时不但路不拾遗夜不闭户，到店里买东西都可能没有售货员，人们自己选好货品按价格放下钱就走了，漂亮的年轻女孩单身走夜路也不用害怕有坏人骚扰，如此太平盛世，饱经磨难的中国人已经久未经历过了。

3

　　路易已经不是那个恋父的少年了，他的世界一天天变得更复杂更宽广。

　　当时做编辑也不是只能埋头替他人做嫁衣裳，可以请创作假。路易请了一段时间的创作假，跟着一支地质考察队翻山越岭，沿着洞庭湖区走了一圈，把围着湖区的十个县中的八个县都跑遍了，回家后写了一系列散文，其中有一篇叫《林间夜宿》，写得格调优美很有文学性，林兰非常欣赏这篇文章，当面夸奖之外也多次在别人面前夸赞。这篇文章也受到路易当时的在文学系读书的女友，我的母亲大人的喜爱。

　　当年路易周围也多的是像他这样意气风发的年轻朋友，林凡的父亲是林大的堂兄弟林二的亲兄弟，他的祖母则是刘姓太太的亲姐妹，他自己和路易们年纪相仿一起长大，他们既是世交，也是亲戚，更是儿时的伙伴，如今二十多岁的林凡是个很有才华的年轻画家，在解放军画报社工作，新婚的妻子是位很有前途的舞蹈演员，两个人都在北京工作。

　　路易在洞庭湖边跑的时候遇到了回湖南休假的林凡，告诉他自己对请一个月的创作假这么跑一圈并不能完全满足，明年开春准备停薪留职请一年的假到乡下住下来写小说。林凡急忙道：你确认好日子后告诉我，我跟你一起去！年轻的艺术家如路易林凡们当然是精力充沛企图心旺盛，但当时的文艺政策也不可谓不灵活不宽松。

　　路易有事业心，准备停薪留职写小说，还有一个重要的原因是他有积蓄。那时物质丰富，路易爱尝试新鲜的食物，喜欢在外面吃东西，但他的口味非常平民化，那时的物价也真是低廉，路易爱吃的笋肉大包子五分钱一个，甜酒冲蛋一毛钱一碗，就算是到饭馆里吃饭也不贵，路易最爱点的菜是炒猪肝，点一盘炒猪肝只要七毛钱。

　　菜价低廉，分量还不小，路易有次在岳阳吃小馆子，一如既往地点了炒猪肝，盘子大量又足，他怎么吃也吃不完。路易夸店老板说他家的菜分量足的时候，店老板得意地说：对，不光你吃不完，连外国人也吃不完，前几天一个来凭吊鲁肃墓的穿白西装的荷兰人到这里吃饭，说菜的分量太大吃不完，也许是言语不通闹了误会吧，最后围观的人一大堆，连警察都出来了才摆平。

路易七八十块钱一个月的工资，除了吃饭买书寄给姚外公，和妈妈吃点好吃的做些新衣服，给表弟妹们零花钱外，还有不少结余，几年下来是个不小的数目，他写了几篇散文练了练手以后决定开始学习写小说。虽然都是文字工作，但当编辑要严谨，写小说则需要思维开阔有想象力，还要有创作的冲动，如果哪天你有种活在云端里飘飘然的感觉又不怎么会喝酒的话，搞不好也会有写小说的冲动。

嘿嘿，当时的路易恰好就有这种冲动。

那时的文化单位都集中在一个大院里，在剧团工作的编剧徐叔华和编辑周路易就在同一个大院工作，抬头不见低头见的成了非常好的朋友，路易少不得常常带他到芷青处吃饭。叔华少年得志，当编剧没有多久就有了成名作，他写的短剧《双送粮》大受欢迎，都演到中南海去了，其中的唱段《浏阳河》更是红遍了大江南北，到今天都是人人耳熟能详的曲目。

活泼好动的叔华如今已经谈恋爱了，别的同龄朋友也都到了谈婚论嫁的年纪，大院里树荫下俪影双双春风荡漾，看得路易也怦然心动。有一天叔华的堂妹，高中生豪来为她们学校借表演服装偶遇路易，于是三人一起去看戏吃饭……据路易回忆，体操运动员豪面色红润，体态轻盈，两眼灼灼有神采，让他一下子就陷进去了，以后再也无暇旁顾。

这么多年来不时听到母亲大人抱怨父亲做事没有章法不听商量我行我素，偶尔她会说："全不像当初谈恋爱时那么稳重。"言下之意她上当了。哈哈，当年的路易是怎么沉着稳重有章有法，一步步走进豪的生活里去的呢？

话说路易一见钟情爱上豪的时候，豪还是个爱运动的高中生，对感情没有开窍，完全不知道有这回事，只是时不时地受到叔华哥哥的邀请去看戏，而每次看戏都有哥哥的朋友们在一起，常常能看到路易，觉得他是个思想深刻见解不凡的大哥似的人物。

路易对豪有感觉，除了豪不知道以外别人都知道，好朋友还送了一张画报给路易，让他贴在宿舍的墙上天天看，画报上的女孩子和豪有几分相似。副省长程星龄的公馆在路易住房的隔壁，他美丽活泼的女儿程波曼是豪的同学，也是她关系很好的朋友之一，路易秉烛夜读的时候常常可以听到外面一群女孩子在叫程波曼，他可以在叽叽喳喳的一群女孩子的声音中辨认出豪的声音。

豪在路易的关注下快活地度过了她的高中生活，1956年秋天进了大学。豪是学校里风头很健的学生，但她出乎人意料地报考了本地的师范学院中文系，这让她的叔华哥哥很不理解，很认真地找她谈了一次话。叔华认为以豪的资质应该可以报考更好的学校，选择学师范莫非是这所大学是免费的？他告诉豪不需要考虑经济问题，他愿意也有能力负担妹妹的学费。

我的母亲大人豪后来一再回顾检讨当年的抉择，认为当时她虽然活得很阳光很快乐，但父亲还在坐牢这件事对她还是有压力的，她害怕被好学校拒绝，也不愿意离开母亲肖妹。丈夫不在家，心态茫然的肖妹在精神上全靠儿女们支撑，豪甚至担心一旦她离开了妈妈，搞不好肖妹会自杀。

至于选择师范院校经济当然也是原因之一，但更重要的是豪受一部名叫《乡村女教师》的苏联电影的影响，决心要以教师为终身职业，毕业后最好能够到偏僻的地方去教书，以自己的春风化雨点亮和改变孩子们的人生。

母亲大人后来果然心想事成地当了一名郊区中学的语文教师，带着幼小的我们长年住在简陋低矮阴暗，顶上是用报纸糊的天花板，时时跑老鼠还漏水，脚下则是潮乎乎湿嗒嗒还坑洼不平的泥巴地的小房子里，困顿无望时少不得对自己当年的理想冷嘲热讽，但她倒也没有真正的后悔过，一直到现在都觉得喜欢当教师。她真正后悔的是因为当时对文学有过非常浪漫的向往而放弃了英文系。这么多年下来母亲大人对文学真的很有些失望了，作为徐老五的女儿她其实做事扎实，理性思维蛮发达的，学英文甚至学经济说不定都是更好的选择。

影响了母亲大人一生的苏联电影《乡村女教师》我 20 世纪 80 年代上大学的时候也看过，是部拍得非常好的电影，但是要说看了让人热血沸腾改变命运倒也没有，毕竟时代不同了，80 时代也有属于我们那个时代的让当时年轻的我们热血沸腾的文学和电影作品。

因为报考了对明星学校毕业的明星学生没有什么难度的师范学院的豪来说，1956 年的夏天过得悠闲而美好，完全没有压力的豪每天都呼朋唤友的到湘江去游泳，一边憧憬着即将开始的大学生活。苏联的今天就是中国的明天，苏联电影告诉她们大学生活是最自由最浪漫的，在这段时间里不但能学习文化知识还能收获一辈子回味无穷的友谊和爱情。

当年的豪因为家庭背景有瑕疵而刻意低估自己选择了湖南本地的师范学院就读，而她的好友，程星龄的女儿，美丽的有一对圆圆大大的眼睛，会弹钢琴的程波曼则意气风发，要到北京去报考电影学院完成当电影明星的梦想。程星龄是民国时代的名将程潜的侄儿，在程潜和陈明仁 1949 年决定起义和平解放湖南的决策过程中起了重要的作用，新中国成立后担任湖南省副省长。

程波曼电影学院没有考上并没有急着回来考普通大学，悠闲地一边游玩一边休息地回到湖南，错过了当年普通院校的考试，第二年情况突变，她的家庭状况也随之起了巨大的变化，只好将就着也上了湖南师范学院，只是比原来的高中同学们低了一个年级。以此为转折她的命运急转直下，让豪和她的同学好友们一提起来就叹息连连。

话说 1956 年的秋天豪终于进了大学，住进位于岳麓山下的美丽校舍，开始了她盼望已久的大学生活。豪是徐家的第一位大学生，她聪明健康的哥哥姐姐们大都在中学时代就夭折了，万和淳则因为家庭经济上的需要早早就参加了工作，阴差阳错间反而是她这个从小身体最不好，连养大都算是奇迹，基本就没有读过小学的，肖妹所生的九个孩子中最小的一个，生逢其时，快乐地完成了高中学习，进入大学了。

和队友们一起练习，左边是豪。

那年头的体操表演有点类似于如今的艺术体操

体操队合照，前排右四为豪。家里早年的照片"文革"时全部被抄家的抄走，"文革"结束后还了一些照片回来则多半是立波的，母亲大人多次嘲笑说，祖父立波因为是名人，所以相片抄走了还知道退回来，我们因为是普通人，相片就不知流落到什么地方了。如今家里的这些老照片都是后来费了老鼻子劲找回来的，有些更是当年已经送给亲友了，几十年后有心的亲友又送了回来。这三十年好不容易陆陆续续又积攒了一些，母亲大人还是非常遗憾地说，"最好的相片都不见了"。

我弟弟牧之老是跟母亲大人开玩笑，说她写的回忆文字如果出书的话，名字可以叫"福大命大的我"。

1956 年秋季和 1957 年春季的大学生活对豪来说真的是如苏联电影一般的浪漫。学习文学是她的爱好，当时的大学虽然可以自由选课选老师，但低年级的文科学生选择性并不大，主要还是在上基础课，没有什么趣味性可言，学校里的名教授们都只给高年级学生上课。比方系主任魏猛克，是受鲁迅亲自教导的木刻青年之一，上课非常受欢迎，要听他的课得等到四年级。比方才华横溢的罗教授据高年级同学说上的课好玩极了，也要等……没有关系，再等几年就能听到这些名教授文采飞扬的讲授了。

如今的豪忙的是别的事情，她很快就被选进了学校的体操队，每天清晨运动后才匆匆赶着去上课，夕阳下她们又会再次聚在一起操练，周末更要到省体育馆和专业的运动队一起强化训练一整天。天天操练不休体态轻盈的她们还要参加学校的舞蹈队，又是比赛又是表演，还真的是分身乏术。学校对她们这帮明星学生也宝贝得很，训练表演得再晚也有好饭好菜等着

路易认识豪的时候，她还是一个中学生。

一直梳着一对大辫子的豪在路易的默默关注下享受她的青春岁月，由中学而大学，慢慢长大了，当他们的爱情渐渐浮出水面时受到了两家长辈和周围朋友们的祝福。豪的同学们常常戏称她为徐美人，我则认为母亲大人年轻时的风采多半得自于她当时长年不懈的练习体操。当年的体操运动健康适度，对人的身体和精神面貌都有很大的帮助，如今的体操运动也许发展得有点过头了，对运动员们的身体恐怕是伤害多于帮助了。这点母亲大人有同感，如今她几乎不看体操表演，说是看着怪害怕的。

她们，照顾得比父母都精心。

每天晚自习前，大学图书馆外面都会有很多衣着整洁的男孩子在等着自己心仪的女生了，像豪这样的明星学生当然更是追求者众，他们都彬彬有礼地用各种方式表达爱意，忙碌的豪没有多少时间考虑这些，到底是哪些同学在追求她都搞不大清楚，但她也时不时地注意到了一位有一双明亮的黑眼睛的男同学对她的关注，没有多久就和黑眼睛走在了一起……

路易编辑部的同事中有好几个都是中文系的老师，他有时搭轮船过湘江到位于岳麓山下的学院看同事的时候，说不定也和叔华的妹妹打个招呼一起吃个饭什么的。路易最有印象的是他等在学校的大操场里，看着朝气蓬勃的豪在夕阳里满身汗水地向他跑来，豪当时非常尊敬这个和她的老师

叔华和路易五十多年前就是好友，后来更成了亲戚。这是他们近年的合影。

们都可以平起平坐的稳重的大哥。

　　一来二去的路易就开始不定期地给豪写信了。谈他看的书，谈他在乡下的见闻，谈他的写作……他其实很想每天都给豪写信，最好是能够早上一封晚上一封尽诉衷情，但还是沉着地隔好几天才写上一封，除了见闻和文学之外从来不提感情的事，完全不给豪负担，等到豪习惯了他的来信，偶尔也回上一封的时候，才加大了写信的密度……

　　乖乖，我在披露老爸追女孩的谋略吗？我老爸做人做事说不上稳重，更谈不上有心机，一生中也只追过一个女孩子，没有什么经验。但灵光闪现，这长达数年既有策略也有耐心的追求确实是超水平发挥，让他心想事成之余也让精明过人的老妈多年来百思不得其解，真是聪明一世糊涂一时，那时候怎么就着了他的道了呢？

第十三章
山乡巨变

1

前面说过了，不管土改的过程如何粗暴，土改的结果确实是在中国第一次产生了大约一亿一千万自耕农，摆脱了战争又有了土地的农民积极性被极大地激发了，又赶上了风调雨顺的好年景，那几年的粮食产量大大提高，农民们交公粮的态度也很积极，还产生了《双送粮》这样的戏剧。

虽然说重复交公粮是甜蜜的烦恼，但要从一亿多农民手上一家一户地把粮食收购上来，再分配给城市居民，也是繁杂没有效率的工作，1953年10月国务院就下发了粮食统购统销的行政命令，随着后来的户籍制度和粮食定量制度，计划经济下的中国人生活在什么地方，每个月吃多少粮食都必须经由国家安排，不但市场运作消失，连个人意愿也逐渐减少，到最高潮的时候甚至要求老百姓"狠斗私字一闪念"，这是后话。

有的经济学家说为了方便工作而出台的统购统销直接导致了农业合作化，这个说法在时间上是说得通的，1953年10月发布的统购统销行政命令，12月中央就通过了《关于发展农业生产合作社的决议》，到1956年末，全国农村的农业生产合作社组织率达到了96.3%，完成土改不过几年的中国农村迅速地再往前走了一步，实现了集体化。

但我认为20世纪50年代初的粮食丰收催生了统购统销，进而加快了农村集体化的进程，这可能是真的，但当时的国策是苏联的今天就是中国的明天，早就实现了农业集体化的苏联是中国的榜样，中国农村走向集体化应该是迟早的事情。毛泽东领导下的中国共产党经过了一系列心想事成的胜利后执行能力非常强大，给人的感觉是只有想不到的没有办不到的。当然这种凝聚力和执行力还要再过几年才达到顶峰，到那时果然有人直接说"人有多大胆，地有多大产"了。

当时的农民们是怎么想的呢？说实话非常复杂，饮水思源的他们当然感谢共产党政府带给他们的好时光，觉得要听政府的话，但又万分舍不下刚刚分到手的还没有焐热的土地。立波的《山乡巨变》里把农民们的这些思虑描摹得栩栩如生，如今他故居前的稻田旁还立有一座雕像，正是一位捧着一把泥土沉思的中年农民，他的名字叫陈先晋。

2

在立波的书里，这位叫陈先晋的农民不但勤劳也很肯动脑筋，家事农事都细细筹划，长计划短安排样样不缺。据立波介绍，种田的活计也分三六九等，有的活但凡是个人都能干，出力出汗就行，有的活则需要技术经验甚至天赋才能。只有各类技术活都干得漂亮利落，还能上知天文下知地理多少摸得透老天爷脾气的全能农民才能称得上"作家"——作田的行家，这位先晋老哥据说在"作家"中都算是顶尖人物。

人都说人强强不过命去，农活不管怎样也是个体力活，没有儿子的农民多少吃亏些，立波的书里写了个非常要强，农活也干得十分了得的农民叫菊咬筋，因为只有一个女儿缺帮手，遇到农忙时就搞不定了。

先晋老哥的运气确实不错，娶了个贤惠能干的太太，还生了两个威武高大的儿子和一个千灵百俐的女儿。自己有祖传的几亩山地之外，土改又分了几亩上好的水田，陈先晋祖祖辈辈渴望的靠种田发家致富的理想生活在他这一代眼见得就要美梦成真了。

和周老爷周相公一样心事重重的先晋哥虽然没有什么文化，但脑子很不坏，还特别能算计，他带着儿子们起早贪黑一刻不停地辛勤劳作，开的饭食却非常节俭，除了一大锅没有什么油水的煮白菜之外就是用各种方式制作的各式风味的辣椒，在新鲜空气里做了一天体力活的一家大小吃得热气腾腾但所费不多，吃完了大家倒头就睡连灯油也省了，明天早上精神抖擞的又是一天。

这么做得多花得少会算计有劳力的人家，努力几年搞不好就会把周围的土地慢慢地一块一块地买下来，实力日渐雄厚，这大概也是农民陈先晋念念不忘的终极目标吧。

我所知道的美国农民大都是实现了先晋老哥理想的人家，他们搞种植的田地广阔，搞养殖的牛羊成群。自住的房子加上土地农业机械等，每家都是身价百万千万，比起好多城里人工作一辈子只赚得一幢自住房可以勉强算得上是家产来家底殷实多了，但他们的日子过得比城里人也辛苦得多，从来没有什么八小时工作制，连休息的时间都很少。

比方我们曾经到过一家养奶牛的人家去做客，他们的住房漂亮，周围环境美得好似天堂，家里吃的食物新鲜丰盛，生活还很有情调，但男主人一年到头起早贪黑，没有一天能够休息，更谈不上什么旅游度假，周日打扮一番去教会都算是大节目。说实话，中国在世界的哪一边，地球是方的还是圆的，对他们都不怎么重要，邻居们的婚丧红白大事才是他们的主要谈资。

这样的生活有人爱之入骨，有人弃之如履，见仁见智。比方有个同事是农家子弟，年轻时整天开着个拖拉机在自家田里转圈圈。有一天军队来招兵，游说他说当兵的好处是可以周游世界，这莽撞的男孩把拖拉机一停就跟着人家跑了。谁知到了部队才知道他当的是潜艇兵，几年下来确实地球上哪都去过了，但都是趴在水底下去的，这世界长什么样他还是没见到。好在傻孩子也有长大的时候，后来他靠着部队的奖学金一直读到博士，终于可以自由自在地睁着眼睛看世界了。

有的人为了看世界抛弃祖传的田园生活，有的人为了一圆农场梦劳心劳力在所不辞。当年有一位教我英文的太太，高高的个子，一头棕发，老是穿着棕色的长裤和马靴，每周一都要津津有味地描述她和丈夫周末在自家的农场忙了些什么。看她这么喜欢农场，有天问她为什么不干脆住到那里去算了，没必要每周城里乡下这么两边跑怪累的。

棕发老师解释了一大通我才明白，哦，原来他们那个农场不但不来钱还是个销金窟，他们两口子每周五天在城里勤奋工作就是为了养这个农场的。那时挺穷的我金钱逻辑非常直接，就问她为什么要养这么个农场？她说有的人骨子里就是喜欢当农民，赔钱也得干，她告诉我这个世界上某些地方或民族的人特别喜欢当农民，比方来自德国和丹麦某些地方的人，她自己的祖先就是从那里来的。

明白了，难怪美国的农产品这么便宜还是有农民愿意干，敢情他们血管里流着农民的血非干不可呀，那我们这些享受低廉优质农产品的人不是有福了吗？只是棕发老师夫妇似乎热情有余能力不足，这么个长期烧钱的农场最起码说明他们不适合当农民，比不上陈先晋们有天赋才能，应该拍拍手把农场盘出去，让先晋老哥他们干得了。

当然棕发老师们如果愿意这么过生活，别人也无可厚非，没有孩子的他们愿意养个农场玩玩是他们自家的事。只是如今当职业农民靠农业养活自己的门槛是越来越高了，比方加州的农民们很多都有很强的专业背景，是农学院的毕业生，有些恨不得还有博士学位。

有的则有家传，三代四代专精一项，不管世界怎么变都以不变应万变。我就见过一家延续了好几代的花农，专门养玫瑰花的，他家的花养得娇娆玲珑，比别人家的贵了两倍，还买者如云，买花的人都是有眼光的，别家的花摆在他家的花旁边都跟娇小姐身边的粗使丫鬟似的，完全没有可比性。

看样子他们家靠着玫瑰花富贵起来已经不止一代了，如今出来卖花的少主人身材高大，一身意大利名牌，架势跟个模特

在合作化的前夜忧心忡忡的农民陈先晋来到了田边（雕塑作品）

　　孤独贫穷的老人则盼着合作化的到来，怕合作社不要她，连家里养的一只下蛋母鸡也带来了，请求合作社无论如何也要收下她，觉得只有参加了合作社她的生活才有保障（雕塑作品）。

　　不管是担心还是盼望，合作社还是热热闹闹地成立了（雕塑作品）。

似的，围着他摊子转的美女那叫一个多呀，花美人俊看得我眼睛都直了。

所以说干什么都要干得精，跟风玩票不是长远之计。

农家子弟也不都对农事感兴趣，在乡村出生长大的立波小时候就没有怎么碰过农活。这其实并不是什么坏事，当年分到他和芷青名下的田土只有六亩三分，如今子子孙孙加起来也有一二十口人了，试想如果我们大家都和棕发太太似的不忘本，立誓要在家乡的土地上讨生活，子子孙孙无穷尽，那该如何是好？就算再努力，再精耕细作，哪怕是在地里绣出花来，这块小小的土地也没法养活我们这一大家子人，不是吗？

还好我家的祖宗们挺有眼光的，从周老爷周相公开始就着意安排一部分子孙慢慢地往农事以外的职业上发展，才有了另外的生活空间。如今有的朋友在城里住久了静极思动，提议大家一起到乡下修房子过田园生活，我们认真思考过以后回说，谢谢好意，我们还是比较喜欢城市生活，热闹。

3

为了写这章书上个星期重读了一遍《山乡巨变》，读完后抓住老公谈读后感。学工程出身的老公没啥文学素养，跟他讨论小说得把故事交代得言简意明，否则抓不住他的注意力：

刚成立合作社第一年，育秧是有关整年收成的大事，为了保险起见队长和副队长分别负责培育一部分秧苗。好脾气不急躁的队长在农活上不算特别高明，工作中还有点分不清主次，他培育的秧苗都死了。副队长技术好对育苗的事情也认真，他的苗长得特别好。没有成功的队长因为态度好没有受到多少指责，反而育苗成功的副队长因为不愿意出让多余的秧苗，态度还不好，受到众人的指责，矛盾渐渐升级，以致他最后试图自杀，差点丢掉性命。

老公马上反应："这不和大公司一样吗？多快好省干出活来的人没有多少人夸，干不出活哇哇乱叫的人反倒能够得到更多的资源协助，最后干成了能见度就高得不得了，名利双收。"

说实话，以我的经验大小公司都一样，明君不多见，所谓群众的眼睛是雪亮的也靠不大住，比较起来日本公司比较讲态度，态度好能力差或者假装能力差的人日子还是好混的，美国公司比较注重实效相对公平些。没有偏见地说，文科出身的老板同事很多都是理想主义者可以交朋友，工科出身的老板同事比较讲实效，就事论事地和他讨论问题比较容易沟通。

书里的刘姓队长脾气好，没有私心，性格不急躁，大家都喜欢他，但由做事慢吞吞的他一手一脚管着这几百号人的生计真让人看得急死了，放着先晋老哥们的本领不用，大家每天都要等着刘队长派活后才能开始工作，有时候派完活半天的时光就已经过去了……立波真是个自然主义的作家，观点归观点，他把合作化以后产生的问题也描写得清清楚楚。

当然合作化的好处他写得多，也确实有，如今苏联和东欧把合作化全盘取消，社会福利保障又没有跟上，而产生的老弱病残无人闻问的社会问题也不小，这中间的平衡之道整个世界都还在探索中。

4

虽说放马后炮是站着说话不腰痛的便宜事，可是马后炮也不能不放，这也忌讳那也忌讳，前人走过的路，吃过的亏，碰过的钉子不就白费了吗？这样就是对得起前人吗？所以放马后炮是有必要的，而且做这件事也不像说的那么轻巧，还是非常有难度的。放着好日子不过，来碰这些繁难事的我并非没有顾虑，真的需要很大的爱和忍耐，还有相信，相信我的祖父立波是个聪明有理解力的好人，他会明白我的。

五十多年前立波的小说《山乡巨变》里描写的农民陈先晋百般不愿意加入合作社顾虑重重，可惜形势比人强，他到底还是入了。在入社前的一个晚上他辗转反复夜不能寐，终于起身摸黑来到自家的田边，他知道天一亮这些田地就要入到合作社不再属于他个人的了，忧心忡忡的先晋老哥在黎明中捧起了一把泥土，恋恋不舍。立波描写的这一幕如此动人，被雕塑家永久地留在了清溪村的土地上。

1959年完成的小说《山乡巨变》结束在农业合作化成功的喜悦和灿烂里，可惜以后几年的变化被先晋老哥不幸而言中，他的种种顾虑都一一变成了现实，这是后话。1959年11月完成的《山乡巨变》也成为立波最后一部重要的著作，喜欢写与时代合拍的大题材作品的他之后只写过一些短篇小说和散文，就算是非常勤奋的他也下不了笔，不由得叹道：太难把握形势了。

这非常可惜，作为小说家的立波当时正处在创作的巅峰时期，长篇小说的布局，故事的构造，人和物的描写都娴熟老到炉火纯青。这时的他没有成名和经济的压力，那一年他还只有五十二岁，身体健康，写作时间充裕，正是可以全心沉浸在纯粹的艺术创作中的好时光。他的两部长篇小说中《暴风骤雨》写得气势磅礴，而《山乡巨变》则更受文学行家们的推崇。

他写的人物不少都让人印象深刻，比方《山乡巨变》里有个人物小名叫秋丝瓜，这人物这名字让人念念不忘之余，当年好多男孩子都被同伴们唤作秋丝瓜且无可奈何，得这个绰号的男孩子有的是因为名字里带个秋字，有的是因为个子长得细长模样和丝瓜有几分像，有的是性格……

立波对自己的语言能力非常有信心，《暴风骤雨》用东北话书写让人惊艳，《山乡巨变》则把湖南土话运用得活灵活现。用湖南土话书写虽然生动但也带来了局限性，东北话和普通话相比口音有异但是大多数中国人都能听得懂，能够理解其中的趣味，这也是为什么有东北口音的赵本山可以娱乐整个中国的的原因之一，而中国的南方山区号称"十里不同音"，湖南土话的使用毕竟限制了这部书的接受度，这点当年刚刚出书的时候很欣赏这部书的文学大家茅盾先生就指出来过。

《山乡巨变》也许是因为运用湖南土话书写，接受度有些问题的原因，并没有被拍成过电影，但是当年由上海画家贺友直根据这本书画的连环画却大受欢迎，这部连环画据说是中国连环画史上的里程碑似的杰作，得过全国连环画一等奖，也是大画家贺友直的成名之作。贺是个很认真的艺术家，当年他为了画《山乡巨变》，据说到益阳乡下住了不少的时日，湖南农村的人物景致他都把握得很到位。

5

　　谈到文学评论家夏志清先生，我之前有关文艺评论家很难成就一个作家，倒是可以轻易毁掉一个作家的调侃就不适用了，夏先生成就的作家可不止一个，很多中国一流的作家都经由他的评价而被世界认识进而激赏，比方沈从文，比方钱锺书，再比方张爱玲。特别是张爱玲，她在中国文学史上的地位是经由夏的评介而奠定的。夏志清先生影响深远的大作《中国现代小说史》到底是专业的文学评论著作，并不如沈、钱、张的著作那么Popular，我也是直到今年夏天才在美国的图书馆里读到的。

　　夏先生眼光敏锐评论精准自不待言，但要说他是一个没有偏见的评论家，恐怕连他自己都不承认。夏先生对左派作家有天然的反感，立论相对苛刻，但他毕竟是文学评论大家，读到高明的文字和逼真的描写还是有感触的，他在《中国现代小说史》里提到立波的《山乡巨变》里有关开会的描写，妇女主任可以当着众人喂奶，她的光屁股孩子就在开会的桌子上爬的场景让他觉得不可思议而印象深刻，这种生动的描写一定出自熟悉生活，又有艺术眼光的作者之手，可以把读者带到不熟悉的年代和环境里去感同身受。

　　我在读书上是个杂食动物，绝对不会因为不同意作者的某些观点就放弃读他的书，认为花很少的时间一点点的金钱就能够触摸到一个聪明人的灵魂是件太占便宜的事，承认作为一个不喜欢勤奋工作的懒人，能够在这个千变万化的世界里生存，是受到了很多隐藏在书后面的贤人的教导，更觉得我喜欢生活爱惜生命的原因之一，是因为这个世界上还有很多的妙人妙事妙书没有遇到看到读到，他们会带给我无穷的乐趣，让我的人生放出光芒。

　　作为母亲的我从来没有限制过女儿读书看电视，就算是考大学的那几年，女儿也动辄一看电视就是好几个小时，想读什么书就读什么书。当然每家的情况不一样，有些父母严格限制孩子看书看电视的时间和品种是无可厚非的，但人脑的构造比房子复杂多了，并不会因为装多了东西而挤得慌，反可能因为营养丰富而激发出新的能量。

中国历代好些强势的统治者喜欢管制老百姓的思维，这既霸道不讲理，还不聪明，把大家都变得傻傻的或假装傻傻的只留一个脑子思考真的有意思吗？大家都和善聪明有智慧讲道理，这世界才会美好，就算是做梦，我也期待生活在这样的时代里，这样的时代才能被称作盛世而让后人传唱歌颂。

第十四章
芳草无情，更在斜阳外之一

1

豪的大学生活开始得非常美好，活泼聪明的年轻人聚在一起不需要什么特别的理由就可以开心地玩耍，在八个人一桌的饭桌上偷偷比画一下老师的特征就能让心领神会的一群人笑得岔了气，大玩大笑中还是注意到了有一双黑眼睛在追随她的言谈举止。

和高年级的黑眼睛交往没有多久他就要毕业了，提出来要见豪的父母，如是豪带他回家吃了一顿饭。当时徐老五已经从监狱里释放回到了家中，见过女儿的男朋友后发表评论说："是个好青年，但是眉眼深重，恐怕脾气不大好相处。"算是温和地提了反对意见。

这话听上去挺好笑的，脾气暴躁的徐老五挑女婿要挑脾气好的，这不是只许州官放火不许百姓点灯吗？但过了几十年看下来才知道他的道理。徐老五在政治上不怎么识时务，但为女儿侄女儿挑女婿上头极有眼光，徐家的老人们在这方面都厉害，这也是为什么徐家女儿们的婚姻都不错的原因之一吧。

老爸有点提醒但并没有反对，豪继续和黑眼睛走在一起，谁知他毕业后果然因为脾气的原因和豪阴差阳错地错开了，受不得一点委屈的豪最终和不细心但也没脾气的路易走到了一起，风风雨雨已经做了五十多年夫妻了。我的外公真厉害，一眼就能定乾坤，试想如果黑眼睛和豪走到一起，两个脾气相似互不相让的人那还不天天世界大战呐？

路易和豪则是一对欢喜冤家，一个大错不犯小错不断抱怨就当耳边风，一个一边怨一边做一手遮天，劳心劳力但强势。徐家嫁出去的女儿们或迟或早都成了这么个能干强势的太太，她们的先生们聚在一起少不得抱怨一下厉害的太太，还说要成立徐家女婿委员会集体维权什么的，其实抱怨是虚赞美是实，人人都离不开这么个聪明能干，不管贫穷与富贵，不论世道翻转反复，对丈夫不离不弃，对儿女家庭无私付出，出得厅堂进得厨房的好太太。

2

写了散文还不过瘾，路易又惦记着要写小说，他工作了几年有些积蓄就请了留职停薪的创作假，回到以前待过的洞庭湖地区，安安心心地住下来，写一篇名叫《湖边》的长篇小说，而且他一声招呼，画家林凡也如约从北京来和他做伴。路易和林画家很有渊源，林家和周家是世交之外，他们二人的祖父都娶了刘家的女儿做太太，林凡的祖母正是刘姓太太的亲姐妹。

两个差不多同年的朋友一个画画一个写文章，在湖南农村过了一段很诗意的生活。他们交了充足的伙食费后吃住在农家，农民们对他们不错，天天给他们做可口的饭菜，年轻的林画家更受欢迎，因为他不时地可以为农民们画像。后来混熟了，林画家忍不住向多子女的农妇们建议少生点孩子，那些快活的农妇们听了哈哈大笑，取笑刚结婚还没有孩子的年轻画家多管闲事。

路易和林创作之余常常在水库里游泳，有时也划着船在湖里游逛，风景好，心情不错，两个人少不得即兴做起诗来。据路易回忆，林画家的诗也做得不错，还可以即兴做古体诗。路易心情舒畅之下连带着写给豪的信也更勤快了，还拜托好友徐叔华去徐家提亲。

剧作家叔华虽然年轻但很会说话，他告诉豪的父母，路易是他最好的两个朋友之一不算，更难得的是他有个贤惠能干心地善良的母亲，叔华论断芷青将来一定是个最好相处的亲家母。徐老五听了连连点头，说自家处境不好，并不愿意和如此有名的家庭结姻缘，但亲家母如果是这么本真厚道的人倒也不妨。接下来路易去拜访准岳父，他们二人谈诗论艺品评徐老五的古玩藏书，很对胃口。

前面说了徐家挑女婿很是严格，稍有不合适反对起来一点也不含糊，尤其徐老五个性硬责任心强， 侄女儿的亲事让他拖上好几年的都有， 处境不好的时候他更加敏感难说话，还好芷青和路易都是非常谦虚低调的人，言行做派温文有礼，没有半点使人不舒服的地方，使得徐老五夫妇深信这是个良善的可以放心托付女儿的好人家。

3

生活如流水般缓缓流淌，京城里却又起了波澜，这回是大鸣大放，鼓励大家给领导提意见，帮助领导改进工作。林画家坐不住了，忙着要回工作单位参加大鸣大放，路易的小说还没有写完，再说他吃过给领导提意见的亏，觉得不提也罢，劝林画家和他做伴留下来继续作画。不果，热情洋溢的林画家还是及时回了京城。

芷青不爱说话，没有向领导提意见的习惯，但她周围有很多有抱负的朋友都积极参加了鸣放。她原来工作过的法院里经历过长征的老资格的院长和现在工作的法律顾问处的徐负责人都主张司法有一定的独立性，不能随着领导的意思和形势的变化随意调整量刑标准。刘同学的丈夫杨其昌和很多文艺界同行一样觉得当时的文艺政策束缚太多，应该更宽松。

豪因为忙着训练演出，没有什么时间关心大鸣大放的事情，但她的同学老师中还是有很多人非常关心时事，有些年纪比较大的同学已经参加过抗美援朝战争或者是有过工作经历的更能提出比较尖锐有内容的意见，他们的校园位处湘江西岸，远离位于河东的政治中心，认真提出的意见并没有得到什么反响，如是同学们不太满意了，决定到位于河东的报馆所在地去游行，要求听取和反映他们的意见。豪这个体育健将活动太多，没有时间去游行，只托同学代她在请愿书上签了个名。

当时的豪是个标准的文艺女青年，看了很多苏联的电影小说后向往苏联大学生们的浪漫生活，非常期待上大学后的第一个暑假的到来，做了很多计划要和朋友们好好过一个愉快的假期。她和路易的关系也渐渐明朗，第一次正式交上男朋友的她对甜蜜的恋爱生活也很憧憬。

谁知暑假到来学校没有让学生们回家，说是要开会反击右派对党的进攻，会议开了一天又一天，一个星期又一个星期，调子越来越高，豪的暑期计划一步步地泡了汤，非常失望沮丧。1957 年夏天豪的失落比起那时发生的事，和对好多人长达二十多年的深远影响来说还真的是微小，但还是值得一提，因为从那个夏天开始，好多的天真烂漫坦率真诚都失去了，而疑惑恐惧则长留心中。

比方我 20 世纪 80 年代上大学的时候，有一次开会大家谈得高兴，一位同学提起意见来有点滔滔不绝，另一位同学大约听得不耐烦了，在旁边阴恻恻地说：要是在反右的时候，你这就是右派言论了。一句话顿时就刹住了提意见同学的谈兴。当天晚上，那位提意见的同学做噩梦时高喊：“我不是右派！没有反对党！！”让整个寝室的同学都哄笑不已，第二天连我们女生都知道了男生宿舍里发生的糗事，背地里笑了好久。

二十多年过后都能让下一代这般惊恐，连提一下就要做噩梦的事当然不是儿戏，1957 年夏天豪虽然也受到批评，说她请人代为签字是对向党进攻没有警惕性，但算比较轻微的错误，做了检讨后就过了关，但她的好多同学老师都被打成了右派。这是豪第一次经历政治运动，吓人的气势和受冲击对象处境的变化之快让她大为震惊。

豪非常仰慕的系主任魏猛克，曾经为鲁迅的名著《阿 Q 正传》画过五幅插图，与翦伯赞等主编过《大众日报》，能文善画的他当时还担任湖南省文联主席，首当其冲地被打成了右派。原本还憧憬着四年级可以听魏先生讲课的，据高年级同学传说是非常生动的文学课，这下豪永远地失去了机会。

多年以后豪倒是有缘做了魏先生的邻居，但历经磨难的老先生其时已经耳目不聪言谈无力，无法与之深谈了。魏猛克先生于 1983 年病逝于长沙，终年七十二岁。与魏先生的师生缘薄被豪引为憾事。

外文系系主任罗凯岚先生据豪的高年级同学报告也是个很神的老师，讲起课来侃侃而谈出神入化，他被打成右派后倒是没有被发配驱逐，保留下了教职，后来当豪她们上中世纪外国文学课时，正是由罗先生讲授，但他已经全无神采，只端正地站在课堂中间背诵教案的内容，不但决不说任何教案以外的话语，还一个调子念到底，连声音都平板无变化。

我八九岁的时候，我们家正好住在罗家隔壁和罗先生做了邻居，他们家的客厅里悬挂着鲁迅和罗先生的大幅合照，老先生常常端坐在这张大照片下不言不语，老太太则多半在忙家务。我们小时候玩起来挺疯的，常常高声呼啸着在罗家穿来穿去，老先生总是笑眯眯地看着我们，但并不和我们谈天玩耍。罗太太倒是跟豪提过老先生很喜欢小孩，非常欢迎我们这帮小屁孩在他家出没。我的印象中老先生非常沉默，连表情都不多，想象不出来他曾经是个讲起课来神采飞扬的名教授。

好多老师被打成右派之外，年轻学生中的右派也不少，两个香港来的侨生都戴着右派帽子回了香港，其中一个曾经追求过豪，另一个连行李都顾不上拿，丢下十八口皮箱就狼狈回去了。一位参加过志愿军爱穿军裤的同学和同学们聊天，说过"冰雪天队伍过清川江时，回头一看，一半人不见了（被江水吞没），我好心酸"之类的话，也被打成右派，说是反对抗美援朝……

湖南省副省长，当年程潜班底的重要成员，在长沙和平解放中起过关键作用的程星龄也被打成了右派。他的女儿小名皮球的程波曼从中学时代就是豪的朋友，她人漂亮，书也读得好，声音甜美，性格开朗，朋友多多。父亲倒霉后她性情大变，当时在英文系念书的她除上课外很少跟人交往，只自己关起门来读英文唱歌弹钢琴。

就这样也不安全，她被认为是只专不红的"白旗"受到批判，再加上恋爱风波，被开除团籍学籍赶回了家，后来婚姻不幸，又在"文革"中被弄成反革命嫌疑以致神经都出了问题，几十年后同学们再见到她时已经是个体态臃肿、表情迟钝的妇人，完全没有了年轻时的美丽活泼，让当年的朋友们谈起来惋惜难过不已。

还有一位杨姓男同学是学校戏剧组的组长，天资聪慧，笑口常开，有一双明亮灵动的大眼睛，和学生干部交心时他谈了很多，还交出了日记，在干部们锋利的眼睛审视下从日记中发现了问题，说是他有投奔他已经去了台湾的妈妈也就是投敌的嫌疑。杨同学受到批判后顿失神采，没有多久更是连活下去的愿望都没有了，倔强的他一次两次试图自杀不果后依然不愿意尝试活下去，终于自杀成功离开了人间。豪还有位同学因为学英文上瘾，在大街上记下不认识的英文单词，被当成特务抓走……

看到这些的豪受的刺激之大几十年都忘不了，连我都影响到了。从小老妈就反复教导我不准写日记不准写信，不准学中文也不准学英文，连字都不认识，当个干活麻利头脑简单的文盲也许最能让她放心满意。老妈的高压政策搞得我小时候看本书都东躲西藏跟做贼似的，后来更养成了半夜就能自动醒来，在爸妈熟睡时看几个小时书，天亮之前再睡的习惯，到如今还认得几个字记得几本书真挺不容易的。

4

当年打右派法律界文艺界是重灾区，芷青以前工作过的法院的院长是右派，正在工作的法律顾问处的徐负责人也被打成了右派自不待言，不怎么说话但也不肯在反右运动中发言揭发老院长以及徐负责人的芷青则被定为中右。整个法律顾问处的同事们几乎全是右派，后来干脆撤销了这个当时担负了一定程度律师工作的单位。法律顾问处没有被打成右派的只有年纪轻轻就参加过抗美援朝战争的刘同学，但她也没有能够全身而退，她的丈夫，从事文化工作的杨其昌也被打成了右派。

徐叔华虽然是当红的剧作家，和领导关系不错，但批评过文化局领导的生活作风被定为中右下放到农村。林画家回北京赶上了最后一次鸣放，他当时还年轻，不过是团员，开始并没有打算大整他，谁知给他开批评会让他做检讨时，他不但不检讨，还冲出了会场，结果被打成极右下放到山西多年。

十多年后还在下放状况的他回湖南探亲，那时他已经人到中年，满脸风霜，完全失去了年轻时的锋芒，待人接物察言观色，态度低调谦虚，只在应邀作画时两眼精光闪烁，手起笔落毫无迟疑，显示了当时正当盛年的画家怎么也压抑不住的创作冲动。"文革"过后林凡叔叔果然作品源源不绝，精品迭出，已经年过八十的他到今天还在勤奋作画，还担任过中国工笔画学会的会长。

林画家走后，路易继续留在乡村写小说，他当时留职停薪和单位也算是暂时脱离了关系，只在回家探亲时参加过一次会议就大吃一惊，那正是一场批判文联主席魏猛克的会议，发言的人声嘶力竭，全没有了文化人的彬彬有礼，会后路易和朋友抱怨说："有话好好说嘛，这么大声音干什么？"还好这朋友恐怕也有同感，并没有告发他，路易又回到了乡村。

路易花了半年的时间完成了他的长篇小说《湖边》，这篇小说当时只在杂志上发表过一部分章节，正式出版要再等二十多年后，但它对我老爸的帮助无比巨大，青年路易对文学的执着追求冥冥之中让他躲过了反右运动。路易完成小说回来销假时，惊讶地发现编辑部的同事们几乎全部被打成了右派。

他在编辑部的第一个上司，才女周微林和她的丈夫都被打成了右派，有两位同事更是被警车从办公室抓走的。幸免于祸的除了请假写小说的路易之外，还有一位已经调走了的杨同事和因为生了肺结核病到疗养院疗养的李同事，几个月前热热闹闹的编辑部这时已是物是人非，人去楼空，连杂志都停刊了。

反右进入尾声，《湖南文艺》重组后出刊，路易和一位冯姓同事被任命为执行编委，还从外面调进来一个宋姓副主编，谁知不到半年，宋副主编也被补划成右派，下放劳动很多年。

看到同事们大都趴下了，路易深感恐惧，不顾编辑部人员短缺冯同事生病，坚决要求下基层到工厂去锻炼，就算是文化局的铁局长和省委宣传部的唐部长亲自到路易的住处来看望，情意恳切让他深受感动也改变不了他的决心，几个月前对文学的激情，写小说的冲动早已荡然无存。当时下放是潮流，领导们没有办法反对，路易的要求终于获得批准，下放到株洲湘江机械厂任职，不到一年更被借调到湖南省委工业部，果然彻底离开了让他伤心难过的文艺界。

1957年大部分时间都在湖南乡下写小说的立波夏天回北京参加了中国作协召开的党组扩大会议，回湖南时路易去火车站接父亲，一下火车立波就摇着头说："丁玲被搞得那么狼狈，真是想不到啊。"过了一会儿他又叹息着说："她哭得哦……"

反右过后周扬也回了一趟湖南，路易去看他的时候发现他气色不好，并没有政治斗争胜利者的志得意满。在谈到周扬立波多年的好友，以前在经济上多次帮助过他们的，新中国成立后以民主人士的身份担任湖南图书馆馆长的林大打成右派后被遣回了益阳，生活困难时，他更是叹气连连，让路易转告立波送一笔钱给林大……

亲友中被打成右派的还有很多，比方豪有位也做财会工作的堂姐夫，眼睛高度近视，个性木讷，开会从来不发言，那天开鸣放会议他虽然去了，但一直躲在角落里埋头看报纸，在会议主持者一再催问下，他随手举了举手上的报纸说："我没有什么好讲的，这篇文章讲得好，就是我的看法了。"有眼快的同事看到那正是后来的大右派罗隆基的文章。于是这位近视眼姐夫在一举手间成了右派，被下放到洞庭湖农场二十多年，他的老婆孩子则被赶到了另一处乡村。

第十五章
芳草无情，更在斜阳外之二

1

当年我和祖父在五七干校日夜不歇的长聊中，有一天他很得意地告诉我说他是国家一级作家。

"真的吗！？"挺没有见过世面的我当时的表情一定是佩服得五体投地状，让祖父很高兴。谁知我接下来的问题是："那一级作家就是最厉害，级别最高的作家吗？"他有点泄气地答道："不是的，一级作家上面还有特级作家。""唔哦，"我的表情一定透着几分失望，祖父忙解释道："特级作家只有两位，一位是茅盾，一位是丁玲。"

如今有一级作家名头的人应该不少，我的父亲大人路易就是一级作家，他也从来没有为此自豪过。但当年和祖父那段如武侠小说里的侠客们凭仗自己的武功计较江湖排名似的搞笑对话却让我记住了丁玲这个名字，不管什么时候一看到她的文字就会联想到十三岁时候的惊讶："哇，女作家耶，总共两个特级作家，她就是其中的一个耶！"还能记得在文字上特别自信也非常好胜的祖父立波谈到她时服气中又有点泄气的可爱表情。

当然那年头要读到丁玲的文字是不容易的，只能到批判材料里去找，还都掐头去尾不完整，原文的前前后后都长篇大论地告诉读者这文字是多么多么有毒。幸运的是有些批判文集在后面还会附上毒草原文，我就这样读过她的一些短篇小说。中长篇小说当时一部也没有读到过，"文革"中在我们中间辗转流传，已经磨得不成样子的破烂书籍里面也没有她的书，因为 1957 年她被打成右派，从那以后就没有再出版过她的书了。

20 世纪 80 年代她的书终于陆续出版了，处在思想活跃的八十年代，隔着半个世纪的时代鸿沟，再读丁玲二三十年代的那些作品，说实话并没有怎么打动我。那个年代年轻人特别是知识女青年们的苦闷对我们这帮"文革"中长大的年轻人来说，有点难以共鸣。衣食无虞的精神苦闷是多么高级的痛苦啊，我们成长的环境是柴米油盐酱醋茶样样缺乏的生存挣扎，痛苦得低级俗气多了，我们当时的前途也根本没有什么可茫然的，很确定地长大后只能作为简单的劳动工具存在，一点期盼也没有。当然丁玲的文字是很好读的，让人读来舒服，有阅读的快感。

丁玲是湖南临澧人，出生于 1905 年，比周立波周扬们大几岁也算是同龄人。她父系和母系都是望族，父亲是最早一批的日本留学生，是见过世面的大家子弟，但不幸早逝了。丁玲的母亲更是那个年代知识女性中的先锋人物，丈夫去世了，她便带着两个孩子去学校教书，和最早期的共产党领袖向警予是闺中密友。她对女儿的教育也前卫得很，丁玲是从幼儿园到小学这么一路读上去的，那个年代应该只有极少数的女孩子可以受到正规的幼儿教育了。

丁玲发蒙非常早，她的同窗好友多半都比她年纪大些。那年头念书的女孩子少得很，所以她的女同学中有不少后来都是有名的人物。比方毛泽东的第一位夫人杨开慧就是她的中学同学，比她大三岁。她最要好的同学叫王剑虹也比她大三岁，丁玲后来和她结伴去了上海读书。

年轻美丽的丁王二位小姐都来自比较富裕开明的家庭，到上海后租了不错的房子住下，经济上面没有什么大困难，求学方面也很自由，她们对自己选择的学校如果不满意就退学出来，在家看书聊天交朋结友，有很多文艺男青年围绕着她们。丁王二位小姐当时的生活形态就算是以今天的眼光看来，也是非常前卫脱俗的时尚女青年的理想生活。

丁王二位小姐思想"左倾"，结识的朋友中有共产党早年的领袖们，王小姐更和当时刚从苏联回来不久还当过中共负责人的大才子瞿秋白恋爱结婚，可惜的是这婚姻没有满一年王小姐就因病去世了。当时还不到二十岁的丁玲旁观甚至深深地卷入了好友恋爱婚姻生病去世的全过程，在对缠绵的男女之情还相当混沌的年纪目睹了这么一出爱情悲剧，由对朋友的惋惜不舍而对她的革命知识分子爱人的埋怨指责，伤心之余她离开上海去了北京。

北京时期的丁玲依然随心所欲地学习和交朋结友，她在北大听课补习数理化之余还学画画，由此结识了她后来的爱人，作家胡也频。由于想要学习日文她请了日文家教为她补习，这家教就是后来和她渊源很深的冯雪峰。冯当时是贫穷的左翼文学青年，靠辛勤的翻译写作勉强维持生计，觉得丁胡二位是聪明天真的小资青年，他们虽然还在寻找生活的方向，但一点要参加革命党的意思都没有。当然也和丁玲在上海时一样，他们二位在北京也和很多左派朋友在交往。

和立波一步一步地操练，到四十多岁才成名的漫长文学养成路大不相同的是，丁玲的文学事业开始得十分顺利。

1926 年在北京的丁玲看到中国最早期的电影非常兴奋，决心要当一名电影明星而回到上海，通过电影名家洪深的介绍进入明星电影公司后马上觉得不适合就没有签约。又和戏剧界大佬田汉联系希望能当话剧演员，进展顺利之余自己再次觉得不合适退了出来。

早年写《莎菲女士日记》《韦护》，"文小姐"时期的丁玲。

二十岁前后的丁玲是当时处于变革时期的中国最受欢迎的知识女青年，她开朗健康，没有思想包袱，想做什么就主动出击，找到最有权威的业界大佬帮忙引见，发现不合心意她马上就丢开手，行动力强，也绝不会勉强自己将就任何人和事，完全没有旧时代中国女性的委曲求全。她当时的茫然苦闷就算是用今天的眼光看，也是天之骄子机会多得不知如何选择的烦恼，当然她是那个时代的女性先锋，也确实没有什么人生榜样可以供她学习参考，要全靠自己摸索前行。

1927 年，二十三岁的丁玲写出了她的处女作《梦珂》，寄给《小说月报》后受到名编辑叶圣陶的赏识，这篇小说当年十二月份发表在《小说月报》上之后，第二年春天叶圣陶又发了她的中篇小说《莎菲女士日记》。

《莎菲女士日记》写的正是如丁玲般的时代知识女青年的生活思想爱情以及她们的苦闷烦恼，发表之后反响非常之大，是她的成名作。在之后短短的三四年里，这位年轻的女作家作品源源不绝，出版了三本短篇小说，《小说月报》连载了以王剑虹瞿秋白的爱情悲剧为素材的长篇小说《韦护》，还完成了两部中篇小说的写作。

精力旺盛的年轻女作家成名还不到一年就和丈夫胡也频，好友沈从文合办"红黑书店"，出版《红黑》杂志，并在一年后因为欠债太多而关门倒闭。虽然出版事业进行得不太成功，但多产的丁玲名声鼎盛，成名之后不久就成了当时中国最有影响力的女作家。她不但事业繁忙，家庭生活也没有耽误，和胡也频结婚后于一九三零年生下儿子。夫妇俩的密友既包括文笔精妙感情细腻的沈从文，也包括知识分子革命家冯雪峰。以前在冯雪峰眼里这对有"左倾"思想的小资恋人如今在潘汉年的介绍下参加了左翼作家联盟。

有关当年他们四人的八卦传闻非常多，七嘴八舌之下抽出来的线条应该是丁玲和冯雪峰相识后互有好感，都有意向爱情方向发展之际，丁玲当时的恋人胡也频表现出了如果失去丁玲的爱就放弃生命的强烈信号，让厚道的冯雪峰把自己的爱情硬生生地转换成了对他们夫妇的终生友情，而沈从文对丁玲的爱慕并没有得到丁玲的回应，他也把爱情转换成了对丁胡二位的深厚友情。

在这场复杂但美好的青春爱情友谊兜兜转转里，改变得最大的是胡也频，在北京时不如丁玲那么对革命有兴趣的长发青年作家如今不但加入了左联，还成了激进的活跃分子，在济南教书时就差点被国民党政府抓了，

丁玲和丈夫胡也频

好不容易才逃回上海。回到上海后的胡也频更加活跃，在冯雪峰的鼓励下已经可以在左联办的暑期补习班里面讲授马克思主义文艺理论了。

1931 年 1 月，胡也频在参加一次共产党会议时被逮捕，没有经过什么正常的审理程序，二十多天后就和同案的二十四个人一起被枪决了。其中包括中国共产党的早期领袖，林彪的堂兄，当时担任全国总工会秘书长的林育南。一起被害的二十四人中有五个是左联的作家、艺术家，这就是历史上所称的左联五烈士。

胡也频被捕后，有名气活动能力也很强的丁玲用尽了各种方式试图解救，台面上找律师辩护，私底下托人花钱买关系，找关系已经找到了国民党的高层大佬。沈从文也多方设法奔走，求到了胡适，胡适转托蔡元培，蔡元培马上写信求人……一切的办法都动用到了，还是没能把人救下来。

丈夫惨死后，伤心的丁玲由好友沈从文陪同回老家湖南休息，再回上海后的她态度非常坚决地投入了左联的工作，主编左联机关刊物《北斗》，加入共产党，后来更担任左联的党团书记。这个阶段她小说中的主角也从迷茫的知识青年转向了贫苦的工农和坚定的革命者。著名年轻女作家在行动和文风上的重大变化当然引人注目，丈夫去世两年后她也被捕，软禁数年后终于逃脱去了延安。

2

初到延安，"武将军"时期的丁玲。

刚到延安的丁玲受到热烈欢迎，毛泽东更高兴地写诗赞道："纤笔一支谁与似？三千毛瑟精兵……昨日文小姐，今日武将军。"丁玲也真的换上戎装，赴前线采访，写文章办杂志编报纸，是当时延安活跃的文艺界的领军人物之一。这个时期的丁玲也写了几篇描写知识女青年在延安生活的小说，对延安的生活有所批评。我在"文革"时读的毒草集里选的就是她这个时期写的小说，包括《在医院中时》《三八节有感》。

当年在上海接替她主编左联刊物担任左联党团书记，比她小几岁的周扬也到了延安，也是当时文艺界的领军人物之一。担任文艺界领导工作以后的周扬全心投入，几乎放弃了自己的写作，他的文艺思想也和王实味、丁玲有所分歧，主张对延安的生活多作正面描写。

1954 年丁玲出访苏联出席会议，前排左为作家老舍，右为周扬。

1942 年 5 月的延安文艺座谈会和之后的延安整风中，丁玲作出检讨后，没有如王实味般被整肃，她也迅速地和新婚丈夫一起下到农村参加土改并写出长篇小说《太阳照在桑干河上》。这个时期的丁玲和周扬的私交不错，但周扬对她的新长篇小说搁置良久的冷淡反应也让她有所抱怨。作品就是作家的孩子，加上丁玲从年轻时代起就心直口快，周围的朋友们也一向宠爱将就她，她的文章更是一出道就大受欢迎，何时得到过这样的冷遇？敏感的女作家随着自己的情绪走。当时她和周扬的关系虽然没有交恶但有疙瘩是真的。

延安的最高领袖毛泽东对丁玲的态度虽然没有以前那么亲热了，但还是不错。毛泽东进北京前住在西柏坡，丁玲曾经到那里去拜访过他和夫人江青，三个人相谈甚欢，毛江夫妇俩一致地夸赞丁玲的文笔好，文章好读。

新中国成立后丁玲担任文联的前身文协的党组常务副书记，文学研究所的所长，中央宣传部文艺处处长，《人民文学》的主编，《文艺报》主编等重要职务。当时的作家艺术家们都认为周扬是文艺界的一把手，而丁玲则是仅次于他的二把手。和周扬不同的是，她不但担任文艺界的领导，也不停地写作，非常活跃。

1955 年夏天批评胡风反党集团后，也开始批判丁玲，反复的批判中更联系上了她当年被捕的经历，丁玲的解释检讨又进一步地为批判者提供了炮弹，罪名越拔越高，事情越来越不可收拾之际，感性的女作家崩溃到当众痛哭，最后还是把已经开始百般检讨的她和当时《文艺报》的负责人陈企霞打成丁陈反党集团。

风暴过后丁陈二位当然不服，反复申诉，要求重新审理他们的问题。到了1956年秋天，重新审理的结论已经弱化到宗派主义和损害党的团结这个层面，就是说丁玲的问题已经由敌我矛盾向内部矛盾转化了。周恩来也指示在审查丁玲时要避免她和周扬直接接触……矛盾更有了向个人恩怨方面弱化的可能性。丁玲本人则认为自己和毛泽东的私交不错，之前能够顺利度过延安整风，这次也应该可以安然过关的，交了申述材料后她甚至到南方旅游了一趟，以便放松自己的紧张情绪。

在胡风和丁玲问题上一直摇摆的周扬也已经在反复讨论如何修改结论，弥补过激。他在1957年的6月6日检讨道："1955年对丁玲同志的批判只有斗争没有团结……这样做是很不应该的。"

谁知两天后形势突变，反右运动开始。文艺界是反右的重灾区，打成右派的很多，其中最大的右派就是丁玲和冯雪峰。曾经很欣赏丁玲的毛泽东这次没有保她，在报纸上把她的文章作为毒草刊出时还亲自写下按语："……奇文果然有些奇处，奇就奇在以革命者的姿态写反革命的文章……谢谢丁玲、王实味等人的劳作，毒草成了肥料……"

丁玲的案子成了铁案，五十三岁正当盛年的著名女作家和她同被打成右派的丈夫被下放到北大荒农村十多年，"文革"中更被关进监狱五年。二十年后平反时她已经是七十四岁的老人了。

度过了二十年的艰难岁月，已经满面风霜白发苍苍的老太太丁玲依然强悍有个性。她写文章办杂志，接受访问发表演讲，回忆往事怀念故人，发表观点说人是非，一如既往地说得多写得快。让读者听者印象深刻甚至大吃一惊的是，她认为她那二十年的改造生涯过得挺好的，很有收获，不能说是受苦受难。她对周扬当时的忏悔嗤之以鼻表示绝不原谅，却对几十年的挨整毫无怨言，还出乎意料地坚持"文革"后期的许多观点。

晚年平反后的丁玲

延安时期的毛泽东和周扬（左）、刘少奇在一起，刘周二位都曾是他的爱将。

和丁玲一样被打成右派，平反后担任过文化部部长的王蒙先生曾经分析过周扬和丁玲的矛盾。他认为从延安时代开始起，丁玲在事业上就举棋不定，一会儿觉得自己是作家，需要全心创作，不愿意承担繁杂的行政工作；一会儿觉得自己的资历和能力都很够，完全可以主政文坛，不需要听命于他人。这个让丁玲很不服气的"他人"就是她的后辈周扬，但是周扬从延安时期开始就一心一意地专注于文艺管理工作，后期更是贯彻"理解的要执行，不理解的也要执行"的行政纲领，任何一个在上者如果需要二选一的话都会选择周扬而舍弃丁玲的。

这分析颇有道理，我也很欣赏周扬周立波们从很年轻的时候开始就自觉不自觉地认清了自己的方向，专心致力于自己所擅长的工作，绝不旁顾。要知道任何事业都是宝塔尖，越往高处走越需要专注，能够有冲顶机会的几乎都是天赋好精力旺盛之人，要当一个好的作家和一个好的管理者都需要全力以赴，两者都要兼顾，可能两者都难以做好。丁玲多年来热情地投入政治，花费巨大的精力投入行政工作，当然也影响到了写作，她后来的作品应该都还没有超越带有她最多个人色彩的成名作《莎菲女士日记》，作为成名非常早起点非常高的中国第一流的女作家没有能够写出更多的佳作挺让人遗憾的。

她自己多少也知道，早在 20 世纪 50 年代就提倡过"一本书主义"，这话可以理解为一个作家一定要有一部好作品，也可以理解为一个作家一生只能写出一部好作品，或者是说一个作家一生只要能够写出一部好作品就够了。其实被证明能够写出一部好作品的好作家并不多，珍惜这个能力，不辜负这个能力，写出更多的好作品岂不更美？而且丁玲是比一般人更情绪化的性情中人，其实不怎么适合担任行政领导工作。

但就算是比起周扬来，丁玲比较不适合领导文艺界，就算是她不服气周扬的领导，不时批评抱怨，也不应该为此受到那么多的打击甚至羞辱，更不应该为此倒霉整整二十年之久，被剥夺写作的权利，被强迫劳动改造，更被关押多年。虽然丁玲自己事后表示对此毫无怨言，但毕竟她不是自愿到北大荒去的，也不是自愿放弃写作的，更不可能自愿坐进牢房长达五年之久。

3

冯雪峰是文艺界的另一位大右派，他也是当年中国文坛最有影响力的人物之一。冯雪峰于 1903 年生于浙江义乌，比丁玲大两岁，比周扬立波他们大五岁，年岁稍长。和丁玲周扬他们不同的是，冯出身贫寒的农家，靠天资聪慧，得朋友资助，成了家里第一代有文化的人。他早年写白话诗，是有名的湖畔派诗人之一。

冯雪峰 1927 年加入中国共产党，是左翼作家联盟的发起人之一。当时的名作家茅盾的太太见冯家境清贫，邀请他一家免费分住自己房子的一层楼，而茅盾家正好是鲁迅的邻居，冯以文学后辈和共产党干部的双层身份和鲁迅交往密切，密切到每天都要见面，常常一谈就是好几个小时，因缘际会之下他和鲁迅在思想上交流得很充分之外，私交也非常好。他还促进了鲁迅和瞿秋白的交往，这个时候瞿已经失去了在共产党内部的领导地位而专注于翻译和写作，鲁迅对瞿秋白的文才大为激赏。

早期冯雪峰对年轻的周扬也很看重，当年丁玲被捕之后，冯即安排周扬替代丁玲担任左联的党团书记主编左联的刊物。当冯离开上海去瑞金以后，左联的负责人周扬和鲁迅交流不怎么顺畅，观点方面常有分歧，也没有建立起如冯鲁般亲密的私人关系，这点周扬们似乎有些懵懂没有太在乎，而鲁迅则相当气恼。

冯雪峰作为一个文化人，在瑞金担任党校副校长地位不低，他的老朋友瞿秋白这时也到了瑞金，这位有名的共产党人这个时候却相当失意。而冯雪峰当时还交上了一位新朋友，就是毛泽东。毛泽东当时在瑞金也是政治斗争的失败者，不怎么得志，闲暇之余和冯时有长谈。他不愿意多谈党内斗争的成败得失，但很愿意听冯谈鲁迅谈茅盾，毛泽东在当时的心境下能够深切地感知鲁迅的文字自不待言，他后来一直推崇鲁迅，可能也和瑞金时代常常和冯谈论鲁迅的为人和作品有些关系。

冯雪峰经历长征的艰辛后被再次派往上海，两年前他离开上海时曾经把家人托付给鲁迅，这次回到上海当然第一时间就到了鲁迅家。在随后的两个口号论争中和鲁迅胡风的意见一致，而且没有和周扬们见面。当时非常年轻的周扬夏衍们感到相当委屈，觉得冯作为从共产党总部来的领导，完全对他们置之不理，连见面批评指教都没有，就站在了他们的对立面，让处境已经相当困难危险，依然在勉力坚持的他们还要受到左翼大佬和党内领导的联手打压，挺憋屈的。

1936 年 10 月鲁迅过世，两个月后爆发的西安事变促进了第二次国共合作。1937 年 7 月发生七七事变，中日之战全面爆发，国共间也就合作开始了具体的谈判。对于第二次国共合作，就像国民党内部有很多反对意见一样，共产党内部也并非都是赞同的声音。当时在共产党内部地位不低，也是共产党谈判代表团一员的冯雪峰就对很多谈判条款挺抵触的。

我们湖南人因为受个性执拗的左宗棠大人的连累得了"湖南骡子"的称号，而据说浙东人也脾气暴躁个性倔强。这个时候的冯雪峰大概是诗人气质和浙东脾气同时发作，一气之下跑回义乌家乡写有关红军长征的长篇小说去了。既然是国共合作，他这个共产党干部也没有什么见不得人的，他在义乌一待就待了三年，完成了五十万字的小说稿。这一写就写到了1941年1月皖南事变，新四军被剿灭，也就是我在《人间事都付与流风》上部里提到了第二次反共高潮，在这种大形势下，待在家乡写小说的冯雪峰被国民党当局抓捕，随后被送到上饶集中营关押，他花费三年时间写出的小说稿也丢失了。

人的命运和作家的文运都非常奇特，像冯雪峰写诗并成为当时有名的诗人的过程可以说是一帆风顺水到渠成，但他写小说的运气却相当坎坷，有关长征的小说他写了两次，两次都没有成功，后来有心写太平天国的小说也再次受挫，终于没有成为小说家。长征是很能让文学家动心的题材，鲁迅就动过心做过准备，但终于没有动笔。而亲历过长征的文学家冯雪峰也没有完成这个题材的写作，是作者的大遗憾，也可以说是长征的遗憾。

冯雪峰在上饶关押两年后被保释出狱，之后在重庆上海等地编杂志写文章，新中国成立后担任人民文学出版社的社长兼主编。人民文学出版社是当时级别最高的出版社，但对老资格的冯来说并非高就。时过境迁，他当年在上海赏识过，后来又意见相左误会重重的后进周扬如今已经是文化部和中宣部的副部长，是他的顶头上司了。

据说当时周扬主持的例会冯从来不去，只派手下前往，而他若有紧急要求，就会径直冲进周扬处强势要求，号称是中宣部阎王殿的二阎王周扬对冯倒是有求必应的。这个时候的冯应该比年轻的时候更急躁固执，而周扬年岁见长倒也磨去了不少傲气，反而非常尊重将就冯，在他面前没有摆过上级的架子。他们二人这个阶段的关系虽然谈不上正常，倒也相安无事。

冯雪峰的命运再次转折发生在1954年的批判《红楼梦》研究时，前面提到冯虽然和周扬不和，但在《红楼梦》研究一事上并没有揣摩高层的意图，积极跟上最高领导的步伐，而是和周扬们的意见一致，在他主编的《文艺报》上发表了两位年轻人的文章，还加上了大约三百字的比较平淡客观的按语。毛泽东主席则在按语上写下五处批语，语带讥讽地表达他的不悦，冯随后的检讨毛泽东也不满意加了很严厉的批语，说冯不是缺乏马克思主义战斗性的问题，而是反对马克思主义的问题；不是轻视新生力量的问题，而是用各种方式反马克思主义的问题。在当时的语言环境下这已经是最高层次的批评了。

1957 年反右时不经意的一个发言一个举手都可能成为右派，受到过最高领袖这么严厉的批评的冯雪峰是绝不可能幸免的。哪怕过了二十年，周扬们当时在上海受的憋屈还是让他们谈起来就可能痛哭，当年非常年轻的他们受的憋屈也许确实让人难以忘怀，但在这反右的关口旧事重提，对已经倒霉的冯无疑是雪上加霜。有关两个口号的论争的这次翻卷再次呈现对人不对事，冯雪峰和胡风要为他们三十年代的偏激和意气用事付出沉重的代价，而鲁迅作为旗帜则可以超越这些争执不被触碰。

对右派的处理是分了很多等级的，被降职开除党籍的冯雪峰搬出了大房子，没有了公务员和汽车，也降了工资，但还留在出版社做编辑，比起被送去北大荒劳动的丁玲处境稍稍好一点，他也抓紧时间再一次开始有关长征的小说写作。但在后来确认他写的有关长征的小说绝不可能出版的时候，他的浙东脾气再次发作，自己把已经又写了几十万字的书稿烧毁了，由此彻底放弃了书写长征的念头。

倒霉这么久的冯雪峰对自己当年在上海担任文艺界领导时的急躁武断和意气用事应该有很多的思考。"文革"期间他其实有机会报复周扬们，那时已经被打倒多年的他已经不是斗争的重点了，倒是有很多造反派调查组要找他写材料提供炮弹批判周扬。可以说周扬们的生死命运或多或少地掌握在他的材料中。冯这时异常谨慎地书写材料，唯恐一个不留神就为他人带来厄运。人在命运善待自己的时候有副好心肠是好人，而在厄运连连的时候能够感悟出为善之道就可以称得上是圣人了。

这一点周扬也悟到了，他在"文革"中被关在暗无天日的秦城监狱长达九年之久，没有办法和人交流，放出来时连话都不会说了，只会流眼泪。

当年言辞锋利英气勃勃的周扬曾经受到毛泽东多次批评，说他过于软弱，在斗争中下不了狠手，他也非常努力地改变自己，以求跟上毛泽东的步伐。九年的关押，长时间的思考，周扬对共产主义的信仰不变，对他自己选定的领袖毛泽东的忠心不改，但个性中被毛泽东多次批评过的敏感温情的一面不但没有被改造成功，还肆无忌惮地发放出来了。

受到最严厉的打击，无处申辩的周扬在监狱里反复思考的应该是主政文坛这么多年组织了多少次无谓的斗争，委屈了多少不该委屈的人？ 1975年7月周扬出狱，10月份就毫无征兆地去看望了已经重病的冯雪峰，当时周扬还住在招待所里，并没有安排工作，毫无权力，冯则蜗居在陋室，说得上是贫病交加。

周冯二位都是头脑清晰之人，对他们之间的是是非非也都想清楚了，所以二十年没有见过面的他们只短暂一晤就化解了他们长达四十年的恩怨纠葛，临别前的相拥而泣更引出了两人的惺惺相惜之情。周扬不但马上给冯送来了三百元钱，还毫不顾及自己的处境，马上给毛泽东主席写信，自不量力地请求尽快解决冯的问题。在当时的状况下，周扬的信并没有转达到毛泽东那里，冯的境遇也没有得到改善，1976年1月，和周扬会面不到四个月后他就去世了。

冯雪峰据说其貌不扬，但不乏中国文人的气质、气节和气概，他离开人世前最后的作品是一篇他擅长的寓言，名《锦鸡与麻雀》，写的正是他和周扬最后的见面，全文如下：

有一只锦鸡到另一只锦鸡那儿做客。当他们分别的时候，两只锦鸡都从自己身上拔下一根最美丽的羽毛赠给对方，以作纪念。这情景当时给一群麻雀看见了，他们加以讥笑说："这不是完完全全地相互标榜吗？"

"不，麻雀们，" 我不禁要说，"你们全错了。他们无论怎样总是锦鸡，总是漂亮的鸟类，他们的羽毛确实是绚烂的。而你们是什么呢，灰溜溜的麻雀？"

这篇傲气冲天的寓言出自倒霉了半辈子已经濒临死亡的冯雪峰之手，让我的怜悯同情飞到了九霄云外，心中充满的是欣赏佩服，还有读到绝妙好文时压不住的笑意。啊，痛快！

人不但要慎选朋友，更要慎选敌人。人生得一知己难，得一知己的对手更是难上加难。周扬在文坛和很多人争斗过，有过冯雪峰这样一个对手也算是不枉此生了。

第十六章
敢教日月换新天之一

1

前面说了，1953 年到 1957 年，新中国实施了第一个五年计划。这个五年计划的核心是通过苏联援建的 156 个重点项目，为中国工业化打下基础。计划经济发挥了总动员体制的威力，将全国的经济资源向工业化集中投入。基本建设投资额高达 588 亿元，结果是以重工业为中心的固定资产存量增加了 492 亿元。这五年的平均工业增长力高达 18%，超过了当时同样处于战后快速增长期的日本的 15% 和苏联的 11.6%，而同一时期美国 3.6% 和英国 3.8% 的工业增长和奇迹般的中国速度更加没有办法比。

当时工业化的重要指标粗钢年产量也已经从 1949 年的 15.8 万吨快速增长到了 1957 年的 535 万吨。当然发展速度虽然惊人，但毕竟底子太薄，粗钢的年产总量比起当时的发达国家来依然远远不够。还拿 1957 年来说，中国的粗钢总产量只有英国的四分之一，苏联的十分之一，和美国比起来差距更大，只有当年美国粗钢总量的十九分之一。

1958 年开始了第二个五年计划，当年 1 月到 7 月总共完成了 380 万吨的粗钢生产，照这个速度发展下去，粗钢总量将会比前一年增加，但增值不可能暴涨。从第一个五年计划顺利实施带来的信心和对中国工业基础仍然薄弱的焦虑促使毛泽东在 1958 年 8 月末提出当年要完成 1,070 万吨的粗钢生产量的要求，也就是说要在当年剩下来的四个月里完成 700 万吨的生产，以当时的生产能力这是一个无法完成的任务。提出这样一个数字是有原因的，因为当时的口号是"超英赶美"，英国当时的年产量是两千多万吨，美国则是一亿多吨。

毛泽东主席的字典里没有"不可能"三个字，在他的领导下短短的四年时间就完成了全中国的统一，以不到十年的时间就为古老的中国打下了现代工业的基础，在他的领导下创造的一系列的奇迹带给他无比的自信，他号召全国人民集中力量大炼钢铁，并以钢铁为主线开展了各行各业的大跃进。

毛泽东的威望，干部队伍的高效和全国人民的热情再一次创造了奇迹，当年就动员了相当于全国人口十分之一的六千万人口直接投入到炼钢生产中去，在全国范围内修建了几百座土高炉，果然在 1958 年底完成了 1,108 万吨的粗钢，超额完成了毛泽东主席提出的指标。不过遗憾的是其中有 300 万吨钢材并不合格，是废品。

这个结果没有能够阻止大跃进的步伐，这种极高速度的发展还持续了两年，1959 年粗钢产量高达 1,387 万吨，1960 年再攀高峰，达到了 1,866 万吨，果然很接近英国的年产量了。不幸的是大量农民直接和间接地投入到不合规范的大炼钢铁中去，严重地影响了农业产出，加上其他种种原因，1960 年的中国就像一辆飞速奔驰的列车紧急刹车骤然停止一样，从大跃进的狂热直接跌入了长达三年的大饥荒，粗钢年产量也直落到了 600 多万吨。

1960 年到 1963 年有一个专有名词，叫作三年困难时期。这个时期发生的故事我们后面还会谈到，因为倒霉的笔者本人就出生在 1960 年，是由一位饥饿的母亲生下的病弱孩子，要感谢医生们的及时抢救和长辈们费尽心力百般照料才得以长大成人。

大跃进不但直接导致了长达三年的大饥荒，因为煤炭产量供应不上土法炼钢的需要，当年大量砍伐森林树木造成的水土流失等环境问题一直到今天还在困扰着中国。

中国有句老话叫作"闻过则喜"，这话说起来容易做起来可真难。听说毛泽东后来私下也叹道：反右也是有坏处的啊，都听不到反对意见了。

中国还有一句老话叫作"治大国如烹小鲜"，意思就是治理国家不要轻易做大的动作，须得像煎小鱼一样轻轻地翻动它。可惜当年刚刚把几百万知识分子打成了右派剥夺了他们话语权的中国，万众一心众志成城，已经没有人愿意或者胆敢提起这些扫兴的话头了。

2

路易是 1957 年底回到编辑部的，他在洞庭湖地区生活了那么久，染上了当时在湖区流行的两大传染病之一钩虫病，治疗了好几个月才恢复健康。所幸他没有染上另一种传染病，就是更可怕的血吸虫病，要是染上了就更麻烦。这两种病都在不久的将来通过改造环境和生活习惯，预防治疗双管齐下得到了控制，把湖区原来只有三十岁的平均寿命大幅度提高了，是新中国公共卫生医疗界的重大成就之一。

路易病好后回到编辑部上班，由于反右停刊了一阵子的刊物也复刊了，只是编辑人手短缺，除了路易之外只剩了一个冯姓编辑，于是从外面又调进来一位宋姓编辑，路易担任执行编委的工作。三个人要负责整个刊物的工作，忙碌可想而知，但当时正值大跃进时代，人人都要大干快上建设社会主义，这点忙碌算不了什么。

不但本职工作繁忙，毛主席号召大炼钢铁，编辑们也炼起钢来，文联的院子太小就把小高炉建到了隔着一条街的文化局的院子里。路易还当了炉长，两位女同事做了他的副手，把机关里破旧的桌椅板凳找出来，加上旧房子里拆下的门框窗架，放在小高炉里烧得炉火熊熊，烟雾冲天。并没有像样的原材料给他们炼，不过是收集来的一些民用铁器，放进炉子里锻炼成钢，这些钢疙瘩到底合不合格，能不能派上用场，匆忙间披挂上阵，连业余级都算不得的炼钢炉长路易就说不清了。

虽然是没有经过培训就上阵炼钢，但生产指标还是很重的，路易曾经有过三天三夜守在炉子旁没有合眼的纪录，那天离开炉子出了文化局的院子就是热闹的大街，他摇摇晃晃地走到街上，差点一头栽倒。所幸刘姓太太和芷青的住所都很近，回到家里就有母亲祖母的全心呵护了。那年头不但炼钢还修铁路，白天上班，晚上摸着黑挖地基修铁路。不但没有灯光照明，更没有什么现代化的工程设备，全靠人力肩挑手挖。有夜盲症的路易有次差点一锄头挖到了一位女同事身上，还好女同事机灵闪得快才避免了惨剧。这条据说是要斩断浏阳河穿过长沙市区的铁路后来不了了之，没有修建成功。

当时还不缺粮食，每晚劳动过后都有包子吃，肚子虽然不饿但睡眠就不足了，因为白天还要编刊物。编什么呢？当时大家都忙得四脚朝天大干社会主义，哪里来的时间写小说散文？连讲故事都太慢了，那就写诗吧。写诗也要大跃进，顾不上韵脚修辞慢慢推敲，有气势就行。

"千树万树梨花开，工农诗篇万首来"，连刚刚扫了盲的农妇一天都能写上好几首，专业诗人们诗兴大发豪情满怀就更不用说了，人有多大胆，地有多大产嘛。大诗人郭沫若都写出了"平炉炼铁高炉炼钢"的诗句，让炼了几天钢略知了一点皮毛的路易笑话说，应该是"平炉炼钢高炉炼铁"，以显摆他比郭老多那么几分有关钢铁的专业知识。

1959 年 6 月，毛泽东坐火车回了一趟湖南老家，看到大跃进的景象他高兴地写下了"为有牺牲多壮志，敢教日月换新天。喜看稻菽千重浪，遍地英雄下夕烟"的诗句。

当时路易编辑的众多诗篇里也有很多是讲坐火车看到的大跃进景象的，路易认为非常写实。当时他坐过火车，从车窗两边望过去，茫茫的大地上烧起了一堆堆的熊熊烈火，连绵不断，都在炼钢啊。这景象在晚上看起来更让人印象深刻，火光冲天，映红了天际。

两年烧下来，烧掉了多少山林呢？1950 年路易在常德工作时附近有一个叫快活岭的浓密山林，里面古树参天，黑洞洞的让人望而生畏，轻易不敢走近，里面不但有各种动物，有几户人家还藏了整整一支土匪队伍，深不可测。对神秘的快活岭一直念念不忘的路易 20 世纪 70 年代当了大学老师，带着学生下乡劳动，再次找到了那个地方，这时候看见的快活岭只是一座光秃秃的小山丘，一目了然毫无悬念，连一棵树都没有了。

山区不管怎么样还有山林可以烧，湖区怎么办呢？就烧房子，把船上的铁锚卸下来，把船也拆下来拔出铆钉来炼钢。钢没有炼出多少，庄稼耽误了，连遮风避雨的房子都没有了，所以后来三年困难时期湖区也过得更加艰难。

<h2 style="text-align:center">3</h2>

说到劳动，豪认为她是职业选手，路易根本就没有办法和她比。她说反右前是老师带领他们读书，反右后就是他们带着老师搞劳动了，毕业后更要带着学生搞劳动，体力劳动确实是豪年轻时代的重头戏。

路易第一次带着豪去见立波是在当时的省委交际处，那时没有五星级宾馆，外地来湖南重要一点的人士都住交际处，立波当时住在一个套间里。五十多岁的立波不善言辞，不知道如何跟儿子的女朋友交谈，就亲自倒了一杯水给豪，豪慌得忙用双手接过杯子。立波看着她端杯子的手终于打开了话匣，说："现在的年轻人都劳动，大学生也劳动。"秀丽的豪当时因为经常做体力劳动确有一双粗糙的手，小说家立波的观察力非常敏锐。

反右过后万众一心，年轻人的热情和干劲更是年纪大的人没有办法比的。那年月政治运动和劳动任务说来就来，只要一个动员，大家二话不说放下书本就干起来，说要炼钢制水泥，刚落成的很具规模的图书馆就成了水泥制作坊，崭新的铁丝纱窗正好拆下来当筛子用。春天里淋着大雨栽树，冬天里冒着严寒日夜轮班修铁路，睡在潮湿的地铺上，人分两班被子不分班，你起来我睡下，被子里还残留着上一个人的体温，劳动的成果是不是有价值，豪他们说不清楚，但劳动热情是非常高涨的，每个人都忙得气呼气呼。

湖南农村冬春非常湿冷，早年间都只有壮年男子才下地干活，女人们是不下田的，包括像姚家姐妹这样穷人家的女儿都没有干过什么重体力活。男人们干活也有些保护措施，比方农忙时吃得比较好，多吃些祛寒祛湿增加体力的食物，湖南人爱吃辣椒也是因为辣椒可以祛寒湿，冬天大家更是闲在家里休养生息。

1958 年大跃进时可顾不上这些，豪她们这些女孩子和男同学一起做重体力活，风里来雨里去，湿冷的水田照下不误，寒冬更是修铁路修水利的好时间，匆忙间连基本的劳动保护措施都没有，豪由此得了两种病，一是慢性鼻窦炎，这病后来因为生小孩坐月子休息得好，顺利地痊愈了。另一种病是风湿性关节炎，这病就没有那么容易脱身了，好好坏坏地困扰了豪一辈子。

青春是个很奇妙的东西，劳动很辛苦，生活条件那么差，豪他们还是过得非常快活，嘻嘻哈哈热热闹闹地留下了很多美好的回忆。劳动时有聪明的同学发明了类似火车轨道的滑竿装上大竹筐运土，同学们争相跳进去坐在竹筐里，一路大笑尖叫着滑过去，好不快乐。累得半死还不忘浪漫，中秋晚上一大群同学跑到山上看月亮，月亮没看到却遇到了暴雨，大家手拉手摸黑下山，只有闪电能够给他们照明。有位小个子男生连滚带爬的在前面开路，每到看不见路的时候他就大喊一声："闪！"天空马上电闪雷鸣地呼应他，几次呼应成功后他得意扬扬的声音更大了，老天爷的回应也更气势磅礴，逗得一众狼狈不堪的男女同学笑得前仰后合，眼泪都出来了。

大学生们都挺有才华的，每到一个新地方和群众联欢只要稍微商量几句就能出上几个不错的节目，唱歌朗诵样样不缺，还常常有一个豪的体操表演。不管是宽阔的舞台还是农民家狭小的前厅，豪只要目测一下距离和方位就能轻飘飘地翻上几个跟斗，做上一套优美的体操动作，让人惊艳……

有这么多青春回忆的伙伴感情深厚自不待言，豪和她的同学们友谊长存。记得我曾经提出要爸妈到美国常住，妈妈不同意，说你虽然房子多院子大，但你不能把金阿姨办过来我怎么住得惯？

乖乖还要金阿姨呀？我心想那还是算了吧，除了金阿姨还有银阿姨，金银铜铁锡，老妈谁也离不了，还是让他们在长沙养老吧。老妈常说他们聚会也玩不出什么新招，只要在一起随便说点什么就能大笑一场，玩笑之后她觉得好像又回到年轻时代似的痛快，都有点不记得自己已经是七十多岁的老人了。

　　前几年有一次到北京，一个下雨的清晨我独自一人打着雨伞在景山公园散步，听到一阵歌声传来，唱的都是 20 世纪 50 年代流行的苏联歌曲。听歌声人数不少，和声精准，雄壮嘹亮，不但水平高，声音里还透着年轻的朝气。我循着声音觅过去，在一个小小的亭子里找到了这群歌者，因为下雨的缘故，一大群人挤在小亭子里忘情高歌。让我吃惊的是，和歌声不符的是他们年纪好像都不小了，衣着也不讲究，如果走在大街上不过是些面容黯淡的中老年人，绝对看不出来他们还拥有如此美妙的歌喉和依然如火的热情，他们应该就是豪的同龄人，在 20 世纪 50 年代挥洒过青春的他们依然有很好的团队精神和组织能力，这个合唱团队还有个指导，专业水平很高的样子。

　　和老妈一样对青春念念不忘的大有人在，这其中还包括我老公。他当过知青，下过三年乡，他对那三年知青生活的回味起码持续了十年。我们谈恋爱时差不多有一半的时间都在谈他的知青点。我那时打桥牌的 Partner 是他当知青点老大时的小兄弟，有次等着和我打牌等得实在太久了，又不好来打扰我们裹着大衣坐在冬日的阳台上谈恋爱，不知张望了多少遍后才把我等到牌桌上，忍不住抱怨说：“衡哥是个不爱说话的人，他在跟你谈些什么谈得这么起劲？你鸡啄米似地一个劲点头干什么？”我答：“还不是你们知青点的那点破事，我都听三百遍了！”

　　在美国来自台湾地区和韩国的同事们，只要是男性都有过当兵的经历，平日多半木讷的他们只要谈到当兵时的趣事就整个变了一个人了，滔滔不绝唾沫横飞妙语连珠，别人连插话的机会都没有。如今在北美的家庭聚会上，如果遇到我们这些二十多年前去美国的前辈也是年轻人的灾难，当我们大谈起当初开过的各式各样的破车和这些破车带给我们的种种糗事，打过的千奇百怪的工和打工时遇到的奇人异事，住过的陋室鬼屋，都不知道怎么接口了。要取笑吧觉得不敬，要同情吧一看我们一个个谈得兴高采烈眉飞色舞，又觉得我们那时分明过得很开心，根本不值得同情……真是不解的青春啊！

第十七章
敢教日月换新天之二

1

反右运动中同事被打成右派的多，自己也背了个中右的处分，整个司法系统都动荡不宁，原来的工作方式甚至架构都在变化中，这一切让一直努力工作的实干家芷青茫然不知所措，一向开朗强健不容易被打败的她这次情绪非常低落。不会吵闹争执甚至连抱怨都不会的芷青心情压抑之下终于生起病来，心脏血压都出了问题。不怎么生病的人生起病来多半来势汹汹，芷青的心脏病病得不轻，时不时地发作，连多走几步路都可能发病。

那时得了中右处分的干部在单位得不到重用，多半还会被要求下放到乡村去劳动，比方剧作家徐叔华就下放了，他太太也辞了工作跟着丈夫一起下了乡。芷青的身体已经不适应下放到农村去做体力活了，法院就劝她退职。这多少有点强迫性质，芷青觉得委屈不愿意但也无可奈何，加上立波也劝她退了算了，她只好办理了退职手续，领了一笔退职金就搬出了法院的宿舍，结束了她得来不易的职业生涯，那年她五十岁。

1958 年 3 月 13 日，长沙市中级人民法院给芷青开了一个欢送会，请她吃了一顿饭，还送给她一本小小的日记本，从那天开始芷青用这个小日记本写了大约一年半的日记，记录了她最初的退休生活。写日记是个好习惯，就算是芷青这样浅浅的文字也能够让后人不但读到她的生命历程，还多少了解到当时的生活方式和社会形态，读起来挺有意思的。

第一，是她尽量保持了自己的学习习惯，每天要求自己读两份报纸写一篇日记，如果客人来了被打扰没有完成当天的任务，她会感到内疚。当时的她并没有完全脱离社会活动，因为党籍没有恢复，就把她安置在民盟这个组织的构架下，所以她常常被邀请参加活动，级别都还相当高，听报告开讨论会什么的。但芷青不怎么感兴趣，她真的不是对政治感兴趣的人物，听好几个小时的报告她头痛脚肿，开讨论会她有口难言，常常借病请假，估计久而久之人家也就不找她开会了，自自然然地就失去了不少人求之不得的社会贤达的地位和社会影响力。

人家要她写个规划，她写道："勤俭持家，一定做到。"人家要大跃进，大干快上地干社会主义，她说我身体不好干不了什么事情，要不就少吃饭吧，把一日三餐改成一日两餐，为社会减轻负担好了，真真是个实在人啊！

第二，情绪不好。芷青在日记里几乎每天都在诉说自己很痛苦，心里觉得不平，觉得委屈，又理不出头绪，有口难言。在这之前芷青一直忙碌，没有时间多想自己的际遇，之后是认命不再想了，只有这一段时间她最痛苦。日复一日地思虑苦恼，自己这么努力这么事事处处为他人着想，结果家庭生活不如意，事业也走到了尽头，如何甘心？心血管病也是心理病，越是情绪不好越是容易发病，三天不好一天好，反反复复不可开交。她计划少吃一顿饭，没有人来访就长久地睡觉，照现在的观点看是得了忧郁症了，潜意识里觉得活着没有什么意思了。

第三，境况尴尬。那时立波和林兰已经克服了心理障碍，大大方方在长沙住下了。他们住在麻园岭的一处大房子里面，立波忙着写《山乡巨变》，已经有了一个女儿的林兰这时又生了一个小男孩，正过着幸福的家庭生活。

比较起芷青的日落西山，人生的路越走越窄，立波林兰正处在事业人生的顶峰，顺风顺水。立波并不是没有良心的人，他对芷青的境况也不是完全没有思考过，他在《山乡巨变》里写了个人物叫盛佳秀，像芷青一样有个当红军死在长征路上的舅舅，像芷青一样有一个长年在外面没有回来，人人都知道已经另外缔结了婚姻的丈夫，像芷青一样好面子，不肯也不愿意承认丈夫已经不要自己的事实，还在事事处处把丈夫摆在心上，像芷青一样健壮能干会持家，一个人一双手就可以建起一个殷实的家庭，像芷青一样节俭也有点小气，也像芷青一样做得一手好菜，对自家的男人异常体贴，在生活上把男人照顾得周到细致，更像芷青一样无论是相貌身段性格为人都对异性有吸引力。

非常有趣的是立波为这个很像芷青的，叫盛佳秀的人物安排的丈夫是个一无是处的人物，没有出息，在外面混得不好，还欺骗老婆另结婚姻。佳秀的结局则非常好，她虽然对丈夫和芷青一样愚忠，但并没有固执到底，还是产生了另外的爱情，最后她和书中的主角，合作社的刘社长，一个懂得珍惜欣赏她的好男人结了婚。

立波对这个人物有厚爱，不惜嘲笑挖苦自己来向芷青道歉，还把田螺姑娘这样美好的民间故事用在盛佳秀身上，并为她安排了圆满的结局，甚至让刘雨生温情地挑战了一下她的小气个性。这大概就是立波对芷青下半生生活的善意设想吧？这主意和我的一样，应该是这个三角关系可能有的最完美的结局。可惜立波的俏眉眼做给了瞎子看，芷青不读他的书，她的文化水平刚够读读报纸，小说是不读的。立波也没有把这个设想付诸实现的能力，他不但没有能力亲自操作这件事，也没有办法让刘姓太太理解他相当超前的婚恋意识，再借助她的地位影响力让这个设想成为现实，非常可惜。

刘姓太太和芷青这一对婆媳相依为命地在一起生活了好多年，感情深厚怎么也分不开。她们现在虽然没有住在一起，但当时的长沙城非常小，几个住处之间走路就可以来往，很是方便。她们之间的来往密切到每天都要见面，至少要在一起吃一顿饭，有时芷青上午去看婆婆，婆婆不但留她吃中饭，连晚饭也要强留她吃完才让回家，老太太也常常来看芷青，时不时地还在芷青的住所睡上一晚。

和丈夫分开了，却和婆婆怎么也分不开，芷青嘴上不说，心里有抱怨。老太太连路易对芷青好一点都吃醋，唠叨路易心里只有母亲没有祖母，把芷青气得直哭，婆婆对生活有讲究，每顿饭都要求有荤素搭配的好几盘菜看，

大跃进年代刚离开职场的芷青（中）和豪（右二）以及豪的朋友们合影。芷青白净丰满，还带有职场成功女性的自信和威严，但情绪不高。当时几乎是全时参加重体力劳动的豪又黑又瘦，比起高中及刚进大学时当体操明星学生时减去了不少的风采。

芷青如今身体不好，兴致不高，对婆婆长年不懈的生活要求感到吃力厌倦，但大部分时间她们婆媳感情好得不得了，离开半天都想念，老太太要有点什么小病痛芷青更是牵挂。

刘姓太太对芷青也非常好，每天都巴望着媳妇孙子来访，来了就百般挽留不肯轻易放他们走。奇怪的是芷青这么频繁地拜访婆婆，有时还在婆婆处睡个中觉吃完晚饭再离开，一点都不必担心碰到同住在长沙城里，也是走路就能到的距离的另一位立波夫人，林兰好似并不需要常常到婆婆处请安，一心挂着长孙路易的刘姓太太也并不常常见到同住一城的小孙儿小孙女。芷青这么常来常往，甚至连立波都不必担心碰到，好像也没有听说他们碰到过。两婆媳固执地延续了她们长年相依为命的生活习惯，每天都要腻在一起。

现在中国的年轻夫妻们最烦恼的就是婆媳关系了，甚至有人说婆媳是天敌，怎么样也难处好，好多婆婆还充当了夫妻感情破裂的杀手。但是芷青和婆婆的感情好是她的幸运也是她的不幸，说实话立波和芷青的婚姻没有能够走下去，刘姓太太也是受害者，这么分不开的婆媳硬是被拆散了。聪明懂道理，但老小老小有些孩子气的刘姓太太如今要动好多脑筋来维系婆媳间的感情应该是没有安全感的表现，老人家既不舍又愧疚，心里一定也不好过。

芷青的婚姻不合情理之处在于，她是只负责承担责任的那个人，而利益方面则另有人接受，而且几十年如一日，连当事人都觉得理直气壮，理所当然了。我们后人如果不能够把之前扭曲的关系摆正，那至少也要把事情看清楚些，以免再有人重蹈覆辙。尤其是自身不要再犯同样的错误，一代一代地重演上一代的悲剧。

还有一些话不吐不快。《人间事都付与流风》出版后，有人认为我没有能够为尊者讳，写下了祖父的缺失，是对他老人家的不敬，这点我不能够同意。我虽然是个没有什么出息的小女人，但毕竟也见过些世面懂得些道理，懂得不能因为一个人有了过失就全盘否定他，春秋责备贤者是为了学得教训而不是以偏概全地否定贤者。但我更知道为了替尊者讳而把受害者挖个坑埋起来更是要不得，这是对受害者的二度伤害，对尊者也毫无好处。一个能够勇敢地面对自己的缺失并且有能力改正的个人、家族、社会才是强大的，不败的，永恒的。

第四点，说起来就比较悲哀了，芷青写日记的时候觉得自己过得非常痛苦，有些苦恼，她认为她一辈子都不可能放下，要至死方休，但她不知道以后的岁月还会更糟，糟到连诉苦都多余。

1958年的芷青身材高大丰满，相貌白净，还没有什么老态，神情自信有威严，带着长年职业妇女言必信行必果的利索能干，待人接物的礼貌周到不亢不卑以及善良女子对他人自然而然的关心体贴，很受周围人的敬重喜爱。她的日常生活社交活动频繁，每天和婆婆见面之外，和姚四住得也很近，差不多天天相见，还有很多亲朋好友常相交往，更去江南旅行了一次，看望了在武汉的姚三，还在无锡姚二家住了两个月之久，虽然心情不好兴致不高，还是在亲友们的热情陪伴下游历了苏州南京等城市，领略了秀丽的江南风光。

芷青和她的亲友们当时经济状况都不坏，日常交往常常互相邀请着在外面吃个小馆子尝尝小吃什么的，也常常相邀着买点衣料添置些衣物。有了病痛去看病也是随时可以办到，没有什么为难之处。这些和平时期的正常生活在我少年时期是没有的，20世纪70年代正当少年的我似乎从来没有用好布料做过什么衣服，都是妈妈在乡下买来的粗糙家织布，在家里自己染成灰色后做的没有什么样子的衣裤。多年来在小面店里吃过几碗面都是数得清的，到正式餐馆吃饭的经验要等十八岁进大学后才第一次体验。连小孩子都过着这么贫乏的生活，当时六十多岁的芷青过的更是没有颜色也没有声音的黯淡生活了。

20世纪50年代末期，芷青她们的文化生活也很丰富，她们社交活动中最重要的一环就是相邀着看戏看电影，这个活动频繁到差不多每天都在进行。1958、1959年拍了一百多部电影，数量很不少，芷青几乎每部都看了，加上当时地方戏剧也演出频频，剧目繁多，芷青们每天都有节目。芷青喜欢看戏看电影的原因一个是她有闲有钱，第二个是戏剧电影里的故事能够让她淡忘自己的痛苦，有疗伤的作用。看得多了，她也多少发表些议论，说些这部电影不错，那出戏一般的话。

2

1958年8月，在无锡姚二家住了两个月的芷青怎么也住不下去了，一心要回家，姚二百般挽留都留不住，连计划已久的上海游都没有去，就回长沙了。她心里惦记的是路易快要结婚了，要回家操办大儿子的婚事。

路易虽然幸运地逃过了反右，既没有当上右派也没有怎么批判过别人，但看到凋零的编辑部还是心有余悸，决定脱离文艺界要求去工业界工作，如愿调到了航天部所属三三一厂组织部工作。这个厂在株洲，于是他要求在离开长沙之前和豪结婚，还有一年半才大学毕业，希望毕业后再结婚的豪经不起路易的反复请求，最终同意结婚。

路易和豪是在这年12月底结的婚，新房安排在芷青住的唐家大院。林兰非常喜欢聪明漂亮懂事的豪，常常送些衣料之类的礼物给她，更提出让豪和路易在麻园岭她和立波的住所办婚礼。但是豪的家教好，非常听父母的话，为人讲义气的徐老五一再告诫豪嫁给路易的话一定要对芷青好，要伴着她生活，于是豪辞谢了另一位婆婆林兰的好意。

路易的婚事由芷青一手操办，婚礼就在她当时住的唐家大院举行，连刘姓太太都没有抢她的风头。这场引人注目的婚礼除了新郎新娘以外芷青是主角，人人都祝贺她苦尽甘来，枝繁叶茂，子孙昌盛。

　　豪的母亲肖妹是上亲，在婚礼的前一天就来了，芷青单独陪她吃了一顿饭，谢谢她把女儿嫁给了周家。肖妹一头天生的卷曲的头发松松地盘在脑后，端庄富态，举止娴静落落大方，虽然微微有点发福但眉眼间不失秀丽，就算是当电影编剧看多了美女的林兰也叹道，难怪豪长得这么好了，她的妈妈就是个美人。

　　徐老五自尊心强好面子，如今他处境不好，自觉做不起人，也不愿意遇到可能遇到的旧识彼此尴尬，决定不出席豪的婚礼。婚礼前他郑重其事地找豪谈过一次话，表情略带悲戚地谈到他的两位侄女儿出嫁的时候，当时他虽然手头拮据但还是都操办得十分体面，大侄女儿在长沙，二侄女儿在桃源的婚礼都是轰动全城的。徐老五和肖妹的几个大一点的女儿都在战时夭折了，豪是他们第一个出嫁的亲生女儿，他却再没有办法为爱女操办婚事，连像样的嫁妆都拿不出来了，心中的悲凉不言而喻，最后他还是绞尽脑汁在自己所剩无几的古董字画里挑了两幅国画两件古瓷送给女儿女婿作为结婚贺礼。

　　我外公徐老五手上的古董字画没有逃得过"文革"，都已经不知所终了。"文革"前我太小，记忆力有限，记得的几件器皿都是清朝的，样子都很大方不俗。家里对这些器皿并没有特别宝贝，都在日常摆用，插花养鱼摆放零食待客什么的，配着唐家大院的好房子，蛮有情调的。

　　有一次我打破了一只拼瓷花瓶，记得当时大人们讨论说这是一个挺有价值的花瓶，应该把碎瓷收在一起以后有机会可以找人把它拼回来。他们计较议论的时候心平气和毫无火气，也不知最后到底做了没有？但是我肯定并没有为此事受到责罚，他们当时要挂心的事特别多，对瓶子的可惜不怎么强烈。外公不是真正意义上的有钱人，品味还挺讲究，对清朝历史又特别有兴趣，也许真的只收清朝的字画玩物也未可知。

　　当年我父母的那场婚礼观礼的人挺多的，他们除了乐于看漂亮的新娘子之外，还特别留意芷青立波林兰三人的互动。芷青立波们事后没有任何评语，但观众们话很多，她们在之后的许多年里对这场婚礼反复回味，所以连我都能够熟知当年的情景。

　　据说立波戴着一顶鸭舌帽，婚礼开始后才低调地走进来，没有待多久就离去了。林兰则比较大方，对芷青祝贺道："你多好啊，孩子都长大成家了。"芷青淡淡作答说："我当年带大他们的条件和你如今是没有办法比的。"林兰当时刚刚生了一个儿子，条件自然是好的。在长沙麻园岭的住所是一处带院子的洋房，当时这一类的房子被称作公馆，有两个保姆帮助家务。立波自己在北京香山从左联时期就认识的画家朋友司徒乔手上买了一所二十多间房、八亩地的大院落之外，国家还在后海为立波分了一处带院子的房子。

　　后海的房子是一位不算顶级的京剧演员嫌小不要才分给立波的，立波为此很有点愤愤不平，认为自己是一流作家反而要接二流演员不要的房子住没有道理。不过立波一辈子都是不争馒头只争气的主，生气是因为受到差别待遇心理不平衡，房子他倒没有那么讲究。后海的房子照今天的眼光看非常大，院子大到荒凉的地步，书房里一排排的书架多到可以藏在里面

　　大跃进年代结婚的路易和豪与当时大部分年轻人一样没有结婚照，这一张大概就是最接近婚礼时的照片了。我母亲大人从来不烫头发，她的一头天生的卷发得自于外婆肖妹。这张照片摄于唐家大院二楼住房的阳台上，后面便是那株高出楼房的白玉兰。

捉迷藏。

　　豪是体操运动员更是舞蹈高手，她的年轻同学们来了一大帮，哄笑着让豪跳了不少的舞，把婚礼气氛炒得非常火爆热烈。我七八岁的时候有个正在读高中的邻居大姐姐为我细细地描绘了一番当时的盛况，她啧啧有声地对我赞道：当年你妈妈好年轻啊，好漂亮啊，好大方啊，舞跳得那个好啊……啧啧啧啧！

　　嘿嘿，听了这么多方方面面的纪实报告，我似乎围观了父母亲大人的那场婚礼。

第十八章
生于忧患

1

在美国生活的这二十多年，爸爸妈妈曾经多次来美和我们一起生活，每次都住个一年半载的。他们是挺有智慧的老人，轻易不对我们的生活方式作批评，总是带着几分欣赏的样子旁观我们忙乱地过日子。因为批评难得，倒是印象比较深，记得有好几次妈妈忧心忡忡地对我说："你怎么完全不看报纸和电视新闻呐？这么不关心国家大事世界大局，怎么过日子呢？"

老妈说得对，我公司家里两头忙，确实没有时间关心时事，晚上临睡前一般我都刻意安排一个小时的空档看看电视看看书，多半都会选择聪明机智妙趣横生的谈话节目或电视剧，痛快地哈哈一笑就算是给忙碌的一天一个愉快的 Ending，可以上床做个好梦了。

这样糊涂地过生活可以吗？当然可以啦。美国是中间大两头小的社会，我对下层社会和上流阶层都不怎么了解，只知道我们这帮甘居中流的所谓沉默的大多数都忙碌异常，忙着赚钱，忙着生儿育女，打理房子，安排度假，爬山下海，找朋友打哈哈，要我们腾出许多时间精力来了解乏味的政治，几十年如一日地关心政治家们谁当权谁主政谁的势力大谁已经不红了，还真的是有点强人所难。

记得十多年前看过一个挺搞笑的美国电影，说的是一个墨西哥裔的单身美国小伙子，住在一座不错的房子里，每天下了班就宅在家里看球赛，过得蛮滋润的。有一天他老兄静极思动地跑到墨西哥去玩，美墨边界是出关容易进关难，他开着车噌的一声就出了关，可当他玩够了想回家时，不知是护照丢了还是根本就没带护照，进不来了。

这哥们一脸的墨西哥血统，满嘴痞气，含混得上不了台盘的英文，问美国总统是谁他不知，加州州长是谁他不晓，再考他美国宪法什么的更是一问三摇头，满脑子只有球星的名字，无法让美国海关官员相信他是一个美国生美国长的地道美国人，拒绝让他入境。于是这倒霉蛋就流落在墨西哥了。长了一张墨西哥脸但不会说西班牙语，对墨西哥也不熟悉的他在墨西哥的流浪生活当然笑话百出狼狈不堪啦，最后还是交上了一帮鸡鸣狗盗的痞子朋友，带着他们一起偷渡墨美边界才成功得以回家。

这电影打趣了美国人对政治的漠然无知，也取笑了美国政府机构的官僚，最后主角不但自己闯关成功，还带回一帮非法移民，算是报复了为难他的美国海关。这电影左边一巴掌右边一巴掌，还看得我们挺乐，就因为虽然夸张极端但它讲的和事实相差不远，美国老百姓确实不怎么关心政治，美国政府机构确实挺官僚的。

美国民众不关心政治是事实也是表象，政治和每个人都有关，现实理智的人民大众完全不关心那不是傻子吗？比方说我吧，每天开车去公司的路上听一个小时的新闻，回来的路上听一个小时的音乐，应该算是对政治经济大事和娱乐时尚做了一番潦草的跟踪。至于专题报道嘛，家里的老爸老妈，念中学的女儿，加上每天固定要看一份英文报一份中文报的老公都会抢着向我报告的，不听都不行。这个严肃一点叫作家庭价值 Family Value，轻佻一点叫作应酬。当然他们的专题报告都带着自身的偏见，但听多了自然可以分辨，女儿是美国的左派，老公是美国的中间派，老妈不管中美都是大事不好派，听到负面新闻就紧张，千叮万嘱我们不管有事还是没事都别出门，外面危险……

别的美国人嘛，我看是懒不是傻。美国政府管得不宽，法律管不着新闻不能管，文学艺术电影娱乐跟它不相干，经济上是市场经济它只能管大的纲领，军事只在战时有控制权，外交倒是属于它全权负责的。哦对了，它还管所有的公共设施和服务，比方公园自然保护区，公路，图书馆博物馆，公立学校，警察等等，收了老百姓的税理应把服务做好这是大家的共识。美国的老百姓是政府的金主也是老板，这老板还是群挺好讲话不怎么斤斤计较的老板，虽然对政府的官僚低效有抱怨，但大部分时候都是你好我好他也好，嘻嘻哈哈得过且过地过日子，这个也有个好说法，叫作和谐。

一旦出了比较大的问题，严重影响到大家的利益了，他们会变得非常不好对付，比方这十多年美国政府管辖的经济大方向出了严重的问题，人民很不满意政府对金融界的纵容就闹得挺吓人的，人民群众号称要占领华尔街，还要占领这个占领那个，喊声震天。

群体活动了得，个人行为也不简单。有个儿子在伊拉克战死的妈妈就单枪匹马地挑战布什总统的战争政策，一个普通的家庭主妇真正干起来手段并不亚于一个成熟的政治家，和祥林嫂不可同日而语。她当然感情悲愤但绝不过分，诉求明确合情理，和媒体打起交道来也有章有法，得到很多民众的同情和支持，让当时的总统相当狼狈。平时啥也不管的平头百姓一旦有需要就能知道如何运作政治的原因之一，我看是政治教育得法。

有一个周末我到住家附近的社区学院去打球，空旷的大楼里只有一个教室在上课，我张眼一望，是个成人教育班，底下是一群歪瓜裂枣东倒西歪打瞌睡的成年人，台上的女老师打扮得非常周正，她声音洪亮字正腔圆地在上美国历史课。老师完全无视班上都是年轻时弃学如今来补课希望能够拿到高中文凭，对学问没有多少兴趣的忙累的成年人，认真精辟地在讲解几十年前的一项美国政策，当时的形势决策人的思考，执行过程中产生的问题，结果的利弊，对今天的影响……乖乖，真是史笔如刀啊，而且并不是前朝旧事听着玩儿的，和当今的生活都有关联呢。

我津津有味地旁听了好久，只觉得这老师讲得虽好但有点对牛弹琴，怪可惜的。她这水平就算到精英大学的讲堂上或者是电视上去侃侃而谈都是不逊色的。后来翻心一想也许她就是精英大学的教授也说不定，有教无类嘛，奥巴马总统当年当教授的时候不也为社区贫困的单亲妈妈做过辅导吗？而且并不是作秀性质的，是做了好多年的工作。再说这帮心不在焉的成年人也许就听进去了几句，说不定哪一天就能够派上用场帮助到他们呢？

说了这么多美国的事情并不是说美国的制度有多完美，而是小女子我见识有限，完美的社会也没有见过，只好说说身边的事了。要我说啊，这政治也不只是政府官员们的政治，老百姓也是有份的，您要是完全不关心的话搞不好被人卖了都不知道。但政治也不过就是政治，只是生活中的一部分，有必要的时候就关心关心，没有必要的时候也不必时时瞎操心，怪累人的，您说呢？

您若反驳说我这轻飘飘像喝蛋汤一样的话是不了解中国的实际，站着说话不腰痛，您这话太正确了我举双手赞同。因为到今天为止我已经在上海住了两年了，告诉您实话吧，这两年我比之前关心政治多了，看政治新闻政治专题政治八卦谈论政治的时间花费的精力比在美国时多三倍都不止，有时还能为了某个政治问题忧心忡忡睡不着觉呢。和广大的中国人民站在同一个战壕里天天关心政治的我和广大的中国人民一样是现实的是理智的，明白中国的政治比美国的政治范围宽广得多，这政治不但是外交军事民政更是经济是社会是教育是文化是娱乐是法律是道德，是房地产是两性关系是婚姻家庭，甚至是生存，您不关心成吗？

老公看我政治热情日益高涨忧心忡忡，说你不会从此变得热爱政治吧？我马上说："放心，你老婆我最怕挑重担了，一旦政治脱离我的生活，我就不会再关心它。"老公喜欢一个糊糊涂涂的老婆，我更愿意做一个幸福的小女人，天大的事有顶天立地的男子汉顶着，我们老弱妇孺只管享福就行，那可太美了。

一旦没有必要就不愿意关心政治的我在写这本书的时候，身不由己地要把那段时间的政治背景了解清楚，是因为那时的政治和人们的生活太密切了，密切到您不弄明白背景根本就说不清当时的故事。既然我是现实理智的作者，您是现实理智的读者，我们就一起逢山过山逢水过水攀越高峰好了，我认真地做功课好好讲故事，您也耐心地看吧。如果您看得顺畅之余，还有阅读的快感，那是我送给您的附加礼物，望您笑纳。

2

1957 年反右，1958 年 7 月开始了人人积极投入没有任何反对和质疑声音的大跃进，到了 1959 年下半年大饥荒的前奏就已经开始了。20 世纪 50 年代富裕的生活一下子消失不见，市面迅速萧条，连食物也开始缺乏起来。可怕的是食物不但缺乏还缺得非常厉害，学校停止了组织学生搞劳动，政治运动也偃旗息鼓了，大家尽量安静缓慢地生活着，以此来抵御突如其来的饥饿，和几个月前的热火朝天大干快上比起来，1959 年下半年的生活无疑是迟缓的，是灰暗的。

我的母亲大人豪当时和我一样是个不怎么愿意关心政治，一心想过风花雪月的诗意人生的文艺女青年，新婚半年后自然而然就怀了小孩。这倒霉的，孕育在饥饿中的孩子就是区区在下了。困扰我一辈子的体弱多病的大烦恼的根源就在这里，你说中国人不关心政治行吗？连生孩子都需要看政治形势是不是合适才行的。

那时候怀上了孩子的豪有多饿呢？豪后来反复回忆她当时如何盼望着能吃一碗光头面。当时长沙只有一家可以吃到不需要粮票的面条的小店，但开门的时间非常短需要掐着时间去，还需要长久地排队。如果有什么原因让怀着孩子但只能吃个半饱的豪久久盼望还是吃不着面的话，不但能够让她当场痛哭，还能够让她记恨四五十年。

比方路易有一天带着豪去看立波，去之前小两口就约好了不要待太久，要赶去吃碗面。谁知两父子聊得高兴忘了时间，等他们告辞出来赶到面店时人家已经卖完了面在擦桌子准备关门了，豪没有吃上面的遗憾是那么深切，一直到今天提起来都气哼哼的。

孕妇需要比常人吃更多的东西以供养她肚子里不断长大的婴儿，这点大家都知道，于是芷青花了大价钱到西餐店买了一只鸡回来给豪补充营养。但芷青不但是好婆婆也是好妈妈好媳妇，她把刘姓太太接了过来，再等到路易回家，才全家大小齐齐享用这只鸡。今年已经七十六岁的我的母亲大人上个星期还在电话里告诉我说：那只鸡根本就不能叫鸡，只有巴掌大，小得和鸽子差不多。

　　和家人分享了如鸽子般细小的一只鸡，吃没有什么油水的光头面也要费尽心思，经常饿得哀哀哭的孕妇豪终于把孩子生下来了。这孩子长得异常瘦小不算，还全身发紫不会哭，被医生倒提着拍打也不哭，于是医生提着孩子就往对面的小儿科飞奔。小儿科的医生马上和妇产科的医生会诊，迅速把我放在氧气箱里接上氧气让我能够呼吸。小小的我在氧气箱里待了七天才脱离危险期，而且因为忙着抢救没有来得及称重量，所以并不知道生下来时的体重几何，能留下小命已经是幸运的了。

　　我的小命能够得以保全的一个重要原因是碰到了好医院好医生。我母亲生产的那家医院是湖南医学院第一附属医院即原来的湘雅医院，到今天都是非常不错的医院，当时他们的心脏科名医众多实力强大，还正好就地处妇产科的对面，也碰到了决策果断动作迅速的好医生。妇产科医生跑得快，心脏科医生接手快，再加上医院配备了氧气箱这样在当时算是非常先进的仪器设备。这么多好运气加到一起才有了今天的我，真是不容易啊。

　　小命虽然保住了，但是当时的情况并不乐观。医生会诊的结果是我患有先天性心脏病，如果能够幸运地养活到十三岁左右时必须要开刀修补心脏。他们预测我的心脏将不能担负一个成年人的体重，所以在快要进入成年的时候必须开刀修补，也期待那个时候孩子比较大了可以承受大的手术。医生还反复叮嘱我的父母，这孩子心脏不好要小心养，千万不能惹她生气让她大哭，生气大哭的话搞不好就没命了。

　　听说大约在我一岁多的时候，有一次父亲逗我玩，拿着个小瓶子递给我，等我真正伸手时又缩回去，如是者一而再再而三，终于

饿得眼窝深陷的名作家和他的儿子媳妇，那时的豪是个时时感到饥饿，有气无力的孕妇，已经失去了几年前的神采。

把我给惹毛了，大哭起来，哭得全身发紫快要闭过气去了……据说那天我的父母为着这瓶子事件发生了剧烈的争吵，都差不多吵到要离婚了。

小心翼翼地把我养到十三岁，正好是"文革"期间，家里的大人们要操心的事情太多根本就顾不上为我复查心脏，就把开刀这事混过去了……这么一混也混到了中年，那天在闲聊中知道有位女友的心脏开过刀，想起了自己先天性心脏病的这段疑案，于是找到我的家庭医生，让他为我安排检查。

查来查去发现我的心脏正常没有什么毛病，就向负责为我检查的心脏科医生提出了疑问，请教他为什么我刚生下来的时候被诊断为先天性心脏病而现在又查不出什么来了呢？那位中年医生摆布着一个大大的心脏模型为我解释了好半天，虽然医学术语是比普遍英文更不好懂的语言，我半通不通的，但还是大致明白了他的意思。他的意思是我在娘胎里由营养不良导致的心脏缺口在成长过程中渐渐地闭合了，所以现在已经不需要修补了。

哦，原来差点要了我的命的心脏毛病是在娘胎里饿出来的啊？！

3

工资高，有稿费，经济状况比当时大部分中国人都好得多的名作家和他的家人都饿成这个样子，当然是因为我们家的人都特别老实没有机变，不会张罗经营，但也说明了那场大饥荒之严重，波及面之广是后人难以想象的。过去五十年了，其实我们还是不太能够确切知道当时到底有多少人死于那场饥荒？到底有多少妇女因为饥饿丧失了生育能力，到底有多少孩子因为那场饥荒而失去了降临这个世界的机会？到底有多少人因为那场饥荒健康状况一辈子受到影响？

不光是我有体弱多病的困扰，出生在那几年的大部分孩子身体都比较弱。这点连中国的体育教练们和体育主管们都深深知道，据说他们不怎么愿意选拔那几年出生的孩子参加体育运动队，认为他们不够强壮，不适合担任职业体育运动员。当然中国的体育界走的是精英制不是普及制，扶强不扶弱，其实正因为我们先天不足才特别需要调养运动嘛，这是题外话就不多说了。

对于那一场饥荒，老一辈的人都有永生不忘的个人体验，但是真正的根据可靠的全面的官方材料统计出来的数据至今没有，有的是外国观察家的推算和一些有使命感的个人用非常困难的方式得到的材料计算出来的数字。这些数字间有很大的差距，但无一例外都能让人触目惊心。

这些数据中比较保守的认为从 1959 年到 1961 年的三年困难时期，因饥饿致死的中国人为一千四百万人口，最高的估算则认为当时的非正常死亡人数高达四千余万。大英百科全书 2004 年版则称，中国的大跃进饥荒造成了两千万人的死亡。

4

1959 年下半年开始的那场大饥荒并非没有前兆，中国共产党的干部们也不是个个都是好大喜功只会唱高调的人，反右虽然压制了大部分知识分子的独立思考和声音，但共产党内部还是有人对大跃进提出了质疑，对当时干部队伍普遍的浮夸已经或者是可能造成的严重后果发出了强有力的警告。

这番由中国共产党内部发起的、级别非常高的对大跃进的质疑和可能由此而产生的严重后果的强烈警告发生在 1959 年 7 月，这时已经是大饥荒爆发的前夜了，应该说饥荒将要发生的所有征兆都已经出现，所以这次质疑和警告是没有可能阻止大饥荒发生的，但如果这一警示得到相当的重视，由此而迅速组织起补救工作的话，饥荒所造成的损失必然会减少许多许多。

可惜这最后的警告被用政治斗争的方式强压了下去，提出警告的官员们则受到严厉的批判，更被迅速地清除出了决策阶层。在以后的几年里受到这么强烈刺激的干部队伍再也没有出现过任何质疑的声音，也再也没有干部胆敢报告民间的真实情况了，他们知道如果如实报告让上级不高兴的情况的话除了让自己倒霉之外，没有别的用处。

更有些干部昧着良心瞒下全部或部分灾情，以致很多原本可以被救助的灾民都没有得到应有的救助。如今有人说如果当时灾情透明并且处理得当的话，当时中国的粮食是可以让每个人都活命的。因为到今天很多数据都不明朗，这样的推论也难以证实，但是如果当时的领导阶层能够敢于面对现实，处理得当的话，饥荒所造成的损失将会大大降低则是毫无疑问的。

第十九章
玉兰花开处之一

1

我是在唐家大院出生的，在那里长到十来岁才离开，我主要的童年记忆都和唐家大院有关。那院子多年前因为修路的缘故已经拆了，在那里住过的，曾经生动地过着他们人生的老一辈的人们也相继凋零，真的只剩下或浓或淡的回忆了。

长沙古城曾经在抗日战争中被烧毁，1945 年二战结束后才重新修建。战争过后百废待兴的长沙建了很多急就章的简陋民居，也修筑了一些设计精美的好房子。唐家大院称得上是那时长沙最好的西式建筑风格的豪华公馆之一，房子建得非常考究，门锁窗钩等装饰材料都是从上海买来的。

唐家大院的主楼是一幢两层楼的洋房，有十几间用途不一的房子。院子则分为前院和后院，前院有两棵高大的玉兰树，每年夏天都会开出碗口大的白色玉兰花，玉兰花的姿态雍容又大气，气味雅致又近人情，恰似这个院子的风格。主楼的左右两边种了好多梧桐树，让整个院子都笼罩在浓密的树荫下。

后院也不小，但没有栽种大型的植物，在后院的中央挖了一个圆形的金鱼池，池中有假山，池里养的是肥硕的金鱼，池旁种的是低矮的花草，青苔斑驳，暗香浮动，比起前院的气派来另有一番幽静的滋味。

在长沙酷热的夏天，一进到这个院子，闻到玉兰的淡淡香味，听到梧桐树上传来的阵阵蝉鸣，踏着弯弯曲曲的石头路径，穿过树荫点点的前院，进到门窗阔大、竹帘低垂的房子里，一眼所及都是疏松的摆在大房子里的、质地精良、式样简单的樱桃木家具散发出来的暗红色微光，把外面世界的尘嚣暑气层层摈弃，让你的身体渐生清凉，心中的浮躁烦闷也慢慢地消散了。

院子里多的是知情识趣的能干女人，她们殷勤的问候、机智的调笑再加上随时可以端上来的、用精致小碗盛装的莲子绿豆汤之类的消暑点心，让你在低调、和谐的富贵中不由得体会出淡淡的、家常的人生乐趣。

有能力、有心思在乱世中盖出这种房子、设计出这种中西合璧的生活方式的人当然不是凡夫俗子，他的名字叫唐伯球，在那个年代的湖南也是一个风云人物。

唐伯球是湖南桃源人，家里挺有钱，本人也很有头脑，唐在湖南工业学校冶金系毕业，毕业后从军，在国民党的军队里做过团长，从军队出来后当过县长。他的太太唐奶奶曾经笑话他说，别人当县太爷都是拿钱回来，他当县太爷要从家里一担担地挑银圆到任上去花。可见他是一个爱交朋友、花钱大手大脚又不贪财的县太爷。

后来他还是回到老本行做实业才发了财，他做过矿务局长，采过矿，但最有名的还是开了裕湘纱厂。湖南不是一个实业很发达的地方，裕湘纱厂是那年头湖南数一数二有规模的现代化工厂，抗战时还在安江开了分厂。唐做实业发了财之后又回到政界，作了湖南省议会的议长。

唐家大院建在当时长沙城的近郊，离小吴门很近，也很靠近当时的湖南省政府。唐跟当时的湖南省省长程潜关系非常好，据说程潜经常到唐家来打牌吃饭。长沙是和平解放的，作为议长的唐伯球很起了些作用，他和程潜、陈明仁等人在 1949 年 8 月签字通电起义，和平解放湖南，让在抗日战争中曾经化为灰烬的长沙城能够免于战火，平静地过渡到了新的时代。

唐伯球的一个儿子参加共产党多年，那时在武汉当专员，唐对共产党的理想和抱负深有了解，自己也是一个拿得起放得下的人，所以一解放就把自己的财产连同唐家大院都交给了政府，自己带着太太到武汉找儿子去了。

后来政府又把他从武汉请回来，让他担任当时湖南省参事室的主任，也请他住回了原来的唐家大院。唐老认为自己和太太两个人住这么一个大院子不符合当时简朴、平等的风气，就请了几个合得来的朋友同住，这才有了后来唐家大院温馨、世故、在新旧交替中故事多多的小社会。

我闲暇时偶尔和老公聊起唐家大院的人和事，他每次都听得兴致盎然，总是劝我找时间写下来。再说唐爷爷是在 1960 年 2 月辞世，他过世后没有几天我就来到了人间，妈妈常说她在坐月子的时候老是恍恍惚惚地能听到唐爷爷从客厅到她的房间门口叫她听电话的脚步和声音，而一辈子没有生育过的唐奶奶一直说我和唐爷爷在院子里的一生一死相隔如此之近，简直就是唐爷爷的转世。

唐奶奶每次这么说的时候都语气平静一派自然，我把这话从小听起，听多了也觉得理所当然，认为自己和没有亲缘关系也从没有见过面的唐爷爷有些什么联系，当然我在他建造的房子，和他设计的生活方式里出生长大，或多或少会受到他的处世哲学、生活美学的影响。在唐爷爷唐奶奶都过世多年的今天，我有机会把已经在世上消失的唐家大院写下来，也许这就是所谓的缘分吧。

2

唐伯球担任主任的省参事室就是后来的省文史馆，他首先邀请的是在参事室担任副主任的廖老先生入住唐家大院。廖老名叫廖若冰，是湖南益阳人，同盟会员。他的儿子廖剑凡很年轻的时候就参加了共产党，化名高文华，后来也以这个名字传世。高文华在湖南从事地下工作多年，曾经担任中共地下湖南省委书记，他的父亲廖老先生也一直支持儿子所从事的非常危险的工作。新中国成立以后高文华担任湖南省委副书记，后来调到北京担任轻工业部副部长。

廖老先生是第一个住进唐家大院的人，后来入住唐家大院的那几家也都是廖爷爷和唐爷爷的朋友。我奶奶姚芷青反右以后被迫离开了工作，心情非常郁闷，有一天到唐家大院来看望地下党时的朋友廖爷爷，也同时认识了唐爷爷夫妇。他们常来常往了一阵子后都非常喜欢芷青的为人，也同情她的遭遇，就邀请她到唐家大院来同住，于是芷青也住了进来。

唐家大院主楼进门的左手是原来的大客厅和大饭厅，中间有过道相连，过道里还藏着一间小小的储藏室。这两间挑高的大房间由唐爷爷唐奶奶用，他们住在后面的大饭厅里，前面还是当作客厅用。客厅面向前院有落地长窗，饭厅则有门和长廊相通，长廊可以穿过后院进入厨房，是原来佣人们上菜用的，后来唐爷爷唐奶奶把对着长廊的门封上，这里就变成了一间安静隐蔽的卧室。

这两间房子非常阔大，就算是非常气派的客厅家具和高架床依然可以松散地放在房子中间，四周都留白，显得沉稳有大家气。唐家是几代富贵的大户人家，没有暴发户的俗气，但生活讲究处处都在。

主楼进门的右手边是一个小饭厅，房子小巧而且两面都有门，正是原来的麻将间。当年省政府离这里不远，程潜、唐生智他们常常到唐家来吃饭打麻将，有时连中午饭都在唐家吃，这间紧凑的小房间曾经高朋满座，谈笑间都是当年湖南政经界的重要人物。芷青他们刚搬进来的那几年，几家人并没有单独开火，大家很亲密地合在一起吃饭，饭厅就设在这小小的麻将间里。

过了麻将间再往右转，明亮的走廊有对着后院的大幅玻璃窗户，高大的楼梯通往二楼，楼梯间里存放杂物，也是我们小时候调皮捣蛋过了头时有可能受罚被关的地方，顽皮的孩子可能哭叫着被关在这间没有灯的房间里。楼梯间对面是洗澡间，洗澡间里扫水的粗扫帚也可能成为教训我们的工具。

你如果路过这里听到孩子杀猪一样的哭叫不要吃惊，一定是有人做错事倒霉了。我本人从小像小大人似的规矩无趣，所以记忆中倒是没有被关黑屋子或被扫帚打屁股的经历，但我那个非常孩子气非常可爱也异常顽皮的弟弟就说得上是这间黑屋子的常客了，他高兴或不高兴的时候都可能在小朋友的手臂上狠咬一口造成惨烈的流血事件，被关关黑屋子也属理所应当。

在黑房子里受罚并发出杀猪一样的哭声最多的并不是我弟弟，而是张奶奶的外孙。他调皮捣蛋之外还身体不好，怎么使劲喂养还长得像个瘦皮猴，再加上老是嬉皮笑脸没有正型，让大人看着就想教训，他的妹妹和他则没有什么相似的地方，那个名字就叫妹妹的小女孩胖胖的，有一双大大的黑眼睛和长长的粗辫子，相貌周正端庄不多言。这个比我弟弟还小的美丽女孩从小就散发着一种让人肃然起敬的气质，当年我三岁的弟弟和一个同龄的男孩争着要当妹妹的男朋友，日日打得不可开交，两岁多的妹妹端坐在小板凳上一边一口一口吃着张奶奶喂她的饭一边冷眼看着两个男孩子为她生死搏斗，完全不动声色。这一幕让当时正处在"文革"险境心情烦闷的大人们看得直乐，直说这女孩子以后可了不得。

我是在这个院子里出生的第一个小孩，20 世纪 50 年代末期唐家大院住的都是有年纪的人，文雅幽静，暂时还没有小孩子的欢笑哭闹。所以当时的杂物间就是用来装杂物的，洗澡间就是用来洗澡的，还没有用来担负教训顽皮小孩的重任。楼梯的右边是原来的主卧房了，廖老先生就住在这间房子里。主卧对面是一间小睡房，以前应该是给家里的小辈们住的，这时住着照顾廖老生活的张奶奶。

芷青则住在二楼的一间大房间里，依照原来的设计，这应该是留宿重要客人的大客房。房子虽然只有一间，但两面通风。后窗对着有金鱼池的后花园，前面有一个不小的阳台，正对着前院。这个房间其实可以算是一个套间，不但有大阳台，还带着一间有窗子的小房间，可以当作储藏室用，也可以勉强放一张床进去住人。

前院的那两棵玉兰树枝繁叶茂，正好开在这间房子的前面，为这间通透的房子带来荫凉和情趣，站在阳台上伸出手去就能摘下一朵花来，几乎每一朵都晶莹如玉，完全没有败笔。想那时已经多年没有专业园丁打理院子里的花草树木了，这花还能开得如此完美，只能说当初选的品种非常好。

芷青搬进来的时候，我的爸爸妈妈正是一对年轻的恋人，不时在唐家大院进出，为这个曾经富贵热闹如今依然气派但多少有些寂静的院子带来勃勃生机。尤其是我妈妈，年轻时是个美人，容颜秀丽之外，因为长年练体操的缘故体态轻盈，院子里的老人都很喜欢她也很宠着她。廖老先生一再告诉路易和豪，如果结婚的话一定要在他的房间里结婚，他要把主睡房腾出来给路易和豪做新房。

1958 年底，高文华从北京到长沙探望父亲，廖老先生非常高兴，和儿子秉烛夜谈，通宵不寐，一时不察感了风寒，很快就过世了，没有来得及参加他老人家念叨了多时的路易和豪的婚礼。小两口遗憾之余决定还是用廖老的房间作为新房以满足老人家的愿望。

蜜月过后路易和豪搬到了二楼那间有着玉兰花绚丽花影的、非常有浪漫气息的房子里去住，芷青则住在楼下的麻将间里。喜欢朋友爱热闹也讲义气的唐爷爷唐奶奶又把丈夫刚刚过世的谢奶奶接来了，安置在主睡房里。

谢奶奶的丈夫谢晋曾是同盟会会员，国民党一大的代表。资格老，受孙中山看中的谢晋在国民党内部却是蒋介石的反对派。南昌起义时他曾经提供过二十万银圆作为起义经费，并与宋庆龄、毛泽东等签署过《中央委员宣言》。新中国成立后谢晋作为湖南代表参加过第一届全国人民代表大会，还担任过湖南省政协主席。第一届全国人民代表大会湖南有五十名代表参加，其中有帅孟奇，周立波，程潜，也有翦伯赞。

谢晋先生不久因病去世，他的太太谢奶奶和唐奶奶一样是侧室，也和唐奶奶一样出身卑微没有生育过儿女。谢先生忠于自己的思想，敢作敢为，还写得一手好诗，单看出身风尘没有文化的谢奶奶都有观点有想法还个性刚烈，谢先生的为人可想而知。谢奶奶的故事留待以后的章节再说，现在我们还是回到唐家大院五十年代末的格局吧。

唐家大院有扇气派的大门位于前院的西边，大门两旁各有一间平房是原来做门房用的，这时住着杨奶奶一家。几代人都是产业工人的杨奶奶家新中国成立前是廖爷爷做地下党时的据点，杨奶奶的儿子是工人，性格内向，身体不好，婚姻也不怎么顺利，让杨奶奶操心不已。

前院的东边照原来的设计修的是车库，后来觉得养私家车太过招摇就把车库改成了几间平房。车库改成的房子比主楼要简陋些，但胜在房子比较大，所以这里住的是多儿多女，人口众多的方家。方爷爷是法国留学生，早年在法国时曾经参加过共产党，新中国成立后也在参事室工作，她们最小的女儿方乐园是我儿时的玩伴。

　　说玩伴是我抬高自己的说法，真实的情况是，方乐园比我大好几岁，是个外表秀丽文静，内心丰富有主意的姑娘，是我儿时的偶像，我一天到晚黏着她，她不讨厌我就知足了。这样的关系要说是玩伴有点勉强，要说她是我的 Baby Sitter，我们家好像又没有付过钱给她。要照方爷爷算，我应该叫方乐园姑姑，要照年龄算我应该叫她姐姐，这个问题一直闹不清楚，我干脆直接叫她方乐园连姐姐都不叫了，因为黏她的原因我老到她家玩，她则老是需要忙着帮她妈妈抄写申述材料只能待在家里。

　　院子里的辈分有点搞笑，二楼肖奶奶的孙女肖光弟我叫她光弟姐姐，但她比我大了好多，围观过我父母的婚礼，视我母亲为偶像，她当我的偶像则太大了点。我有记忆的时候光弟姐姐就是一个神气的高中生了，和我奶奶她们这些大人都可以应酬进退，谈笑自如，虽然她就住在我家对面，我可不怎么敢去黏她。光弟姐姐的父母都去了台湾，她跟着奶奶留在了大陆。肖奶奶沉默寡言不大出门，光弟姐姐倒是笑口常开，是个性格非常开朗的姑娘。

　　后院并没有铺着石头路径让人们穿行，反倒是有一条长廊穿过，这长廊非常阔大也有坡度，原来应该是用来上菜的，后来唐爷爷唐奶奶把大饭厅改成了睡房把对着长廊的门封上了，这里变得比较安静可以由着我们跑来跑去地疯玩。

　　紧贴着后墙是一排平房，是用做厨房，佣人们住的房间和厕所用的。后院的右手边有一个小门穿出去，有一眼带井台的深井是和后面的一所相对较小但也很精致的洋房合用的。井台是麻石砌的，面积不小，可以容纳好几个妇女同时在这里洗涮聊天还能留出一条过道。但四周都是高墙，外面根本看不见里面，算是这两家的私家井。

　　紧贴着唐家大院的后面那幢公馆里住着曾奶奶一家人。虽然唐奶奶和谢奶奶都是侧室，也都出身风尘，但唐奶奶干净利索，谢奶奶骨骼粗大，穿着上也精致不花哨，都不是妖媚一路的女人，比较起来曾奶奶才算得上是艳光四射，也比较爱打扮。曾奶奶的打扮其实也非常含蓄高明，她只在光滑丰盛的头发上戴一只质地考究的发箍就显出一种与众不同的艳丽了。

3

到今天为止我已经在上海住了两年多了，闲来也常和老公在江浙一带走走看看。看了好些富贵人家的老房子以后有了点感想，觉得当年的上海大佬们很有点海派大气，好多洋房都修得高大威猛，当街当口，一目了然，很有点拿房子当名片的豪气。而苏州的有钱人则含蓄隐秘得多，好多大宅子都得从不起眼的小巷子里摸进去，小小的一张门转进来才眼前一亮，发现里面原来有座深藏不露但富贵无边的大园子。

唐爷爷显然是苏州富豪一路的，唐家大院正是深深地藏在一条小巷子的尽头。这条叫作经纬新村的小巷子长长窄窄的，两边的房子简陋密集，说它是条穷巷一点也不为过，住家也多半都是做体力活，孩子多生活不讲究的蓝领，新中国成立前所谓做苦力的人家。

巷子可以勉强走一部汽车，不过汽车开进来就要贴着两边人家的房门了，两部车交汇则完全不可能。好在这巷子是条死胡同，只有位于巷子尽头的两个院子才偶然有车子来访，汇车的麻烦是难得遇到的，建房之初唐家设计了车库后来又废掉大概也是考虑到车子进出不方便吧？当年的长沙城非常小，走路就能实现交通了，骑自行车都算是引人注目的行为，汽车的作用应该是形式大于内容的。以唐爷爷这么谨慎不爱张扬的人，作出不用汽车的决定非常符合他的性格。

唐家大院洗衣服洗菜都是用后门外的井水，而吃的水则用自来水。经纬新村的巷子头上有一个小小的自来水管是需要收费的，一手交钱一手放水，管水的人如果下班了水龙头就会被锁起来。唐家大院的人用自来水多半包月，请巷子里的人按时送来，有些粗重的体力活也会请巷子里的人进来帮忙。

生活环境只隔着一堵墙就相差这么远，但是院子里外的人们相处倒是非常和谐。我奶奶、妈妈或院子里的奶奶们带我出门时必然穿过经纬新村，也必然会看到有很多妇女男人在处于路边的家门口做家事吃饭乘凉，她们每次都是一路亲亲热热地聊过去，唐家大院里面的女人们没有一个是浅薄势利的，巷子里的妇女们也都大方厚道，并没有尖酸刻薄之人。"文革"中院子里的人家大受冲击，抄家外调的时时来，巷子里的年轻人却没有一个趁火打劫的，算得上是多年和谐相处的福报了。

出了经纬新村的小巷子往右一拐是一条宽宽的麻石路，这条通街的大巷子叫作校正街，这条巷子里已经不光是有住家也开始有铺面了。记得有家豆腐店开在这里，夫妇两个沉默寡言日夜不停地劳作，每天晚上走过这条巷子的时候都能够看见昏暗的灯光把他们劳作的身影放大在墙上，看他们高大的身影在墙壁上无声无息地缓缓移动就像看早年的默片。

在我年幼的时候院子里的老人们总是逗我说我是这家豆腐店生的孩子，因为养不活丢在垃圾桶里被我妈妈捡回来的。我疑疑惑惑地听了好多次以后，有一次在她们越说越起劲越说越真的时候突然放声痛哭，直哭得妈妈抱着我哭起来，旁边的老人们也都红了眼睛掉了眼泪才止住了这玩笑，她们从此再也不提了。

走过这条大巷子才到了小吴门的大街上，左拐比较热闹，贴着路口就有家不小的面店，面店的门口还有一个高大的炉子时时烤着香气四溢的烧饼，是芷青奶奶常常带我吃早点的地方，街上还有水果蔬菜店杂货店肉铺等等。横过一条铁路之后更有洋气的牛奶铺、深幽的中医诊所和明亮的照相馆，还有邮局，可以满足唐家大院里女人们日常生活必需的全部采买了。

听说那条铁路口旁边的邮局就是原来的小吴门城门所在地，邮局那一头是原来的长沙城里，这一头则是城外了，唐家大院正处在城市的边缘，抬脚就能进城的地方。虽然是近郊，其实过的也是市井生活，方便之外又有着小城镇的亲切，和店家常来常往，好

原本是文艺女青年的老妈刻意每个月都为我照的照片绝大部分已经流失，这一张大约是六个月大时在那家照相馆照的相片则很幸运地留下来了。

多都变成可以随意寒暄的熟人了。

比方那家照相馆，据说我生下来的第一张照片就是在那里照的，后来妈妈更是每个月都会抱着我去照一张。二十多年过去了，等到我结婚的时候妈妈执意要带我们小两口去那家照结婚照，那位照相的阿姨见到我们非常高兴，和妈妈两个人低着头拉着手，长长久久细细密密地聊起我小时候的事情和逝去的岁月，眼泪汪汪的。

第二十章
玉兰花开处之二

1

　　1960 年的 2 月底，豪终于抱着孩子出院回到了唐家大院。虽然是天寒地冻的季节，食物供应不足，孩子也特别瘦小，但整个院子还是被我们母女俩搅得喜气洋洋热气腾腾的，各位奶奶在院子里忙上忙下，人人都出力。

　　依照中国的古老风俗，孩子是要打包的，冬天生的孩子尤其要包得紧紧的才能保暖。给孩子打包不容易，要先包上布做的尿布，再包上单布，然后用夹包布将双腿连脚一起包好，最后用花布小棉包袱连同上身包成一个长条条，这样一个整整齐齐的长方形立体包就包好了，只留一张小脸在外面，非常暖和。

　　打包要技术，包松了容易散开，包紧了孩子受不了，还需要把孩子的腿包得直溜溜的以后才会长出一双修长的美腿，尤其是动作要快，孩子才不会受凉，手法还要轻柔，孩子才不会大哭。院子里的奶奶们讨论很久之后发现只有住在井台后面的曾奶奶可以胜任这个工作，于是她每天两次穿过水井走过厨房和长长的走廊，来到二楼为我打包。

　　曾奶奶一口沙哑的烟嗓，口齿伶俐痛快，在众家奶奶的围观下，一边哄一边包，动作果断温柔，小小人儿在她手下几经翻转折腾居然乖乖地不哭不闹，不一会儿就舒舒服服地躺在干净的棉包袱里送到豪的身边吃奶了。每当这个时候，几位奶奶就赞不绝口，说说笑笑中送母女二人入眠。

今天看来，曾奶奶的包袱确实打得好，我虽然个子不高，但腿形很好还能跑会跳，估计和小时打包打得好有点关系。据老人们说小孩子包打得不好变成罗盘腿还不算最坏的结果，最糟糕的打包术还有可能把孩子的腿撇成了内八字，以后走快点都能绊倒自己就麻烦大了。

中国老人们还有个说法就是夏天生的孩子因为没有怎么被打过包所以比较调皮难管教，而冬天生的孩子因为一生下来就被包得严严实实的就老实听话得多。这话我也信，冬天出生的我从小就是个循规蹈矩的老实孩子，而我那个 7 月出生的弟弟就调皮捣蛋得多。

再怎么听话的婴儿也有哭闹的时候，据说每当我累了开始吵觉哭闹的时候，住在楼下的谢奶奶就会上楼来哄孩子。她个子高大骨骼粗，把孩子紧紧地往怀里一抱，一阵子左摇右摆加上大声哼哼，孩子马上就能安静下来入睡了。以后她就成了哄孩子入睡的专业户，我差不多每天都要由她哄着才能入睡。那时候唐奶奶因为丈夫刚刚去世到上海散心去了没有在家，但她后来一再对我说，她当年在上海如何惦记我的出生，如何买了各种各样时髦的小孩衣饰用品带回长沙。

听说当时周大的大女儿胖胖的惠姑姑来看新生儿，还在爬楼梯的时候就一边咳嗽一边大声叹道："这孩子怎么这么有福气呢，可真是一个跟头就跌到福窝里了啊！"在以后的岁月里，七灾八难的我每当遇到几乎过不去的难关的时候，母亲大人就要带着几分讥讽几分自嘲地把惠姑姑的这句话学说一遍，然后鼻子里直冒气地补一句说："还说是跌到福窝里了呢，哼，哼哼，哼哼哼！"

不管以后遇到了多少磕磕碰碰，当年的我还是挺有福气的，不是吗？！芷青第一次做祖母高兴得忘记了自己的失意，日记顾不上写，牢骚也顾不上发，每天就围着孩子团团转。路易虽然在株洲工作，还是一有空就要跑回家，守着摇篮细细观察孩子的一颦一笑。

第一次做外婆的肖妹提前好几个月就开始做准备了，当时买布已经要布票了，她费了好些力气筹措了些布票买了不少布料，和当时同住在财经学院的几位老人们花了好长时间细细琢磨商量着做了好些大小不等的婴儿衣服和连体裤，还花了不少钱买了一块苹果绿的漂亮绒毯。外孙女儿出生后她用这块苹果绿绒毯把这些婴儿衣服打上一个大大的包袱，打扮得干干净净，得意扬扬又带着几分羞涩地渡过湘江到唐家大院来看外孙女儿。后来更因为喜欢我，也因为豪极力留她，她就常常住在唐家大院陪伴女儿和外孙女儿，说不得多少有点冷落了丈夫徐老五。

　　当时还有一个经常抱我的人是我们那一片的户籍警察，人称王户籍，我则叫他王叔叔。听说我的小名小红就是他给起的，这小名虽然平凡无奇，但比起父亲大人执意要给弟弟起的小名小狗来好太多了，我十分感激王叔叔的取名之恩。若不是他抢着给我取了这个虽然平凡但并不难听的小名很快叫开成了定局，我的父亲大人还不知会给我取个什么样的名字来捉弄我呢。

　　一天到晚穿着警服的王叔叔在养育我的过程中也发挥重要作用，他的用处是威慑。据说哭得再厉害的我只要被满身披挂的他抱在手上马上就能停下来，抽泣着吓得眼睛一眨一眨的。后来更发展到本尊根本不需要亲自出现，大人们只需在我吵闹哭泣的时候高叫三声："王户籍来了！"就能止哭，非常管用。中学时代我回唐家大院看望老邻居，再见王户籍，惊讶地发现王叔叔其实个子非常矮小，比我的个子都小一圈，见了我眼睛笑得咪咪的，没有半点威严，想起小时候怕他怕了那么多年，对自己的没出息相当失望。

　　有奶奶外婆的全心照料，还有众家邻居奶奶们的悉心关爱，你说我的婴儿时期是不是太得宠了啊。

　　记得二十多年前我在芝加哥怀上了孩子，害喜得厉害，什么也不爱吃，只想吃湖南菜，另外就是非常想家。我想家并不是抽象地想，想得要写诗唱歌什么的，是非常具体的想，一桩桩一件件清清楚楚有条有理。最想的是什么呢？最想的是希望作为孕妇的我周围都围满了七大姑八大姨，眼泪汪汪地听我诉说怀孩子的辛苦和将要为人母的焦虑，婆婆妈妈地开导我安慰我……

　　唉唉唉，想什么就没有什么，当时怀孕的我倒是不缺吃的，但周围一个婆婆妈妈都没有，倒是有一帮啥事不懂的学生朋友，只能陪着我打牌帮我分散注意力来渡过害喜的难关，那些年轻男孩大惊小怪地看着我不时呕

吐频发感慨，发誓以后一定要心疼未来的老婆，不能要孩子，让老婆受怀
孕的苦……周围都是些比我还没有经验见识的人，怎么帮我嘛？我的母亲
大人豪在这方面比我的福气好太多了。

　　据说芷青当年要做祖母了既高兴也自豪，为此罕见地正式约见了丈夫
立波。两个人非常高兴地谈论了将要有孙辈的美好前景，并细细地筹划了
一番，认为要把这个孩子养育到进大学需要花费大约两千元人民币，于是
立波告诉芷青他将有一笔稿费，正好是此数，他可以要出版社直接把这笔
款子寄到唐家大院，可以专款专用，用来养育他们的第一个孙辈。

　　没有多久款子就如约寄过来了，路易即刻发了一个电报给立波北京的
家，通知说钱已经收到了。谁知林兰奶奶的电报马上就到，说他们也缺钱，
务必把款子尽快寄回不得有误。路易和豪当年都是有志青年，继母这番说
话他们无法消受，款子马上就寄去北京林兰处，立波和芷青对此都没有表
示态度。我没有用上富裕爷爷的专款奶粉钱也照样长大，但还是非常感谢
芷青奶奶曾经为我争取过。

　　刘姓太太当上了太祖母极其高兴，一天天地盼望着能早日看到婴儿。
生下来的时候非常瘦弱的我在奶奶外婆和唐家大院众多奶奶们的精心照料
下，一个月下来就变了模样，初为人母的豪忍不住王婆卖瓜似地夸耀道："孩
子的眼睛最漂亮，眼帘一启开，黑眼珠装得满满的，顾盼生辉，流光四溢，
端的是一个美丽可爱的小姑娘。"

　　满月那天，芷青和豪精心为小人穿上全套新衣服，戴上斗篷，还在眉
心点了一个小红圆点，坐上三轮车到司马里看望太祖母去了。这天是小孩
子第一次出门，民间叫出"窝"，应该去最亲近的人家，去太祖母家拜望
是再合适不过了。

　　刘姓太太早就盼着这一天了，司马里那边也做了充分的准备，欢天喜
地地迎接孩子的到来。七大姑八大姨叽叽喳喳，既夸孩子也夸孩子的妈，
那天豪和婴儿听到的赞美之词连绵不绝，多得连箩筐也装不下……热闹之
间最感欣慰的应该就是芷青了，她一辈子劳累辛苦还落得个婚姻不幸，如
今居然有了被人羡慕的儿孙，总算是老天开了眼。

2

最初搬进唐家大院的几家人开始入住的时候就像一家人一样连饭都在一起吃，房子也根据需要换来换去地住，过了很多年以后才开始各家各户自己开火做饭，每间房子里原来配备的家具大家也多少付了点钱给唐爷爷唐奶奶算是买了下来，才有了点各家各户相对独立的小日子。

就算是这样，院子里还是有种不分彼此的大家庭的气氛，饭常常在一起吃，孩子在一起长大，每家的大小事也都是大家的事，个个会出主意，人人都会帮忙。是非嘛也不是没有，但院子里的女人们都是在老式大家庭里磨炼过多年的人，为人处世都有一套，也各有各的能干之处，几十年下来大院的气氛很是和谐，算是把大家庭生活的好处发挥到了极致，把它的坏处也降到了最低点。

中国是个有意思的社会，说起来似乎是男权社会，但家庭里当家做主有话事权的都是女人，特别是中老年妇女，她们的聪明智慧能力决定了家庭和周围的小世界是条理分明干净和谐充满灵性，还是脏乱混杂愚昧固执是非争执不断。唐家大院的主角也是女人们，从这些背景奇特的女人身上让我从小就见识了各式各样书本上没有，学校不教的女性生活智慧，就是美国人所谓的街头智慧 Street Smart，也见识了超凡的，如今已经差不多失传了的家务技能。下面我挑两位来说说她们的故事吧。

唐奶奶是唐爷爷的侧室，应该比唐爷爷年轻许多，出生于苏州。唐奶奶个子娇小，说话带点江浙口音，有张干净的容长脸儿，爱穿用高级面料剪裁的合体修身的长旗袍，整洁利索。唐奶奶出生风尘，年轻的时候非常有名，据说曾经是长沙的头牌名妓，被裕湘纱厂的一位重要干部看中，为她赎了身准备娶她，后来发现上司唐爷爷也喜欢她，就把她送给了老板做如夫人。

这故事不管多香艳离奇都透着唐奶奶年轻时的身世凄凉，年纪轻轻的就漂泊异乡之外，还是男人间可以随意转让的女子。但是唐奶奶的个性开朗大气，言辞爽利有趣，并无任何娇媚忸怩之处，连打扮都有品味，是位能够在上流社会周旋的得体女人，再说唐爷爷什么人呐，一般的庸脂俗粉如何入得了他的眼？

唐奶奶家务事做得不错，菜也做得精致好吃，但大部分时候她都不需要自己动手，所以她的能干主要还是在交际应酬上。唐奶奶没有生育过小孩，但她和唐爷爷的儿女们关系非常不错，尤其是和唐家的大女儿关系铁。她和唐爷爷的房子里就摆放着她们两个人的美丽合影，两位年纪相差不远的盛装女人亲密地站在一起，一点也不像因为关系特殊会闹矛盾的样子。

唐爷爷过世后唐奶奶按说是个无儿无女的寡妇，但她伤心过一阵子以后好像活得还蛮神气忙碌的。她住在院子里两间最大的房间里，每个月由和唐爷爷相关的单位发一定数量的钱给她过生活。唐奶奶不识字但热爱看戏，时不时打扮一番叫上朋友看戏或看电影去了。

唐奶奶是个对钱财看得不重的性情中人，待人热情，很喜欢交结朋友。一旦交了朋友就肝胆相照，带朋友回来吃饭不是吃一顿那么简单，有时候可以天天都请人来吃，让人务必每天都来吃，她陪着你吃或者看着你吃就高兴了……甚至有时还把房子让给人住，拿钱给人花什么的。就算是上过当，也还是会一交再交，也真的交结了不少漂亮有趣的人物来来往往。

唐奶奶性格中最好的一面就是从来都活得非常阳光明媚，热气腾腾的。"文革"中抄了她的家，把她从大房子里赶到后院佣人住的又黑又小的房间里，生活费也扣得只剩下一点点了，也没有见她倒威。衣服没有什么换的了，她每天还是穿得干干净净的，出门的娱乐活动没有了，就改在我们家聊天。

为什么每天晚上大家都聚在我们家聊天呢？因为老一辈的女人们不管多聪明能干都没有什么文化，像芷青那样受过教育可以自己写信的人不多。所以她们都需要找文化人来帮她们写信和亲戚朋友通消息，为各种各样的事情写材料写报告。帮她们写信的文化人也会顺便出出主意，算是能为她们做一半的主。

在唐家大院里常年为大家写信读信出主意的人是大学中文系毕业的我的母亲大人豪，所以我们家也不知不觉地成了院子里的公共客厅，大家聚在一起说说笑笑，我妈妈帮她们写信写材料，大家也为信中或材料中所提各事讨论来讨论去的。因为人人都有智慧和善意，生活虽然没有秘密，恶性的是非几十年来几乎完全没有。

"文革"的时候调查组多于牛毛，常常有人到唐家大院来找这个那个的麻烦，麻烦过后还要写材料，受了委屈也要向有关部门申诉……所以唐奶奶她们当年对文书的需求量相当大，大到差不多每天都有事，好在豪是快手，奶奶们一边说她一边手挥目送地写，很快就能完成任务。

唐奶奶们拜托完妈妈帮她们做的文书工作后就天南地北地聊天，悲伤的事倒霉的事她们谈一会儿哭一会儿就算了，她们还是比较爱谈论喜气洋洋让人高兴的事儿。那年头说实话让人焦心的事多，让人开心的事情少，她们就反复谈论孩子们的趣事取乐，我们从小的那些狗屁倒灶的荒唐事被她们反复叙述后，不但娱乐了她们之外，还搞得连我们自己都好像围观过了。

比方唐奶奶常常绘声绘色说的一个故事是在我满了三岁办好了上幼儿园的手续之后，家里的大人们有些舍不得，事情就一天一天拖了下来，我便得以继续在院子里逍遥……谁知有一天小人突然不见了，同时不见的还有比我小几个月的一个名叫燕子的小女孩。这下不得了啦，整个院子像是炸了锅，所有的大人都行动起来了。有的奔楼上，床底下柜子里的一通乱找，有的去后院，有的更跑到井台趴着井口往下探，唐奶奶则推开大门往街上找去。

她出了大门一路问，有人说看见了，一个穿着整洁戴着一顶好看帽子的小女孩牵着另一个更小的女孩曾经摇摇摆摆路过。她追踪着走过了经纬新村小巷子，又穿过了校正街大巷子，都上了小吴门的大马路了还没有看见人。水果店的老板告诉说看见了，两个孩子用几块画了几个圈的小纸片号称是钱要买水果吃，老板收下了假币给了两个果子，看见两个孩子边吃边往铁路方向去了。

一个刚满三岁的孩子带着一个两岁多的孩子走了这么远，不但过了马路还过了铁路，这还得了！？唐奶奶顾不得优雅的形象，急得脱下脚上的绣花鞋夹在胁下，撩起长旗袍，光着脚飞奔，跑得巴巴头都散了，气喘吁吁地才终于把两个孩子捉拿归案。审问之下得知我是主犯，两岁多的燕子不过是被挟持的从犯，据说我还挺意犹未尽地告诉她们不光是水果店收了我们的假币给了水果，还有别的店家也和我们做了生意。

三岁的孩子能量这么大，厚重的大门不知是怎么打开的？大人们越想越怕，第二天就把我送进了一周只能接一次的全托幼儿园关起来了。一个星期后去接的时候，据说我没心没肺笑嘻嘻地说："噫，你们知道我在这里呀，我还以为你们已经忘记我了呢。"唐奶奶经常说这个故事，尤其喜欢描绘她当年夹着绣花鞋在马路上飞奔的狼狈失态和学说我被捉拿归案时恬不知耻不慌不忙的交代。

我的母亲大人豪是大家的秘书长，每天写完信后就在大家的谈笑声中备课改作业，而家务带孩子方面她是完全不需要插手的。除了自家的能干婆婆之外，院子里的业余婆婆一抓一大把，每个人都在我的幼年和童年养育工作中出过力，甚至是各有所长，各司其职。

芷青不管是当母亲还是当祖母都是慈母型的，只管细心照顾从来不会严加管教，而且她包揽了一切的家务工作，一天到晚忙忙碌碌的也顾不上管教小孩。说起来唐奶奶给我的女性教育比起忙碌的豪和芷青都多。比方她反复告诉我女子的打扮以干净整洁为第一要素，花哨艳丽则只能偶一为之。她教导说女孩子的指甲一定要修剪得短而干净，长指甲很容易给人不洁的印象。为了让我牢记这一点，她一看到我的指甲稍长就抓住我帮我剪，每次都剪得非常短不算还要磨得平平的，习惯了以后我到今天不管修指甲的小姐如何引诱都从来不肯留长指甲，必须剪到贴着肉才觉得舒服。

唐奶奶还非常注重我说话，只要我说一句她认为不得体的话，她就会马上指出来，说女孩子家不能在公共场合谈论这样的话题，又或者是这种话语不能出自女孩子之口云云……说一千道一万，唐奶奶的女性审美观是大家闺秀型的端庄，为达目的刻意流露女性媚态为她所不屑，多少流露出一点像男子一样的刚烈爽利则不妨。

作为女性常有的琐碎小气和计较也是她常常抨击的弱点，她自己则有过之而无不及地走向了这些女性特征的反面，真是对她自己出身的强烈反叛。身材娇小的苏州女子带着毫无娇媚的干脆爽朗，也许这就是并不特别漂亮的唐奶奶当年能够得享花魁之誉的魅力所在吧？

　　唐奶奶和我的交流除了管教也常常说点心里话，比方她就对我描绘过她在苏州时的童年生活。她的叙述非常有画面感，似乎能让我看到一个出生小户人家但受过严格调教的小姑娘，每天早上穿着宽松的绸布长裤穿过苏州沿着运河修建的窄小街道去买一碗豆腐花。这碗美味的豆腐花是她每天的营养每天的期盼也是每天的幸福，得小心翼翼地端回家来细细地品味……

　　总的来说唐奶奶感性的时候不多，大部分时候她是个强势的教导员，让我多少有点心生畏惧，想要大玩大笑大蹦大跳的时候就躲着她的房间到院子的另一头去。当然她对我还是非常亲切的，有了好东西常常把我叫到她的房间里去吃，也从来没有对我绷过脸，只是有时候帮我剪指甲时剪得太短让我指甲有些痛罢了。

　　她对别的小孩就不一样了。旧时中国有一个非常要不得的风俗就是打小孩，有时还不是一般的打而是死命地打，绝谈不上是带着爱意的管教。唐爷爷过世后，他的儿女们怕唐奶奶寂寞，送了一个孙子过来陪伴她，这个孩子就常常挨打。有一次实在打得太厉害，豪都看不下去了，冲进去制止，说："如今是新社会不能这么打小孩！"唐奶奶也在气头上，冷着脸说："这是我家的事情你管不着。"年轻气盛的豪回说："我是人民教师我就是要管！"

　　事情过去并没有留下后遗症，她们二人的关系没有受到影响，只是唐奶奶再也没有打过小孩了，至少我没有看见过。而我的母亲大人长了岁数以后也不再像年轻时那么不顾一切，其实我小的时候，还是常常看到院子里的大人暴打小孩，豪也是和别人一样过去劝解，拉开算数，再也没有像年轻时那样冲上去厉声喝止了。

　　我们离开唐家大院后不久唐奶奶也搬离，因为修马路的缘故连唐家大院都被拆掉不存在了。1985 年芷青奶奶过世的时候，唐奶奶和邻居们来参加追悼会，追悼会后拉着妈妈和我的手哭得眼睛都肿了，后来我出国多年就再也没有看见过她老人家了。

　　据说有一次我妈妈带着一位学生去看望她扑了个空，她第二天就赶到我家来了。还没有进门就一迭声地说："是红儿回来了吗？是红红来看我了吗？"她听到邻居的报告误以为妈妈的学生是我了，再后来她老人家也去世了。自从芷青奶奶的葬礼以后我没有再见过唐奶奶，再听不到她老人家活灵活现地叙述我们小时候的种种荒谬可笑，真是遗憾。更遗憾的是她的音容笑貌和唐家大院的点点滴滴在我的脑海里清晰如在眼前，而竟没有能够留下一张照片，只能用我笨拙的文字留下一点点印记了。

3

当初唐家大院的几户人家合在一起吃饭的时候，请了一位专职的厨娘，就是伯伯老子，她是一位大脸盘高颧骨，头发梳得很利索的高个子中年妇女。唐家的厨娘不是一般人能够胜任的，伯伯老子做的菜那是一绝，院子里能干妇人多的是，说起做饭的功夫还得数她第一。

新中国成立前伯伯老子嫁过人但没有生过小孩，那男人在乡下有太太她是知道的，也是常来常往的，她对那家的孩子们也非常不错。新中国成立后能干的伯伯老子是社会活动的积极分子，后来更当上了街道干部。20世纪50年代宣传一夫一妻的新婚姻法，作为街道干部的她响应号召离开了有两个太太的丈夫，也离开了她经营多年的家，无儿无女孤身一人的她就只好自食其力地到唐家大院来当厨娘了。

和唐奶奶一样身世凄凉的她也和唐奶奶一样个性开朗，一副沙哑的烟嗓，说笑起来大声大气的整个院子都听得到。伯伯老子姓邹，大家原本叫她邹姨，伯伯老子这个古怪的名字是由我叫出来的。

话说当年我是在唐家大院出生的第一个孩子，刚开始学说话的时候，她常常抱着我逗我叫她，她不让我叫她阿姨，很肯定地告诫说："叫老子伯伯，叫老子伯—伯—！"这么说了几次以后，我就开始结结巴巴地叫她伯伯老子了。又是伯伯又是老子的她听了当然欢喜，哈哈大笑着高声答应，可能还给我吃了不少好东西贿赂我继续叫。于是这名头不但院子里后来出生的孩子们都跟着叫，渐渐地连大人们也这样称呼她了。几十年下来大家都这么称呼她，我连她本姓邹这件事都还是最近才知道的。

　　过苦日子的时候大家连吃饭都有问题，唐家大院的伙食团散了伙，她这位厨娘也就失了业。恰好这个时候我的弟弟出生了，妈妈需要一个保姆帮她带孩子，就请了伯伯老子。她不但饭做得好，对孩子也非常好，她喜欢小孩，小孩也喜欢她。她貌似粗犷实则精细的照料小孩，孩子服服帖帖的，还长得白白胖胖。

　　当时把伯伯老子和孩子都带到学校去边工作边奶孩子的豪在这么能干的阿姨照料下很过了几天舒心日子，孩子也长得非常好，每个月都能长上三斤，三个月就长了九斤，好不喜人。

　　有伯伯老子全心照料的日子虽然好但也不是没有烦恼的，母亲大人曾经悄悄私下告诉我，伯伯老子大概是在大户人家做惯了，虽然异常能干，爱干净，但花钱也非常大手大脚，一个月的伙食费她能十天就用完了。那时候是困难时期，伙食费能要人的命，豪在享福之余每个月都在为伙食费操心，东挪西借卖东西勉强维持着。

　　过了半年有人给伯伯老子介绍对象了，两个人见面后都对对方满意，马上就决定要结婚。当时正好芷青到北京去了，豪就把楼底下的那间原来是麻将房后来是芷青奶奶带着我住的房间借给伯伯老子结婚，结婚以后伯伯老子并没有别的房子可以搬，就在这间房子里住下来了，一住就是十几年。婆婆回来没有地方住怎么办，那时唐家大院已经没有富余的房间了，路易和豪只好到单位去住宿舍，周末回家就只能全家挤在楼上的套间里了。

　　伯伯老子嫁的丈夫是医院里的会计，戴着一副深度近视眼镜，我便叫他眼镜伯伯，这名号也叫开了，大家都叫他眼镜伯伯，他的姓名是没有人称呼的。当然我知道他姓黄，因为他的女儿姓黄，我叫她黄敏姐姐。我和伯伯老子眼镜伯伯黄敏姐姐都很亲，他们的那间房子原来就是奶奶带着我住的，如今除了不能在这里睡觉以外，每天都在那间房子里不知道要穿进穿出多少次，和自家的另一间房没啥两样。

　　楼上的房间因为没有楼下热闹，我白天里是很少待在那里的，芷青奶奶白天也不怎么待在楼上，她总是在后院的厨房灶台井台忙，要做点时间长的家务活，像包粽子做干菜什么的，她就把台子架在后院宽阔的走廊里做，这样大家走来走去的随时可以聊天。不光是她，别的奶奶阿姨们也常常在后院安营扎寨，有的奶奶坐在后院做针线，有的奶奶把绣花的大棚子架在走廊里绣花，就算没有事情做的就坐在那里抽烟，有的奶奶抽长长的水烟袋，见到我飞奔而过就会叫住我让我帮着点烟。

走廊对着后花园里的金鱼池，那年头养花养鱼都是遭人诟病的资产阶级享受，院子里也就没有请人或自己动手侍弄这些鱼啊花啊什么的，渐渐的鱼都死光了，花也凋谢了，鱼池里的水更发出了不好闻的味道招来蚊子。终于有一天大家决定把鱼池填平，后院就真的成了一块不可能招致非议但也毫无情趣的空地了。只有前院的玉兰树和两边侧院的梧桐树依然茂盛，玉兰花还是每年盛开，灿烂不减，为这个渐渐失去美丽容颜的庭院带来灵秀之气。

随着住的人口日益增多和不再有人打理，唐家大院渐渐失去了优容典雅，但还是充满了世俗的快乐和热闹。比方伯伯老子永远记得我们的生日，小时候每次的生日都是在她的高声大喊之下到来，她一定会准备些美味应景的食物给小寿星，还吆喝得尽人皆知，结果是每位阿姨奶奶都会有祝福的小礼物或好吃食，让小寿星乐得飞飞的。

就算是没有任何节庆的时候，她也时不时地做点好吃的给我们吃，还到处绘声绘色地传播我们小时候的荒唐糗事。比方我小时候为了哄她做东西给我吃，话都说不清就知道阿谀奉承地说："伯伯老子，你就算是炒树叶都比我们家的饭菜好吃。"她仰着脸、皱着鼻子、大着舌头学说我的巴结话，说一次乐一次，没完没了。

伯伯老子嫁了眼镜伯伯后不再需要到别人家干活了，但还是时不时地接一个小宝宝到家里来带贴补家用。她是个天生喜欢小孩的人，每一个到她家里来的孩子她都带得尽心尽力，掏心掏肺。在她的嘴里每一个她带过的孩子都不知有多机灵多聪明样子多好看多会吃东西，总之都是天上有地下无的了不得的好孩子，她带孩子赚的钱有相当一部分又回到了这个孩子的嘴里。

这些孩子就算是长大了也还是伯伯老子心头的肉，如果来看她的话，她一定是眼泪汪汪的又是做吃的又要塞点什么给孩子。如果这傻丫头浑小子不经意间还说上几句窝心话，那她就更得意了。比方我弟弟是伯伯老子带过的，"文革"中闹武斗的时候刚刚会说话。当时只要他一淘气，伯伯老子就吓唬他说你再不听话我就武斗去了，三岁的孩子也知道武斗危险，去了有可能回不来，就哭哭啼啼地求伯伯老子不要去，他一定不再淘气了，这一分钟就被三岁小子忘到脑后的誓言让她老人家感动念叨了一辈子。

喜欢在孩子们身上花钱恐怕是伯伯老子常常闹穷的原因之一，弄得她到月底的时候时不时地要到豪这里来周转个五块十块的。她入不敷出的另外原因嘛一是眼镜伯伯的工资并不高，再者就是她生活上讲究多多。

从小就到大户人家当丫鬟侍候太太，后来学了好手艺就做厨娘的伯伯老子很知道怎么过享福的日子，也渐渐养成了些享福的习惯。比方她每天睡觉的时候都要在枕头边的茶几上摆上几个小碟子装零食，还有茶和烟灰缸，另外还要用烟盒纸叠一个小碗给她晚上吐痰用，早上就连纸碗一起丢掉倒也卫生省事。我经常看着她的继女准备这睡前的一切，有时还帮帮手。

比较起来我奶奶芷青当然比伯伯老子的经济条件好，但完全没有这种生活习性，也从来没有过超支没算计的时候，有一块钱肯定只花五七八毛。我告诉她伯伯老子临睡前的排场，连不大批评人的她也叹道：她呀，太太的习性丫头的命。

老公和我都喜欢到日本住温泉旅馆度个一泊二食的迷你假期，喜欢的原因之一就是温泉旅馆就像活的化石一样保留了古老生活方式的精髓，让日日生活在现代忙碌中的我们能够逃离哪怕一两天也有平衡身心的效果。比方她们在睡前多半会送来一盒精致的咸甜点心加上一壶包在棉布套里可以保温的茶来消磨没有电视的漫漫长夜，这东方式的享受是多么的琐碎温润，习惯了的话也真能让人沉迷。

对孩子们特别好，好得贴心贴意牵肠挂肚的伯伯老子唯独对她的继女黄敏姐姐不好。伯伯老子虽然没有文化但是非常聪明，能够悟出做家务的精要，她手脚很麻利，做事情端的是又快又好。黄敏姐姐有点笨笨憨憨的，不如她的继母机灵，交代她做的家务事常常达不到继母的要求，还有就是她是少年人，正在长身体，很爱吃东西。

这些根本就算不上毛病的小事在伯伯老子那里都会放大成了不得的大事，轻者骂重则打，如果真的做错了什么事的话还会遭到暴打，想想作为少女的黄敏姐姐常常被继母高声数落自己的缺点，还要当着众人挨打，一点面子都不给她留，真的是情何以堪。

打小孩是中国风俗里非常不好的一部分，既然是风俗那年头打小孩的人家是非常多的，挨过父母打的小孩肯定比像我这样从来没有挨过父母打的孩子要多得多。但是像伯伯老子打黄敏姐姐那样厉害的还是少见，所以常常会闹得动静比较大，继而发展成院子里的大事件，大家都冲过去劝解，把哭得半死的伯伯老子拉出来，好言解劝很长一段时间才能平息。

伯伯老子每次打人自己都伤心得不得了，哭得比黄敏姐姐还厉害，一边哭一边诉，涕泪交流，气极了就再打，搞得大家还只能集中精力劝她，好像最受委屈的是她似的。大人们同情伯伯老子当然是有道理的，她心肠热人缘好命运坎坷，大家虽然嘴上不说心里都知道，当年对前夫的孩子那么好那么用心的经营一段婚姻一个家庭，最后落了个一场空，差点都流落街头了，伯伯老子想不通别人也为她想不通啊，可谁又为无辜的黄敏姐姐想过呢？

伯伯老子对我特别好，我也非常喜欢她。有一天和读高中的女儿闲聊天说到伯伯老子，我兴高采烈地叙述当年她和我们之间的种种趣事，听得女儿笑呵呵的。后来不知怎么地说到黄敏姐姐，说到她挨继母打的事情，宝宝突然一蹦老高，气愤地喊道："怎么能够这样呢？怎么能这么打孩子呢？"说着说着还哭了起来，咚咚咚冲到楼上自己的房间里砰的一下关上门，留我一人在饭厅里发呆。

是啊，当年我目睹黄敏姐姐挨打的时候年纪还小，这事常常发生我也没觉得有什么不正常，如今想来真的是要不得。且别说打孩子是件要不得的事情，就说这把自己的委屈报复在不相干的，弱小不能自卫的人身上就更要不得了。伯伯老子确实委屈，和芒青一样莫名其妙地为旧时中国不合理的婚姻制度承担了全部的后果，非常不公平。但是要想解决问题也只能针对这件事，如果一时没有能力没有办法解决的话也只能如芷青般高贵地等待，把气撒在不相干的人和事上，不但于事无补，还会制造出新的悲剧和新的不公平。

当年的黄敏姐姐其实也是一个敏感的孩子，那时我喜欢缠着人讲故事，她就是众多常常给我讲故事的人之一。黄敏姐姐喜欢讲中国古代的童话故事，她对讲故事的时间地点也有要求。夏日的晚上，大人们都聚集在前院乘凉聊天的时候，黄敏姐姐会把我带到后院，坐在空旷幽暗的走廊上，仰望星空明月，眼睛变得闪闪发亮的她开始慢慢地讲述嫦娥奔月鹊桥相会等古

伯伯老子和我的表弟徐毅，她带过的众多孩子之一。

老的故事，讲到激动处她的声音微微颤抖，把个一直仰望她的我听得全身都起鸡皮疙瘩。

长大后我会自己认字时也看了这些故事，知道黄敏姐姐的讲述很有些演义的地方，但是我认为她的版本比较好也比较动人，所以至今我脑海里的这些故事都是黄敏版的。

黄敏姐姐从来没有反抗或者是抱怨过父亲和继母，但她刚刚到可以婚嫁的年纪，有人介绍了一个岁数比较大的男人给她时，就以迅雷不及掩耳的速度嫁了过去，再也没有回到唐家大院看望过父母和邻居们，天性喜欢孩子的伯伯老子终于永远地失去了黄敏这个孩子。

这么多年过去了，黄敏姐姐你过得可好？深深地祝愿你幸福安康！

第二十一章
春去春来，花谢花开

1

　　从 1959 年下半年开始的大饥荒持续了三年多，所以我的整个婴幼儿时期都是伴随着饥饿感的，刚刚学说话的时候就会用各种各样的说辞表达饥饿了。比方饭已经吃完了，但我还没有饱的时候，会摸着肚子细细声地诉说："妈妈，我肚子里这个地方还有一个洞洞没有填满呢。"

　　豪托人买了些不合格没有办法进入市面的碎饼干，用铁筒装好放在柜子里，据说我总是试图去拿，但是柜门太紧打不开，我就急得一边拍门一边叫唤："开不开，开不开！"当时说话不清晰，喊出来的其实是："呆不呆，呆不呆！"很多年过去了伯伯老子她们还是常常在我面前学说我的警句"呆不呆"逗乐。

　　豪在这样的情况下再次怀上了小孩，在饥饿中度过了整个孕期，于 1962 年的早春再生下了一个虽然瘦小但很漂亮的女孩。这个孩子据说生下来时呼吸得挺正常，没有像我似的马上进入急救，护士把她包好以后送给豪看过，还抱着她在产房坐了一阵子，状况看起来不错，但结果不到一天就夭折了。

　　豪伤心之余非常后悔，觉得应该去生第一胎的那家医院就好了。她一直认为这孩子生下来的状况比我好，应该可以救活的。另外虽然只见了一面，她还是认定这孩子比我长得漂亮，眉毛长长的。这话我老爸也常提，小时

当年处在饥饿中的芷青和肖妹带着我照的相，她们二人虽然饿得有气无力面色无光但还是打扮得很周正，一看我就是一个营养不良的孩子，连头发都长得稀稀拉拉的。

候他老是逗我说："哼哼哼，你妹妹比你漂亮，可能还比你更听话会读书呢。"唉唉唉，这我也没法子呀，只好努力认真地过生活，把妹妹的那一份人生也帮她过了吧。不过想想也真的是悬，当年老妈生我的时候如果跑错了医院岂不是没有我了吗？

虽然吃不饱但大人们还是精心地把我收拾打扮得很漂亮，有一次外婆肖妹抱着我排队买包子，据说那天我头上带了一顶有一个绣球在帽顶上一动一晃的美丽绒帽，排着队呢周围满满的都是人，就有个男人从我头上把帽子一把掠去，然后飞快地逃走了。大家吃惊之余都说这人抢了帽子一定是去换东西吃去了，人饿极了真是什么事都干得出来，连小婴儿头上的帽子都抢。

小孩都吃不饱，大人就更别说了，外婆肖妹饿得眼都骷髅着了，外公徐老五也常年处于饥饿中。当时已经开始对各种各样的食物进行配给，婴幼儿可以凭出生证配给几封奶糕，每封十六块像麻将牌似的排列得整整齐齐。说是奶糕，其实奶的成分若有似无，主要成分是由大米粉压制而成的，吃在口里粗粗的，口感很一般。把奶糕捣碎加水放在小火上用勺子慢慢地搅拌，调制出一碗稠稠的带奶味的米糊喂孩子吃，调制奶糊的时候偶尔留下锅巴孩子不爱吃，豪就让父亲徐老五吃掉。

戴着深度的近视眼镜，原来那个神气活现、在外面气焰嚣张、在家说一不二的大家长，这时已经变得瘦小不自信的徐老五带着几分腼腆认真地刮着奶糕边吃边对一岁多的我说："外公有点无聊啊，吃你的粮食呢。"太太肖妹如今常常去陪伴女儿外孙女，这时的徐老五常常一个人住在儿子的宿舍里，用不擅家务的手笨拙地为自己料理简陋的一人三餐。

不过他作为一个有修养的知识分子在精神上还是比较充实的，已经不再忙碌的他这时静静地撰写修改已经开始多年的清史稿。虽然手头很拮据，他还是节省下一些金钱买了不少参考书籍和古玩。我外公当时不富裕，但那时的卖家也缺钱，所以他老人家那时候可能还是积累了一些有价值的史料和古玩，特别是曾国藩、左宗棠、彭玉麟这几位影响了整个中国命运的湖南人的史料是他最感兴趣的。他收集的多半是古旧的字画，上好的笔墨和几方好石头。

漫漫长夜，一个人独坐在孤灯下，一笔不苟地写下前朝旧事的徐幼圃先生居然完成了装满整整一层小竹书架的手稿，他很想跟从事文字工作的女婿和中文系毕业的女儿探讨一下他的研究发现和写作心得，曾经多次尝试过，可惜年轻人都太忙，没有时间和他多谈，挺遗憾的。

2

人心惶惶中，大家都不约而同地生起病来。当时芷青奶奶带着我住在楼下的那间小房间里，有天晚上突然中风了，倒在床上口舌僵硬说不清楚话语，把正好来访的亲戚吓得大叫，据说当时还只有一岁多的我也吓得坐在床上大哭起来。所幸从楼上飞奔下来的路易和豪都有文化也有常识，并没有张罗着把母亲送到医院，而是马上打电话叫来了救护车。救护车上的医生也非常高明，没有搬动病人，而是飞车回医院拿来了注射的药，第二天又再来一次为芷青注射并配好口服的药。因为抢救及时，抢救的方式也正确，芷青的性命被保住了，也没有留下太严重的后遗症。

中风过后芷青意识到自己的心血管病真的是很严重了，她找了一个老中医看病，老先生告诉她要吃茶叶，不是喝茶而是大量的吃茶叶。于是她认真地服西药，也每天吃茶叶，嚼食了好几包茶叶以后，心血管的毛病就差不多控制住了，要到二十多年后这毛病才再次困扰她。这是一个奇迹，但芷青也付出了代价，不知道是因为茶叶的缘故还是西药的原因，她病愈后从一个白白胖胖的中年太太变成了一个又黑又瘦的老妇人，连个头似乎都渐渐地矮了下来。豪非常喜欢婆婆白白胖胖高高大大时的形象，觉得那时的婆婆虽然沉默寡言但很有气派威严，很是惋惜芷青后来变瘦了，精气神也随着体重的减轻磨灭了不少。

家里的老祖宗刘姓太太这时也病了。八十多岁的老人家这次病得不轻，立波从北京回到长沙事亲。他住在接待处，每天都到司马里来看望，延请名中医为老母亲诊脉开方。刚刚病愈的芷青也常常去照顾婆婆，少不得和丈夫在婆婆的病榻前见上一面，两人总是客客气气地问问近况，谈谈儿孙，气氛很平和。

太祖母一生中最在乎的就是儿子立波和长孙路易了，她爱屋及乌地也特别喜欢孙媳妇豪和作为曾孙的我，据说她老人家曾经反复表示过："我最喜欢的就是小红了。"到了生命的尽头她常常处于昏睡的状况，醒来后就反复地讲述她所梦到的事情，这些有关她儿孙的梦魇有时能惊扰她，让她激动得大声喊叫，而她老人家的梦境后来很多都奇迹般地被验证了，难道这世上真的有预见这种事情吗？

比方她老人家有一天做了一个长长的梦，梦见立波入狱了，要被押解到什么地方去，行至中途口渴难当求水不得。刘姓太太又急又烦，对众亲友吼道："你们快给他送水去，送水去啊！"几年后，"文革"中立波遭批斗，有次游街至老祖宗司马里住处附近，口渴得不行，真的是求水不得，而住在附近的亲友们那天一个都没有在场。

　　第二个女儿夭折后豪非常伤心，老祖母劝她不要伤心，告诉她不久就会生一个很好的儿子。这话虽然后来应验了，但一般的老人也会这样劝儿孙的，并不算太离奇。奇特的是她老人家还描述过一个很具体的故事，说豪年轻不懂世故，对人好，尤其对学生好。路易一位同事家孩子多，一家人围着桌子吃饭有七八口人，其中一个女儿是豪的学生，受到豪的照顾，但后来倒来吵架，说到这里老祖宗很气愤地说："真是不知好歹！"

　　这故事有画面有人物有情节，但要到几年后才会发生。"文革"初期豪在中学教书，班上确实有一位路易的多子女同事的女儿，因为生活困难豪对她很照顾，"文革"时期她确实写大字报攻击过豪，说她对抗北京来的红卫兵，罪该万死云云，豪当时是位不到三十岁的年轻教师，得的大字报并不多，这张算是最厉害的了。豪当时和事后都没有说过什么，但我们家精明彪悍的老祖宗几年前就骂过了："真是不知好歹！"

　　老祖宗关心过家人之后又关心邻居。当时国家主席刘少奇的哥哥嫂子正好住在她老人家隔壁，这对节俭低调的夫妇是他们常来常往的好邻居。她老人家病得迷迷糊糊之际指着墙上挂的刘主席像说："他以后会死得很惨，死得很惨啊。"虽然刘主席的哥哥是亲切的邻居，老太太也已经是老糊涂的人了，但这么谈论国家领导人还是叫人不安，亲友们都被吓得不轻。这预言几年后也令人遗憾地应验了，还在任上的国家主席刘少奇被反复批斗后惨死在"文革"初期。

　　将要离开人世的老人家心里并不安宁，对儿孙有太多的放心不下，对将要发生的大动荡也似有所感。当然我们后人都失去了老祖宗的灵气，什么预见性都没有了。像我的话，买彩票连最小的奖都没有中过，反而是勤奋工作总有所得，就老老实实做一个勤勤恳恳的平凡人吧。

3

　　1962年困难时期还没有过，蒋介石扬言要反攻大陆，局势一时间紧张起来，全国上下紧急动员要做好战争准备。立波被匆忙召回北京，刘姓太太则在亲友们的陪护下疏散到益阳养病，不久仙逝。老人家葬礼过后芷青奶奶也带着两岁的我疏散到了益阳。

芷青在风景秀美的桃花仑租了两间房子，置办了家什，订了报纸，安下一个临时的家。豪正好放暑假也多半待在益阳，路易则常常坐船来看望家里的老老小小。其实如果真的遇到战事，住在离益阳县城不远的桃花仑也并不会比留在长沙城里安全多少，但是这次在益阳的短暂居留对我来说是很重要的经历。一向填写籍贯益阳的我真正住在益阳的时间就是两岁时的那个夏天了，后来多半是住上一天两天的，再也没有长待过。当然现在的益阳和以前也没有多少相似之处，秀美小巧的桃花仑已经不再存在，代之的是没有多少特色的楼房和灰尘扑扑的马路。

在益阳的几个月，芷青频繁地带着媳妇和孙女儿拜访亲友，亲友们也常常来探访，他们都默默地同情芷青婚姻的不幸，同时又明显地表示羡慕她有个争气的儿子，还已经有了合意的媳妇和可爱的孙女。人生的得失难说得很，再一次回到家乡益阳，芷青应该是有很多的伤感，但也有几分陶醉吧。

这个如卡通般可爱的小娃娃是弟弟牧之

据说家乡的亲友都很喜欢我，邻居的小姐姐们尤其和我关系好，每天带着我玩，几个月后离开时她们都很舍不得，眼泪汪汪地拉着我的手不放。两岁的我应该没有什么离愁，倒是被大人们打扮得非常漂亮，穿着洋气的红连衣裙坐进大伯爷周大挑的箩筐里，在亲友们的告别声中摇摇晃晃地离开益阳，据说我表现得非常高兴，应该是坐在箩筐里仰望世界的感觉非常新鲜有趣吧。

1962 年夏天的战争警报消除后生活终于慢慢走入正常，随着秋天的到来市面上也渐渐的多了些食物，人们的脸上渐渐也多了几分生气。这年的冬天豪再次怀上了孩子，因为食物比较充足，这一次的孕期比上面两次都好得多，第二年夏天，她果然如老祖母所预言的，顺利地生下了一个健康的男孩。

弟弟生下来的时候，我已经上幼儿园了。我的童年记忆好像就开始在见到他的那一天。记得周末从幼儿园回家，阿姨都会刻意把我们打扮得很漂亮。那天我穿的是蓬蓬裙，编得紧紧的蜈蚣辫绕在头上像一个发箍，脑后一左一右扎着两个翘翘辫，上面还各有一个翻飞的蝴蝶结。

仲夏七月的傍晚我站在唐家大院二楼的房间门口，远远观望坐在床边的妈妈，夕阳的光影照在她身上亮亮的看不清楚她的脸，她手里抱着一个婴儿。我旁边围着好几个大人，妈妈身边也有人，所有的大人都催着我："去啊，去啊，去看看小弟弟去。"妈妈也微笑着向我招手，我就是不肯去，咬着手指头迈不动腿。后来终于去了，趴在妈妈的怀里看小弟弟，是个好小好小的婴儿，有一张皮肤皱皱的小脸。

4

1958 年 1 月《山乡巨变》正篇由《人民文学》杂志分六期连载完毕后，7 月由作家出版社出版。1960 年 1 月《山乡巨变》续篇全文登载在《收获》杂志本年第一期上，而书则是当年 4 月由作家出版社出版的。1958 年人民文学出版社还出版了《周立波选集》，包括短篇小说、散文和文学评论一共四十四篇。1959 年北京出版社出版了《文学浅论》一书收集了他的文论二十四篇。1962 年湖南人民出版社则出版了他的报告文学集《战场三记》，包含了《晋察冀边区印象记》《战地日记》和《南下记》。

这几年他还在杂志报纸上发表了不少短篇小说和散文，似乎非常多产。但是完成《山乡巨变》以后他的写作已经放慢了好多，性情也发生了变化。据了解他的人说，立波原来是一个很有激情的人，开起会来常常发表一些激越的讲话，应该是从反右以后开始吧，他在会上不怎么发言了，就算是说话也有点文不对题。他自己则承认已经不太敢写长篇小说了，说是把握不住形势。仔细研究他这几年出的书，还真的是旧作占了多数。

当然书出得多稿费也充裕，立波自己的花费很有限，他的钱用来照顾亲友外也多方捐赠。20 世纪 50 年代初他和丁玲各捐赠了一笔稿费给中国作协办幼儿园，这幼儿园规模不小，可以容纳两三百个孩子。1958 年 9 月他又和张天翼、艾芜联名发表《我们建议降低稿费报酬》一文登载在《人民日报》上。

当时照顾姚外公的责任是由路易承担，就算是已经生了两个孩子，他也每月从八十元的薪水里寄给姚外公二十元，过苦日子的时候虽然缺粮但还是能用高价买到些食品，为了喂饱家里的老老小小豪很是入不敷出，只好不停地变卖家里的东西，路易结婚前积攒下来的书籍也多半在这几年里换成粮食吃掉了。

常常和富裕的立波见面的年轻夫妇并没有向父亲开过口，就算是邻居朋友也不知道他们其实过得挺紧巴的。那时豪常常把要卖的书籍放在漂亮的婴儿车里，上面盖着好看的小被子让肖妹推着婴儿车，自己抱着我走路去典当东西，如果遇到熟人，别人只当是整洁漂亮的一家三代妇女出门散步呢，想不到已经饿得典卖家当了。这么要面子爱漂亮的人当然不可能向公公开口了，就算是开口也不一定能拿到，芷青奶奶为我争取到的两千元奶粉钱就被要求退回去了。

反右的时候湖南文艺界被扫去了一大半凋零得很，湖南省委书记周礼和别的领导想起了长年住在湖南写作的名作家周立波，于是反复地做工作让他担任湖南省文联的主席。立波对任何职务都没有兴趣，但还是抹不过面子最后答应了担任这个职务。他一如既往地专心写作，只是挂了一个名字在这个职务上。就算是这样，路易还是不舒服，觉得父子同在一个单位非常尴尬，而且反右的风波对他刺激也太大，就脱离了文艺界到工厂去工作了，哪怕是省委宣传部唐部长和省文化局铁副局长到他的住所来看望挽留也无济于事。

其实那段时间作为文联主席的立波主要精力还是放在写作上，对机关的事情不插手，只是个虚位领导。在行政上不作为，在文学上他还是做了很多工作，他要求湖南的文艺杂志每期都必须要发一些新作家的作品，发现了好作品他高兴，发现了好作家他亲自指导这些年轻人的写作，几年下来培养了好些新进作家。

路易在工厂也干得不错，不久调到省委工业部工作了。在省委大院里上班，工业部和宣传部的办公楼相邻，宣传部很不平静，唐部长被揪铁副局长下台后也没有结束，深挖狠斗的声浪很高，待在安静的工业部工作的路易很是庆幸自己已经脱离了一波未平一波又起的文艺界。

直到有一天在省委大院里偶然遇到了新的省委宣传部长秦雨屏，是他原来在报社工作过的老领导。秦部长惊讶地发现路易居然在工业部工作，说我们宣传部正缺人呢，你怎么到了工业部？于是很快调令就来了，路易再次回到文联，让他到原来的编辑部报到。路易一去，发现编辑部王编委受到批判发到矿山去劳动了，汤姓编辑被抓进了监狱，冯姓编辑则被开除了公职，编辑部又空了。

读到这里你有点糊涂了吧？其实也很简单的，反右前路易留职停薪去写小说，回来后编辑部的大多数同事被打成右派消失不见了，只有病号和他得以逃脱。后来从别的地方调了几个编辑来，路易去工业界转一圈回到这里，发现这几位又都成了漏网右派或者是反革命什么的，编辑部再次空了。路易没有被整也没有整人的原因其实并不深奥，不过是他人不在罢了。路易看到这块伤心地无论如何不愿意再回来做编辑了，就去文联当了干事，后来更被选为作协的理事。

工作之余路易不再写小说了，开始研究诗歌和古典文学，写些文艺理论文章，他认为民歌是诗歌的母亲，于是采集了很多湖南的民歌，顺带还采集了一些民间故事。这些多半来自益阳的民间故事都挺好笑的，而笑点则多半是在一个聪明的太太和一个蠢笨的老公之间展开。用益阳话说就是"聪明堂客，醒子男人"，堂客是太太的意思，醒子是益阳话的音译，就是傻瓜的意思，可是这傻瓜不光傻还有点傻得好玩傻得让人可笑，也有点故意装傻的意思在里面。

益阳人非常喜欢传播傻里傻气的丈夫和聪明能干的太太之间的笑话，而且还认为这样的搭配是非常好的夫妻组合，久而久之好多夫妻间都或多或少地走上了这条路。比方路易和豪的关系，比方立波《山乡巨变》里写的亭面糊和他太太的关系，都有点这味道。交际场上大家也知道可以和丈夫谈事情，但真的到了敲定的地步，则一定要和太太谈，和海阔天空又有几分不着调的丈夫是敲不定事情的。

路易将收集来的这么多好玩的民间故事出了一本小册子，书名叫《湖南民间故事，巧媳妇》，这本薄薄的小书并没有放进"醒子男人"的笑话，只选了一些聪明堂客的故事，就已经被很多选本关注过了。我看到以后跟老爸说：你可以编多一点嘛，这标题也取得太无趣，应该就叫作《聪明堂客，醒子男人》。

5

徐老五生病了，胃不舒服。看了一阵子中医没有多少效果后，肖妹陪他去医院检查，诊断出来是胃癌需要开刀，于是约定了开刀的日期。开刀的那天豪去了医院，还没有进医院的大门就看见应该躺在开刀房的父亲正急匆匆地一个人从医院里走出来。豪忙上前迎住父亲询问，老人家很坚决地说："人反正是要死的，我还是不要去挨这一刀了吧！"原来他左思右想之下不愿意开刀了，在原定开刀的那天早上自行离开了医院。

这时肖妹和万也匆匆从医院追出来了，大家都劝徐老五回去开刀，他很是坚持己见，还说要步行四十分钟回家。大家拧不过他只好取消了开刀的计划，但还是强行为他叫了一辆三轮人力车送他回到位于岳麓山后山的财经学院儿子的宿舍里。

我的外公坚持不接受手术治疗当然也没有什么错，开刀以后能不能挽救他的性命就算是今天的医疗条件都是难说的。还有一个让他老人家不愿意为自己生命抗争的原因，可能是他觉得自己的生活乐趣越来越少了，他原来那么神气爱热闹爱朋友的人如今只能隐居在儿子的宿舍里默默撰写现在没有人感兴趣、以后也可能没有人要读的前朝旧事，连一个可以来往的朋友都没有。儿女们忙碌的生活他帮不上忙也插不上嘴。

我的外公是个自尊心非常强的人，唐伯球是他的旧识，以前很有些交情。抗日战争时期他带着一大家子人逃难到安江的时候，唐爷爷还为他们这一大家子人安排过住所。新中国成立后唐爷爷在参事室负责，而他却坐了几个月牢，所以他一直不到唐家大院来，怕旧识为难。外婆肖妹因为喜欢我的缘故常常来唐家大院小住，外公是从来不来的。所以他退居在儿子家的日子里肯定从来不去和旧时的朋友相往来。

孤独的徐老五还有一个心结就是儿子万。万的工作很好，工资不低，但要奉养父母，要送三个弟妹读书，经济负担非常重，他又是一个完美主义者，所以偌大的年纪了还没有结婚，连合适的对象都没有。老父亲可能害怕自己治病花太多的钱，让儿子的负担更重，这可能是他拒绝治疗的另一个原因吧。

总之外公没有开刀就回到家里休养了，在四清运动中日益忙碌的儿女们看着他一天天消瘦无计可施。在他的外孙我的弟弟牧之一周岁生日的时候，徐老五用他一手漂亮的毛笔字写了一封祝福的信，祝牧之长大后像立波一样事业有成，像姚外公一样健

路易、豪和顽皮的小百穗合影

康长寿。牧之生日过去一个月后，1964 年的 8 月 2 日他老人家就过世了，过世前最后的话语是关心儿子万的婚事，这是他最挂心也是最放心不下的。

不久，路易的小妹妹，林奶奶生的小百穗也突然生病去世了，大家都很惋惜。几个月后路易到北京出差，特意请周大姑陪他去祭奠妹妹。谁知到了墓地发现密密麻麻都是新坟，周大姑费了好大的功夫才把埋着小百穗的小小坟头找到。两个人感慨万分，几个月前人见人爱的小姑娘，一下子就连坟都难找到了，真是世事无常啊。

第二十二章
山雨欲来风满楼之一

1

1963 年，饥荒终于过去了，市面上随着东西越来越丰富，价钱也越来越便宜，三年困难时期因为太饿政治运动停摆，下一波的政治运动还没有开始，大家生活得不错，精神上也相当轻松愉快，如何提高业务工作就被迅速提到工作日程上来了。

为了提高年轻文艺工作者的业务水平，由中共中央宣传部、中国科学院文学所、中国文联和人民大学联合办了一个文学讲习班，在每个省招收两名学员，学制两年。湖南省推荐了四名年轻人参加考试，由省委宣传部长亲自监考，分数比较高的两位将去北京学习。

路易高中快毕业时毫不犹豫地抛弃了学业参加工作，后来在北京有机会上大学也轻易放弃，如今三十出头，已经是两个孩子的父亲的他却非常渴望能够争取到这个学习的机会。做了八年的编辑工作，写过散文、小说和文艺评论文章，经过了长达数年从不间断的夜间读书学习，如今他深深感到自己学问的不足。为了这次考试他日夜不停地复习，累得都尿血了，终于得偿所愿，拿到了入学通知。

路易曾经是一个很调皮活泼的少年，刚出道就经历了两次波折，后来更目睹了反右等残酷的政治运动，人变得越来越拘谨，越来越收敛起了他个性中张扬的部分，说实话也离文学家的特质越来越远，当然他也已经不再做写小说的梦了。自己改掉了或者是收敛起了艺术家的特质并不能完全阻止他喜欢有这样特质的人，就像立波非常喜欢勇敢活泼的军人一样。

这回和他一起从湖南去北京学习的同学挺有特点的，路易和他在一起快乐得不得了，就算是过了好多年还是念念不忘这位有趣的同学。有趣同学家境贫寒，很早就参军，这样的出身经历在那年头是很安全的，政治运动一般不会来找他的麻烦。这样的幸运儿在个性上当然没有受过什么压抑。

那年因为沿途涨大水，要转好几次车，花了好几天时间才到北京，旅途并不顺利。但这些麻烦并没有影响他们的心情，据说他们是一路吃到北京的。那同学的父亲知道北京冷，给了那同学一笔钱让他在北京买一件毛皮衣服穿。他买一只鸡一边吃一边笑嘻嘻地说是吃掉毛皮大衣的衣领了，再买一块肉说是在吃衣袖，一路吃到北京就高高兴兴地把毛皮衣服吃光了。这么兴高采烈不瞻前顾后的人后来虽然没有犯过政治错误，还是犯了别的错误被贬去当工人了，真是让人啼笑皆非。

路易一路开心到了北京，和各个省来的同学们度过了一段很美好的学习时光。那时候吃得饱，也没有政治运动让他们互相揭发争斗，这帮同学感情挺好的，当时和以后都交往得非常愉快，"文革"后他们也都陆续成为大学教授或各个省文艺界的领导。唯一可惜的是他们从文学讲习班毕业后一直政治运动不断，包括路易在内的同学们的文学创作热情大概都被或多或少地压抑住了，创作方面的成绩比起他们的前辈和20世纪80年代涌现出来的晚辈都少一些。

学制两年的文学讲习班请来了很多名家给学生讲课，周立波、赵树里都来过。他们二人当年号称南周北赵，都能写出地域风格浓郁的文字。而系统为他们讲课的也都是名师，比方曾经留学德国获得过哲学博士，编写过德国文学史，当时担任北京大学西语系系主任的冯至为他们讲授歌德，同样有名的廖朗山教授则为他们讲解希腊文学。

女教师王金陵则负责引导他们看外国电影开阔视野。让路易印象非常深刻的是当时还非常年轻的王老师翻译能力很厉害，她在讲完电影的背景和艺术上的突破后就开始放电影，王老师则同步开始口译，据说她的临场口译和电影同步到完全不破坏戏剧的进展，让路易惊为天人。

才华横溢的王金陵翻译过《这里的黎明静悄悄》《天鹅之死》等作品，还和她的父亲王昆仑合作创作了昆曲《晴雯》。黄埔出身的国民党元老，20世纪30年代加入共产党，新中国成立后担任过人大常委、政协副主席的王昆仑，从20世纪40年代开始就是知名的红学家了，他和外语能力超强的女儿合作的戏剧在当年非常引人注目。

除了学习他们还常常听报告，有些只传达到一定级别的报告也传达给他们。有一天他们听周扬作的有关京剧改革的录音报告，周扬在报告中谈到京剧是一个有传统有历史的剧种，要改革它不容易，要特别慎重……这时江青插话道："不见得。"散会后路易的班主任，文艺理论家何洛悄悄地对他说："怕是要搞周扬了。"这个时候风平浪静没有大的动作，但经历过多次运动的敏感的人还是可以从江青淡淡的一句"不见得"中闻出下一场风暴的气味，可见运动已成常态，而且规律也隐略可寻。

路易对何洛的预测深以为然，下次到立波北京的家去的时候就把这段话学给父亲听了，提醒他注意。立波一如既往地在政治上迟钝，儿子的提醒他大概转背就忘了，他的心思全部在写作上，再多的提醒也没有用，就算到了1966年死到临头了，他还敢在新侨饭店不合时宜地大发一通不着调的立波式的脾气，把天真保持到了最后一分钟。

路易的变化则挺大的，少年时他崇拜父亲，不顾一切地投奔而去，没有得到照应不算还吃了不大不小的亏。之后他不再指望父亲的关照了。这点可以理解，不能理解的是不知从什么时候开始他反而把父亲当成了需要照顾的对象，觉得这个有名望有地位的父亲像个没有自保能力的无知婴儿一样需要时时关照提点，挺让人操心的。要知道我老爸路易并不是个爱操心的人，对我就没有什么关照提点，在我弟弟面前还常捣捣蛋，让人哭笑不得。

学制两年的文学讲习班还只进行到一半"四清"运动就开始了，学校要派学员们下乡参加"四清"。学员们则说他们都是各个省送来的，以后还需要回省里面工作，如果要参加"四清"的话就回省参加更合适。学校认为有道理，提前给他们发了结业证就结束了学习，大家打点行李回去参加运动。

2

　　立波得了奖拿了稿费不是捐就是送，对钱财一如既往地漫不经心，但还是在无可无不可的情绪下买了一所房子。

　　1958 年初，立波在上海时的朋友、画家司徒乔在他香山的居所过世，他的太太希望能够出售这所占地八亩有二十多间房屋的房子，立波就买下了。这房子位处香山脚下，风景优美，传闻中曹雪芹写作《红楼梦》时的住所就在附近，是一个能激发文思的所在。香山虽然地处在北京的远郊，但风景秀丽，并不荒蛮，这房子就建得挺宽敞洋气的。

　　立波在后海的住所则是国家分配给他的，因为是不算顶级的京剧演员嫌太小不要才分给他的，让他这个顶级作家觉得挺生气。但是他对房子本身并没有意见，房子大可以安排一个巨大的书房，院子给京剧演员练功稍小但给作家散步则很够了，是个可以静心做学问的地方。

　　郁郁葱葱的香山居所和宽敞方便的后海居所立波待的时间都不多，20 世纪五六十年代他大部分的时间还是待在湖南家乡。刚开始的时候太太林兰也跟着来，不知从什么时候开始她就不再来湖南了，她的生活重心是孩子，对孩子来说，北京的条件当然比湖南农村好多了。

　　太太不来，立波在湖南没有家。一个人租住在农民家里，请一个人帮着做饭吃，有时也住在老家的房子里，再一次睡在和芷青结婚时姚家外公做的大床上，请周大为他做做饭。周大当年最多在太太做饭时打打下手，他的做饭手艺如何能够跟家政学校毕业受过职业训练，又在生活讲究的婆婆刘姓太太的严格调教下百炼成钢的芷青比？

　　有一次立波的朋友严文井从北京来，由路易陪着去乡下看望，发现父亲一个人住着，条件不怎么好，看起来也挺孤单的。写作激情已经渐渐枯萎的立波还在湖南流连不去的原因是什么呢？ 是为了躲避京城里反复翻卷的争斗吗？ 这个有道理，立波在延安时期就认定了自己没有政治头脑，决

姚外公为女儿芷青陪嫁精心制作的床，这床如今已经是省一级文物了。

定不去碰是上策。

还有呢？难道他在反复回味怀念年轻时轻易抛下的在周相公的庇护和芷青全心照料下的，已经一去不复返了的乡居生活吗？他后悔吗？这如何能够说得出口？也许连想也不应该多想的，依照自己说不清道不明的感觉任性而为应该是立波一向的作风。可叹的是芷青虽然出身平民，但个性却非常高贵，没有离婚的丈夫一直留在湖南，另一位周夫人林兰也长久没有和他在一起，她并没有乘机再去接近立波。

虽然别的女人夺去了她的家庭让她非常痛苦，而且芷青就算是再憨直也做了好多年的婚姻庭法官，阅尽了男女间爱恨情仇、家庭中恩怨曲直的她不会读不懂男人的心思，也不会不知道女人应该怎么做就可以把男人的心拉回到自己这里来，而且不管什么时候问立波芷青，他们二人都会异口同声地说他们两人感情很好，从来没有吵过架……

她如果要这么做的话不但法理上站得住脚，人情上也毫无问题。她毕竟并没有离婚，除了工作场合有人称呼她姚先生姚老师姚大姐，生活中她一直被邻居亲友们称呼为周伯母周奶奶，从来没有离开过周家门，名正言顺她就是立波的太太，不但周家的婚丧大事少不了她，连"文革"时的造反派都不会漏掉她，抄周立波家的时候，几个家同时被抄，也包括她的家，外调什么的也一定会找上她的。

立波和芷青虽然都忘不了他们年轻时在一起度过的好时光，但年岁渐长的他们这个时候都没有争取再生活在一起的可能性。对旧时生活念念不忘的立波已经回不去从前了，但还是放不下，不停地用各种方式表达他对家乡的善意，小学校邀请他去讲话，他去了不算，还为每位孩子送一份文具。村子里的孤寡老人他一个两个地养起来，长年不断。困难时期吃不上肉，

立波和芷青房间里的书桌，他年轻时用过，20世纪五六十年代回故乡住的时候也在这张桌子上写作。

他常常自己掏钱给文联食堂买肉，让文联的工作人员大吃一顿"立波肉"。

文联的年轻干部工资都不高，要买辆一两百块钱的自行车都不易，于是立波就开了一个基金，要买自行车的人都可以去那里借钱，以后再一个月一个月地从工资里面扣出来。当时湖南省文联的年轻作家干部们很多都在那个基金里借钱买自行车，其中也包括路易。路易和豪有辆漂亮的永久牌自行车，买车的钱就是从立波在文联所开的买车基金里借的，然后一个月一个月地从路易的工资里扣，扣到"文革"初期还欠了几十块钱，会计实在看不下去了，大笔一挥把路易向爸爸借的钱一笔勾销了，这车才算彻底买断归了路易和豪。

父亲在湖南流连不去，路易非常不满，他觉得和老爸在一个单位上班简直为难死了，时时劝父亲回北京。可是任性的立波哪里是那么容易劝得动的，他对儿子的态度倒是非常好，唯唯诺诺但转背就忘，让儿子无可奈何。

湖南省委的领导们则抓得很紧，一再请求立波再邀请些湖南籍的作家回湖南以充实湖南文联的实力。立波邀请成功以后又要为他们一人盖一幢房子，立波当然说他不需要，领导说你若不要别人也没有办法要你还是要了吧。最后为作家们盖了四幢房子，为立波盖的是平房，房间多还有院子，立波一个人带着阿姨住在这里，我从幼儿园回来也多半直接回到这里，这房子的院子正好靠着我幼儿园的后墙，爷爷告诉我他在院子里散步的时候可以听到我们幼儿园孩子们玩闹的声音。

立波挂名湖南省文联的主席已经七八年了，现在既然已经住进了文联的院子里，文联的作家干部们可以随时敲门进来讨论文章商量工作，就这样这主席就正式开始管起文联的事务来，省委还正式下文任命他兼任文联的党组书记。路易眼看着事情一步一步地演变，越来越不妙，他终于要日日工作在父亲的领导下了，时时刻刻既尴尬又担心不是个法子，惹不起还躲得起，父亲请不走就自己走，于是就自己活动起工作调动的事情来。

立波正式担任文联党组书记刚刚八个月就遇到了"文革"，他老人家的政治敏锐度比零还差，简直就是负数，儿子老是担心他还真的是没有错。而路易经过长久的活动终于调动成功，去了湖南师范学院中文系担任讲师，调令来到一个月后"文革"就开始了。我的父亲大人路易在这以前的好运都是幸运，这一次我不得不佩服他，敏锐度和行动力都了不起，如果不是他及时调出文联，我们一家在"文革"中的苦难还得加倍，他这一次的行动真的可以称得上是胜利大逃亡，及时逃离了狂风暴雨的中心。

3

我的母亲大人豪经常埋怨丈夫不体贴，让她在大学时期就怀孕生下了我，因为生孩子延期一年毕业影响了她的事业前途。她老人家虽然没有直接埋怨过我为什么性子那么急，匆匆忙忙就来到了人间，耽搁了她的学业和事业，我还是多少觉得有几分内疚，所以从小在家里生活都挺缩手缩脚的，时不时看看她的脸色，生怕不小心做错了什么再一次得罪她老人家。

人说写作是件好事这点我非常赞同，通过写这本书我才恍然大悟，研究出让我母亲大人豪一生事业马虎的重要原因是因为她有远大的理想，还有不屈不挠一定要达成目的的行动力，我过早来到人间顶多只能算是次要原因，这还真叫人松了一口气呢。

话说豪念中学时看苏联电影《乡村女教师》大受感动，立下了要当一名不但能够教给学生知识还能改变学生命运的乡村中学教师的宏愿。为了这个理想她中学毕业时执意报考师范学院并且如愿以偿进去了。大学虽然延长了一年毕业，她生完孩子后也多少失去了些许明星学生的光芒，而且当年的她天真地相信学校的每一位同学都会如他们在会上表态的那样服从党的分配，不但自己没有为分配操过心，在她学习的大学以及中文系的教授老师中有不少朋友的路易也没有操过心，两口子甚至都没有为这件事情讨论商量过。

当学校的分配方案下来时，她的去向照今天的看法并不算太糟糕，她被分配到湖南省中医学院当老师。一心只想早日工作的豪马上坐轮渡渡过湘江去学校报到，谁知这是一间新办的大学还在修房子，一时没有办法为她安排具体工作，让她先回家休息休息。急着工作的豪在之后的几个月里时不时来学校催要工作而不果，非常不满，终于去省人事厅抱怨了，要求重新分配工作。

在省人事部门的干预下，原本希望豪以后教授医古文学的中医学院只好放了手，豪被重新分配到培训中学老师的长沙市教师进修学院。豪再一次表示不满，认为自己还年轻不可以担当教导已经有经验的中学老师的责任，希望能够直接去中学教书。省里的人事干部通过一段时间的认真研究后终于满足了她的意愿，把她分配到了长沙市第七中学。

七中虽然并不是真正的乡村中学，但这间学校靠近长沙郊区，周围连灯光都少见。学生中有相当一部分来自农村，离豪的理想已经不太远了，她也多少觉得自己一再地提要求有点不好意思，这次终于决定乖乖去上任。

由大学而大专而中学，在豪历时半年的顽强争取下终于办成了，她满意之余在这间简陋的中学里一待就是十九年，后来更把家都搬到学校去了，我和弟弟都是在这间中学毕业的，可算得上是心想事成的典范。豪教书的这间学校地处城乡接合部，交通不方便，生活条件也非常不好，在以后的艰难岁月里，不需要别人嘲笑，豪自己就不停地对年轻时候执着于理想的天真和心想事成的运气冷嘲热讽，只有在心绪平静的时候才老老实实地说她其实并不后悔当初的决定和作为。

大学中文系毕业的豪非常适合当老师，也许只适合当老师，或者是只有当老师才能把她所有的长处都发挥得淋漓尽致。她多年接受体操训练，不停地上台表演体操和舞蹈，养成了在人前不慌不忙落落大方的仪态，由徐老五严格的家传训练出来的一手漂亮大气的板书，严谨认真有条理的性格决定了她一定会把一个小时的课程安排得起承转合圆满合理。对中国文字文学的喜爱，不俗的品位和活泼的个性让她的课多些文学的趣味少些那年头的八股，很受学生们的欢迎。

可惜她老人家生不逢时，那年头没有电视教学百家讲坛什么的，连可以发挥发挥的有趣课文都少，她讲课的才华没有能够得到尽情的挥洒。不过豪从一开始教书就受到校长的看重和同学的喜爱，没有多久就成了学校的骨干老师，学校的示范课公开课的重任都少不得落到她头上。她娘家出身有问题，后来婆家的问题更大，但并没有人真正为难过她，应该和她超好的业务能力多少有些关系，她自己每天依照课表上课下课，不需要随着政治动荡起舞，如果有人真正惹恼了她，还能偶尔发发徐老五遗传下来的臭脾气，几十年后回想起来倒觉得也是一种幸运。

"文革"前豪是个热情的年轻教师，和年纪相仿佛的学生们关系好极了，她真的如电影《乡村女教师》里的那位女老师一样细心关爱她的学生们，做他们学业上的老师，生活上的大姐姐，

豪带着我和弟弟在近乎荒凉的校园里照的一张相片，心想事成的年轻女教师虽然生活在艰苦的条件下，但是依然兴高采烈。

和他们同悲同喜同忧同乐。这些学生们也回应她的情义，几十年不变，到现在关系都好得不得了，连弟弟和我到今天都还能够受到这些大哥哥大姐姐们的照应。"文革"后豪目睹有些学生斗老师的可怕，再加上自己年纪渐大不再担任班主任了，和学生们的关系渐渐疏远，后来几十年的学生对她恭敬了许多，亲近则少些了。

还是回到"文革"前的那几年吧，那时候像路易和豪这样的年轻人工作非常繁忙，根本就没有八小时工作制这一说，而且大家的工作态度都非常好，一心扑在工作上，就算领导没有要求，他们自己也会给自己提要求，自我进修啊什么的，根本就顾不上或者是没有心思建设小家庭。在我的记忆里我父母的家在"文革"前几乎没有开火做过饭，柴米油盐什么的一概没有，家具是公家配置的，被褥衣物都异常简单，连柜子箱子都不需要，打个背包就能走人，墙上没有画，桌上没有摆设，除了书别无长物。说实在的他们的家我也去得不多，最多只在周六的晚上去睡一觉，周日早上就走人了。

我从三岁到六岁都是上的全托幼儿园，周一早上送进去，周六晚上才能接回家，回来先到爷爷的大房子里玩一会儿，吃个晚饭，有时就睡在爷爷这里了，有时则被爸爸妈妈接到他们自己的宿舍里去。爷爷的这幢房子很大，房间不少，但大部分都是空的，他自己用一间睡房一间书房，阿姨住一间我们住一间，另外有客厅饭厅。除此之外还有几间房子空着，只在我和弟弟捉迷藏的时候去过，都是灰尘。就算是用上的这几间也和爸爸妈妈的宿舍一样，除了几件简单的家具之外什么也没有，显得空落落的。

这房子是幢修得很洋气的平房，有很多落地窗和玻璃门，据说立波要住进来前还是文联能干的办公室主任张罗着给挂了窗帘门帘，配了些沙发家具。林奶奶那么会布置家居的主妇并没有到长沙来安置这个家，而我的祖父立波一向信奉简朴的生活才能集中心思写出好文章，对这样的环境当然毫无抱怨，他写作之余就不停地在客厅走廊和院子里踱步，他曾经试图学习过太极拳，说是记不住招式而作罢了，他的运动就是在踱步。写作是个非常耗费心神的工作，一旦沉迷其中，别的方面缺心眼也在所难免。

从 20 世纪 50 年代就跟着立波林兰的赵阿姨从北京过来照顾立波的生

那个时期的另一张母子三人的合照，豪兴致勃勃，我和弟弟还都是懵懂的小娃娃。

稍后的一张照片，左边是妈妈抱着弟弟牧之，右边是舅妈（徐叔华的太太）抱着表弟徐瑛，前面那个傻女孩就是我了。时光飞逝，如今牧之和徐瑛这两个可爱的小男孩都已经是人到中年的社会成功人士了，说实话我还是更喜欢那个时候的他们。

活，赵阿姨是河北人，不怎么做湖南菜，但她的北方菜做得非常好吃，可惜的是立波年岁渐长，根据医生的嘱咐只能吃些简单的饮食了。他经常的饭食是一碗粥一个馒头一些小菜，还有就是牛奶鸡蛋。如果吃鸡蛋的话他一定要把鸡蛋黄给我吃，说他因为胆固醇太高已经不能吃鸡蛋黄了。赵阿姨喜欢煮些玉米棒子吃，后来更在院子里栽种了玉米，这样她就可以在玉米还非常嫩的时候就摘下来煮食，这些娇小的玉米棒子不但样子好看，吃起来也非常鲜美。

爸爸妈妈怕爷爷一个人住生活太单调，常常把我放在这边，让一个穿着花花绿绿、性情热热闹闹的小女孩来陪陪他。我每次一来他自然是不工作的，但那时候他逗孩子的花式有限，除了逗我说话以外就是双手用力拉我的腮帮子。这个有什么好玩的呢？还拉得我好痛的。祖父立波的写作习惯是早起，他每天早上三四点钟就起床了，要写好几个小时天才会亮，所以整个白天好脾气不愿意拒绝人的他就不会害怕别人来打扰了，任何人来他都开门见客，由着你爱待多久就待多久，他总是一边踱步一边陪客人聊天。

当然处于写作状态中的他有多少心思听你讲话和你做有价值的交流呢？那就要看你的造化了。比方我和爷爷玩耍吧，很明显"文革"前他还在写作状态时没有多少趣味，"文革"后被关了几年放出来再和我们玩在一起时就大不一样了，他的激情和创造力爆棚，我们玩得才有意思呢，那时候他早就把写作这件事丢到脑后了，又在牢里憋了那么久，这一玩真的是玩得怪招迭起身心俱畅，如果当时我们能够照那个势头再狠狠地玩上几年，他老人家肯定不会得癌症过早离世，但是我后来能不能收回心思安静读书，在 1977 年顺利考上大学就两说了。

4

那时候工作虽然繁忙，单位照顾职工还是很尽力的。比方吃，大家多半都在吃食堂，食堂的饭菜谈不上美味也不难吃。比方住，每个单位好像都不缺房子，工作人员都会分到房子以外单位还会为你配上一些简单的家具，当然文联的房子修得漂亮结实有苏式风格，与长沙市第七中学的房子低矮简陋好似临时搭建的工棚大不相同，但当年他们工作繁忙，房子只是回来睡觉的地方，完全没有在意，而且两处都有房，下班晚了都能睡在那里，当然两处都像宿舍没有家的感觉。

我从 1963 年开始进全托幼儿园，七中的房子我好像很少去，文联我父母的房子倒是去睡过几次，都是周六的晚上，爸爸带我睡一张小床，妈妈带弟弟睡在另一张小床上，一旦睡醒，大家穿好衣服就到爷爷奶奶外婆家去了。

周末我们一家四口要跑三个地方，一个是同一个院子里的爷爷立波家，一个是唐家大院奶奶芷青家，还有就是河西财贸学院的外婆肖妹家。当然唐家大院是最常待的地方，大部分的时间从幼儿园出来到爷爷的房子里转个圈就去唐家大院了，那里有我最多的童年记忆，也最有家的气氛。

芷青一直保持着每顿饭有五六七个碗碟、荤素汤齐全的正规吃饭规格，春夏秋冬一年四季的各种应时食物和讲究她样样不缺地都会依时按季准备齐全，唐家大院里包括芷青在内的妇女们不受时代影响仍保留了传统的中国式的生活方式。最近看了一本台湾出的书叫《传家》，其实芷青她们就应该写这么一本书，她们日日夜夜年年岁岁操持的就是《传家》里详细描述的那些中国习俗。

　　当然芷青们没有写书，这些美丽的习俗离我们也渐渐远去了，像我这样从小享受过的还时时怀念，如今差不多每年都会到日本乡下的温泉旅馆去消磨几天，除了爱泡温泉以外，也不过是花大价钱怀怀旧，再一次感受一下芷青肖妹式的温情体贴和东方文明的细腻精致。

　　外公徐老五去世后不久，"四清"运动开始清理阶级队伍，深入到了查家属的成分，出身不好的家属连宿舍都不能住，外婆肖妹也被从儿子的宿舍里清理了出来，只能在学校附近的农民家租赁了一间茅草房居住。脾气温和的肖妹在财贸学院的宿舍里居住多年，人缘非常好，有很多老太太都是她的朋友，这一下被清理出去精神上受的打击非常大，觉得自己低人一等再也做不起人，情绪非常低落。

　　也难怪外婆肖妹想不通，连我也想不通，这是从何说起呢？肖妹是个不识字从来没有参加过工作只知道围着丈夫儿女转的家庭妇女。如今丈夫过世了，她并没有占用任何社会资源依靠任何社会福利，靠儿女们奉养，住在儿子的宿舍里碍着谁了？非要把她搞得无依无靠孤苦伶仃谁又能够从中得到好处呢？肖妹失去了安身立命之处，像祥林嫂似的惶惶不可终日，豪再一次地担心母亲自杀。旧时妇女真的是可怜，一无所有，只有生命是自己的，遇到过不去的坎，唯有自杀可以表达反抗和求得解脱。

　　当然那年头也不光是肖妹遇到了这场无妄之灾，还有好些老人也被赶出来了，有的更被送到原籍，单位里还把儿女们盯得紧紧的，让他们不得多寄钱粮给父母，非得把这些老人的路都堵死不可。还好肖妹是早年从安徽来的，老家已经回不去了，她的孩子们都对她特别好，她的新房东也是一户善良的好人家，加上她温顺认命的好性格，终于让她平静下来继续过生活。

　　地处岳麓山后山的财贸学院本来就是非常不方便的地方，那时湘江上还没有桥，过河要坐船。渡船上岸到了河西后并没有公共交通去财贸学院，要走四十多分钟到一个半小时的路程才能到外婆家，我们当年年纪小，如果没有大人抱或背的话，一定要磨个一两个小时才能见到亲爱的外婆，因为路太远交通不方便，我们到外婆家的次数就不多了，但到外婆家去依然是我童年的乐事之一。

姐弟俩穿着颜色花式相近的衣服合影。"文革"前的几年大家过得还不错，所以家里的妇女儿童们留下了这些生动有神采的相片。

肖妹租住的沈家是真正的农家，进到房子里就能闻到稻草的香味和猪圈的闷臭。我每次去了，不但外婆舅舅高兴得不得了，连沈家的孩子们也兴奋得不行，他们要请我吃饭，于是我看到了真正农家用的大灶吊锅，用柴火煮出来的新米饭，炒出来的辣椒菜香得不得了。她们带我到村子里玩耍，每家每户门前的晒谷坪上都晒着各色干菜，她们极力怂恿我一一尝试。

主人如果高喊着赶人，她们就报告说是徐奶奶家城里的客人来了，于是主人就热情地迎出来，不但让我们痛快地试吃，还一定要包一些让我带回家。那时的农家多淳朴好客呀，那些知名的不知名的干菜味道多好啊，我的外婆又是多么的有人缘啊……我的农家乐假期总是过得非常快活特别有趣，全然想不到外婆连近在咫尺的儿子家都不能去的委屈，真是少年不识愁滋味呢。当然"文革"前我连少年也谈不上，只是个啥事也不懂的小屁孩。

第二十三章
山雨欲来风满楼之二

1

我小的时候外婆肖妹经常住在唐家大院，和奶奶外婆在一起的时候是最幸福的，肖妹说话慢声细语，带着好听的安徽口音。她喜欢孩子，会带孩子，照顾孩子特别细心，也深信细致的照顾可以弥补孩子先天的不足和后天的病痛。

小舅舅庞在生母去世后，是在外婆肖妹的细心照顾下活过来的。弟弟牧之小的时候因为营养不良得过佝偻病，外婆知道后马上搬过来照应，她很有信心地对女儿豪夸下海口，说只要交给她就一定能喂养好这个孩子，她要豪给生病的弟弟照了一张相片，说是养好后再照一张可以做之前之后的比较。经过外婆几个月的精心喂养，弟弟果然变成了一个健康活泼调皮的小男孩了。

有时候想想中国人是非常不幸的，人口多，资源贫乏，还战乱连连，没有形成过有效的社会保障体系。中华民族能够走过苦难生存下来，很大一部分原因是靠着像肖妹一样的中国女人们用一点点有限的资源，无穷无尽的爱和忍耐养护了一代一代的中国孩子们。

外婆肖妹带孩子有多细心呢？长沙冬天的天气冷，睡觉的时候被子也是冰冰的，外婆总是先用热水袋把被子焐热了才让我上床，她还一定会先陪我睡一会儿，躺在我旁边用好听的安徽话连声说："快把你的小手手伸过来，快把你的小脚脚伸过来。"她会紧紧地抱住我，用她软软暖暖的身体为我驱寒，早上起床的时候她要先把衣服在火上烘烤一会儿，衣服烤热了变得又暖又松软时再为我穿上……最重要的是她做这一切的时候都是喜气洋洋高高兴兴的，和我来来去去地说些无意义的小孩话互相逗着玩，可以玩上好一阵子，睡个觉觉起个床床都是美事。

外婆的身体总是香香的软软的非常温暖，后来每当我读到"温香软玉抱满怀"这句话的时候，脑子里联想到的往往不是男欢女爱的艳丽，而是外婆温暖的怀抱。中国文字真是了不起，简单的几个字就能带给你各种联想，既准确也宽广，端的是神奇。当然有着这么温和的性情、柔软的身体和好闻的体香的肖妹是性感的，她的性感完全不带侵略性，让人消受起来如此安心服帖舒适，这样的个性如今在中国女人中也差不多失传了，我的外公徐老五真好福气。

对中国的古老智慧我有喜爱的也有不怎么能够接受的，如今我不怎么喜欢的中国老话之一就是："打是疼，骂是爱。"我愚钝，这么拐弯抹角的爱我理解不了，而肖妹们的爱护不管什么时候回想起来都是甜蜜的。有时候女友向我抱怨儿女不听话，我的建议往往是："抱紧孩子，听话的不听话的，争气的不争气的孩子都要抱紧，别的再说。"这听起来不怎么负责任的空洞建议实际上是我的真心话，这大千世界变化无穷你怎么知道什么是对什么是好？只有父母长辈无条件的爱和包容才是孩子们最需要的，难道不是吗？

婴幼儿时期被奶奶和外婆这么娇养的我如何能够适应全托幼儿园的集体生活呢？我运气好，上的幼儿园相当不错，又或者当年的幼儿园都不坏，照顾孩子很周到，教育孩子很有水平，比起家里老人们的照顾来虽然没有那么细心但更科学，还可以和同年龄的小孩玩在一起，真没有什么可以抱怨的。不但没有抱怨，有时还会不由自主地提起那段生活来夸耀。

有一次和美国的同事们聊天，不知为何聊起了我长达四年的幼儿园全托生活，她们大吃一惊，惊呼道："那不是集中营吗？你怎么活过来的啊？"我也被她们的一惊一乍搞得挺慌乱，急急忙忙地辩解说："怎么会是集中营呢？我在幼儿园过得挺好的呀！"可见人是需要互相了解的，偏见来源于封闭。

我上的湖南省干三幼儿园是当时的明星幼儿园，经常有人来参观，幼儿园的管理虽然带着那个时代强烈的苏联式的特点，但园长本人则非常中国化。齐园长和芷青是一个时代的人，也和芷青一样是那个时代少有的女性知识分子，和芷青不一样的是她选择了不婚，和另一位女子长年生活在一起。当年的女性知识分子们很多都选择这样的生活方式，可以全心投入工作但也和知心好友生活在一起互相关爱共度人生。我小的时候芷青经常带我去拜访她的朋友们，常常是两个中年或老年妇女组织了一个精致典雅的家庭，因为两个人都是有文化的职业妇女，又没有孩子要负担，生活条件比一般家庭要好得多。

我们的齐园长在当年的幼教界名声很大，她常常穿着质地很好的灰色旗袍或套装，胸前纽扣处斜插着一支钢笔，态度虽然和蔼但自有一股威严的神态，让大家都爱她敬她服她。齐园长名字叫齐新，20 世纪 30 年代毕业于湖南大学政治经济系，二战时期曾经担任过茶陵战时儿童第二保育院院长，长沙第一育幼院院长。新中国成立后担任过湖南省政府机关第一幼儿园，第三幼儿园的园长，举办过育儿培训班，编写过育儿教材。和她生活在一起的那位知识妇女也是幼儿教育专家，曾经担任过湖南省委幼儿园的园长，她们虽然没有自己的孩子，但是精心教养了很多的孩子。

我老公虽然比我大几岁，却也是齐园长的学生，在她主持的幼儿园长大；我们夫妇二人都对在那家幼儿园度过的好时光感激不尽，印象好到希望女儿也能够在那里接受幼儿教育，成为我们的先后期同学。可惜宝宝去这间幼儿园的时候齐院长已经不在了，整个环境和气氛都和以前不一样，女儿非常不能适应那里的生活，我们的尝试很快就宣告失败，一家三口出身于同一家幼儿园的美好愿望没有能够实现，挺遗憾的。

当年除了院长以外，教导我们的老师也都穿着漂亮，很会讲故事。那时候小孩子的故事书挺多的，每天讲每天讲也还有新书新故事，层出不穷。简单的算术也会教一些，要知道我后来基本上没有接受过什么小学中学教育，还好上了一个非常不错的幼儿园，算是打下了非常好的教育基础。

　　学习文化是一部分，还有一部分就是学习唱歌跳舞，平时天天唱天天跳，逢年过节还会穿上漂亮的衣服表演给父母们看，记得有一次我表演兔子，穿的是代表兔宝宝的白纱衣服，还有一次化妆成鸟，鸟的翅膀就牢牢地钩在我的中指上，每一次的表演都要准备很多服装道具什么的，规格不低。

　　老师们对我们的调教带着点苏联式的格调，但很有水平。比方有一次我不知受了什么委屈大哭大闹还满地打滚，老师俯下身来看了看我，什么也没有说，就带着孩子们在房子的另一边说起故事来，没有人理睬的我哭了一会儿只好自动停下来，自己又无聊地在地板上躺了很久，玩了玩手指头脚趾头和地上的玩具，觉得相当无趣，又特别想听故事，只好自己凑到老师跟前去了。老师见我恢复正常，马上一边不停地讲故事一边把我搂到怀里以示特殊的关怀，让我知道吵闹并没有用，但我的委屈她是完全能够明白和理解的。

　　幼儿园的一位孩子家境富裕，周末回家会为她带上很多很多的零食，比别家的孩子多得多。老师花了好长时间教育她要分享，直到她同意了以后才把她的零食分了一些给大家吃，又教育我们要感谢，如是大家都跑到那孩子面前谢谢她……See，不需要打骂也可以教会孩子这么复杂的伦理道德和正确的情绪表达方式，可见教育是门大学问，值得像齐园长、豪这样聪慧能干的职业妇女花费她们整个的一生来研究来探讨来实践的。

　　既然是明星幼儿园，当然也有些门面功夫要做。记得我们当年有一套很正规的好衣服，女生是有着欧洲风格的深色裙子配上带大花边的白兜兜，一条宽宽的带子在后腰上打一个结，一般都是有客人特别是外国客人来访的时候才会让我们穿上。对父母也有门面功夫要做，每个星期六的下午我们都不会安排上课，大家排着队让阿姨帮我们细心地编上复杂好看的蜈蚣辫，打扮整洁后大家就挤在大教室里等待父母来接了，叽叽喳喳地议论着谁家的父母会先来，谁家的父母每次都落在最后面之类的是非。

　　幼儿园里教导我们的是老师，照顾我们的是阿姨。阿姨们都很能干，当然她们要照顾的孩子比较多，就不会像奶奶外婆们那么细心了。几年下来还是发生过洗澡的方式比较粗糙引起孩子下体发炎，打老鼠时不小心让孩子们吃下放了老鼠药的油条半夜大家被集体送到医院去的不大不小的事故若干件，但总的来说我们还是被照顾得挺周到的。

　　如果遇到流感季节，幼儿园担心孩子们回家会传染流感，就会取消周末回家的节目，星期六下午家长们只能到幼儿园来隔着玻璃看看我们，相互间挥挥手就下周再见了。如果孩子在幼儿园生病了怎么办？幼儿园本身就有医务室，不但有医生护士还夸张到有病床。总而言之，不管是幼儿园方面还是家长方面，都会觉得孩子待在幼儿园会得到更好的照顾，也更让人放心。

被教养得端正自信，神气活现的幼儿园大班学生，接受按部就班的正常教育的最后一年。看见我头上像发箍一样的蜈蚣辫吗？幼儿园的阿姨编的，妈妈奶奶外婆都不会编这种辫子。

这张照片是"文革"中照的，"文革"前夕做的绿花裙子在我慢慢地长高以后只能当上衣穿了，在这之后也还穿了好久，直到都遮不住肚子了还在穿。穿着同样马虎的小弟弟手上还煞有介事地端着把玩具枪，难道要用它去保卫毛主席？

那年头的家长们都忙得不可开交，如果周末不能来接孩子怎么办？幼儿园会留些老师阿姨在周末照顾我们，因为是休息的时间，没有功课，老师也不像平时那么严格，孩子们在周末可以玩得更尽兴，有时还被带到老师家去玩玩。我那时候就很没良心地问过妈妈："你什么时候忙啊？下周六可不可以不来接我啊？"很盼着周末也能够待在幼儿园里继续玩耍。

吃的方面对我来说是个最大的麻烦。在妈妈肚子里和婴幼儿时期常常挨饿的我，到了不缺食物的时候竟然变得非常挑食，不喜欢吃根本不想吃的食物范围广到几乎没有什么食物是能够引起我的食欲的。幼儿园的饮食健康营养简单，好像是一菜一汤很多天都不会重复，老师会监督着孩子们把分配到碗里的食物都吃干净。

大部分的时候我都不爱吃也吃不下，怎么办呢？如是我找到了班上那个最胖最能吃的男同学，极尽巴结之能事地笼络他每次吃饭都坐在我旁边，在老师不注意的时候把自己碗里的食物，偷偷放进他的碗里，倒霉的是偶尔他也会遇到不爱吃的食物，不肯接受我的强迫馈赠，我只好把食物偷偷丢到地上……哇呀呀，被老师发现了呐，说不得要低头挨训了。

还有早上的牛奶啊，当时幼儿园是不提供牛奶的，但家长可以另外花钱为自家的孩子定。爸妈怕我营养不良特意为我定了牛奶，而我则要花好多功夫巴结好多小朋友才能请他们轮番为我喝掉。这个你千万不要告诉我爸妈，他们到现在都不知道他们当年花了不少钱定的牛奶不但没有让我从营养不良变成营养良好，还害我伤了好多脑细胞损失了好多做人的尊严。我从小就不知道什么叫作"万事不求人"，不求小朋友们的话，我每天早上一杯的牛奶和一日三餐那些吃不下的饭菜要如何处理？

有一段时间我突然对画画有了兴趣，画了又画之余向妈妈提出来要画画的工具。下一个周末的时候，妈妈拿出了一整袋花花绿绿的东西给我，画画的纸，彩色的笔，可以临摹的画册，长长的贴纸上沾满了美丽的星星。

还有一次，是夏天的天气，妈妈带着我去买布，买了一块粉红色的布和一块绿色的花布。买完布以后她直接带着我去做衣服，粉红色的布给我做了一条蓬蓬的连衣裙，绿花布给她自己做了一件上衣之外，多出来的料子她给我做了一条简单的无袖裙。那天好热，做衣服的人好多，妈妈挤在人群里，我在下面紧紧地拉着她的衣角很怕被人挤散了……

读这一段你一定觉得很无聊吧，这么琐碎平凡的事情为什么要这么没完没了地唠叨呢？告诉你吧，童年的记忆总是很片段的，但是上面提到的这些事情在我物质和精神都非常贫乏的少年时代曾经被反反复复地回忆过，真是甜蜜和伤感的回忆啊，妈妈买给我的那一包花花绿绿的东西，是我小时候得到过的唯一的一次，对于我可能具备的艺术才华的关注和支持，那件漂亮的粉红色的连衣裙和俏皮的绿花无袖直筒裙之后的好多年，我都没有再做过像样的新衣服了，个子长高后，妈妈会托人买些乡下的土布，在自己家里染成不均匀的难看灰色后，给我们做些简单土气的衣服和裤子，一点美感也没有。

说到我的幼儿园教育更不得不好好地炫耀炫耀，那是我唯一上过的名校不说，还名副其实的高明，我作为一个当时在班上不怎么突出也不怎么愚钝的资质中等的孩子在那里度过了四年美好的时光，受到了非常全面正规的教育和培养，后来就再也没有这般好运气了。当然，让少女时代的我反复追忆怀念的童年好时光由今天的你读起来真的是太平常不值一提了，谢谢你的耐心。

2

老公看了我的书批评说："一个一个的政治运动被你这么三言两语几句话就写过去了，轻飘飘的不严肃嘛。"我是个老实人，虽然有时候做人的态度有些玩世不恭，但做事还是非常实在认真的，因为知道不认真做事就没有饭吃，这个玩笑是开不得的。而做人呢？有时候太认真的话，还真的是不容易过得去人生路上遇到的那么多的沟沟坎坎，所谓"谋事在人成事在天"，还是放松一点吧。

从 1949 年到 1976 年近三十年翻来覆去地搞了那么多的运动，大家整来整去的谁也逃不掉，在我们这些后人或者是没有生活在其中的外人看来实在是很难理解，没有办法用理性来分析，用逻辑来推理，要我们怎么严肃以对？当然生活在其中的我们的长辈们是没有办法不严肃地对待这些运动的，他们神经紧张地度过了一个连一个的运动，少有情绪能够放松的时间。我们这些后人虽然推理不来理解不了，只能讲讲故事，在故事里能够得到怎么样的教训或者是养分？那真的是要看你的造化了。

1957年反右给知识分子打了几大棒子把他们都打哑巴了以后，1959年反右倾又把一些敢讲话的干部狠狠整了一通，如今党内党外万众一心没有异议了，但是最高领导们的危机感并没有稍稍减少，这次他们对农村的基层干部不放心起来。国家主席刘少奇认为有三分之一的社队干部有问题，而党的主席毛泽东则认为不但基层干部有问题，高层干部中的问题也不少。

"四清"运动从1963年就开始了，到1966年上半年戛然而止，直接连接上了"文化大革命"，而负责"四清"运动的刘少奇则成了"文化大革命"要打倒的最主要的目标。"四清"就是清政治清思想清组织清经济，在农村后来更具体到了清账目清仓库清工分清财物，在城市也要清理阶级队伍，连干部家属里可能隐藏的阶级敌人也要清理干净，把包括肖妹在内的出身有问题的干部家属都清理出去了。

1963年就已经开始的"四清"运动开头主要是进行社会主义教育，动静并不太大，像路易他们那个时候还在北京读书，愉快地学习文学知识，想着怎么提高业务水平。清理农村干部嘛，城里的工作人员还在各干各的工作。

豪对上层政治没了解没想法，但对"四清"运动还是有埋怨的，"四清"运动中父亲徐老五去世，母亲肖妹被赶出了大哥的宿舍不说，豪一直认为自己出身不好，在政治上不期待自己有什么作为，但还是努力地要做好工作，也一直能够干好自己的工作，可是到了"四清"运动期间她真的是有点力不从心了。

王光美的"桃园经验"被报告过以后，运动的广度和力度都加大了。学校里的校长支书——要反复做检查才能够过关下楼，老师们也一个一个开始排查，"文革"中据说发现了"四清"工作组手上的排查名单，很多老师都在要准备清理出教师队伍里的名单上，发现自己在名单上的人中间不少后来就成了造反派。豪并没有去了解自己在不在名单上，"文革"中她要烦心的事情太多，顾不上这些。

"四清"时运动很紧张，日常工作却一点都不能放松，还加上劳动，那时候城里的干部都要在农忙时去乡下劳动。湖南农村在20世纪50年代开始推广双季稻，每年两熟，双季的话夏天的双抢是最繁忙的，天气又潮又热，稻子既要收又要种，是农活最苦的时候，这个时候干部们都下乡去帮忙，路易去一个地方，豪则去了另一个地方。

豪不但自己要劳动，还要带领一班半大不小的中学生劳动，要安排学生们的吃住不说，还要盯着他们不要下河游泳，要是淹死一个两个就不得了啦。这事每年都有几起发生，老师们神经被绷得紧紧的，这关在学校的教室里还好办一点，带到乡下的旷野，又长时间地做辛苦的体力劳动的男孩子们，休息时去玩玩水如何管得住？

豪的两个孩子都小，以前还能请个假什么的，如今"四清"运动期间，刘夫人王光美都丢下年幼的孩子一下乡就是五个月，还和农民同吃同住什么的，小小的中学老师豪如何能够提自家的困难？豪忍不住心里直抱怨：你是国家主席夫人，你的孩子有人照看，我们平民条件没有那么好，为难死了，你能不能不要那么积极啊。

有一天晚上好不容易安顿下学生，也把自己位于农家猪圈旁边的住宿处打扫了一番，松口气到院子里来乘乘凉，就听到农民们在议论，隔壁大队从省城来乡下"四清"的女干部，家里的儿子没有人管游泳淹死了。豪听着大吃一惊，光顾着学生了，家里别出什么事情啊。

豪不放心是正常的，这次离开家她并没有把家安顿好，当时我在全托幼儿园没有问题，但弟弟牧之那时还只有两岁，我上的那个明星幼儿园规矩挺严，不收三岁以下的孩子，于是豪请了一位阿姨住在文联的宿舍里照顾他，这阿姨的儿子是个调皮的中学生如今已经放暑假了，阿姨要求辞工回家照看自己的顽皮孩子，新的阿姨刚来一天，豪就把家和两岁的儿子托付给了她，自己带着学生下乡了。

好不容易熬到周末回家，刚到文联门口就看到了五岁的我，头发没有梳衣服没有换，咬着指头站在门口发呆，豪牵着女儿回到家里，发现家里满满的都是人。原来新来的阿姨刚工作了一天就勤快地去擦玻璃，摔下来磕破了头伤得不轻。文联的干部们帮忙把原来的阿姨寻回来了，于是原来的阿姨带着她的中学生儿子也住了进来，场面混乱反而没有人管孩子了，豪赶紧付医药费和两个阿姨的工钱并对各方帮忙的人不停致谢，心里庆幸没有出更多的连番事故。

把两岁的弟弟托付给阿姨显然不合适，只好托人想办法送进幼儿园，明星幼儿园不让进就进了要求不那么严格的文化局幼儿园。非明星幼儿园果然作风不同，她们很喜欢两岁的弟弟也很照顾他，但这幼儿园显然是嬉笑玩闹为主的和幼儿教育没有啥关系，阿姨们喜欢听弟弟说的孩子话，喜欢看他好玩好笑的一举一动，常常把他和漂亮女生配成对打扮成新郎新娘，让他们玩结婚的游戏，把阿姨们逗得挺开心。

弟弟在幼儿园当了阿姨们的开心果，自己也过得高兴，不学无术这没有什么不好的，反正不到一年就"文化大革命"了，不管是认真做教育的幼儿园，还是开心带孩子的幼儿园，都会关门专心搞运动，我们终究都会成为满山遍野疯跑的野孩子，没有什么区别的。

3

反右以后周扬在文化艺术界虽然代表着最高权威，但还是挺矛盾的。一方面他作为文艺界的领导希望不断有好的作品问世，好的作家艺术家出现。一方面一旦这些作家艺术家的作品出了问题受到指责，他必须代表组织出面批评批判作处理，虽然很有组织原则地步步紧跟，但最高领袖毛泽东对他并不是全盘满意，说他"政治上不开展"，这也许是说他多少还留了些艺术家的趣味，看到有感染力的作品就由不得心生喜爱，脑子里少根政治的弦，也许是说他心地软弱，对对手狠不下心来，也许两个意思都有。

　　比方小说《刘志丹》写出，他读了非常兴奋，尤其作者是他鲁艺的学生更让他高兴了，安排发表之外，还约作者和电影导演见面，商谈拍电影的事宜。但随后高层领导出面评判这部小说："利用小说反党是一大发明……"由此还牵连到了不少党内的高级干部，更打成了一个反党集团。被动的周扬此时也只好安排和作者正式谈话，艰难地推翻自己不久前对小说的赞语，代表党向作者传达对小说的结论。

　　还好作者也是党内高级干部的夫人，对党内形态相当了解，对结论虽然满肚子的不理解不服气，但也不过是绷着一张脸听着，没有多争辩。"文革"后她和周扬的关系也不错，没有由此产生私人意见。

　　"文革"前最让周扬被动难堪的应该是由他主持了对他的多年好友田汉、夏衍、阳翰笙的批判。1963年12月和1964年6月毛泽东主席对文化艺术界有两个批示，对新中国成立后文艺界的工作基本上是否定的，说文化部是帝王将相部，才子佳人部，外国死人部。说文艺协会和大部分刊物十五年来基本上不执行党的政策……竟然跌到了修正主义的边缘。

　　作为文艺界的领导，周扬在毛泽东的第一个批示后就组织了整风，第二个批示下来后，整风无疑必须得继续整下去，调门越来越高，范围越来越大，牵扯的作品、艺术家和文艺界官员越来越多。1965年春天展开对田汉改编的京剧《谢瑶环》，阳翰笙写的电影《北国江南》，作为主管电影的文化部副部长夏衍所负责的电影《早春二月》《舞台姐妹》等作品和责任人的批判。

　　在斗争"三条汉子"之前，毛泽东对周扬并不放心，曾经当面对他说过："你和这些人有千丝万缕的联系，下不了手吧？"周扬当然下手了，据路易的朋友涂光群回忆，1965年4月的一天，周扬在中宣部教育楼作整风总结报告一讲就是好几个小时，从天黑讲到午夜，对"三条汉子"和其他文艺界干部以及他的部下他的伙伴，一一点名指责。

　　涂光群和路易的年纪差不多，当年是《人民文学》的编辑，那时资历还浅，不够资格成为矛盾的中心。"文革"前他旁观了文艺界众多的争斗，听过周扬多次演讲，虽然这次的演讲和周扬之前的每一次演讲一样气场强大，但涂还是看出了他的凄凉，评论说："他都快成孤家寡人了。"

这话确实，到这个时候放眼一看，文艺界差不多已经算得上是洪洞县里无好人，而周扬这个文艺界的领导手下也几乎已经无兵无将了。就算是他最得力的干部，当时文化部的副部长林默涵都忍不住抱怨他只会用人不会保人，顶不住上面就把手下抛出来，是丢车保帅。倒是夏衍看得开，说换了谁也不会比周扬做得更好，再说翻个年去周扬自己也倒霉，"三条汉子"一眨眼间还是变回了鲁迅先生在 20 世纪 30 年代就一语中的的"四条汉子"，他们还是一条绳子上的蚂蚱，谁也逃不掉，没什么好怨的，这当然是后话。

1965 年，当时内外焦煎的周扬终于病倒，而且一病就非常厉害，是很可能要人命的肺癌。1966 年 2 月，五十八岁的周扬做了手术，手术成功后带着检讨和养病的双重任务去天津疗养，周扬夫人苏灵扬竭尽心力地照顾丈夫，每天都炖一只小鸡给丈夫加营养。

苏夫人的心血没有白费，周扬在很短的时间里就恢复过来了。得了这么厉害的病可以痊愈，愈后不久还能够熬过可怕的精神和肉体双重暴力和长久的关押，再活二十多年，真是生命的一个奇迹。

4

1965 年底的一个晚上，路易从立波处回来，高兴地告诉豪说："爸爸又写了一篇好文章！"那时候文艺政策对作家的限制越来越多，反对写家务事儿女情，反对写小人物中间人物，要求作者写大题材写战争写建设写领袖。就算是一心写作的立波也觉得无法施展笔墨，放慢了写作的速度，变得越来越谨慎起来。他这次写的是一篇四千多字的有关毛泽东主席回故乡的散文，标题叫《主席还乡记》。

已经旁观过多次运动，对可以无限联想的批评者的思路印象深刻的豪想起了当时的中学课本里有一篇名叫《高祖还乡》的元曲，忙说："这题目怕是不好，容易引起不当的联想。"立波很谦虚地接受了儿媳妇的建议，把文章的题目改成了《韶山的节日》。当时谁也想不到，这篇四千多字内容并不复杂真诚歌颂领袖的小文章会引起什么样的波澜，给当事人和相关者带来怎样的厄运，十几年后这篇小文章又再次引起轰动，评论家甚至认为这是小说家立波写的最有影响的一篇散文。也可以说，这篇散文引起的故事已经远远地超过了文章本身。

《韶山的节日》写的是毛泽东主席 1959 年 6 月回到家乡韶山的事情。毛泽东当时已经三十二年没有回过家乡了，这次回来也只待了两天一夜。他在当时的总参谋长罗瑞卿的陪伴下，傍晚时分回到了家乡，去了家里的老房子。这三十二年间，中国发生了翻天覆地的变化，毛泽东也从一位乡村知识分子成了中国的最高领导人，这个转变是剧烈的，剧烈到他有六位亲属为此付出了生命的代价，他们的照片一一悬挂在老屋的墙壁上。

当天留宿韶山村。这么多年没有回过家，这么大的变化，诗人毛泽东心情无法平静，几乎整夜未眠的他写下了一首诗，感慨："别梦依稀咒逝川，故园三十二年前。"第二天起来，他没对任何人说，就径直往老屋的后山走去，在随从毫无预感的情况下自己找到了父母不起眼的合葬墓，简单地祭拜后离去，同时告诉随从不必修缮墓地，保持原样即可。

上午毛泽东主席去了附近的一间小学校，戴上红领巾后被孩子们环绕着照了相，这张欢乐的照片后来非常有名，毛在这张照片中露出了开朗欢喜的笑容。下午午睡后他在韶山新修的水库里游了一会儿泳，然后离开了家乡，临行前对罗瑞卿总参谋长说，明年他还要回来拜祭父母。

前面说了，从延安时期开始，周扬立波们就认定了毛泽东是他们的领袖，他们对领袖非常崇拜，周扬说的"理解的要执行，不理解的也要执行"，觉得只有在无条件的服从下，大业才能成功。立波基本没有担任过什么领导工作，一直专注于写作，希望用文字工作帮助大业，他对毛泽东喜爱崇拜，不容许自己有怀疑。

立波不是理论家，但他有艺术家的直感，他所投身的事业胜利后，他极力避开权力，尽可能地远离京城里的风风雨雨，是是非非，大部分时间都在湖南的山水中优游，在文字中精益求精。对人事的翻卷变迁他时有感慨，对政治上的变化他服从大局没有异议，对领袖的喜爱也一丝不减。

十几年间，立波去过毛泽东家乡六次之多，刘少奇的家乡也带着儿孙们去过。在《韶山的节日》之前他写过一篇《毛泽东同志故居》的小文，发表过《韶山五日记》，用写实的手法平易地描写过毛泽东的故乡。

《韶山的节日》一文比前两篇文章写得精致些，把毛泽东六位家人的故事和家乡的变迁穿插在他两天一夜的行程中。把这篇文章放在当时的大环境来看的话，虽然也算得上是歌颂领袖的文章，但立波的心里显然并没有随着时代的变迁把毛看成是神，他在文中细细描述的是毛泽东作为一个人的情感和行为：他回到家乡，感叹亲人的逝去，时代的转换，他无法入睡写下诗章，他拜祭父母，他高兴地去学校看望孩子，得意地在新修的水库里游泳，他承诺明年再回来祭祖。在立波的笔下，1959 年 6 月的毛泽东是一个感情丰富的诗人，一个待人亲切的国家领导人和一个有着若有似无的回乡颐养意愿的老人。

这篇文章是应《羊城晚报》的约稿写下的，在 1966 年春节前修改完毕交了稿。发表在 1966 年 1 月 21 日的《羊城晚报》上。文章一发表，编辑部就收到了不少的电话和来信，夸文章写得好，当时谁也没有料到，这是一篇据立波后来说差点让他上了西天的"毒草"。

第二十四章
烈焰升腾沸水翻卷，水火再无情之一

1

1966年春节前，《羊城晚报》编辑部收到了立波的散文《韶山的节日》，因为涉及最高领导人，总编辑杨奇打电话给中央，得到了放行的许可后，副刊负责人秦牧打出了多份样稿分送包括中南局宣传部长王匡在内的有关负责人，有人看了样稿后提出罗瑞卿总参谋长已经出了问题，他的名字不宜出现在文章上，其他没有意见。于是在略去了罗的名字后文章被签发了。

文章在1966年1月21日（农历正月初一）见报后没有几天，《羊城晚报》就告诉立波反映挺不错的，同时湖南省宣传部也给他转来了韶山方面的一封信，说是一些细节有点出入。立波根据韶山方面提的意见又一次修改了文章，寄走的时候附上了一封信，说可以在报纸上登一个更正启事，也可以把文章再登一次，请编辑做决定。

文章登出来后，正在上海的江青读到了，很生气。当时担任上海市委书记处分管宣传文化工作的书记张春桥打电话给中宣部和文化部的副部长林默涵，口气很不好地说："江青看了周立波的《韶山的节日》很生气，认为这文章很坏，是丑化毛主席的反动文章。江青要我告诉你，要你通知全国报刊一律不准转载！"林连忙找到文章看了一遍，觉得看不出什么问题来，但还是告诉中宣部办公室挂电话给六个大区的宣传部，请他们转告有关报纸不要转载。

同时《羊城晚报》收到了周立波的修改稿，他们请示了中南局的负责人陶铸，陶认为文章很好，并说："更正什么啊，修改后再登一次算了。"于是《羊城晚报》把修改后的文章再登了一次。陶当时不但负责中南局，而且很快就要上调中央担任副总理了。

不听招呼文章被再登了一次，江青更生气了，还是张春桥出面，给中南局写了一封信，这次不是口头招呼，而是白纸黑字的信件："周立波写的《韶山的节日》，是丑化伟大领袖毛主席的反革命毒草。我曾告诉林默涵，要他通知全国各报刊不许转载。不知为什么广东又再登一次？是否要为罗长子翻案？……"收到信的官员紧张到半夜给中南局的宣传部长王匡打电话。

我从来没有当过官，对复杂的行政构架不熟悉也没有多少兴趣，看到这个故事的时候很糊涂，还是让我们根据当时的情况梳理一下吧：

从作者方面说，立波当时文章已经写得很少了，但是《羊城晚报》这样重要的报纸的约稿还是要写的。他以前写小说说实话出彩的人物都是所谓中间人物，活灵活现妙趣横生的老孙头、亭面糊、陈先晋他们都可以算得上是中间人物，到这个时候为止他还没有遇到什么大麻烦，但也要注意了，最起码要响应上面号召写大题材大人物吧？

毛泽东主席回故乡的事情发生在六年前，在那前后立波去过韶山六次之多，写这篇文章用的材料都是韶山方面提供的，只做了些文字的编排，并没有做过多的延伸，能错到哪里去？要说有点个人色彩的话也就是立波自己新中国成立后固执地待在家乡，毛泽东的故园情能够引起他的共鸣，毛短暂的回乡引起了立波的写作冲动。《羊城晚报》向立波约稿更是正常，立波的文章文字到今天为止难得地还没有受到过质疑，文字一如既往的生动有趣，算得上是当时少有的领导和读者都能够接受的作家。

江青方面其实蛮尴尬的，丈夫以中国最高领导人之尊衣锦还乡却并没有带上夫人同行。当然1959年毛泽东的那次回乡并不是大张旗鼓准备充分的隆重出行，但毕竟是他三十二年来第一次回故乡，第一次拜祭父母……这么重要的行程，不管是丈夫不带，还是太太不跟，都透着他们二人的关系并不那么亲密。比较起来当时国家主席刘少奇和夫人王光美的关系就密切得多。

当然还有毛泽东的第一位夫人杨开慧，杨开慧的父亲是毛的恩师，在出身农家的毛泽东还是个看不到前途的年轻知识分子的时候就嫁给他，容颜秀丽，知书达理，安于贫寒，结婚后接连生下三个儿子，又为着丈夫的事业在二十九岁的年纪就惨死了。虽然立波只是在文章中提了几句，但也不能不让江青恼火。

怀着无名之火的怨妇们的过头抱怨，其实我们平常也时时可以听到看到，当然江青并不是无知妇孺，她知道不可以抱怨丈夫不带她回家乡，也不可以直接灭了杨开慧，唯一能攻击的只有作者了。但就算是在当时严苛的文艺政策限制下，这文章也说不出什么毛病来，除了可以含糊地说不该写毛去拜祭父母之外，没有漏洞，而且毛并不是天上掉下来的神，他确实去拜祭了父母，并宣称隔年还要再去拜祭。

连扫墓的事情都不能挑明了说，只剩下空洞的谩骂了。什么作者是个反革命啦，这文章是反毛主席的啦，扒拉扒拉扒拉……可是她这些按说上不得台盘的抱怨谩骂不管有理没理，这时候都有人在当作大事办，这人拿大旗作虎皮的投机心理有够黑厚的，而且他竟然投机成功上位了，这是后话。

当时"文革"还没有开始，张春桥并没有后来的大名，行政上还只是上海市委书记处的一个管文化教育的书记，所持的不过是和毛夫人江青的密切关系。虽然我不明白当时的行政构架，搞不清上海市委书记处中的一个书记在级别上是不是比中央宣传部和文化部的副部长高，可不可以向他下命令，还是口气很不善的命令。但不管怎么样，林副部长还是照办了。

林默涵是个思维严谨的文艺理论家，是周扬的直接下属，和立波的关系应该也不坏。当年为了《红楼梦》研究的事当着江青的面都可以拒绝发她看好的文章，如今当然说不上很尽力地执行江托人传过来的很不客气的话，把文章找来看了一遍也没有看出什么问题来，但他还是没有争辩地把事情办了，认为自己或者是立波都以不要得罪江青为好，文章不转载就不转载吧。

很严谨的他也并没有把这些是非传给立波听。

林嘱咐手下通知各个大区的宣传部门，但应该没有很认真地去一一落实，他后来说也许是漏掉了中南区。隔着这么多年的时间了，我分析也许林的下属并没有漏掉中南区，当然他的指示肯定非正式，得到的就是非正式的电话传达，而且林自己就觉得不怎么舒服，他不过是以不惹麻烦的心态把无理取闹的江青应付过去。中南局书记处管宣传的负责人就更不舒服了，同级的呢，凭什么你上海管文教的书记管到我广州来？管的还真宽不是吗？而且语气还那么坏口气还那么大？

毕竟经过了这么多运动，从这件事情来看，当时已经没有人冲动行事了，大家都冷静地按程序办事，立波所有的稿件来往都通过湖南省宣传部和中南局打交道，自己甚至都不管稿子的后续发展，林副部长不传小话，中南局也许接到了通知，也许没有接到通知，但他们把立波的文章和修改意见拿着向上级汇报了，由更高一级的，肯定比张春桥级别高得多的陶铸亲自拍板把文章再登了一次。一方是没有章法的胡乱攻击，一方是严密冷静毫无漏洞的防守，为了一篇四千多字的小文章惊动了北京上海广州那么多级别不低的官员来来去去地攻防了好多招，那到底谁会占上风呢？我不说大家也能够猜到的。

作家周立波对这些攻防完全不闻不问，一直到 1966 年 4 月份才风闻他的这篇文章可能出问题了。立波对此完全不放在心上，认为所有的材料都来自韶山方面，问题从何而来？十年后立波才看到了张春桥的信，非常惊讶张在"文革"前就不得了啦，口气那么大："我曾告诉林默涵，要他……"当时林的顶头上司是周扬，跟张在行政上没有一毛钱的关系，中南局跟张所属的上海市委更是八竿子打不着的平行机构，哦，并不，上海市好像是属于华东局的，中南局的级别可能还要比上海市高些。再说了当时张春桥还并不是上海市的第一把手，而老资格的陶铸则实实在在掌管着中南局。

迷糊的立波也不是完全不观风向，模糊知道《韶山的节日》出了问题之后也多少有点担心，湖南省委对这事也关心。陶铸是 1966 年 6 月 5 日抵达北京担任中宣部长的，其实他离开广州后并没有直接去北京就任，而是先到了湖南，参加 6 月 2 日的韶山灌区的通水典礼。当时的湖南省委书记张平化和他站在一起，谈到了《韶山的节日》一文的问题。那天立波也去了，正和陶交谈的张平化看到立波就遥遥地拱了拱手，意思是已经和将要上任的宣传部长交流过了，你的文章没有问题，放心吧。

再说谁又能够猜得出来这里面有这么多的弯弯绕呢？比方有关罗瑞卿的问题。"文革"时审问立波的人总是强调这篇文章是大毒草，说："周立波你坏透了！"逼他回答"到底是谁指使你写的"，"坏透了"的周立波其实糊涂，回答不出谁指使他写了这篇文章，也想不清楚自己到底坏在哪里？"文革"后从罗瑞卿那里才多少摸到了一点头绪，原来当时批罗的众多罪状之一是他曾经回乡扫了墓。而立波文章中写道毛泽东曾经在罗的陪伴下回韶山扫墓，时间还应该是在罗扫墓之前，既然毛主席都能给父母扫墓，批罗扫墓就说不过去了，于是不知内情的作家周立波就"坏透了"，是要为罗长子翻案。

为了照顾读者阅读的完整性，把《韶山的节日》相关人的一些后续故事提前说了吧。《韶山的节日》事件在"文革"初年发酵到了极致，立波后来遭"文革"旗手江青先后六次点名提到该文，它作为立波"文革"罪状的第一条差点要了他的命。

曾经的《南方日报》副社长、《羊城晚报》的创办人、当时的总编辑杨奇因《韶山的节日》受到追究冲击，熬过"文革"后他担任广东省出版局局长，香港新华社宣传部长和香港《大公报》社长。当时签发《韶山的节日》的《羊城晚报》副刊负责人秦牧为此受到追究冲击，秦自己就是中国有名的散文家，熬过"文革"后还写了很多好文章，著作等身。当时的中南局宣传部长王匡也因此文受到追究冲击，"文革"后他曾经担任过国家出版局局长，香港新华社社长。

最夸张的就是连陶铸都株连到了，《韶山的节日》事件也是陶铸的众多罪状之一。陶铸是黄埔出身，参加过南昌起义，是文武双全的资深大员，主政广东省十五年之久不说，当时还是中南局的负责人，国务院副总理，1966 年 6 月开始担任中宣部部长，8 月升至政治局常委，成为当时位列第四的国家领导人，几个月后被以中国最大的保皇派打倒，关在家人都不知道的地方，1969 年过世后被草草掩埋，九年后家人才知道他的下落。

2

立波在新中国成立后的十几年里一直猫在湖南写小说，对他当然是好事，让他避开了"文革"前政坛文坛的多次争斗，也让他可以比较平静地去感受湖南农村的四季花开和风俗民情，精雕细琢地谋篇布局锤炼文字。但常年有意无意地脱离北京这个政治文化中心，也让他越来越跟不上形势，越来越不合时宜，再加上新中国成立后几次重大的政治斗争他都幸运地置身事外，到这个时候他还难得地或者是倒霉地保有了艺术家的憨直和对政治的不敏感，在这大部分人都已经变成惊弓之鸟的多事之秋，他不但还能写出闯大祸的文章，也还在随心所欲地发脾气。

1966 年春节过后立波到北京新侨饭店开会，当时对他和赵树理都做了点名批评，说他们写多了中间人物。立波对此很不服气，吃饭的时候摔筷子摔碗地大发脾气，坐在旁边的刘伯羽慌忙拉了拉他的衣角，悄声说："都已经快要搞周扬了。"这个警告"四清"的时候路易在班主任何洛的提醒下就已经发出，如今差不多人人都可以猜得到了，而立波居然还没有知觉，还在发脾气，难道不怕撞在枪口上？就算是发了脾气他也没有多挂心，回到湖南后也没有在儿子面前提起这事，反倒是目睹了他发脾气的人把事情传回了湖南，让路易担心不已。

1966 年 5 月，中共中央政治局通过了发动"文化大革命"的《五一六通知》，宣布撤销彭真、陆定一、康生、周扬、吴冷西组成的"文革"五人小组。5 月 18 日，《人民日报》第一任主编，1966 年第一个出版《毛泽东选集》，最早收集毛泽东手迹的邓拓自杀身亡，同月 23 日担任毛泽东政治秘书十八年之久的田家英自杀身亡。5 月 28 日新的中央文革小组组成，组长陈伯达，顾问康生，副组长江青、陶铸、张春桥等。

6 月 1 日《人民日报》发表社论《横扫一切牛鬼蛇神》，6 月初北京的部分中学生秘密成立了红卫兵，誓言要为保卫伟大领袖毛主席流尽最后一滴血。当年因为部分大学生和高中生深度卷入"文化大革命"，中央决定取消当年 7 月的高考，并入第二年和 1967 年的毕业生一起考。当时的中宣部长陶铸通过电台亲自宣布了这个决定，正冒着酷暑复习的应考生们欢天喜地地抛下了书本，冲出教室，以毛主席的红卫兵的高姿态冲向社会。

谁知 1966 年夏天的这场高考一延就延到了 1977 年，整整延后了十一年之久。当年的初中生、高中生中间只有很少一部分人通过了十一年后的高考再回学堂，历尽艰辛再次捧起书本的他们，由不得让人叹息连连。笔者作为 1977 年应届高中生有幸混迹在"文革"后的第一届大学生中，常常听到大哥哥大姐姐们的感叹，更别说大多数就此仓促结束学业的老三届初中生高中生们的终生遗憾和懊恼了。

回到 1966 年。8 月 5 日毛泽东在中南海贴出了《炮打司令部——我的第一张大字报》，8 月 8 日中央通过了《关于无产阶级文化大革命的决定》（通称"十六条"），开始了对国家主席刘少奇的批判。

1966 年的夏天，立波安静地待在湖南，我们的生活却已经开始有了变化。我所在的明星幼儿园没有以前那么要求严格了，常常在不是周末的时候放我们回家，后来好像每天都可以回家，老师阿姨们要花时间搞运动可能有点顾不上我们了。家里的大人也顾不上我，每天早上居然让六岁的我自己走路去幼儿园。早上我独自从爷爷的房子里出来穿过院子去幼儿园的时候，常常看到康濯家门外已经排着一溜人等着进去批判他了。当时湖南文联院子里有四个大作家有自己单栋的房子，其中包括康濯。"文革"中他最早被点名，最早开始挨批。

那时候还没有红卫兵，来批判他的都是身穿深色干部服的干部，早上安静地排在康濯家的门前等待，有的人手上拿着早点在吃，也有好多人手里拿着纸张在研读，大概在准备发言吧？这奇怪的一幕清楚地留在了我的记忆里，现在想起来那应该是发生在刘少奇还在主政的工作组时代，事情越来越紧绷，但还没有失去最后的控制。年轻的干部们每天排队等着进入大作家的房子里当面批判他，年长的大作家则会按时开门让批判者进入。

另一位大作家则平静地在家里踱步，等待着形势的发展和自己命运的转折，他已经没有什么访客，也终于明白不宜再写作了。

"文革"前夕路易的调令终于来了，他已经算是湖南师院的讲师，不再是文联的干部了。那时三十五岁的路易和二十九岁的豪年轻敏锐正当年，对形势的认识比糊涂的立波要清楚得多，知道这个时候情况瞬息万变危机重重，对既迷糊又常常冲动的立波非常不放心，于是他们退掉了文联的宿舍房，把简单的家具和被褥衣物搬到了立波所住的房子里，伴着他住下了。

人家说父母最关照容易出问题的孩子，路易和豪则总是选择陪伴比较有麻烦的长辈，以前芷青的人生路非常坎坷，心情不好，他们伴着她住，立波处他们是不住的，只偶尔把我放在那里。文联的院子非常小，除了四位大作家的房子，还有一幢普通干部住的宿舍，路易在那里分得的半套房子也只是偶尔住住，有空就带着孩子回唐家大院了。这个时候立波的处境危机四伏让人不放心，他们待在这里的时间就多了。

虽然平日里大家都忙，不怎么在家，只在晚上和周末聚在家里，赵阿姨只需要在大家都回来时多准备些饭菜就行了。家里有了两个孩子顿时热闹了许多，立波当时的房子很大，就算是我们一家四口住进去，空房子还是挺多的，弟弟和我经常跑到空房子里去捉迷藏，躲在布满灰尘的家具里其实也不怎么好玩，有一次弟弟还偷吃了爷爷放在抽屉底层的胃药，让大人们慌乱了好半天。

立波在工作组时代就已经靠边站不管事了，自己也自觉地推掉了小车接送的待遇，开始坐公共汽车到位于五一路的文联机关上下班。不再忙碌的立波开始花不少时间与弟弟和我嬉笑玩耍，倒也其乐融融。加上弟弟时不时弄出些小事故，立波的生活不寂寞。

有一天一家人正在吃饭，有文联的同事来访。路易在文联的时间长，和同事的关系都不错，正笑脸相迎呢，谁知来人横眉立目，硬生生地宣布："周立波你要老实，不准再要阿姨帮你做饭！"来人也严词警告路易要和父亲划清界限。从此路易和豪下班后手忙脚乱地做饭，立波也很积极地插进去试图帮忙，阿姨有时看不下去了也偷偷帮帮手，但不久赵阿姨就被打发回河北邯郸她儿子那里去了。

　　当时的形势变化很快，让各级干部紧张之中摸不着头脑，也完全失去了"文革"前那种严明的组织结构和严谨的工作方法，有时突然在晚上通知开大会听中央的报告，会上说不定就会有让人大吃一惊的新变化。豪的字写得好写得快，常被委派做报告记录，一天晚上豪坐在黑漆漆的省军区大草坪里，从遥远的看不清楚人的台上传来不知何人做的报告，记下些凌乱的笔记，第二天再作整理时还是摸不着头脑，比方"老革命遇到了新问题"，比方"跟不上形势，很不理解，很不认真，很不得力"什么的。豪回家后把内容告诉立波，他也觉得事态严重，但和豪一样满头雾水猜不出究竟。

　　马后炮的我们当然知道这就是刘少奇当年被迫放弃掌控"文革"运动后所做的检讨，而那个时候的豪和她的同事们则完全没有头绪，只听明白了一句话，就是工作组撤销了。由于工作组时代就已经让所有的当权者靠边站了，再撤销了他们之后，单位马上进入彻底的无政府状况，当然训练有素的工作人员比方豪她们还是每天按时去上班，虽然已经无事可做，但内心十分忐忑不安。传抄来的毛主席的第一张大字报刚开始还不敢相信，后来才知道是真的。党的主席毛泽东已经向国家主席刘少奇公开宣战了。

　　丢下书本冲向社会的红卫兵不但介入上层政治斗争，也斗志高昂地以迅猛之势改造社会破四旧，《人民日报》更发表社论要求《工农兵要坚决支持革命学生》。从反右以来，大家都知道向领导提意见或者是对领导不满都是不被允许的，如今却提倡"打倒阎王解放小鬼"。在疾风暴雨中成年人中间的造反组织也不断冒了出来，而红卫兵们则有了旧军装宽皮带红袖章的标准装扮和豪气冲天的标准语言，他们自称"老子"，称对方是"小子"或"狗崽子"，时时喝问人家"你什么出身"？！

　　在这种大环境下，路易时时叮嘱立波不要随便说话，但立波不是儿子可以管得住的。有天下午路易气急败坏地回了家，告诉豪说父亲白天竟然和单位的造反派头头大吵了起来，被人家围起来一通狠斗猛批。路易气得抱怨道："这不是引火烧身吗？"抱怨之后两口子一回神才惊觉，立波到哪里去了呢？斗他的人已经都散了，他应该也到家了才对啊？

　　长沙的夏天暴热之后常有暴雨，这时忽然乌云密布天色骤暗，马上就要下暴雨了，这样的天气这样的心情，立波会去那里了呢？现在时时都可以听到谁谁谁挨斗后自杀的传闻，他会不会也一时想不开呀？就在路易和豪已经顾不上埋怨急得如热锅上的蚂蚁团团转的时候，只见面色平静的立波提了一个小包施施然推门进来了，不慌不忙的他居然还是赶在暴雨落下前回了家。路易拍手急问："哎呀，爸爸，你这是到哪里去了呢？真急死人了！"立波坦然答说："我游泳去了呀。"

　　文联机关出门不远就是湘江，按照惯例夏季里会在湘江上围出一大块做游泳场，平时立波就常去游泳，这天挨斗后出了文联大门，他并没有左拐搭车回家，而是右拐去湘江游泳去了。路易和豪哭笑不得之余也放下心来，暴雨过后一家人如常吃饭不再提下午的事。饭后小两口还是忍不住提醒说："爸爸你以后去游泳一定要事先告诉我们一声，最好是由路易陪你一起去。"立波连声说："不要紧的，不要紧的。"态度虽好但漫不经心，儿子媳妇的嘱咐会不会听进去，能不能遵守就难说了。

　　立波虽然是南方人是文学家，但个性很有男子汉大丈夫的粗线条，平日里也许不能细腻地关照周围的人，但临危不惧处变不惊的特质也真的能在他大起大落的人生路上帮他的大忙。当然革命不是绘画绣花不是做文章，不会那么容易过去的，立波和他的家人虽然能够很快平静下来，别人并不会这么轻易就放过他。那天晚上一家人收拾完碗筷洗完澡，妈妈正在帮我梳头发，突然家里一下子冲进了几十号人，高喊："周立波不老实！周立波冲击红色政权！！"……骚扰、辱骂了一两个小时之久。傍晚在湘江里游了泳的立波这次很冷静，没有再发脾气。

　　斗完后，那些人拿出早就准备好的大字报，有的蹬桌子有的踩沙发，一时间把白纸黑字的大字报贴满了整个客厅。立波当时的房子很大，客厅非常气派，家具的质量也很不错，这下整个房子挂满了粗制滥造的大字报，顿时面目全非。那时大字报不让收拾，谁撕扯大字报就是破坏"文革"，这些布满粗大黑字的薄薄白纸在立波的客厅里从夏天挂到了秋天，早就已经零落不成形了，秋风萧瑟中随风飘起的破烂纸条虽然让人感到凄凉也让人觉得荒谬。还活在人间呢，怎么就已经有了鬼片里的场景？

那天晚上，路易和豪久久难以入眠，路易愁道："爸爸的问题看来越闹越大了，我自己写的那些小说散文论文要按现在的观点看，迟早也会被揪出来，我们的孩子还这么小，以后要怎么过？"小两口愁肠百结，还特别不放心一天挨了两场斗的父亲，半夜里路易到立波房间一探，发现他已经发出了鼾声。

第二天早上，高大的爷爷牵着小小的我在布满大字报的客厅踱步问我："小红，昨天晚上来了好多人，怕不怕？"，我答："不怕，在幼儿园里也看过斗地主。"我接着问："爷爷是地主吗？"他答："那倒还不是，是爷爷态度不好。"说着，他弯下腰，用两只手轻轻拍打我的小手。

夏季的傍晚，豪在夕阳的余晖下喂两岁多的牧之吃饭，无事可忙的立波坐在儿媳旁边聊天，慢慢回忆起延安整风的旧事，种种狂风骤雨，归结到最后便是一切都会弄清楚，不实的问题都会"一风吹"的雨过天晴。立波也不断地回忆他经历过的那些战争，回忆那些伴着他走过万里征尘的士兵和将领。

立波在会议上并不善言辞，但很会拉家常，声音不高不低娓娓动人，他在讲述中思考，在讲述中回忆前尘往事，回忆那些在千难万险中走过的路，安慰儿媳不要紧张不要惊慌，也是在给自己信心，他相信眼前这一切的荒谬都会像延安那次一样，很快就能"一风吹"了。他当然预想不到这个"一风吹"要等到十年以后。有幸他不知道要等待漫长的十年才能见天日，有幸他的神经足够强韧才能熬过这些，没有选择放弃生命。

1966 年的夏天不但气温高涨，而且空气中还充满了血腥，那个夏天不堪凌辱选择放弃生命的人不计其数。师范学院中文系的李姓系主任，豪的老师路易的上级，夫妇双双在自家卧室的窗框上上吊身亡。豪的同事，年轻的吴老师当时正怀着孩子，她的丈夫在大学里是受领导器重的年轻教师，受不了关押批斗的屈辱跳楼自杀，吴老师默默承受这个打击后生下一个男孩，独自一人把孩子教养长大。聪明美丽自信的吴老师后来担任我的数学老师，在我一再转学几乎没有怎么上课的情况下，自信地宣称花一个下午的时间教会我一个学期的数学不过是小菜一碟，让我知道数学不但不枯燥不可怕，还是如此好玩可以让人自豪的东西。

有一天，极度沮丧的路易告诉豪说："爸爸被剃了半边头了！"那天身高超过一米八体格健壮的立波被一帮半大孩子摁着剃了半边头发，之后就只好戴着一顶灰布帽子每天到文联挨斗加打扫厕所了。就像纳粹当时强迫犹太人在身上做标识一样，剃半边头不光是屈辱，还是一种非常危险的标识，说明你是一个人人都可以骂可以打甚至可以打死的十三种人。那时常常有人冲到立波面前，又狠又准的一把扒下他头上的帽子摔到地上，厉声暴喝："周立波，你还敢不老实交代？！……"周围的人就马上围上来一通狠批猛斗。

说明一下当时的专有名词，四类分子是地富反坏，五类分子加上了右派是地富反坏右，十三种人指的是地富反坏右军警特宪，再加上"文革"中不断挖掘出的叛徒内奸工贼，还有就是走资派，一共十三种。走资派全称走资本主义道路的当权派，差不多可以涵盖"文革"前从顶级到最基层的各级干部中的大部分或者说是绝大部分。

光是北京市从 1966 年 8 月到 9 月底的四十天里就打死了一千多人，抄了三万多人的家，把八万多五类分子赶出了北京城。

打击面够庞大吧？打击力度够狠吧？难怪顾骧叔叔说"文革"是自杀式的行为。如果说之前的运动是自残的话，这一次还真的可以说是自杀。如果说以前是温水煮青蛙，温度一点一点地升高，水里的青蛙越来越不舒服越来越难适应的话，这次水已经烧开，滚水里的青蛙无处可逃，真的快要被烫死了。

第二十五章
烈焰升腾沸水翻卷，水火再无情之二

1

1966 年的夏天虽然社会上已经相当混乱，但我所在的明星幼儿园依然开门，我也依然每天去幼儿园。那天六岁的我身穿粉红色的连衣裙从幼儿园回到了唐家大院，在后院的走廊里被几位婆婆一把抓住，她们神色紧张地告诉我不要上楼就待在这里，楼上正在抄你们家呢。

夏日的夕阳依然娇艳，我站在后院干净整洁的走廊上，听着梧桐树上的蝉鸣一声长一声短，无聊地一下一下踢着地上的小石头，身子扭来扭去的，研究自己上面贴身下面蓬松中间收了一点腰的裙子的身影在阳光树荫下长短大小的变化，不时偷瞄一下那些从我家匆匆搬出各种东西的人。那些身穿蓝色干部服手臂上戴着红袖章面无表情的人有时也看我一眼，他们多半是男人，只有一个有点块头也不怎么年轻的女人在里面。

过了好久我终于被允许上楼了，楼上的房子被翻腾得一团糟，芷青奶奶铁青着脸在收拾。虽然抄家抄走了家里所有值点钱的东西，珍贵的书信照片，路易费了好多心血写的文学研究论文，钱财和芷青好不容易积攒下来的全国粮票，她最恼火的还是那女人在我家的马桶里拉的大便，一边提着马桶到楼下一边横眉立目地骂道："真是西山！"益阳人称当年入侵的日本鬼子为西山，以后遇到横蛮不讲理的人就骂人是西山。冲洗完马桶后芷青还嫌恶地抱怨道：这女人拉的巴巴臭死了。

唐家大院虽然是建得很洋气的房子，但并不像现代西式房屋一样每一间睡房都带有厕所，而是只在后院建了一个厕所供大家合用。我家的房子在楼上又有两个小孩，所以在阳台上放置了一只马桶，供弟弟和我晚上用，大人们是不用的。这女人不到楼下上厕所，不顾同来的伙伴都是男性，不顾楼上的阳台是敞开的，只有玉兰树枝稍稍遮蔽，公然就在我家的阳台上大便，真的是个没有教养不知廉耻想起来就叫人恶心的人。

芷青退职在家多年，低调得几乎已经快被社会遗忘了，但混乱中还是有人记得她，不但抄立波家的人没有忘记把她的家也抄一把，危难之中四处逃命的人中间也有人记得她。文联的女干部王剑清从抗日时期开始就担任《晋察冀日报》的记者，资历不算浅，如今被剃了半边头见不得人，万般无奈之下居然想起了芷青，摸到唐家大院来躲了好久，她不但不出唐家大院的大门，连楼梯都不下，芷青一日三餐把饭菜端到楼上给她吃。芷青是经历过大事有胆识有担待的人，和她并不怎么相熟的文联女干部来求救，她把人一藏就是好多天，自家的亲妹妹就更不用提了。

芷青当年退职回家之初很有些社会活动邀约，比方和民主人士一起开会什么的，她常常请假缺席，后来就不了了之了。当时街道居委会也曾盛情邀请她负点责任，可能是身体不好，也可能是心灰意懒的缘故，她也推辞没有担任。可是她的小妹妹姚四热情能干，新中国成立后积极参加社会活动，担任居委会负责人的工作。这工作算是最基层的了，连公职都没有，只能算业余积极分子。谁知"文革"中她也被揪出来，被剃了半边头不说还被打得半死，就这么着还有人不放过她，扬言要把她找出来再斗再打，东躲西藏的姚四最终躲到了大姐这里来养伤。还好"文革"初年虽然乱得很，物质供应还不错，芷青依然每天买菜烧菜，给家人和不管什么原因住在她家的亲戚朋友们做出色香味俱全的好饭菜。

湖南的夏季很热，湖南也不临海没有什么海鲜，但小鱼小虾非常鲜活，蔬菜品种也特别繁多，还都是嫩嫩小小的时候就被勤奋的农民采下，扎成一小把一小把的到市场上出卖，这些蔬菜都是清晨摘下上午卖出，到了芷青们的厨房时还是水灵灵的。芷青的夏季菜单常常包括用青葱和少量的红辣椒爆炒的火焙过的小鱼小虾，干净的清炒蔬菜，还有就是肉枣子汤，汤里飘着紫菜榨菜香葱虾米。芷青也喜欢蒸鸡蛋给我们吃，打散的鸡蛋里埋着剁碎的瘦肉和虾米蛏干蒸。用蒸得白白嫩嫩貌似简单其实颇有内容的鸡蛋羹趁热拌着她煮的颗粒清晰干爽透亮的米饭吃，柔和鲜美中带着米饭的嚼劲，味道妙极了。

也许是当时城镇生活的习俗，芷青不大做早餐，多半在清晨买菜时带上我外食。芷青常常带我去小吴门铁路旁的面店吃面，有时还补一个烧饼。卖烧饼的太太很健谈常常和她聊聊家常，但煮面的先生则沉默地埋头煮面和客人连眼神的交流都没有。吃完面或烧饼她还要带我去奶铺喝牛奶，那家小小的奶铺装修成浅浅的奶白色很是明亮，我在奶奶的监视下也只好捏着鼻子把牛奶一口喝下。"文革"开始后幼儿园的管理不如以前那么严格，我常常滞留在家跟着芷青奶奶的屁股后面转。那时的小店铺菜市场都还在正常运作，我们早上买菜加吃早点可能要转上半个上午才回家。

芷青安排的饮食做的饭菜一向清淡可口营养全面，就算是在今天这个和平富裕的年代也算得上是高水平的家常菜。当时没有冰箱必须当天买菜当天吃，但我们只要回到唐家大院就没有吃过一顿马马虎虎的饭菜，房间永远收拾得干干净净，被褥也永远干爽柔软。在那个动荡的年代里，处事冷静的芷青奶奶永远衣着整洁地忙碌着，不动声色地一天一天买菜做饭收拾房子，在乱世里为家人营造一份安宁的生活。当然芷青们的努力阻挡不了社会的浮躁，混乱还在一步步加剧。

担任过公职，负过社会责任，或者仅仅是积极分子都遭殃，家里有古玩书籍的也危险，可能引来红卫兵造反派抄家烧东西外加打人什么的。破四旧是指旧思想旧文化旧风俗旧习惯，范围很模糊，操作的时候可以无限延伸发挥，而且那年头讲究有过之无不及，往极致上发挥的可能性更大。1973年爷爷和我游颐和园，游到万寿山顶上的大佛殿。我们绕到大殿的背面，发现整面后墙上密密麻麻布满了一排排小小的佛像，每一只都被敲破没有遗漏。当年建庙的人做事扎实，在庙的背面都雕了这许多小小的佛像，后来砸的人也够彻底，一个都不肯留下。

豪的哥哥，在财经学院当讲师的万，为了破四旧，也为了害怕红卫兵和造反派来找麻烦，把徐老五所有的手稿书籍古玩字画一股脑全都烧了，至此不爱钱财房屋只喜欢收集书籍古玩字画，几十年来孜孜不倦地研究撰写清史的徐幼圃先生在这个世界上留下来的所有精神和物质财富全部灰飞烟灭了。

徐幼圃先生是有品味也非常讲究的人，但可惜的是他用秀丽的小楷在柔软细腻的纸张上留下的一行行的文字，装订得淡雅美丽的一本一本手稿，没有遭遇过哪怕一个认真的读者和知音就灰飞烟灭了，他的后代子孙们永远失去了在太平时日安静地细阅祖辈文字的机会，这些精心书写装订的文本也失去了让专业史家品评的机会。

他的女婿路易知道岳父这些研究的价值，多次在豪面前说："万哥也太胆小了，外公的东西毁掉了真可惜！"豪每次一句话就顶回去了："不能怪万哥，他担的责任已经够多了。"当然不能怪万舅啦，当年别说是烧父亲的精神财富，就是自己的心血也得烧。

我老公的祖父民国时代曾经是河南省高级法院的院长，娶的是孔圣人家的女儿做太太，名副其实的旧官僚却培养了在大学时就参加共产党的女儿，女婿更是有名的共产党，新中国成立后是部级高官。老先生解放初年就很识时务地把所有的房产都捐出去了，只留下了一个四合院和整整一房子书，在新的时代里安静地伴着书籍古玩过隐居的生活。暴烈的破四旧运动中，老人家亲手把自己积累一生的书籍古玩烧毁，心痛难忍，第二天就撒手人寰，追随他的最爱去了天国。

2

1966 年冬天的一个半夜，路易和豪正在熟睡，立波过来轻轻叩门，压低声音说："他们叫我出去，不知什么事。"路易和豪住的是靠门的那间睡房，立波的睡房则在里面，但那所房子到处都是落地长窗，和平时期显得明亮洋气，非常时期就显得太 Open 而没有安全感，任何地方都有可能被突破。

这天晚上有熟悉我家居住状况的人爬上阳台敲立波卧室的窗户，把他叫了起来。机灵的立波还是抓到机会通知了儿子儿媳。

路易和豪穿上衣服来到文联宿舍的院子里，看到不大的院子里已经围满了人，中间一字排开都是被批斗对象，而主席台则设在传达室的台阶上，上面不但站着本单位的积极分子，还有些带北京口音据说是北京"首都三司"的人，是当年最时髦的红人，从毛主席身边到地方来传播革命种子的。

当时天冷风大，从传达室拉出来的灯也不怎么明亮，批斗者声嘶力竭地一通狠批，无奈所有的内容都已经重复多次毫无新意，被批的人早就斗倒斗臭没有反抗，跟着呐喊的众人也冷得哆哆嗦嗦的没什么精神。在这寂静的暗夜里突然组织起来的这场批斗会既不壮观也没有多少气势，单调得有些寂寞了。

会议主持者不甘心就此收场，突然冲着安静地站在黑影里的被斗者的家属开骂，叫喊"黑五类的狗崽子们要划清界限"，高呼"革命的站过来，不革命的滚一边去"，更有人喊："不革命的就叫他灭亡！"

外表柔软内心却有着徐老五似的暴烈，受不得半点委屈的豪突然被骂怒火中烧，高声质问道："我不知你们是什么人，干什么要跟着你们喊口号？"有人厉声喝道："你不知道我们是谁，难道也不知道这是革命行动吗？"语文教师豪逻辑很清楚地再顶回去："干革命为什么不白天来？半夜三更的我也不知道是什么革命行动。"

当时"文化大革命"已经历时半年，轰轰烈烈的批斗会也像八股文似的形成了一定的模式，这突如其来的插曲让批斗者们一时不知如何应对，于是他们赶紧喊口号把注意力拉回来集中在立波等被批斗者身上，陈词滥调地再喊了几轮口号，然后在三呼万岁后结束了这场估计是临时起意的深夜集会。在批斗会上一直低头做认罪状的立波回家后兴奋得不得了，边笑边夸奖儿媳豪顶得句句在理，还搓着手得意地说以后一定要把这段写到小说里面去。

谁知第二天报复就来了，豪的学校出现了大字报，称："徐 XX 对抗红卫兵运动罪该万死！"作者正是路易同事的孩子，生活困难时曾经受到过豪的照应，数年前刘姓太太清晰地预见过的一幕竟然真的出现了。我老爸虽然怂，我太祖母却是个不含糊的厉害人，谁惹了她的孩子她可不放过，这事她几年前就提前骂过了："不识好歹！"

除此之外，立波房子的窗台上也出现了用砖头压住的最后通牒，限令路易豪夫妇三日内"从文联滚出去"。虽然是这么不正规也没有人出头露面的最后通牒，处在当时那个乱哄哄的时期路易和豪还是不能不重视，只好托人到乡下请了周大来陪伴立波，夫妇俩带着孩子卷起简单的铺盖滚到了唐家大院芷青处，只在夜间常常偷偷溜回文联院子看看老兄弟俩过得怎么样？只见老哥哥笨手笨脚地做些简单的饭菜，老弟弟白天出门挨斗晚上回家吃饭，倒也还能凑合着过日子。

"文革"中我曾经在爸妈的书桌上看见过一份手抄的江青讲话，仅仅两页纸就枪毙了一百多部电影，每部电影只简单地给了一句判词就把"文革"前十七年拍的电影一扫而空。说实话我们作为普通消费者平时对文艺作品的态度也不是时时尊重。累了烦了，因为种种原因心情不好，或者是道听途说这部文艺作品有什么不妥，都可能让我们轻易地放弃认真欣赏一本书一出戏一部电影，但我们偶尔对创作者不公平不尊重的态度只能影响到我们自己，最多也只能影响到周围的家人朋友。如果我们不是偶然而是时时持有偏见，久而久之当然就成了一个心胸狭窄少见识无趣味不讨人喜欢的人，最终吃亏的是我们自己。

江青不一样，她在"文革"初年的地位和影响力决定了她说的每一句话，对文艺作品的每一个轻佻武断不负责任的判词都可能为创作者带来灭顶之灾，就此断送他们的创作生涯。这薄薄的两张纸几乎毫无挂漏地点到了"文革"前拍的所有电影，断送的就是整个电影界几乎所有的艺术家，果然在今后的十年里这个行业算是挂了。当然被江青轰挂掉的行业并不是只有电影界，整个文学艺术界全部挂掉了，十年之中除了一本小说八个样板戏外几乎一片空白。在我的记忆里，根据周立波的小说拍的电影《暴风骤雨》排在第二页的后半段，得到的判词是：写了一个英雄还把他写死了。

嘿嘿，别看我如今是位笨头笨脑的胖太太，小时候也多少有点过目不忘的神童苗头，偷偷摸摸在爸妈书桌上读过的这两张纸头竟然像扫描过一样在我的脑子里留了下来，这些只知道名字但没有机会观赏的电影反而更激起了我想看的念头。"文革"后非常忙碌的我抓紧点滴时间根据脑子里的这份电影名单把江青当年枪毙过的电影全部看了一遍，狠狠地补偿了一下少年时极度贫瘠的精神生活。

既然是这么荒谬的年代，和全国广大的文艺工作者一起被江青点名批判剥夺创作的权力，对立波来说还真的算不得什么，但是在鲁迅夫人许广平在《红旗》杂志上发表的文章上提到周立波曾经在 20 世纪 30 年代文艺战线上的路线斗争中反对过鲁迅之后，周立波问题就升级了。鲁迅是当年的另一面旗帜，在权威的杂志上被权威的作者点名，在湖南来说当然是大事，后来再加上江青的多次点名就更是火上加油了。1967 年初，有关湖南问题的"三·三〇"指示中，江青断然宣布："周立波是大叛徒！"

受到中央文革负责人的多次"青睐"，立波成了湖南文艺界首屈一指的头牌重角。当时在长沙的街头巷尾可以看到批判他的专栏，可能因为有些策划者水平不低，那大字报隔成的墙非常壮观，漫画抓住他的样貌夸张开去，虽然是恶意之作，有的倒也算得上传神。

在杀气腾腾的东风广场和红色剧院的几次大型批斗会上，立波都是重要的批斗对象，长时间的坐上喷气式飞机任人辱骂，会后还要游街示众。革命者们把解放牌大卡车的扶栏拆掉，让这些年纪已经不小的批斗对象一个个挤挤挨挨地跪在没有护栏的卡车上，车子一路颠簸而去，稍有不慎他们就可能从车上掉下来。立波后来回忆说好几次他都认为自己会摔下来送掉性命。更有次立波游街游到母亲刘姓太太原来的住所附近，口渴难挡，要求喝水，不但没有讨来水，还被身后荷枪的革命者用枪托狠击背部，喝令他"老实点"！

长沙市内的批斗还不够，立波作为明星斗争对象还时不时地被揪往湖南各地批斗。行路途中，如果革命群众有要求，也随时要停下来加一场批斗会。一场场批斗从秋天一直延续到冬天。1966 年底到 1967 年初的那个寒冷的冬天立波不时被押走，次次都让家人担心不已，每次回到文联的家中，周大都会到唐家大院来报一个平安。

在湖南各地辗转游斗时，立波也被拉去益阳家乡批斗。益阳的批斗会很具规模，批斗者比别的地方的人更了解他，材料准备得更充足更充分，表现得也更激烈更革命，摩拳擦掌声色俱厉。批判者毫不留情地把他新中国成立后对家乡的深情厚谊多次捐款斥为沽名钓誉的糖衣炮弹。

家乡的批斗会比别的地方更激烈，歪曲辜负他对家乡的好意也更让立波伤心，但会场上的反映也比别的地方更奇怪。批斗会来了好多的人，大家都挤在台前仔细观看，指指点点有几分像是围观明星，会后居然还有人拿出小本本到后台来让立波为他们签名。立波也不含糊，摘下胸前的牌子就为年轻人签名，签的是英文"Liberty"，还跟人解释说：这是英文"自由"的意思，我的名字立波就是英文"自由"的音译。

此时此刻"周自由"对自己一辈子追求的理想是否感到了幻灭？他的内心是否因此而痛苦迷茫？

3

"文革"初年除了大学生中学生组织了红卫兵以外，各种造反组织层出不穷，单位上几个观点一致的同事一商量就可以组织一个，起上"誓卫东兵团"之类的让人咂舌的响亮名头，人员嘛却很有可能只有小猫三两只。路易知道自己是大黑帮周立波的儿子，低调都来不及，所以任何组织都没有参加，豪倒是和几位谈得来的同事组了一个战斗队，但几个人只是上班时凑在一起学学文件聊聊天，啥作为也没有。妈妈曾经带着我去她的学校参加过他们战斗队的活动，印象中几位温文尔雅的老师凑在一间灯光黯淡的房子里轮流读文件烤火，看起来不但没有造反的激情，反而有着不知所措的忧心忡忡。

当时所有正常的工作都停了下来，大家都全时闹革命。但惯性使然，很多工作人员经过十七年的严格教育，纪律性很强，就算是没有人管，也每天按时上下班。不是主要斗争对象也对斗别人没兴趣的人多半会像豪他们那样自己组个小团伙每天见面交换情况，遇到什么突发事件互相也好有个照应。

身手敏捷的豪也常常骑着她的永久牌女式自行车到市中心的敏感地带看运动，就是看大字报兼打探消息。偶尔遇到熟悉的人，常常会悄悄跟她打个招呼，告诉她虽然以前是朋友但你公公的问题这么大，少不得要划清界限，以后见面当不认识你千万不要怪罪云云。路易和豪自身都难保，哪里还有什么怪罪他人之心，熟识之人只要不落井下石已经算不错了。

这么无所作为的状况在 1966 年冬天结束了，当时北京的红卫兵们已经取得了路线斗争的胜利，开始向地方输出革命，地方上的红卫兵则要到北京去接受伟大领袖毛主席的检阅，不管是北京的还是地方的红卫兵都要朝拜革命圣地，更有不少人是美国人所谓的 Situation Leader 善于利用机会，这时也想着趁此机会来个免费旅游。

来来往往，好不热闹，有一个专有名词叫作大串联。当时国家不但免费为红卫兵们提供火车等交通工具，各个地方也都办起了红卫兵接待站。豪的学校把教室打扫干净，垫上稻草被褥，供外地来的红卫兵住宿，食堂日夜开起了流水席招待革命小将，豪他们则日夜轮流值班，侍候突然涌来的人群。

当时的革命小将还有后来加入的成年造反派们可以分文不带就走遍天下，更有头脑灵活的人常常报称钱包遗失到接待站来领取钱粮。还在位置上的干部们对受到最高领袖支持的革命小将接待唯恐不周，一车车被褥棉大衣不断运来，钱粮也一笔一笔由政府部门开出，谨慎地接待的老师们开始还认真地记录进出数字，随后说不得也在混乱中成了一笔糊涂账，反正不久之后所有的政府部门都瘫痪，干部都被打倒，报账都不知道要找谁，就算记清楚了账目也没有用。

大串联中大家一窝蜂地走南闯北，火车汽车等公共交通拥挤不堪，临时的红卫兵接待站也没有多少合格的卫生设备，一群群半大孩子们如天兵天将般受到成年人的吹捧，如何会有人约束他们守纪律，要求他们爱卫生？再加上每年要做的打预防针等措施也因为大家都在闹革命的缘故停止了，冬春之际传染病就开始大大地流行起来。

　　1967 年春节大年三十的前一天，豪到财经学院去接妈妈到唐家大院来过年。外婆肖妹早早就做好了准备，收拾好的行李里有为我和弟弟做的新棉鞋还有做好的糯米甜酒。当时从财经学院到位于荣湾镇的轮渡码头没有公共交通，必须步行很久才能到，湘江上也还没有桥梁，从河西到河东必须坐轮渡。四十多年前的湘江和如今枯竭至若有似无的湘江大不相同，江面宽阔水量充沛，被橘子洲一分为二。坐轮渡是分两段坐的，坐到橘子洲下船走一段路再上另一艘渡船，上下渡船时还要走过长长的跳板，并不是一趟容易的交通。

　　豪和肖妹带着行李从财经学院附近的乡村走到江边，搭了两趟轮船过江，到了河东再走一段才到唐家大院。虽然行程不短，但母女二人谈谈说说倒也不觉得行路难。"文革"初年学生是毛主席的红卫兵，不上学不高考全时闹革命，工人阶级是领导阶级，也很快全时投身到革命运动中来，公交车早早就瘫痪了，反而轮渡一直运作正常，照原来的规矩在湘江上来来往往。路易和豪都是夜猫子，早班船不怎么搭，但常常拖延至晚班船才赶着过河，当年的渡船最晚开到深夜十一点，豪常常带着我们急匆匆地坐上末班船去师院路易的宿舍或者财院附近外婆肖妹的家。

　　那晚外婆来到，弟弟和我兴奋得不得了，穿着外婆做的还没有下过地的新棉鞋在床上蹦来蹦去一刻也停不下来。芷青拿着亲家母肖妹带来的甜酒冲上鸡蛋每人都吃了一碗，虽然时局不好，但在孩子们的喧闹下倒也有了些许过年的气氛。晚上爸爸妈妈带着我睡在大房间里，奶奶外婆带着弟弟睡在小房间里，冬天的夜晚一大家子人挤在一起挺温暖的。

　　谁知第二天早上三岁的弟弟牧之就病了，无精打采不愿意起床，哼哼唧唧地在床上哭，完全失去了平时一刻不停的捣蛋神气。一直接待红卫兵早就听闻如今脑膜炎流行的豪不敢大意，和路易二人抱着孩子就往医院跑，沿路上孩子就开始呕吐了。到了医院发现候诊室里坐满了候诊的小孩，生病的孩子真不少。牧之当时已经发烧至四十度，抽骨髓检查的结果觉得是流脑的可能性很大，医生让路易和豪赶快带孩子去专门治脑膜炎的医院。

当时流行性脑膜炎在串联至长沙的红卫兵中蔓延，十七年来培养训练的干部队伍虽然已经摇摇欲坠，但行政能力依然强大，长沙当时最好的建筑之一，苏式的湖南宾馆迅速被改造成临时脑膜炎专科医院，从全国各地调来了大群医生和药品用来扑灭来势汹汹的流行病狂潮。路易和豪带着孩子去了那里，在一楼由天津来的医生检查之后说还不能最后确诊，留下孩子在观察室里继续观察。平时精力旺盛一刻不停多少让人吃不消的三岁男孩牧之这天非常乖巧听话，只拿着医生给的空药瓶静静玩耍，到了下午他更是安静地半醒半睡，要轻轻地拍打他才会睁一下眼睛。

那天是年三十，天气阴沉沉的黑得比平时早。虽然日子不平静，但芷青、路易和豪还是计划着要过一个尽量正常的春节，他们不但把肖妹接了来，今天晚上还准备做几个菜送到文联立波处给老哥俩吃。如今看孩子算是安静，好像无大碍，就想着要不带孩子出院回家过年算了。

眼看天色已晚又是年三十，肯定叫不到三轮车了，于是路易先回了趟家，准备带棉被和自行车过来，推着孩子回家，留下豪在医院守着牧之。只见原来胖胖的孩子生病才十几个小时就瘦得能看见脸上的骨头了，脸色又白又黄，没有一点血色，叫他拍他都只微微睁一下眼睛，无力地抬抬手叫妈妈不要吵他，再摸一下额头更是冰冰凉凉。豪突然害怕起来，跑出病房叫到一个医生，说孩子样子很不好，叫他快来看看。

医生来了只把小衣服一掀，看到孩子肚子上已经出现红点斑斑，马上说这就是脑膜炎，叫护士赶快把孩子抱到二楼。原来一楼是观察室，二楼以上才是已经确诊的患者治疗的地方，每个楼层由各地调来的医生分别负责，二楼是由山东医生负责的。一见护士抱着牧之来到病房，马上有四五个医生鱼贯而入，为首的是一位高个子的男大夫，医生们齐齐动手，有的听诊，有的检查瞳孔，有的用器械敲打看反应，紧张地忙碌着。

一会儿好几个护士也来了，忙着替孩子打针。当时三岁的牧之一动也不动，静静地躺着任由医生护士们摆弄，他们试图给孩子做静脉注射，试了手臂额头等多处都没有回血，最后终于在大腿弯处把针插进去了。豪看着医生护士忙碌，想着盛传的脑膜炎不是死亡就是痴呆的可怕后果，腿都软了。

　　从家里带了东西准备接孩子回家的路易这时也到了，呆呆看着眼前的一切，吓得一声也不敢吭。

　　针打进去后，大群的医生护士离开，只留下高个子男医生观察。只见他专注地盯着注射液一滴一滴往下滴，连眼睛都不眨，直到确认药流正常才回头来和孩子的父母交谈。这临时医院的临时病房里并非只有牧之一个孩子，旁边的床上也有病儿，还有两个孩子在不停抽风，让豪看着都害怕。

　　但是高个子医生告诉路易和豪，别看人家的孩子抽风，你家的孩子安静，其实你家孩子的病重得多。他告诉说牧之刚送上来时已经出现瞳孔放大、四肢冷却、打针不回血等多种死亡现象，若再耽搁一小会儿就救不回来了。现在虽然针药已经源源进入体内，但危险并没有最后消除。他告诉父母如果半夜时分孩子的四肢能够渐渐回暖，加上有了小便，才算是有了生的希望。

　　于是路易和豪站在病床前，定定地盯着牧之看……上天保佑，随着药水一滴滴地滴进孩子的体内，他的脸色奇迹般地渐渐红润，脸上的小肉肉也似乎如吹气般长回来了，衬着黑黑的头发嫩绿色的衣裳，又变回了一个俊秀的小男孩。半夜时分，牧之果然睁开了眼睛，清楚地要求尿尿，而长长清脆的尿声对路易和豪来说宛如天籁，他们的孩子得救了。

　　尿完尿之后牧之告诉爸妈，外婆为他做的新棉鞋和医生伯伯给的小瓶瓶还留在楼下没有拿上来，之前护士抱着他冲上楼时他太无力但还记挂着呢。三岁的他当然不知道，短短的二十四小时里他已经从生死中走了一个来回。高个子山东医生是牧之的救命恩人，让路易和豪感念至今。

　　三岁的牧之不知道他差点没命，醒来后就记挂着他的小棉鞋小玩具，家里的大人可吓得不轻。大年三十夜，芷青和肖妹彻夜不眠地等待孩子回来，一直等到初一早上才等来了路易一个人，只见他一言不发推门进来，脸色灰败地跌坐在椅子上，半天才长叹了一口气，说："好些了！"两个围着他急煎煎等消息的老人被他的神情吓得要死，之后多次埋怨他不懂事，连话都不会说。被软禁在文联的立波也急得不得了，时不时地请周大哥过来打探消息，牧之的病痊愈之后，路易和豪赶紧带着孩子到文联给爷爷看，立波才放下心来。

　　"文革"开始半年，革命形势不断发生变化。打倒四类分子五类分子十三种人破旧立新自不待说，革命群众也分成了保皇派造反派争执不休，眼见着保皇派没了气焰造反派占了上风，各个造反派组织间又起了争执，大大小小的群众组织分裂组合消失灭亡，几个月的时间整合得差不多了，当时长沙最有名的两个对立的群众组织"高司"和"湘江风雷"争斗不休。

　　"高司"全名"长沙市高等院校红卫兵司令部"，顾名思义成员多是长沙高校的学生和青年教师，成员大约两万多人。"湘江风雷"则是在"首都三司"的帮助下在北京成立的，主要负责人虽然是中学青年教师，成员则既有学生也有干部还有工人，分部遍布湖南各地，高峰时号称有百万之众，闻名全国。

　　1967年大年三十阳历2月4日，三岁的牧之正在生死线上挣扎，家里的大人们备受煎熬。深夜里只见长沙城里灯火通明，喧嚣彻夜不停，革命年代的喧嚣并不是为了除旧迎新，为的是中央文革当天表态支持"高司"，而它的对立面"湘江风雷"则被定性为反动组织。"高司"彻夜游行欢呼自己的胜利，而"湘江风雷"则由军队出面荷枪实弹抓捕，抓人之多连监狱看守所都装不下，连军区礼堂和长沙市内的几家电影院都成了临时看守所。

　　路易和豪哪派都不是，对那晚长沙城里的大变化迷糊得很，全部身心都放在儿子身上。几个小时后牧之不但脱险还记挂着自己的棉鞋和玩具，显然脑子没有受到影响，大松了一个口气的豪问医生："听说脑膜炎是极可怕的病，得上了非死即傻，为什么我儿子能全身而退呢？"医生解释说："你儿子得的是大脑炎，只要用药得当及时，可望不死不傻。而乙型脑炎就厉害了，得上了确实会非死即傻。"这简单的解释让豪记下了乙型脑炎这个医学专门词，过两年再让她受回大惊吓。

　　就算大脑炎在脑膜炎中不算最厉害，但也够凶险，短短的几个小时就可以夺人性命。牧之住院的八天里，医生们告诉路易和豪，送到二楼的病人并不是最麻烦的，越往高层病人死亡的比例越高。现在想想都可怕，在那个多事的冬天，是因为多少人的暴死才引起了如此重视，建起了这所临时医院？有多少人没有来得及送进来就死去？又有多少送进来的人没有被救活？有多少虽然高调神气其实也只是半大孩子的红卫兵们莫名其妙地客死异乡？这些数字我们现在都不知道，也许永远都没有办法知道了。

　　值得庆幸需要感恩的是虽然生逢乱世，医术高明的医生们还是从全国各地赶来，尽职负责地努力把灾难降到了最低。

1967 年 2 月 4 日农历大年三十夜，三岁的弟弟牧之患急性大脑炎差点送了性命。

第二十六章
烈焰升腾沸水翻卷，水火再无情之三

1

春节过后没有多久的一个晚上，立波的大哥周大神色慌张地跑到唐家大院报告说：立波失踪了！

寒冬腊月，大雨下个不停，南方的冬天虽然不常下雪，但是冬雨往往带着冰凌，在狂风中斜斜地扑打愤怒地翻卷，再加上昏暗的天空不时传来电闪雷鸣，时局不安宁的 1967 年，连老天也露出了暴烈的一面。

就在这样的一个坏天气里，立波和别的批斗对象一起被押往外地批斗，这个晚上回到长沙上了轮船四码头，在昏暗泥泞的沿江路上忽然不见了！同去的作家康濯说："忽然不见了！"就是说并没有见到有人出示证件逮捕，也没有喊打喊杀的喧嚣闹腾，就这么静悄悄的，在同行的人都没有知觉的情况下被带走了！

得到消息的那天晚上，凄风冷雨中路易和豪急急商议，猜测是谁？什么组织带走了父亲？要到哪里去打探去寻找？可以向谁求救？看样子立波是遭了暗算，对方早早就做好准备等在那里了，一般闹腾急躁的造反组织不会是这种做派，那要是正规的逮捕怎么搞得像是黑社会绑架？那年头自杀的被杀的层出不穷，屈死了那么多人都没有引起震动怜悯反思，倒是落了个司空见惯的社会心理，大家麻木感叹道："白天死的白死了，黑夜死的黑死了，"无可奈何。想到这里，小两口越想越紧张，越发觉得情况不妙，彻夜难眠。

第二天两个人决定还是先去文联探探虚实。到了文联宿舍立波的家，大伯父见了他们忙说：你们来了正好，我正要去告诉你们，刚才来了一辆卡车，气势汹汹地跳下来几个人，取走了立波的被盖和一些衣物。听了周大的报告，路易和豪稍稍松了一口气，来拿行李了，最起码人还在，别的就再打探吧。不久机关各派说是要用房子，把周大也赶回了老家，从此立波不但人不见了，连家也没有了，家里的手稿书籍财物当然也不知所踪。

后来才知道，周立波被抓后最开始被关在汽车电器厂，他一如既往地泰然处之，和同关的年轻人结下了忘年之交。之后则是被单独关押，有一段时间关押地点居然是他自己的家。他在文联宿舍院子里的那幢房子成了临时监狱，他被关在自己的睡房里，隔壁赫然关着湖南省军区副司令吴自立少将，同时关在这幢房子里的还有原山西省军区副司令蔡艾卿少将等。房子周围设有岗哨看管严密，就算是住在这个不大的院子里的人都不知道他被关在这里，而被关的几位也不知道同一个屋檐下住了些什么人。

几年前湖南热情邀请立波在长沙定居，修了这幢房子给他居住，没曾想一眨眼间他就从座上客变成了阶下囚，身份一个天上一个地下，竟然还就住在同一所房子里，不知道他自己有没有觉得荒谬不可思议？更奇怪的是文联宿舍的对面就是省公安厅，他后来正式的关押地也就是在家的对面，真的是和这一片地域特别有缘。不但祖父立波和这地界有缘，我们家和这里的缘分深到四十多年来四代都在这里居住过，眼看着这地界从树影婆娑雍容僻静的郊外一步步变成了小店层叠，一家挨一家，繁华喧嚣到无法安睡的闹市。

2

周扬作为领导是个很有几分威严的人，向他汇报工作的人要面对他好似能看穿你心思的明亮眼睛，回答他一句接一句逻辑严密的问话，由不得情绪紧张汗湿衣裳，背地里玩笑议论说他好似阎王殿里的活阎王。这话20

世纪 50 年代连当时的大学中文系女学生豪都知道，她第一次见周扬时不知不觉自自然然交谈了几句之后心里还咯噔了一下，这难道就是传说中的活阎王吗？好像也不那么可怕呀。阎王气焰没有在朋友的下辈面前表现出来，但惊人的记忆力还是把豪震住了，高高在上的中宣部副部长兼文化部副部长居然可以随口就提起她学校老师们的名字，了解他们的专业，脑子里怎么能够装得下这么多的人和事呢？

有关阎王的话也传到了毛泽东的耳朵里，他也说过：中宣部阎王殿，针插不进水泼不进……也许是开玩笑，也许真的是很气恼周扬们严谨整齐指挥如意的干部队伍。不管是开玩笑还是真生气，"文革"中就算得上是大帽子了，打倒阎王解放小鬼，大阎王陆定一，二阎王周扬，手下还有牛头马面牛鬼蛇神，一概都是要打倒的对象。

"无产阶级文化大革命"当然是从文化界开始的，1966 年周扬虽然生了要命的肺癌，做了肺切除手术，还是担任着中央"文革"的成员，后来被剔出中央文革到天津养病的时候就已经是批斗对象了，住在招待所里都能听到外面的大喇叭高喊"打倒周扬"的口号。在北京的部长副部长都被斗得七零八落，造反派几次冲到办公大楼要抓他，工作人员只好大喊："周扬得了癌症都快死了，他不在北京！"

到了 1966 年底，中央文革认为一定要病中的周扬回北京接受批斗，决定要去天津把他揪回来。当时主政中宣部的人为此大为紧张，拟定了作战方案，既怕遇到红卫兵干扰，也怕周扬硬赖在对他比较友好的天津不肯回到显然将面临可怕后果的北京，特意带上他"文革"前的秘书露菲前往。露菲心里同情自己的老上级，也明知自己是作为诱饵去天津的，但在当时的大环境下还是不得不前往，同时非常了解周扬的她也知道这其实是多此一举，对周扬他们来说，只要是党的决定，哪怕是再不理解，哪怕是要他去死，都会不折不扣执行的。

当时天津方面为了躲避造反派红卫兵的搜捕，已经把周扬住所的门窗都用窗帘棉被遮挡起来，房子里也黑乎乎的没有开灯。一行人上得楼来，黑暗中只见周扬背着手迎面站在那里，目光冷冷地看着他们。露菲形容他当时腰板挺直神态坦然，反而是来的人都不知所措地躲避他坦荡的目光。他和太太把简单的行李都准备好了，平静地跟着来人回了北京。

真不愧被人称作中宣部阎王殿上的二阎王，中国文化艺术界的沙皇，霸气到遇到这样的生死关头都能够沉着以对。他的豪气傲气平日里多少有点拒人于千里之外的不好接近，如今这种秉性却让他能够在困境中自持自重不失尊严。

周扬年轻时候就是个讲义气的人，到了这个时候还心思细腻地想着不连累他人。招待所的服务员怕他刚开完刀身体顶不住，主动为他们夫妇准备的在路上吃的几个煮鸡蛋都被他拒绝了。周扬对工作人员的体贴让露菲大为感动，临危不乱的高贵气质也让她多年难忘，"文革"以后她要求再次为老上级工作，又一次担任周扬秘书一职直到周扬离开人间。

我看到过周扬在批斗会上的照片，虽然挂着大牌子坐喷气式状甚狼狈，但他神态镇定，脸上居然没有什么病容，若不是内心强大能控制情绪，如何能够在刚刚大病之后遭此大难而不死？当时不管是他的错别人的错无中生有的错都成了他的罪过，不但在万人大会上被批斗，接着还有暗无天日的关押，时间长不说还渺无音讯，连家人都以为他已经离开了人间。苏夫人曾经拿着一个旧瓷杯子对周扬的长子艾若伯伯说：你父亲怕是已经不在人间了，这杯子是他用过的，你留着做个纪念吧。

3

1967年的早春，带着儿子住在北京的林兰几次暗示豪让她到北京来一趟，她担心丈夫的现状，在信里又不好深谈，希望媳妇能给她带来一些确实的消息。她写信说：如今不是大串联吗？多少人都到北京来了，你们为何还不来？

20世纪50年代末豪刚走入周家的时候，不但婆婆芷青对她好，另一位婆婆林兰对她也很亲切。当时林兰带着两个小孩随丈夫住在湖南，和路易、豪小两口来往很多。后来不知不觉间她就不再来湖南了，就算丈夫大部分时间都留在湖南，后来更有了一个固定的家，她也不来张罗，只安排了一个保姆过来照顾丈夫的起居。

　　我生下来以后医生诊断是先天性心脏病，提心吊胆地养到几岁上，有时还是哭得浑身发紫。长沙的医生众说纷纭，谁也没有准主意，心慌意乱的豪有次给在北京的婆婆写信求救，说红儿的心脏很让人担心，想带她到北京来仔细检查一下，为此已经积攒下了两百块钱云云，谁知婆婆林兰竟然没有回信。有着徐老五般倔强个性的豪气恼之余再也不提去北京之事，还好我的心脏却是一天天强健起来，已经不需要怎么担心了，但豪和婆婆多年不见，又有了这么个心结在里面就越发淡了，再说了连立波都不大回北京，他们夫妇多半时间都分居着，豪差不多已经忘掉了她北京还有一个婆婆。

　　时局这么不好的时候，路易和豪当然不能再计较以前的那点小心结，婆婆林兰既然担心着，他们很快就安排豪带着我去北京。那时单位虽然没有正经事情可做，但是不少人像刺猬似的等着抓人的辫子要小心，豪谎称要到浏阳去看妹妹，请了一个星期的假，偷偷摸摸带着我去了北京。

　　我们的那次出行不但要瞒着豪工作的学校，还要瞒着三岁的弟弟。那天早上妈妈和我下了楼穿过院子，芷青奶奶则抱着牧之站在阳台上送我们。弟弟和我们之间的一问一答，如今忆起历历如在眼前：

　　“妈妈你到哪里去呀？”

　　“妈妈去上班。”

　　“什么时候回来呀？”

　　“下了班回来。”

　　“姐姐你到哪里去呀？”

　　“姐姐去倒垃圾。”——手里还很有准备的拿着簸箕。

　　“什么时候回来呀？”

　　“倒完垃圾马上回来！”

　　“那你们赶快回来啊！”

　　妈妈和我连声答：“好，好，好！”边说边朝阳台上的奶奶和弟弟招手，一边快步走向大门。出门后我马上把簸箕放在大门旁，跟着妈妈直奔火车站。

之后等不来姐姐和妈妈的三岁小弟弟要如何哭闹就全靠芷青奶奶和院子里的大人们哄了。

六岁的我第一次坐上火车，被车窗外飞驰而过变幻无穷的景色深深迷惑，趴着窗子看了好久。当时估计轰轰烈烈的大串联已经到了尾声，火车和火车站都平静干净没有嘈杂混乱，我们坐的是卧铺，车厢里更是井然有序。

当年的我虽然只有六岁，但在明星幼儿园已经待了三年。我们幼儿园的日程安排非常紧凑，上课游戏一环接一环丰富多彩，习惯了这种生活的我回到家里其实有点难带，虽然不哭不闹讲道理，但是不停地缠着大人要求讲故事给我听。手里往往还拿着本书，很有礼貌地缠完这个缠那个，让满脑门官司的大人们多少有点烦。当时坐火车从长沙到北京要一天一夜，满腹心思的豪可没有那么多精神对付我这个精力旺盛不爱睡觉还求知欲爆棚的孩子，还好车厢里有解放军叔叔，这下总算是解了豪的难了。

马后炮的我们今天知道当年军队上层的争斗非常激烈已经乱了套了，但当时军队整体比起混乱的社会来要规矩得多，解放军官兵都保持了"文革"前优秀的 Reputation，不管走到哪里随时随地都在帮助照顾周围的人，被称作"最可爱的人"，名副其实，一点也没有夸张。当时像豪这样独自带着孩子旅行的妈妈如果能遇到有解放军官兵同行就轻松多了，可以放心地把行李孩子托付给他，自己上卫生间下火车买点吃食甚至睡上一觉都没有问题。

当时我们睡下铺，上铺恰好有一个解放军叔叔，于是我除了刚上火车时被风景魔住安静了许久，余下的一天一夜里都是这位解放军叔叔带着我玩。到了晚上我照例不想睡觉，车厢里大灯都关了，我还在解放军叔叔的上铺上玩耍，他轻轻地在昏暗的睡眠灯下用手变魔术给我看，逗得我开开心心一路玩到北京。

如今想来觉得不可思议，那个如精灵般不知疲倦兴致盎然的小女孩和如今懒到连白天都恨不得抱着被子睡上一觉的我真的是同一个人吗？再说了那位不知名的解放军叔叔当年也不过是个年轻小伙子，带我玩了那么久，没有疲倦之外还花样百出，想来帮人照看孩子这工作他一点也不生疏。那个时代姑娘们都喜欢嫁给解放军真的是有道理，这么正派体贴有办法的男人在任何社会都如金子般宝贵，让人觉得可以依靠信赖，生出欢喜之心。

那天下了火车和立波林兰同住的周大姑奶奶抱着两件棉猴来接，出了北京站她雇了两辆黄包车，一辆让妈妈和我坐上，用带来的被子盖着我们的膝盖，她自己坐上一辆车在前面带路。两辆车穿过空无一人的大街小巷，在阴沉的天气里我第一次见到的北京城虽然马路阔大但气氛肃杀，树上没有叶子，建筑物都是灰色的，最重要的是街上没有行人，路上没车辆，还有就是冷，透彻到骨头里面去的冷。

我后来不但多次去北京，还在那里工作居住过，北京的冬天当然比长沙更冷，但是没有一次像 1967 年那次那么冷。一路上黄包车夫一言不发，妈妈也沉默不语，我也只好安静地坐着，死盯着自己脚上的红棉鞋看。一方面我的新棉鞋鲜活亮丽比灰蒙蒙冷清清的北京街道好看，还有就是我老觉得我那双穿红棉鞋的脚马上就要冻掉脱离我的身体了，所以一直担心地看着。从北京站到位于后海的祖父立波家的漫漫长路在我一分一秒的盼望下终于到了，我的一双脚虽然冻木了但终于没有冻掉，还能迈步走进祖父在北京的家。

马后炮的我们现在知道 1966 年下半年北京经历了一场狂风暴雨，不但有上千的人被杀，无数人自杀，根据当时红卫兵宣布的战果，截至 1966 年 12 月 31 日已经抓捕了一万六千多人，四十多万人被赶出了北京城。没收的私人财产有：黄金三十七点五吨，白金一万吨，银条九百八十万根，美金约一百五十万元，英镑约六十万镑，人民币及有价债券约四亿八千万元。第一次去北京的豪和六岁的我当时看到的就是这样一座被如此暴烈的风暴席卷过后沉寂得让人不安的城市。

在北京的日子里，妈妈和林奶奶日夜密谈，小叔叔和我则趁着没有人管束，撒开脚丫子啪啪啪跑前跑后地疯玩，立波的书房书架林立正好是我们捉迷藏的好地方，院子又大又荒凉更可以任由我们跑，真跑疯了的时候也不觉得冷，飕飕地在枯黄的树木间飞奔，都快疯成野丫头了。我在唐家大院那种不分彼此的环境里长大，非常容易和人相熟，跑到大姑奶奶家遇到她家吃饭我就会坐下来吃，八岁的小叔叔认为我应该归他管而我又不大听他的招呼，于是急急跑到豪哪里去告状说："裕豪姐姐，小红在别人家里吃饭不肯回来呢。"

妈妈也带着我走访北京的亲戚朋友，大人们总是神色紧张地低着头凑在一起低声商议，声音小得我什么也听不到。只有一次妈妈和亲戚中的年轻女孩商量怎么织毛衣的时候气氛比较安详，她们手拿毛线来来去去讨论怎么织当年流行的各式毛衣花色，面露微笑，声音也不再刻意压低，我高兴地围着她们团团转，觉得是个甜美平静的好时光。直到今天我都没出息地认为只要女人们还有心思关注做饭穿衣打扮装饰织毛衣等琐事的时候就算是不错的好日子，值得留恋珍惜。

小孩子的记忆真有意思，我对怎么坐火车去北京的情景记得清清楚楚，怎么回来的却了无记忆，妈妈告诉我说我们在北京待了一两个星期，除了和林奶奶密密商议之外就是帮她写材料。林兰虽然是延安来的老革命，但遇到"文革"这样的新问题，她手足无措进退失据，已经乱了方寸了。

4

"文革"初年我的父母路易和豪都很年轻，遭遇这样的巨变他们压力大，身体和相貌也随之发生变化。

路易从小身体不好，之前学习工作一紧张他就尿血，1966 年夏天一波接着一波的大变化之下他情绪紧张再次尿血，让芷青担心不已。就算是尿血也没有怎么去看医生，路易只是常常去湘江游泳以求放松一下。在这种情绪下去河里游泳当然让人担心，芷青每次都大喊着追在后面试图阻止，但路易拿出小时候调皮的劲头死活不听，说去就去头也不回。有时还带着我一起去，但到了河里他一心一意想心思，根本不惦记着教教我，胆小的我也就只是跟着爸爸在河里泡泡罢了。

豪作为一个自尊心很强的年轻女性压力更大，在那个狂飙的时代，任何小事都可能惹祸上身。比方年轻女人留的长辫子，穿的稍稍贴身一点的裤子，都可能引得红卫兵小将发飙，他们也许会把你的头发剪成一块黑一

"文革"初年心事重重的路易

块白的癞痢头，把你的裤子一剪刀剪到大腿让你出尽洋相。为了避免因为外貌惹麻烦，豪赶紧把头发剪短，还用发夹把满头的自然卷夹得紧紧的，裤脚放大，花衣服也不敢穿了……

就这样也不见得安全。和豪要好的，半点也不关心政治的年轻漂亮的女教师有一天手上捧着一包五味姜，笑眯眯地请别的老师尝一尝就被贴了大字报，更被画成了漫画，被描画成一个时时想要诱惑人的，如美女蛇般的妖精。

无事都能生非遭到羞辱，豪的娘家婆家都有问题，她的处境更没安全感，相由心生，她的容貌性格也发生了突变。我小的时候都是由奶奶外婆带，和妈妈亲近的时候不多，但每次看到妈妈都觉得她相貌好看性格温柔，她经常在我睡意蒙蒙的时候俯下身子来亲我，一条大辫子顿时就坠落在我的枕头上。有时我到楼上她和爸爸的睡房玩耍，还在睡懒觉的妈妈就笑眯眯地招我到她床上去和她亲热一番。

"文革"初期如果有毛主席最新指示或者是中央的最新文件发布都会

马上组织游行，如果那天我也和妈妈一起去到学校，就会被她带着游行。有一天妈妈牵着我的手走在游行队伍里，我突然抬头一看，惊讶地发现妈妈变得好难看了啊。她脸上的柔和线条一扫而空，留下的是紧张焦虑，连一向笑眯眯的丹凤眼如今都变成了三角眼了。在六岁的我眼里看来，妈妈从好看变难看快得就像一瞬间，很叫人心惊。

肖妹和徐老五截然不同的个性在豪这里是一体两面，"文革"前她虽然已经是两个孩子的母亲了，但依然是一个温柔爽朗帅气的女青年。遭遇"文革"的困境后，她性格中来自于徐老五的疙瘩暴躁溢出，成了脾气一点就着、要求严厉苛刻的母亲。

第二十七章
烈焰升腾沸水翻卷，水火再无情之四

1

　　1967 年春天来到，天气渐渐转暖，"文化大革命"的烈焰烧得更猛烈了。因为新中国成立后建立起来的九级干部队伍，还包括在干部编制外的街道居委会等都被悉数打倒，干部们虽然有为数不少的保皇派群众组织支持，甚至还有一批铁杆保皇派要保他们，但依然没有做出任何反抗的动作，乖乖地交出领导权，听任命运的安排。他们被关押的关押，没有被关押的也靠边站了，权力出现真空。长沙的各种群众组织这时早已从单位走向了社会，经过激烈的争斗已经大致组合成了高司和工联两大派别。

　　长沙的大学多半都建在河西，背靠岳麓山沿着湘江一字排开，有湖南师范学院，湖南大学和中南矿冶学院等学校，翻到岳麓山后山还有湖南财经学院，毫无疑问这些学校的师生多半都是高司派或者是持有高司观点的。从地域上来讲整个河西都属于高司派，但工联有一个据点在河西，就是唐爷爷原来开创后来变成国营大工厂的裕湘纱厂。路易是师院的讲师，豪的哥哥万是财院的讲师，豪的弟弟庞是湖大的学生，我们家高司色彩比较浓厚。

　　几个月前的大年三十夜被打成反动组织的湘江风雷并没有就此灭亡，中央"文革"的态度也有了变化，湘江风雷的变种工联在短短的几个月里又强大起来了，成员多半是位于河东工厂里的工人，工联的大头目出自一家从北京搬过来的七七零电子管厂，这家厂的工人当然多是工联的成员，万的已经谈婚论嫁的女朋友张慧敏正是随着这家工厂从北京迁过来的工人。

大半都属于工联势力范围的河东市区也有一个高司的据点，就是湖南医学院。于是河西的高司派常常去围攻裕湘纱厂，而河东的工联派也常常去围攻湖南医学院，双方都用大喇叭对着喊打喊杀，虽然气势一浪高一浪，但还属于文斗算不得武斗。长沙武斗正式开始的那天是 1967 年 6 月 6 日，那场武斗后来被称作"六六惨案"。

万舅是个凡事认真的人，他认为观点不同是件大事，觉得自己和女朋友观点不同属于不同的派别，这个好不容易谈成的恋爱恐怕要黄。张慧敏虽然没有读过多少书，但脑子清楚得很，没有把派别观点什么的放在心上。时局不好怪乱的，也许是她在厂子里听到了什么风声，6 月 5 号那天她特意渡过湘江把肖妹接到了唐家大院，说是怕万一个人关照不了妈妈。

6 月 6 日上午天气很热，院子里的大人们都聚集在后院谈来谈去的，七岁的我背着快四岁的牧之在走廊上玩。长长的走廊有点坡度，我们玩得疯跑得快，突然一个跟头我跌倒在地，牧之则从我背上嗖的一声摔了出去，头磕在砖头上流起血来。大人们一哄而上围着流血的弟弟，妈妈也责备了我，我一个人站在人群外怪难过的。这时院子里的周子美妈妈过来拉着我说："怎么能这么偏心呢？红也受了伤就没有人管了啊？"新婚还没有孩子的周子美特别喜欢我，号称要收我做女儿，还让我叫她子美妈妈。这时她拿出红药水帮我涂膝盖上的伤，我又痛又委屈，终于咧开嘴巴大哭了起来……整个后院被我们姐弟俩搅得挺混乱的。

牧之脑后划的口子不小，血也止不住，于是豪骑着自行车带他去医院缝了好几针。缝完针上好药膏带着头上包着纱布的儿子从医院出来，路过位于市中心五一路的中苏友好馆时还不忘停下车来看运动。当时正常的媒体已经不工作了，自媒体则非常发达，个人可以写大字报发消息，群众组织也可以油印小报到处张贴，而中苏友好馆则是长沙看运动的中心，大家有什么消息都往这里发，围观的人群也传播些或许准确无比或许完全不靠谱的小道消息，很多时候对立的两派也在这里辩论争执，确实是个看运动的好地方。

那几天湖南医学院的学生们占领了中苏友好馆的楼房，围在大楼周围的则是他们的对立面。这个对峙的局面已经持续好几天了，虽然双方都用大喇叭对骂，但楼下的人已经渐渐合围，楼上的人则慢慢陷入了退无可退的境地。豪把车子停在外围，双方都在声嘶力竭地争执，围观的人群则无言地观望。突然大喇叭里的声音变得更加尖锐短促，围观的人群也起了骚动，豪觉得有点不妙，忙嘱咐不到四岁的牧之抓紧扶手，她跨上自行车快速地往左拐至蔡锷路。

刚刚拐过去就被后面急速奔跑的几个身穿着背心头上扎着肮毛巾的年轻人超越，他们跑得比正骑着车飞奔的豪还快，后面还有一群人呐喊着追赶，两拨急速奔跑的人都发出急促粗重的呼吸声。街上的人群一瞬间就消失无踪，店铺也飞快地关上了门窗，一时安静下来的街道只剩下了奔跑人们的呼吸声。形势变得这么快，豪吓得腿都软了，连忙闪进路边的一个小院子里，站在门内朝外观看，又发现有人往北奔跑，后面也跟着紧追不放的人……等到街上稍稍平静，豪赶紧骑上自行车带着儿子飞奔回到唐家大院。

那天下午武斗现场的消息陆续传来。原来那天围攻的人开始用火攻，被围在楼里的学生试图突围，门口出不去就一个个从楼上跳下来，地下包围的人则见一个打一个来一对打一双，一点也不手软的往死里打……下午太阳正毒的时候，唐奶奶的亲戚一个年轻的女子哭着来到了唐家大院，这个白净清秀文静梳着一对大辫子的大姐姐平时在我眼里就像不识人间烟火的仙女一样美丽，正是湖南医学院的学生，在现场目睹了她的同学一个一个被打，更有同学在她眼前被活活打死，情绪已经快崩溃了。

仙女一样的大姐姐在大家的包围下一边哭一边诉，声嘶力竭，泪流满面，突然一下晕倒在唐奶奶的怀里，众家阿姨奶奶们一边哭一边乱着用凉水泼她为她刮痧，好不容易大姐姐被救醒了又再哭再诉，直到哭累了昏睡过去。我在旁边都看呆了，好惨啊！在唐奶奶她们身上翻滚挣扎的姐姐脸白得像玉一样，衬着两条不停翻动的黑黑的大辫子，散发出一种凄厉的美艳，强烈过任何一个我后来看过的类似的电影场景，这个凄惨至艳丽的极端场景深印在我的脑子里。

这一天的晚上，位于中苏友好馆对面的湘绣大楼被烧，火光熊熊映透了半边天，在唐家大院的楼上看来火光如在眼前。流过血的城市除了火光竟然连电也停了，沉寂如鬼域，人们震惊到发不出任何声音。一直习惯在临睡前躺在床上交谈一会儿的路易和豪那天晚上完全没有交谈，当然也睡不着，豪一闭上眼睛就看到那几个从她身后飞奔过去的年轻人的样子，不知道他们逃脱了吗？还在不在人间？

长沙的武斗从这一天起正式开始了。

2

现在有学者认为，"文革"中处于社会上层的干部知识分子和随着时代变迁已经不是社会主流但依然有房有钱有家底过得还不错的所谓十三种人，虽然悉数被打翻在地受尽苦难，其实"文革"中普通的老百姓所遭受的家破人亡之痛也非常惨重，甚至更为惨重。这点我很同意，现在有些年轻人怀念"文革"，认为那个时候可以把有权有钱有知识有面子或者不过是相貌好仪态好风度好的人踩到脚底下很痛快，但他们也许不清楚，最大的伤害并不在被打倒而在互斗。

"文革"初年的斗争其实是很有点一边倒，被打倒的对象自杀的虽然很多，但几乎没有反抗，连逃跑的都少，还流传了些拿自己的处境调侃玩笑的小段子。比方那时有人在唐奶奶家议论说相声大师侯宝林曾经自带一个小小的高帽子出席批斗会，别人骂他帽子怎么这么小，他按下不知什么开关，帽子居然可以节节升高，一直高到不可思议的地步，让批斗者也忍不住发笑。这如黑色幽默般的故事不知真假，但当时让说的人听的人都难得地开颜一笑。

后来的武斗就不一样了，争斗双方都认为自己手握真理无比正确，大家都宣称为了誓死保卫党中央毛主席不惜流尽最后一滴血。谁也不服谁的争斗手段和方式不断加码，几乎成了一场混乱的内战。"六六惨案"还只是用棍子等器械殴打手无寸铁的学生，后来很快就发展到了动用真刀真枪。开始于初夏结束在秋天的长沙武斗，短短的几个月中发展到最高潮的时候都已经动用到了大炮。

"六六惨案"以后唐家大院的人们敏感地知觉到形势会越来越糟，开始囤积食物。记得有天天气很晴朗，妈妈一趟一趟地出去大采买。她买什么呢？那天她买了好大一捆海带，还用脸盆买回了一盆堆得冒了尖的盐。人的适应能力还是很强的，记得那天夏日的阳光非常灿烂，端着满满一脸盆盐上楼的豪在楼梯口遇到了光弟姐姐，两个人笑嘻嘻地交谈，光弟姐姐拿着掺着野菜煎出来的黑乎乎的面饼请豪和芷青品尝，芷青边尝边作出了很专业的品评和指导……大家都在有条不紊地做着长期生活在动乱中的准备。

形势也真的如大家预测的一样一步步变得更糟，靠近长沙市中心的唐家大院很快就能听到枪声了。天气热邻居们都在前院架上凉床点上蚊香，聊着各自打听来的消息和谣言，聊倦了就沉沉睡去，大家不进房间尤其是不上楼，他们认为楼上比较高容易遭遇流弹，还传播些有人睡在床上被打死的小道消息。

芷青很少有空乘凉聊天，她依然一刻不停地料理家务，外面这么纷乱，她还是坚持自己的生活方式，坚持每天晚上到楼上睡觉。人家问她怕不怕流弹？她答说听得枪声比较密集的时候她就躺到地板上去睡，不那么密集的时候她还是坚持睡在自己床上，真的很沉得住气。

还有一个不愿意随着环境起舞的人是豪的妹妹孜。孜和豪是同一所大学的先后期同学，毕业后跟着丈夫到浏阳教书，她丈夫虽然年轻但已经是一所中学的校长了，在当地是位有点名气的年轻干部。我们叫赵叔叔的姨父是个非常积极进取的人，但孜姨却个性散淡很有几分出世思想。当年她长期在浏阳工作，有时回到长沙探亲并不需要豪陪伴，到幼儿园里接了我就可以玩上一整天，她带着我可以接连看上好几场电影，加上吃馆子照相什么的……在相对比较繁华的长沙这么密集地玩上一两天后，她又安静地回到相对比较闭塞的浏阳教书。

"文革"期间争斗激烈，她丈夫也深陷其中，她则置身事外跑到长沙来逍遥，住在唐家大院里的她偶尔也去中苏友好馆看运动。那天她去看运动，看到一张小报上说浏阳保皇派如何猖狂，如何逼得赵校长跳楼什么的。她看完了文章还没有反应过来，想了一会儿才顿悟这报上说的不是我丈夫吗？难道是他跳楼了？！孜哭着奔回浏阳，不久果然带着摔伤了腿的丈夫到唐家大院来养伤。

比孜小好几岁的赵叔叔那时还只有二十多岁，真的是非常年轻的中学校长。他持造反观点，而在浏阳地界保皇派比较占上风，和"六六惨案"一样他带着一帮学生被围困在一座楼房里好多天，和"六六惨案"不一样的是被围在楼里的人的观点恰好相反。赵校长看包围者多半也是他的学生，就高喊着要下来和他们谈判，包围者说谈判可以但你必须跳下来谈。相持得实在太久了，个子非常高的赵校长万般无奈只好真的跳了下去。

随着他纵身一跳，楼里面的人也冲了出来，一场混战中有人把赵叔叔弄到农民家救治，医疗条件太简陋，伤口都溃烂了，所幸孜无意间看到了某造反组织出的油印小报得到消息，回浏阳把丈夫找到了。

赵叔叔在唐家大院养伤期间我个人得益良多，每天都拿着本书追着大人们的屁股后面缠着人讲故事的我这下可找到了一个固定对象。赵叔叔每天都在摆放于后院阴凉处的竹制凉床上坐卧，哪儿也去不了，我可以一整天地缠着他讲故事，讲着讲着故事就有人来找赵叔叔聊天，于是他就把为什么跳楼如何跳楼的事情再叙述一遍。他平静地反复叙说道："我要求谈判，他们让我跳下去谈，没有办法我就只好跳了……"

派战越打越大跟真的战争似的，双方还互派间谍什么的，自家组织里也抓叛徒内奸。唐家大院大门外的小街上有家人家的儿子不知是被人当作了间谍还是内奸，一群人过来把他吊在自家的房门上反复打，他妈妈在旁边怎么哭求都不行，打得惊天动地的，我们隔着大门在院子里面都听得清清楚楚，由白天到黑夜永无止息。

唐家大院的周围有些规模不大的中小型工厂，他们之间发生武斗，如果有人被打死的话，就征用唐家大院的前院大办丧事，这丧事可能持续好多天。我站在阳台上朝楼下院子里看过去，死者眼睛睁得大大的，赤身露体躺在那里由着人装殓，低沉的哀乐以最大的音量播出不分昼夜，大喇叭里还时不时传出非常尖锐愤怒的声音，发誓一定要为死者报仇。有时丧事又会以非常中国化的方式呈现，好多和尚过来做法事，深夜里烟雾缭绕之下，他们一个排一个地围着火堆慢慢转圈圈，用平稳没有变化但音量极大的声音吟唱不止，大人们告诉我这是唱夜歌。

正值长沙酷热的夏天，拷打声哭泣声哀乐声叫骂声夜歌声，日日夜夜没有止息，来来往往的人们还不停地带来各种瘆人的消息和谣言，唐家大院里终于有一个人受不了啦，那就是谢奶奶。

谢奶奶的丈夫谢晋曾经是湖南省政协的主席，20世纪50年代就去世了，于是唐爷爷唐奶奶就把谢奶奶接到唐家大院来居住。谢奶奶颧骨高嗓门高皮肤白头发黑眼睛眉毛都又黑又亮，和唐奶奶一样出身风尘的她年轻时也一定和唐奶奶一样光彩照人。她和唐奶奶一样并不妖艳妩媚，而是落落大方言谈爽利，只是比较起小巧玲珑的唐奶奶来，谢奶奶的个子是高大丰满型的。谢奶奶的个性也比唐奶奶要严肃较真些，唐奶奶则比谢奶奶更加喜欢看戏喜欢交友喜欢和人闲谈玩笑。遗憾的是谢唐二位奶奶都没有念过什么书，言谈虽然得体，但有时未免过于直白，但她们都见过大世面，都是那个年代出得厅堂的太太。

尤其是谢奶奶，解放初年随着丈夫多次去北京开会，共产党的高级干部们她多半都认识，印象非常好。谢奶奶虽然嫁给了一个大人物，但自己出生寒微，年轻时受过苦，对尊敬她们帮助她们翻身的新社会心怀感激。"文革"开始把她尊敬的干部们一一妖魔化并打翻在地，谢奶奶非常想不通，很着急，时时找人争辩，认为这不应该不可能。

干部们还真的是一批一批地倒了下去了，倒得还那么彻底那么难看。有一次谢奶奶拿着报纸给路易看，一手指着报纸上那些挂着牌子弯着腰不堪入目的相片，一手拍着胸口哭着说："我认得他们，他们都是好人，这么说他们是不对的，搞到这个样子我心痛呢，我的心好痛啊！"

形势一步步发展，越来越糟，越来越不可收拾，眼见无可挽回，于是谢奶奶不再说话不再争辩不再哭泣，她也没有力气再争再哭了。当时谢奶奶已经得了癌症，身体不好，请了一位利索的中年妇人来照顾她的生活。

那几天在唐家大院办丧事吵闹得不行，中年妇人说这里太闹，晚上睡不着，要回家睡一觉，已经卧病在床的谢奶奶那天晚上无人陪伴。半夜里在院子里乘凉的人也都昏昏欲睡，突然有人惊叫："谢奶奶不见了！？"大家一哄而起，发现谢奶奶的房门大开，床上空空的，大家一路找寻到后院的厨房前，发现了谢奶奶的一只鞋，再出后院小门在井台上又发现了她的另一只鞋，谢奶奶跳井了！

　　院子里的男人们慌忙拿着晒衣服的长竹竿伸到井下，喊着："谢奶奶，谢奶奶，你快抓住竹竿啊！"没有动静。于是又把提水的吊桶放下去，喊道："谢奶奶，你坐进桶里我们把你提上来吧！"依然无果。一阵忙乱中住在井边的邻居也出来了，说睡梦中好像听到有人叹息，莫非是谢奶奶跳井前发出的？直后悔睡得太沉了没有起床，要不然就能够劝住谢奶奶了。大家都说谢奶奶是被日夜不休的高音喇叭逼死的，好像回应大家的议论似的，停了一歇歇的高音喇叭又开始吼叫起来了。

　　第二天被从井里捞上来的谢奶奶就在邻居们的操持下火化了，大家后悔在忙乱中没有多多陪伴谢奶奶，遗憾她老人家没有留下什么话语就去了，想找找看她有没有留下遗书来，找来找去都找不到，想是不怎么会写字的谢奶奶难过中没有写下遗书吧？照顾谢奶奶的那位中年妇人也来了，带着大家在厨房里找到了谢奶奶藏起来的一小笔钱，感叹老太太是个有打算的人，怎么突然一下子就走了绝路呢？……说着说着突然看到火光，中年妇人和一大群人包括我马上一涌就上了楼，挤在窗口看着城里的火光，听着枪声，大家放下对谢奶奶的哀叹，急切地开始议论不知哪里又发生了武斗？谁和谁又打起来了？……这混乱还会再升级吗？何时是个尽头？

　　有一天妈妈带着我在街上走，突然有人惊呼："青年近卫军来了！"于是大家纷纷走避，避不及的就肃然站在路边鸦雀无声。"文革"期间的游行很多连我都常常参加，但多半都是热热闹闹表态似的，就算有些较整齐的队伍也不过是为了华丽好看，可是青年近卫军的这次游行却是真正的武力威慑。

　　只见自动清了场的马路上无人无车，安静得怕人，渐渐听到卡车轰隆隆地开过来了，沉重的汽车轮胎缓缓压过马路，车上架着机枪等中重型武器，身着军装头戴钢盔的人趴在机枪后面做预备射击状。车队的两边各排列着由头戴钢盔全副武装的男女青年步行护卫队，一步一步地动山摇地走来。最近看了一本书，书名叫《非常罪，非常美》，这个词很可以描述我对那次武装游行的观感。

　　前头护卫的尤其是走在最前面的青年男女都是个头高大容颜出众的人，压在钢盔下的眼睛冷冷地放着寒光。我们今天知道只有几千人，但都是二十多岁的学生和青年工人的青年近卫军，在人数上虽然算不得大组织，但却是长沙当时武器装备最齐全的组织，拥有反坦克炮六〇炮等重型武器，在武斗中杀伤力最大，自己的伤亡也最重。和他们的一面之缘让我今天回想起来都不寒而栗，这些身体强健样子好看的年轻人在那疯狂的岁月里打杀了多少人？他们中间又有多少人被打杀了？

第二十八章
烈焰升腾沸水翻卷，水火再无情之五

1

"文革"初期路易的调令来到，他到豪的母校师院中文系当讲师，迎接他的赫然就是要他滚回去的大字报。但当时学院已经停课闹革命，校园里空空的，再者学生们不大认识他，认识他的老师和他没有多少历史过节，要他滚的声音也就没有什么人响应了。路易自己当然不会自动滚，再说文联已经把他赶出来，他也滚不回去了，于是他就悄没声地留了下来，慢慢地混迹于教师队伍中。

湖南师范学院依山傍水，教师们的宿舍多半都建在半山上，分给路易的房子也位于名叫赫石坡的山坡上。夏天住在山上比住在城里凉爽，师院又是豪的母校，环境她很熟悉，"文革"前每逢夏天豪都要带学生下乡双抢，忙得分身乏术，连孩子都顾不上，现在她的工作单位已经群龙无首，没有人管，也没有人去上班了，城里更是乱纷纷地常常武斗打枪，于是豪就带着我们姐弟俩到岳麓山避暑。

在唐家大院里住了一阵子的外婆肖妹也跟着我们一起过河。我们带了简单的换洗衣物，用网兜装上脸盆，盆里放着锅碗瓢勺砧板菜刀。老老小小嘀嘀嗒嗒地过了两次轮渡，搬到了位于岳麓山的半山腰的一间小房子里，外婆和我们在一起住了一个晚上就回了财院，于是我们一家四口开始了难得的小家庭生活。

住在山上虽然凉爽安静，但不方便，到食堂打饭要走好远的山路，自己做饭更是不简单，再说了豪虽然聪明能干，但完全不会做家务，她在娘家有贤惠的妈妈，婆家有能干的婆婆，从来不需要也没有机会操练家务活，如今真的要承担家庭主妇的工作非常抓瞎，连炉子都要点好久还点不着。为了简单的吃喝拉撒睡，忙忙碌碌的生活，路易对此却非常高兴，生逢乱世他的人生理想变得越来越简单越来越现实，看着老婆孩子睡在身边他叹道：一眼就能看到一家四口都在一起，我已经无所求了。

越想要安宁越迎上了动荡，事实证明路易和豪两夫妇跟当年的徐老五一样非常没有预见性，非常不合时宜地把家小带入了危险的境地。又或者说时局混乱的时候谁也没有办法做明智的预见，人就像草芥一样随风起舞，遭遇到什么就是什么。

当时路易在师院虽然没有被赶走，但谁都知道他是大黑鬼周立波的儿子，劳动什么的一定会派上他，那几天他被派到附近的乡下去支援双抢，住到乡下去了。豪如今天天在山上忙家务，已经好久没有到中苏友好馆看运动，也没有出席唐家大院每晚都举行的长达数小时的乘凉大会，小道消息来源减少，对形势的发展多少有点隔膜。

马后炮的我们比路易和豪消息灵通，知道1967年8月10日，中央"文革"发布了有关湖南问题的"八·十"决定，支持拥众二十多万，成员多半来自产业工人的工联和半年前被打倒如今已经翻过身来的湘江风雷。而工联的对立面，拥有大约两万成员，多半是大学里的学生和教员，半年前曾经获得过中央文革表态支持的高司这次则失去了中央文革的支持。

其实我们过江住到河西去的那段日子里，形势已经越来越严峻了，高司和工联各驻河的一侧渐渐地控制了轮渡码头，已经基本上形成了割据状态，后来更是封了江。这期间路易和豪"两耳不闻窗外事"地过着小家庭生活，没有感受到危机的临近，更没有及时撤回河东位于工联的大后方，在这次大争斗中相对安全的唐家大院，而是带着两个孩子滞留在了两军相持的中心地带。

"八·十"决定下达之前中央"文革"的意思已经多少表露出来了，

高司的首脑们虽然还抱有侥幸心理，死守着轮渡码头和沿江可以登陆的地方，但已经计划好了后路。他们决定如果形势有变就放弃大本营，撤往湘潭。当时毛泽东的家乡湘潭有一个名叫"革造联"的工人组织，也有上万的人员，在当地势力强大，和高司的关系极好，于是高司决定投奔湘潭而去。当时的群众组织已经相当正规化了，撤退之时还安排提前发工资粮票给众人。

已经自行龟缩到家里，当两耳不闻窗外事的家庭主妇的豪那天感觉非常不对劲，天天热热闹闹的大喇叭突然哑巴了，平时人来人往的岳麓山上也不见了人影，一片死寂，叫人疑惑至慌乱。这时一位年轻的女子、路易的亲戚风风火火地冲进来道："嫂子你还不快逃啊，造反派过来了可不得了啦！"被她这一喊，豪顿时回想起了当年逃日本人的惨状，慌忙打点了一些衣物，和那位女青年一人抱起一个孩子放在各自自行车的横梁上，飞速冲下山坡，转上马路，直奔岳麓山后山肖妹的住所。

2

我们一家三口急匆匆地到外婆家，肖妹非常高兴，她不管外面的世界如何变化，只要和儿孙在一起就开心得不得了。再加上前几天真的发生了一件她盼了多年的大喜事。

张惠敏是北京人，林兰奶奶当年写电影《祖国花朵》是照着一批小模特写的，其中一个小模特后来和林奶奶一家常来常往，一直到长大成人，处得跟家人似的亲密。她的姐姐张惠敏20世纪60年代随着工厂从北京调到了没有多少熟人的湖南，常常到立波处走动，由洞察人情世故的大作家细心安排，介绍和万认识，继而交往。他们两人都是为了照顾家人耽搁了婚事的未婚大龄青年，除了他们自己一见如故之外，也受到周围亲朋同事们的热烈祝福，眼见得就要好事成双了。

谁知这时"文革"开始发生了派系之争，还越争越烈，因为各自的工作单位的缘故，他们俩自然的一个属于高司一个属于工联，虽然两个人都不铁杆，只能说是组织里的一般群众，但万舅是个极端认真的人，也不知道不久的将来派系观点就会成为过眼烟云，觉得观点不同难以过到一块儿去，心里已经做了散的准备。

张慧敏个子高皮肤白，睫毛又浓又密，笑起来活脱脱就是一双北方民歌里常常高歌唱颂的毛毛眼。她操着一口爽脆的京腔，衣着时髦，行事周到，从第一天到我们家开始就卷起袖子做花样百出的北方面食给我们吃，能干贤惠又可亲，我们从第一次看见她就口口声声叫她舅妈，每次她拜访结束要回家的时候，我们就死死地把着门不放，不肯让她走，恨不得她能够马上嫁过来不要再离去了。她也曾经带我们去她的宿舍玩耍，她要好的同事都是热情大方的北京时髦女，和她一样非常喜欢我们，还明显地羡慕她找到了一个好男友。她和万舅的婚事如果告吹，不但大人们惋惜，连我们小孩子都不会答应的。

我常常认为混乱的时候，书本知识不一定能够帮助我们作出正确的抉择，反而常识和直觉更重要，而妇女和老人的直觉往往比较准确。在非常时期，没有念过什么书的工人张慧敏的直觉就比大学讲师万要准确，她一点也没有因为派系的事情对自己的婚事有所迟疑，她工作的工厂是工联的指挥中心之一，消息比较灵通，她大约知道很快就要封江，轮渡要关闭了，于是抓紧时间到财院来看望万和肖妹。

万的同事们都非常关心他的婚事，也害怕这好姻缘被派系观点打散，他们趁着张慧敏的来访策划了一场 Surprise 婚礼，一群人七手八脚地布置了新房，买了糖果，就怂恿着两个人举行婚礼，两个当事人也高兴地接受了朋友们的安排，作为出席婚礼的唯一家长肖妹更是欢喜得合不拢嘴，这个最让徐老五和肖妹夫妇担心的大儿子的婚事终于就这么办成了，虽然连只隔着一座岳麓山的豪都没有来得及通知参加婚礼，但那天晚上得到消息的万的同事朋友来了一拨又一拨，临时起意的婚事竟也办得热热闹闹。

虽然新娘子张慧敏过江以后马上就封江了，新婚夫妇立马就隔江相望没法见面，但终于做了婆婆的肖妹还是满心欢喜，加上女儿一家三口又来了，两个儿子也比平时更频繁地回家，儿女们都不用再忙工作学习，也不再顾忌要和有问题的老人划清界限的禁令，热热闹闹地聚在她身边。"八·十"决定下达前的那几日，虽然周围人心惶惶，我亲爱的外婆肖妹手不停脚不住地忙进忙出，还不忘向邻居们炫耀她的两个外孙，过得简直有点兴高采烈，她不但自己不再六神无主，还安详镇定地做了豪的主心骨。

比方有一天我们大家围着外婆家的八仙方桌吃饭，四岁的弟弟牧之一边吃一边身子一窜一窜地从桌子上蹦到桌子下，嘴里还喊着"打倒妈妈保皇派！"等自创的革命口号，兴奋得不得了。突然叭唧一下下巴磕到了桌子的边沿，顿时把嘴巴磕开了一个不小的口子，流了好多的血。豪是个有文化的妈妈，遇事就带孩子跑医院，这次再遇流血事件，她又准备带着儿子往位于河西的长沙市第四医院跑。肖妹则说去四医院要经过轮渡码头所在地，如今已经时时可以听到枪声的荣湾镇太危险，不如就去学校的医务室吧，那里也许还有医生留守。

肖妹果然带着牧之去了财院的医务室，那里也真的还有医生留守。医生认为虽然这伤口不小但不需要缝针，搽上药让伤口自行愈合即可。这个医疗结论让豪多少有点不放心，每当儿子张着缺了口子的嘴巴吃东西时她就担心伤口再裂开，连饭都不敢喂。但如今到处都乱哄哄的，能找到医生为儿子开点药就已经很不错了，而且肖妹不怕伤口，主动承担了喂饭的任务，最幸运的是这简单处理的伤口果然愈合得很彻底，反而是不久前由我造成的流血事件因为缝了针的缘故在牧之的后脑勺永久地留下了一个小伤疤。在众人都忙于逃难的准备工作时，在财院的医务室坚守的医生为牧之做了非常恰当的医疗决定，要不然以后成了个很爱漂亮的年轻小伙子的他搞不好就要为破相的嘴唇烦恼了。

接下了的几个晚上不但经常听到枪声甚至听到了炮声隆隆，轰轰轰的一晚比一晚更近了，还有汽车的轰鸣声，大家议论纷纷说高司已经在往湘潭转移物资了。我们两个孩子换上了外婆的又长又大的黑衣服，大人们准备了应急的包袱，预备一有紧急情况就带着我们往山上的树林草丛里跑。

房子里的灯用报纸包着压得低低的，大人们说话憋着声音，我们身上穿着黑衣服，还加上窗户外轰隆隆的炮声，这莫名的紧张气氛让牧之和我兴奋得不行，我们紧紧地搂在一起满床打滚，不让发出声音，我们更憋不住咯咯笑，笑得都喘不过气来了，巴不得一声令下可以到黑乎乎脏兮兮的草地上去滚，如果滚到软绵绵的东西那可能就是蛇？！！哎呀呀。

比较起月黑风高的晚上，白天的气氛要明亮得多。白天不怎么打炮，枪声虽然有，但在大家的喧嚣声中听不太真，大人们闹哄哄地做着逃难的准备。对了，他们就是用的"逃难"这个词，白天他们不但不轻轻走路压着嗓子说话，还劈劈啪啪慌慌张张地奔来奔去，到会计室去领钱粮，到银行去取存款，到小卖部去买饼干蚊香等日用品，急煎煎地商量怎么逃？往哪里逃？

需要逃难的不但有高司的负责人和积极分子，也包括一般的老师职员和家属，谁也不敢留下来面对将要从河东杀过来的工联大军，谁知道要牵扯到什么样的层面？附近的农民虽然和这场派系斗争没有什么关联，但他们都非常同情朝夕相处的邻居们，肖妹的房东沈大哥热情地安排我们全家到他位于更加偏僻的乡村的亲戚家去暂避。

财院和沈家关系不错的另外几家也要求同去，好心肠的沈家大哥一一答应，还打发儿子先去送信，让亲戚安排接待，他向豪保证说无论再挤也要给徐奶奶安一张床。按照高司的组织安排，万已经去学校集合往湘潭撤退了，但他实在不放心一家老小逃难，又跑了回来，说是要把我们安置好了以后再去湘潭找大部队。

纷纷扰扰中一家人终于上路了，包括四岁的牧之在内的每个人都背着大小不等的行李，在炎炎的夏日阳光下我们沿着大路往更偏远的乡下走去。路是泥巴路，坑坑洼洼，但很宽，没有汽车，只有密密麻麻走路的人群，肩挑背扛地带着夏季行装，拖儿带女，扶老携幼，很是壮观。弟弟和我是两个不懂事的黄口小儿，一点也没有感染到大人们的沉重忧虑。

但不懂事有不懂事的好处，我们兴致很高地迈开小腿走去，没有叫苦，没有叫累，没有叫热，更没有哭闹，吃了随身带的包子和水，连抱都没怎么要大人抱地走了整整一天。记得那天我背着一条卷起来的小凉席，得意扬扬地自认自己是个有用的人，走的时间久了，只觉得离矮小的我很近的黄黄的泥土地源源不绝的扑面而来，永无止息，我的小短腿怎么走也走不到路的尽头。

傍晚时分我们离开了大路拐上了田间小路，大路上人潮滚滚，小路上人也不少，细心的万越想越不对劲，终于叫停了自己这一家老小，说他想起了弟弟庞的女朋友的妈妈好像就在这附近的一所小学教书，不如去投奔她？豪知道正在湖南大学土木系读书的大学生庞已经有女朋友了，但还没有见过面，这位可能的亲家妈妈当然更没有见过，如今已经放了暑假，也不知道她还在不在学校？突然间要接待这么一家老小会不会太为难？但如今已经顾不了这么多了，想来要比好几家人同时去投奔素不相识的沈家亲戚靠谱些。

<h1 style="text-align:center">3</h1>

有戏剧家朋友告诉我说写连续剧必须掌握五分钟一小高潮十分钟一大高潮的节奏来吸引观众的注意力，可是这条写作经验对我这本书的写作毫无用处。我这几年的非虚构写作完全是被历史拖着走，它让你沉闷就沉闷，让你高潮就高潮，你以为已经到了高潮的顶峰了，另一个高潮又紧接着来到，作为书写者的我完全没有当上帝的自主权，只能被动地被历史推着走，这身不由己的无奈和柳暗花明的突变真叫人迷惑啊。迷惑归迷惑，我还是决定以后要当上帝，完成这本书后要写小说，由自己来掌控故事的节奏。

我们的逃难故事讲到现在突然呈现出了几分喜剧色彩，和我这个作者一点关系都没有，完全是老天爷在帮忙。那天大舅万让我们老小在路边等候，自己贸然前去拜访从未谋面的弟弟女友的母亲饶老师，发现不但她们母女都在，还热情欢迎我们前去避难，而那所空旷的小学校舍则可以完全毫不费劲地安置下我们一家老小。

暮色中我们在稻草发出的阵阵清香中穿过田野，一所虽然陈旧但打扫得干净整洁的院落出现在我们眼前，饶老师母女应声迎了出来，马上就张罗着为大家安排吃住洗澡。小舅庞的女朋友脸上总是带着开朗的笑容，充满青春活力，我们一见面就连名带姓地叫她黄冰坚姨。要说那时弟弟和我年纪虽小，但看人还是挺准的，贤妻良母型的张慧敏还在和大舅谈朋友的时候就被我们称作舅妈，而黄冰坚姨当时是个活泼的女青年，我们就叫她姨，哪怕是后来她当了我们的小舅妈，我们还是不改口，她一辈子都是我们的黄冰坚姨。

外婆肖妹逃难途中竟然逃到了亲家的门上，庞的女友是那么可人心意，亲家太太又是那么热情，真让人喜出望外啊。不过她们自己虽然安全了，吃住有了着落，家里还有人呢，路易和庞的安危就叫人担心。这一路上都听到各种各样真假难辨的谣言传闻，听得人头皮直发麻，这两个人安全吗？他们现在在哪里？路易是由高司派去双抢的，如今高司既然垮台了，高司的命令派遣也就不必在意了，但有人通知路易吗？庞是湖大的学生，正是热血青年，他会跟着高司大部队撤退吗？那时又没有手机电话保持联络，让人干着急无法作为。还有被阻隔在河东的芷青和张慧敏，她们不知道河西亲人们的消息，肯定也在悬着心呢。

话说那天路易在双抢地也多少听到了一些风声，于是他就自作主张地带着行李跑回了家。回到家里他并没有察觉我们已经逃走了，自己洗了衣服蚊帐挂在门前的地坪里。这时忽然听到有人说大家可以去领工资粮票跑路，他衣服没有收门也没有锁就下了山，领了钱粮后拔腿就跑。"文革"中路易一直是倒霉的人，没有参加过任何派系，这场权力交替和他没有关系，不是是非人更要赶快离开是非地，他估摸着我们可能逃到肖妹家去了，决定先寻到那里再说。

平常日子从师院到财院要先坐两站公共汽车，第一站四医院，第二站就是终点站轮渡码头荣湾镇，然后再从荣湾镇步行四十分钟到财院。这天当然没有公共汽车，路易走了一站路到了四医院，发现情况越来越不对劲，到处都是乱哄哄的，荣湾镇方向还不时传来枪声，人们不安的传言将要打过来的造反派要对高司的老巢实行怎样怎样的清洗报复，路易不敢再往前行了，拐进了四医院的一家亲戚家。

那家人全家大小都围了上来，议论纷纷要怎样才能避开正在枪战的荣湾镇去财院，他们知道一条小路但路易从来没有走过，最后那家的女儿一个十五六岁的少女自告奋勇地要为路易带路，她机敏镇定地带着路易穿小路避过了危险地带又往前再送了一段才折返，让路易后来一提起就感佩不已。路易到了岳母肖妹家却扑了一个空，还好房东沈大哥在，指点路易到他的亲戚家去寻我们，于是路易又追着我们的足迹继续赶路。天快黑了，路不熟，自己还有夜盲症，路易一边急急向前奔一边焦虑着。

　　突然听到后面传来熟悉的自行车铃声，回头一看可不正是豪的车吗？骑在车上的那人不就是庞吗？庞虽然是高司成员但不铁杆，如今大树已倒，他无心追随大部队去湘潭，乱纷纷的 8 月 10 日他骑着豪的自行车满山乱窜，寻到赫石坡不见人影，再冲到肖妹处也没有人，又是善良好心的沈大哥，也指点他去追我们老小。天色将晚两人巧遇自然是高兴，更妙的是两人竟然决定先去拜访庞的女友黄冰坚，在黄冰坚处惊讶地发现了我们大家，哈哈哈，肖妹最盼望的阖家团聚居然发生在乱纷纷的 1967 年 8 月 10 日，真叫人不可思议。

　　那天的晚饭在饶老师和黄冰坚姨的操持下居然摆出了很多菜，大家边吃边报告各自一天的遭遇。大人们谈兴很浓，我也兴奋得不行，因为我发现这家小学里竟然有一整间图书室，里面有好多好多的书呢，摸出一本书来就缠着刚刚认识的黄冰坚姨给我们讲故事，她也不推搪，躺在铺着凉席挂着蚊帐的大床上让已经吃得饱饱洗得干干净净的牧之和我一人睡一边为我们讲起了故事。

　　虽然我们一家老小不再走了，但那天整个晚上不时有逃难的人走过，庞认识的人多，不停地向熟人们打探最新情况，夜深时也有一些人决定就留在这间小学校里过夜了，于是贤惠能干的饶老师把教室打开让大学生们睡在课桌上，还为他们点上粗粗长长盘起来一大盘的蚊香熏蚊子。夏日的夜晚月明星稀，微风吹来稻草的芳香，还不时飘来阵阵蛙鸣，如常宁静的湖南农村的气味和声音都没有办法让人们安然入睡，他们时不时警惕地打量四周，害怕有什么异常的动静。

　　唯有肖妹很快就发出了鼾声，已经有年纪的她累了一天倦了，再说这么一大家子人都聚在她看得见摸得着的地方，真没有什么可让人担心的了。这许多好似戏剧家编出来的巧遇集中在这一天发生，终于成就了外婆肖妹的安心一觉。

4

第二天早上，留宿的学生们走了，饶老师则去向本地的农村干部报告了我们将要在此居停的事情，干部们马上就来探望。他们很诚恳地要我们放心住下，表示："我们有吃的，就不会饿着你们。"这当然是饶老师和当地的农民关系处得特别好，加上湖南农村民风淳朴厚道的缘故，还有一个原因是当时的农民和军人虽然没有参加这场高司和工联的争斗，但比较偏向于相对保守的高司。

虽然"文革"初期的铁杆保皇派随着刘邓干部队伍的轰然倒下已经没有什么势力了，但当年的造反派也分裂了，高司虽然也是造反派但相对没有那么激进，如今被认为是新保守派，他们自己也不再自称是造反派，还口口声声说对河的造反派要打过来了，撤的撤躲的躲藏的藏，和一年前的十三种人一样狼狈。不同的是这回牵扯的人更多，还有就是大家有了去年的经验都知道运动一来铺天盖地玉石俱焚，没有办法讲道理，唯有赶快逃离，避开风头。

比方万和庞是普通高司成员连积极分子都算不上，豪和路易干脆没有参加过高司，这场争斗应该和他们无关才对。其实却不然，他们几个人都长着一张知识分子的脸，路易和庞还戴着眼镜，这就已经构成危险了，连那天早上来访的干部们也这样认为，他们说村子里虽然没有造反组织但也有造反的人，风风火火不讲道理，和什么有火药味的组织有关系，还好现在他不在家，但随时都可能回来。他们嘱咐我们家的四个长着知识分子脸的人一有情况就下到田里站到农民中间，他们自会照应。

有一天上午，饶老师果然得知村里的造反派回来了，她急得从田里奔出来，连鞋子都顾不上穿，赤着脚在已经被夏日的骄阳晒得烫人的泥巴路上飞奔回家报信，万庞豪路易四人马上各人拿起一顶破草帽戴上，脱下眼镜鞋袜站到田里去，农民们把他们四人团团围在中间，大家一齐埋头干活。他们四人都经过了长年的锻炼，农活手势娴熟，只要不抬头，混在农民中间并不觉得特别扎眼。还好那天回家的造反派没有顾上到田里视察，村里也没有人去告密，豪他们也就躲过了一劫。

这样如临大敌的安排是不是有点反应过度？当然不是，黄冰坚和豪去镇上买菜听得人们议论纷纷，说是学院区乱得很，死了不少的人，还说有位在大学里当司机的本地人被对立派征用，听人谈论审讯时的可怕情景，看他们把枉死人的尸体随便浅埋，吓得要死，逃了出来还怕人追，正准备往更深的山里躲……豪她们听得怕死了，也不愿意再多听，赶紧买了菜回家。

一家人龟缩在小学校舍里，新婚的万忧心忡忡，常常独自发呆，路易和豪也满腹心思难得展颜，只在学校图书室翻点旧书报看看。住在宽阔阴凉的小学校舍里其实还不错，只是厕所里的蚊子多得吓人。路易到底是乡下长大的顽皮孩子，对这个困难有办法，他找了一个破脸盆涂上好多肥皂在厕所里飞舞，不多一会儿脸盆里就密密麻麻地沾上好多的蚊子。

弟弟和我都觉得这是个好玩的新玩意，每天跟在爸爸屁股后头钻厕所沾蚊子，沾完了就趴在地上数脸盆里到底沾了多少只蚊子。在我们热烈情绪感染下路易也玩得很高兴，日也沾夜也沾，渐渐的脸盆里的蚊子越来越少，上厕所被蚊子叮咬的麻烦也越来越小，而我们沾蚊子的兴致也随之下落了。先前一沾就能沾上密密麻麻一脸盆的蚊子，如今拿着脸盆在厕所里挥半天也沾不上几个，成就感降低，不想玩了。

当然还有更好玩的事情吸引我们，就是那间图书室。那么多书加上那么多无所事事的大人真让我们乐坏了，可以时时刻刻逮到他们为我们讲故事，其中 给我们讲故事最多也最有耐心的就是黄冰坚姨，因为她和我们不太熟，不知道我们缠人的厉害，也还不太好意思拒绝我们，当然她也是个特别贤惠特别喜欢孩子的人。

我们已经习惯了一本书听上无数遍，听到能背了，还能听得津津有味，没有厌倦的时候，那间小小的图书室对我们来说就像无尽的宝藏源源不绝，听得熟了后我也能拿着书一字不落地讲给弟弟听，离开了这间小学校以后我还可以盲讲，不需要书就能把故事背给小朋友们听，可惜那些我觉得非常有趣的故事讲给别的孩子听的时候，并不是每次都能受到欢迎，有时他们还嘲笑我背诵如流的书面语言，这是后话。

那个夏天，万、路易和豪忧心忡忡，肖妹则过得很安心甚至有几分幸福感，牧之和我这两个无知小儿玩得很快活，但过得最快活的其实是庞和黄冰坚了。他们两个人担负了最多的家务，一起步行好久到很远的县城买菜，一起磨豆腐洗菜等等，这些琐碎的家务活他们两个人合做起来都带着热恋的甜蜜，一边干活一边情意绵绵地调笑嬉闹，让人看着就愉快。

他们两人都带着那个时代年轻人特有的热情开朗，能干不畏难，庞和万的性格大不相同，很有几分家中老小的顽皮劲，而黄则特别宽容他，我旁观了他们的热恋，觉得恋爱是个非常了不起的好东西，这么糟糕的情况下，他们都能不顾一切地让自己沉浸在玫瑰的芬芳中，也让周围的人感受到亮丽温暖，真好。

对于我这个生长在和平年代的人来说，七岁时那段荒谬的"战争"经历带着浓厚的黑色幽默意味，但对有的人来说就不光是荒谬，而是实实在在的人生悲剧了，比方老公的妹妹比我大两岁，就在那一年夏天被手榴弹炸中了脑袋，弹片至今还留在脑子里，当时和她一起玩耍的小男孩当场就被炸死了。朝着一群正在玩耍的孩子投掷手榴弹，你说这还能叫人吗？

5

十多天过去了，工联毫无悬念地占了绝对上风，武斗的风声也慢慢地平息了。万的新娘子张慧敏和芷青秘密商议，觉得无论如何要过河西去，看看这一家老小到底怎么样了。于是张去厂子里打了过河的证明，带上红袖章，搀扶着芷青走到由工联纠察队把守的码头前。她们事先商议好了要冒充母女，一切由张惠敏交涉，芷青不要开口。

工联的第二号头头正来自张惠敏工作的工厂，这家由北京迁来的国营大厂在当时的长沙是非常神气的工作单位，在工联这个庞大的组织里也很有地位。那天身着整洁的白衣服，臂膀上挂着红袖章的张慧敏操着一口京腔语气傲慢地和关口的纠察队交涉，表情严肃身着黑衣的芷青则冷着脸一言不发。守卫没有刁难甚至有点恭顺地让母女两人过了关，她们却都惊出了一身冷汗。她们听说有因为偷渡被打死的人的尸体，五花大绑地摆在江边示众，就算是胆大心细的芷青和张慧敏，看到这情形这架势也由不得胆战心惊，腿肚子发软，连眼睛都不敢往旁边看。

再见奶奶舅妈，牧之和我最为兴奋，围着她们大呼小叫地蹦高。然后我们告别饶老师母女回师院，外婆则由大儿子夫妇陪伴回了财院。一路上只见岳麓山依然秀丽，山脚下有参天古树环绕着的千年学府岳麓书院，我们的家就位于岳麓书院附近的山坡上。

房间依旧，挂晒在屋外的衣服蚊帐已经被邻居收进来了，虽然路易走得匆忙，既没有锁门也没有关窗，但家里并没有丢失任何东西，连放在桌子上的收音机，当年算比较贵重的物品也都还在桌上摆着，真的可以说是路不拾遗夜不闭户啊。这么好的人们为什么要自己和自己过不去呢？相煎何太急这又是何苦啊！又是谁在导演这场全民苦斗的大戏？

今天的我们不能够理解，当年的路易和豪也很困惑。回到赫石坡家中的第一个晚上，吃完饭洗好澡，他们带着牧之和我站在赫石坡上遥看长沙城。夏天的夜晚，月光皎洁，越过葱茏的树木，看到银白色的湘江安静地流淌，把长沙城分成了两个各有神采的部分，江的对岸有唐家大院，那里是我们一时还回不去的家，往日繁华的长沙城如今灯光黯淡，死气沉沉，不时还能听到零星的枪声。

看到这情景豪难以相信，就在不久之前，她还可以在深夜独自骑着车在长沙城里来回穿梭，也可以陪着老人带着孩子在夜晚的人行道上散步，那种宁静平常的日子如今想来恍然隔世，可望而不可即。没有外敌入侵，执政党也没有换，这城市如今却潜伏危机，充斥恐怖，这是为什么？豪怎么想也想不通。

　　豪当时没有千里眼看不到未来，我们今天知道，当年 8 月 10 号中央文革表态后，拥有两万多成员的高司还坚持了一个多月，然后就自行解散了。当时扶老携幼出逃的人们有的逃到附近的山村，有的逃去湘潭，有的更出省逃往全国各地，风声过后才陆续回家。

第二十九章
家破船沉任逍遥

1

路易从小是个调皮捣蛋异想天开的男孩，随着年岁见长心智成熟才知道用功上进，成年后个性变得越来越严肃认真，学习工作都力求上进。但他的身体不帮忙，只要是太忙太紧张就生病。"文革"两年过去了，形势越来越坏，越来越不可收拾，国事家事都让人绝望，这时路易个性里玩世不恭的一面突然显现，无可奈何之下他豁然开朗，放松了下来。

住在师院宿舍的时候，上得山坡还没有看见家门，就能听到爸爸和龙叔叔肖阿姨他们一边打扑克一边发出的笑声。爸爸眉开眼笑打哈哈的样子是我从小很少看见的，他已经不再忙着工作，不再埋头学习，也不再长时间地皱着眉头为时局操心，和他很有艺术家气质的朋友们尽情地嬉笑逗乐，在古树参天溪水长流的岳麓山上消磨无所事事的长天白日和夜晚，居然精神和身体都渐渐地强健起来。

聪明人应该从困难中得到养分，要学会从坏事中得到好结果这点没有错，"文革"过后路易的生活恢复原状，但他并没有恢复年轻时的严肃拘谨，倒是一直保持了开朗不强求的生活态度，比起年轻时候来身体反而好了许多，一遇劳累紧张就吐血尿血的毛病再也没有犯过了。只是如今已经八十多岁的老爸还常常异想天开，时不时给老婆孩子出点难题，也真有点让人啼笑皆非。

逍遥派周路易

　　我还没有计划写《梦思故国静听箫》的时候，老爸就专门跑到上海来说是要为我讲故事，他最想讲的就是有关"文革"的故事，千叮咛万嘱咐地说一定要写写龙叔叔。有一次他很认真地告诉我说龙叔叔是他一生中最好的朋友。这个断语让我有点吃惊。老爸的很多朋友都是从小一起长大的，分开了又重聚，渊源深厚，龙叔叔和他交往却只有短短的几年，分开后过从也不密切，怎么能够说是一生中最好的朋友呢？

　　我问老爸为什么是龙叔叔？老爸眼睛一瞪，理所当然地说："我最倒霉的时候他自己跑过来的，当然是最好的朋友啦。"说得有理，和周家非亲非故毫无渊源也从来没有受过周家恩惠的龙叔叔，在人人避之唯恐不及的恶劣环境中，在路易最孤单最困难的时候，满面笑容地主动向他伸出了友谊之手，难怪路易认定了龙叔叔是自己一生中最好的朋友。

　　路易在文艺界工作多年，对志向高远坚持不懈刻苦努力的艺术家们敬佩有加，但他最喜欢的还是天赋充沛举重若轻的艺术家们。这一类的演员稍加准备就能代入别人的灵魂惟妙惟肖，同时也能收放自如地保有真我，并不需要多少华丽包装就能让人过目难忘。这一类的作家妙笔生花好似信手拈来，行文如流水般浑然天成。龙叔叔恰好就是这个类型，是个让老爸如今提起来都忍不住眯眯笑的有趣之人。

龙叔叔名叫龙传仕，毕业于华东师范大学戏剧系戏剧史专业，比路易小几岁，当时在湖南师院中文系教授戏剧史，他后来写过《湖南戏剧史》和《湖南曲艺史》，业务能力强，记忆力好，但绝不是个书呆子。年轻时的龙叔叔满头秀发，长得很帅，他眼神灵动，嘴角常浮笑意，言语诙谐可喜，研究戏剧的他自己也能演会唱，不但京剧唱得高明，胡琴拉得漂亮，尤其是打得一手好鼓。当时学校的大礼堂里常常有文艺表演，都是由龙叔叔司鼓，他时时把我们带到后台去看戏。每逢戏到高潮，只见龙叔叔狂野地挥舞着鼓槌，把大鼓敲打得如疾风骤雨，自己也神采飞扬，酷极了！

爸爸和龙叔叔他们自称是逍遥派，没事就聚在一起打牌谈笑，和他们常在一起的还有肖惠祥阿姨，是位很有才华的画家。教授美术的画家肖阿姨也是一位妙人，她曾经自告奋勇地要打扮我，帮我剪头发，结果剪出来的头发枝枝丫丫奇形怪状，我照着镜子急得都快哭了，顶着这样一个头，怎么能够出门呢？我现在当然知道这是极时髦现代的发式，如今要花大价钱请最高级的发型师才能剪得出来。

有一天长夏无事，肖阿姨提出要为我画像，我端坐着让她画，心里美滋滋地想象着肖阿姨的笔下一定会出现一个眉清目秀甜美娴静的小姑娘。接过画来一看我真的是倒抽了一口气，这什么嘛？！画上那个顶着两只翘到天上去的翘翘辫，挤眉弄眼顽皮捣蛋样的野丫头难道是我吗？她干吗把我的脸都画变形了呢？我一点也不喜欢肖阿姨为我画的肖像画，塞来塞去的那画早就不见了。

如今我后悔得哟都快悔死了，肖阿姨的画现在挂在人民大会堂，挂在机场火车站博物馆，在中国、美国的美术馆里展览，现在就算我心甘情愿地由着肖阿姨把我的脸爱怎么变形就怎么变形，她恐怕也不会再有兴致为我画肖像画了，多可惜呀。

龙叔叔心灵手巧，饭也做得不错。肖阿姨言谈趣致，妙语如珠。他们这帮人苦中作乐，逍遥得让人羡慕，有些原本比较热衷运动的人也开始加入他们，渐渐地也逍遥了起来。

2

路易骨子里有着也许来自天性，也许遗传自周家，更可能来自益阳那地界的玩世不恭，遇到过不去的沟沟坎坎可以拿得起放得下。徐家人的个性却认真得多，还好豪投身体育运动多年带着股运动健将的不管不顾，当时她也算得上是年轻气盛，难以被形势打败。

高司成了过眼烟云不久，轮渡恢复正常了，路易还不敢离开岳麓山，豪则小心翼翼地带着两个孩子回到了唐家大院。她是对工作认真负责的好员工，惦记着如今也算是暑假过完，老师们该返校准备的时节，还是回学校看看吧。

到得学校门口，赫然所见贴着白纸黑字的一张气势汹汹的告示，列下了一串名单，命令他们在限期内到如今得势的造反兵团报到。名单上有校长书记人事科长等原来学校的当权人士和"文革"前比较受重用的老师，豪的名字也位列其中。她看到这张通缉令怒火上涌，跑到兵团的办公室大吵："我既不是党员，也没有负过什么责任，我算什么？为什么我也在名单上？"兵团的头头其实也是原来的同事，厉声道："你当然要算上，你还不知道啊，你比那些党员那些当官的还要厉害！"豪恨恨地答："那好吧，你们既然这么不讲理，就专我的政得了。"说完掉头就走，悻悻然回了家。

等到指令开批斗会的那天，豪虽然不服也不敢不去，只是穿上了最好的衣服，整理好了头发，尽力不显出狼狈样。到了学校，只见校园里已经处处贴满了涂画得血淋淋黑乎乎的大标语，一片"打倒油煎"，高音喇叭里高亢的歌曲和喊打喊杀的口号声响彻云霄，一群通缉犯在大礼堂后台集合，等到大会主持人高喊"押上台来！"时，便鱼贯从两侧上台去。发现校长和书记已经跪在台前，头戴高帽，胸前挂着大牌子，身后各站一名红卫兵，一手按肩膀一手板着手臂，是当时标准的批斗姿态。

豪他们一行六人刚刚站定，只听得啪嗒一声响，六块大牌子摔到他们面前。有人赶紧上前选出有自己名字的牌子，利索地给自己挂上后又退回到他原来站的地方，其余五人也如法炮制，自己挂上了牌子站好了位。站定后豪朝低下一看，乖乖，人来得还不少，除了本学校的教职工学生之外，外面也来了不少人，据说是外单位造反组织的代表来声援的。

左右一看更吃惊，主席台左右两侧的台阶上还站着几位陪斗的学生，他们可能罪属三等，站的位置更低些，也不用挂牌子了。豪看看同她一起挨斗的这些人都是原来学校里的中坚，连陪斗的学生们也是品学兼优的好学生，觉得和他们站在一起没有什么好丢脸的。"文革"后她们一旦相遇，还要嘻嘻哈哈地回顾一下当年一起挨斗的狼狈样，这是后话。

豪一再告诫自己要镇定，不管听到什么话语都不要动气，勉力保持心情平静之下，她还能注意到发言者的神态，并不时以一个优秀教师的业务观点品评他们的表现。她认为会议男主持人虽然会写大字报，会写标语，是造反兵团的军师文胆，但阴气太盛阳气不足，就算是自得意满之时也神气不起来。会议的主要发言者是一位女教师，却走另一个极端，她一开口就声嘶力竭地喊出毛主席语录："四海翻腾云水怒，五洲震荡风雷激！"把全身力气都拼了出来。豪从侧面看到她干瘦的颈部爆出条条青筋，足有筷子般粗细，她尖锐的女高音刺激得扩音器发出阵阵尖叫，举着稿子的手也不停地抖索。

优秀教师豪点评这两位演讲者的演讲技巧都不入流，前一位没有起承转合，没有气势，无法引人入胜，后一位一开始是高潮，中间是高潮，最后还是高潮，让听的人累得慌，演讲者的声音和肢体语言都毫无美感，只带给人不舒服的感觉，也难怪他们二位之前都不能受到领导的重视，原来业务能力果然不行。注意力这么一分散，批判者的发言内容她就没有听进去多少，反而有点幸灾乐祸地猜度那位长时间嘶吼的女同事嗓子应该已经喊破了，后台是否有人为她张罗凉茶？

散会之后就没有人再管他们了，于是他们自己丢下牌子出了校门。当时"文革"已经过去两年，豪他们这几个陪斗的多少对批斗会这一套有了点见多识广的免疫力，不会像"文革"刚开始时挨斗的人们那样悲愤得无法自拔，但不管怎样也是受到了侮辱受到了伤害，心里憋屈得难受，如是几个人相约着先不回家，跑到百货公司逛商店，买了几件平时舍不得买的东西，安抚一下心中的不平、委屈和气恼，等到稍稍平静下来后再回到家中，也没有告诉家中的老人这天发生的事情。

批斗会过后，豪他们这几个人被兵团宣布成立一个学习小组，要求他们各自写有关自己的材料交上去。他们几个平日都算谈得来，如今凑在一起谈谈说说倒也不闷，那天抢先给自己挂牌子的细节就成了常常谈论的笑料之一，虽然每天都到指定给他们写材料的房间坐着，但谁也没有真的动笔写材料。

3

夏天过后，七岁半的我应该进小学了，但是当时大中小学都在停课闹革命不收学生，我上过的明星幼儿园在"文革"初年还坚持了很长一段时间，但如今终于也关门了，幼儿园没有顾得上给我们这届学生办毕业典礼，但按照年纪我应该算是已经毕业了。没有人管的我有时就跟着妈妈到学校去上班，她上她的学习班，我就独自在校园里游游逛逛。

那时武斗是常态，一派学生占领了教学大楼时不时地放放冷枪，一派学生占领了平房把竹竿削尖做武器。有一天我要从平房出来穿过大操场到学校的另一边去，而操场正在楼房的火力范围之内。一位身穿白衬衣挽着袖子，手臂上戴着红袖章，腿有点毛病走路一拐一拐的男同学放下手上正在制作的武器，牵着我走到门口。

他隔着宽阔的大操场对教学大楼喊道："某某某，不要打枪了，徐老师的女儿要过去！"那边答道："好，我们不打枪了，让她过吧！"于是我独自穿过了宽阔的大操场到了学校的另一边，果然两边都没有打枪，放我安全地走过去了。如今想来太神奇了，武斗的双方都是关系不错的同学，两派都买徐老师的账，竟然可以随时喊停枪战让我穿过战区。

但不管怎么说这也太危险了，我爸爸妈妈脑子里在想些什么？为什么要把我带到还在天天打枪的地方来？难道当时每一个我们居住出入的地方都随时可以成为战场，他们已经习以为常了吗？这样我们被枪炮打中的概率不是很高吗？当时手握武器的青少年们不断受到刺激鼓励，怎么能够指望他们时时冷静理智？何况没有受到过正规军事训练，并不能熟练掌握武器枪械的他们这时却天天舞枪弄棍，误伤误杀的可能性都不低呢。

如今看 CNN，常常可以看到一些发生暴乱的地区就在居民区交战，孩子老人都时时处在危险中，不时看到无辜的孩子倒在血泊中，觉得非常不可思议，很没有真实感。仔细回想起来这样的生活并不遥远，我年幼的时候就亲身经历过，我们今天要做的就是要尽力避免这样的事情再在我们身边发生，我们的后代不能再莫名其妙地处在这样的危险中了。

我经历过的险境还不只这些。七八岁的时候我个性比较沉稳，说话挺清晰，连个头都比同龄孩子高些，大人们一方面遗憾我没有多少孩子气不怎么好玩，另一方面常常夸我懂事，时不时地委以重任。不但常常交代我做些家务事，有时还指派我独自来往于河东河西两边的家，拿个东西捎个消息什么的，于是我常常有独自一人穿街过巷过轮渡的经历。

还好我从小就不爱凑热闹，看到人多的地方都躲着走，没有围观过街头常有的集体辩论或批斗场面，也没有误入过武斗的漩涡。但七岁的孩子毕竟只有七岁，不管外表多么老成持重，内心还是时不时会冒出些不按常理出牌的探险意愿，再说了自己独自出行，不需要得到任何人的批准，也没有人事后会打小报告，想干就干说干就干，没有什么好犹豫的。

那天我独自一人从河西师院回河东的唐家大院，那时的公共汽车早就停摆了，要走路到轮渡码头。经过汽车桥的时候，我前面有几个大人商量懒得过行人应该过的轮渡，走只应该走汽车的桥过河算了。那天正是发大水的季节，桥上几乎没有汽车行过，但水已经漫过了桥面，要过桥必须脱下鞋子挽起裤脚涉水过去。我觉得蹚着水走过长长的汽车桥一定很好玩，就悄无声地跟着这帮不相识的大人后面也走上了桥。

当时的湘江比现在宽阔得多，简陋的汽车桥非常长，桥两边的护栏非常低，走到桥中间时水又涨了些，护栏慢慢地看不见了，前面的大人们说说笑笑走得很快，也不知道后面有一个小姑娘跟着他们上了桥，我一愣神间他们已经走得不见了踪影。这时白茫茫的水已经连成了一片，孤零零的我站在了茫茫的水中间。无知者无畏的我这时也吓破了胆，几乎要大哭又只好忍住了，小心地一步步尽量走直线，好不容易摸索着过了桥踏上了陆地，一颗已经跳出来的心才又回到了胸腔，回家后当然不敢告诉大人，晚上睡到床上还在哆哆嗦嗦的后怕。

别说当时后怕，我今天写到这里也怕起来了。我当时并不会游泳，家人们也决想不到我会去走汽车桥，那桥家里的大人们从来没有带我走过，我当时要是一脚踏空掉到江水里，真的会死得神不知鬼不觉，连来寻找的人都没有，而这种可能性还蛮大的。所以美国人是对的，十二岁以下的小孩不能让他们独自待在家里，更不能让他们独自出行，再怎么看上去老成的孩子也还是心智没有完全成熟的孩子，更没有处理突发事件的能力和经验，没有大人们的陪伴让他们独居独行都不安全。

爸爸妈妈当时都没有办法放多少心思在我们身上，他们自己的日子就充满了危险。那天豪和她倒霉的学习小组同事们正坐在房间里看报闲聊，忽然觉得外面的枪声响得不对，出了房间一看学校里已经空空荡荡看不到一个人影，如是他们自作主张集体开溜。当时不但公共汽车停摆，公园也没有人守门，豪和同行的老师决定抄近路穿过烈士公园回家。刚刚走进公园又听见枪声密集，子弹嗖嗖地飞，她们二人慌忙低头弯腰的在烈士塔下猫了很久，等到枪声稀落下来才摸回家。

豪从唐家大院到学校上班要经过经常发生武斗枪战的湖南汽车电器厂，比起工人们火力强大的武斗来，学生们的武斗只能算是小儿科，每天要穿过这种武斗的战区可不是好玩的。豪和学习小组的同事们觉得人身安全太没有保障了，就决定不再买兵团的账每天到学校来报到写材料。兵团的负责人们自己可能也害怕穿过战区吃冷枪，已经顾不上管他们，于是他们这个学习小组就这么解散了。

4

按照"文革"的约定俗成，之前所有的有权有名有地位的人都预设有罪，先打倒了再说，以后根据表现和需要，再结合一小部分人重新进入领导班子。路易"文革"前职位不高，还轮不到他被打倒，但不管怎样他也是受栽培的中层干部，加上父亲周立波的黑名远播，他又没有表态要脱离父子关系什么的，也属于不清不楚的问题人物。豪年纪轻，"文革"前就是个一般群众比较简单，当局有需要时就选择避开路易直接和豪交涉。

9 月下旬，忽然有三个人来到唐家大院，两位便装一位军装，指名要找豪。坐下后他们自称是周立波专案组的，并仔细核实了豪的身份，才清清嗓子正式开始谈话。他们表示，一，周立波的问题很严重；二，路易在运动中表现不好；三，他们正在作安排，争取在国庆节期间让豪带着两个孩子去看看公公周立波。

对于这次好似恩惠的会见，他们要求豪做到几点：第一要记住此去的任务是劝说周立波老实交代自己的问题；第二是不能问及案情；第三是不能问及他如今的关押地点。如今看来这第二条正好是第一条的反面，要如何做到让人交代又不提及需要交代的内容呢？当年的豪当然不会傻到指出这种逻辑的谬误，只谨慎平淡地答应了这些要求。

他们还特意把我和牧之招来一见，核实确是一对七岁和四岁不通世事的黄口小儿后才放心，又应允：可以买少许点心带去。临行前更嘱咐豪最近不要外出，只等他们来接。而且慎重神秘地规定这事不能让路易知道，这次会见也不包括他。

豪当然马上就把这消息告诉了路易和芷青，他们三人都很兴奋。已经失踪了半年的立波终于有了消息，总算能够确认他还活在人间，也多半就被关押在长沙城里或者长沙附近。三人马上商议怎么准备可以带去的点心，想趁机多送点吧又怕挨批反而弄巧成拙，权衡了半天，最后决定样数不多分量稍多，其中包括两斤立波平日爱吃的杏仁小饼干。

国庆前两日，天已经黑下来了。住在大门口的杨奶奶的儿子刚刚过世，她把自己关在房间里大哭，路易和众邻居正在拍门相劝，前院里也有不少人在走动。立波专案组的三位中的一位神不知鬼不觉地避开了众人进到院子里，找到了豪说："快走吧！"豪连忙拿了早就准备好的点心，带着我们两个悄然绕过害怕杨奶奶想不开做傻事，正紧张地一边拍门一边高声劝说的路易身后，跟着那人出了院子，上了一辆吉普军车，朝暗夜里驶去。

我们三人坐在后座，车子绕来绕去地开了好久。那时街上没有车辆行人，也没有多少灯光，气氛肃杀恐怖，我不由得害怕起来，一股劲地往椅子后面缩，想着如果车子后面有个洞就好了，我就可以藏在洞洞里让大人们找不到我，要不这洞再大些，让我可以钻洞从车后面逃出来。椅子上没有洞，我也没有地方躲，没有办法逃，终于还是被妈妈牵着手走进了一个房间。

那时节，那气氛，不但是我觉得紧张恐怖，妈妈也紧张。我们进了房间后还等了很久，有一位女人过来和妈妈聊些孩子啊什么的闲话，当时妈妈坐在沙发上一只手撑在我身后，我看到她的手臂一直在发抖。

一阵脚步声，立波终于被人带进来了，牧之和我马上扑过去猴在他身上。在众目睽睽之下，豪和立波开始了双方都已经被告诫规范过的官样交谈，爷爷好吗？我很好。身体好吗？身体很好。家里人都好吗？家里人都很好。几个来回之后豪突然想起了自己的任务，劝立波正确对待群众运动，实事求是交代问题。立波果然是文学家，心平气和但很有逻辑地答道："唉，有些事有点讲不清，比如在上海……"。

顿时有人断喝一声："周立波，你不要扯远了……"逼人交代又害怕人开口，到底要怎样呢？立波和豪只好又转回来谈论家常，还好有我和牧之这两个小屁孩在中间打混，在别人监督下的这场会面才能够热热闹闹地进行下去。不多一会儿，人家就示意会谈结束了，在牧之和我花样百出的告别声中，我们三人被吉普车送出了黑漆漆的大院。

车子并没有送我们回家，只把我们放在大街上就开走了。但我们三人的心情却都放松了下来，一路嬉戏玩闹着走回了家。路易和芷青正在家里焦急地等候消息，知道立波身体精神看起来都算健康也松了一口气，连忙想办法把这消息报告给北京的林奶奶和长沙的周二伯周小姑。后来有人分析说专案组可能是担心已经被关押了半年之久的立波身体精神出问题，又或者是担心他想不开，才安排了这次会面，不管原因是什么，对被无端关押多时也搞不清自己有什么问题的立波来说，再次看见家人应该是个不小的安慰。

5

形势并没有好转，但路易和豪的心态平静了许多，文艺女青年豪甚至又想到要为两个孩子照相了。那天她向同事借了一部照相机，一个人带着我们两人到天心阁照相。那年头没有多少人有心思去公园，天心阁里空荡荡的只有我们三个人，我和牧之正是不知愁滋味的年纪，走到哪里玩到哪里。不怎么会摆弄相机的豪在空无一人的公园里如有神助般地对照相开了窍，抓拍了好些生动的镜头，难得地为我们留下了那个年代的印记。

懵懂的牧之和故作老成的我

不服姐姐的管教行吗？

当年我就是带着这样一副好奇的神情独自游走长沙街头，虽然没有误入过集体辩论、街头批判或武斗的漩涡，但差点淹死在湘江里。

貌似有主意有办法，让大人们觉得可以托付重任，但其实偶尔还是会闯祸的我。

牧之在点算什么？多半是好吃的。那时我对吃没兴趣，显然已经走神了。

想到了好吃的？流口水的前奏。

第三十章
屋漏偏逢连夜雨之一

1

路易、龙叔叔、肖阿姨他们是逍遥派，不久个性比较认真的豪也开始破罐子破摔地逍遥起来，他们的同事朋友们渐渐也越来越逍遥，自称逍遥或者行动逍遥或者既自称也行动的逍遥者越来越多，逍遥派日益壮大。大家不上班不工作还照拿工资，只要不积极参入运动，也没有成为运动的靶子的话，就有了逍遥的条件。豪开始带着我们到她朋友处串门子，河西的大专院校都有好大的院子，我们一玩就能玩上一整天，不必担心作业，不必担心第二天要上班，豪的面相慢慢开朗起来，虽然衣服发式不敢再出什么花样，相貌倒是渐渐恢复了正常。

但好景不长，阶级斗争这根弦必须时时绷得紧紧的，必须年年讲月月讲天天讲，生活怎么能够过得如此舒服？这回出问题的是龙叔叔，起因则来自另一位同事。

我虽然写作的时间不长，但也有写手的骄傲，对于已经被人翻来覆去写过无数次的人物不愿意再碰，比方江青。但是这位太太在"文革"时的存在感实在太强了，要避开她还真的是不容易。

话说"文革"初年的大字报还是非常胆大妄为的，什么人都触碰过。那天有一张关于江青的大字报从外地传来，内容有关她在上海电影戏剧界的往事，依照当时大字报喜欢给人取妖魔化外号的特色，这张大字报还把她比喻为茶花女。当时龙叔叔和那位同事站在一起看这张大字报，书呆子同事看了这么惊心动魄的爆料后就向龙叔叔求证："你是学戏剧史的应该知道些内幕，江青真的是茶花女吗？"龙叔叔是优秀教师，有问必答是职业病，再说他人虽聪明，但书读得多了也有点呆气，听了这问话想了一想道："嗯，可以这么说。"意思是这大字报曝的料还算准确。

"文革"初年的混战结束，该打倒的被打倒了，还踏上了千万只脚，该捧起来的已经被捧成了神，黑白分明都已经有了定论。那位书呆子同事有天突然忆起自己"文革"前的日记恐怕有问题，他记得自己在听过刘少奇"有关共产党员的修养"的报告后曾经在日记中赞美过，还有一次他听了赫鲁晓夫的报告后也写下了感想，觉得赫是一个有趣的人。这么一想他对自己不是先知不能预知刘和赫的问题感到害怕，也自觉罪过不小，决定毁灭罪证把日记本子烧掉。

书呆子就是书呆子，要烧日记把有问题的那几张纸头烧掉就行了嘛，他却要烧掉整个日记本连塑料封面都不放过。他是助教，虽然有一间单独的房间，但和学生们住在同一幢楼里，他烧日记本烧得又是烟又是气味，让政治敏锐度非常高的学生们察觉了，冲进来抓了一个正着。

这位同事一被抓，龙叔叔就觉得大事不妙，记起了那天和他议论过江青，于是当天晚上他就找到路易讨主意。为了防止谈话被别人听到，他们很谨慎，没有在房子里谈话，而是到空旷的大操场里去绕圈子，边走边谈。就算是这样他们也谈得非常隐晦，并没有把事情摊开来谈。

龙叔叔问："如果有人揭发我说了反动话怎么办？"比龙叔叔年长也比龙叔叔有经验的路易答："这事如果有的话就承认，如果没有就不要承认。"龙叔叔的问话并没有把他说的反动话和说反动话的前因后果说出来，路易的答话更是无懈可击，简直是政策的翻版，他只是弱化了前半句，反复强调了后半句，在语气上也做了区分。龙叔叔是何等机灵的人，对路易的提醒马上就心领神会了。

他们二人晚上在大操场这么转了几圈，也还是被人跟踪了汇报了。第二天路易本来被安排去乡下劳动，正打着背包呢就有人通知他不必去了，路易心里喊声："麻烦了！"那时留在学校不必去劳动的人要么是搞运动的积极分子，要么是被整的人，路易知道自己肯定不是第一种，不让去劳动绝对是第二种原因，恐怕昨晚和龙叔叔谈的那几句就是麻烦的来源。

严厉地交代了政策以后就要求路易坦白，他并不知道龙叔叔事件的来龙去脉，也没有什么好交代的，问来问去没有实质内容，就安排他高声朗读毛泽东的文章《敦促杜聿明等投降书》一文。

龙叔叔由始至终不承认他议论过江青，虽然有人揭发，但没有口供也没有其他旁证结不了案，但他还是被打成了现行反革命，隔离审查了好久，妻子为此和他离婚，生活大受影响。 那位老实到迂腐的书呆子则更倒霉，他的日记没有烧成，还坦白了和龙叔叔议论过江青，另外更坦白听过一次，仅仅一次敌台广播，就问题严重到被公安局正式逮捕，坐了好久的牢。所谓敌台应该是指台湾的广播或者是美国之音之类的。

虽然因为父亲周立波是反动文人、大黑鬼，走得近的好友龙叔叔又是现行反革命，对路易的影响不小，在随之而来的整党中没有能够过关，但他还是特别感念龙叔叔在那么大的压力下并没有攀咬路易。他们关系那么好，谈得那么多，要攀咬的话有的是材料。

2

我在中国和美国各生活过二十多年，对这两个社会都算了解。在美国职场我是从最低工资那一级做起，然后再慢慢升上去的，可以说对美国底层老百姓或者是职场的最底层都有所了解。要我说啊，工作级别低也不是完全没有好处的，最起码生活简单，没有什么好操心的。一张工作流程表看熟了照做就是，按时上下班，不迟到早退，中午饭下午茶占公司十几二十分钟便宜完全没有问题。有心机点最多看看同级同事们的进度，工作速度保持在中偏上即可。"枪打出头鸟"你知道吗？这世故的经验之谈哪个社会都适用，除非你愿意长年累月帮同事的忙不求回报，否则做得太多的话，坏处比好处多。

　　按部就班的工作做的时间长了，真的可以无聊到一边听音乐，一边做气功，一边就把事情完成了，修身养性七个半小时，混到下班正可以生龙活虎地投身自己的世界，生儿育女读书进修或者是玩到上天入地都由得你。"铁打的营盘流水的兵"你听说过吧？你在底层完全不参加公司的政治斗争，按章办事，连错误都轮不到你犯，和桌椅板凳一样安全。

　　如果你自认才高八斗学富五车不愿意被埋没，存在感只比公司的桌椅板凳高得有限也让你觉得委屈，长期担任井底之蛙的角色连公司要发达要垮台要扩充要被卖都搞不清楚状况让你觉得太被动，那么就积极寻求升级，多多注意公司发表的新职位。申请递过去，你的能力够，也可以通得过面试的话，一次往上跳五级也没有人拦着你，我就这么干过。当然我的起点太低，就算跳上五级也还是很基本的职位，再往上走肯定越来越不容易，最重要的是你要操心的事随着级别的渐渐升高会越来越多。

　　除了自身的工作外，你要开始关心你的上手和下手的工作，对你服务的对象和服务你的人员的工作也要尽可能地有所了解。再来你最好了解公司的运作，在行业的地位，技术的优势和弱点，竞争对手和合作伙伴。慢慢地你连国际国内政治经济形势都要关心关心，瞎子摸象的话，你的判断力会大受影响。大到选什么行业什么公司什么职务小到选什么老板什么同事什么项目，选错了都可能让你走上一段弯路。老妈有次听我们朋友聊天后大吃一惊，说你们要操心的事怎么这么多，生活怎么这么复杂啊？

　　占老板便宜的事情想都不要想，而是要毫不犹豫地让老板占便宜，把加班加点当常态，早上六点和欧洲开会的当天还被安排晚上八点和亚洲开会，眉头都不要皱一下才是正确的态度，半夜起来接电话最好能够马上神清气爽进入状态，飞越了半个地球刚到目的地，也不能以倒时差为由不按时上班，更不好在会场上打瞌睡……这些都做到了，你不是神也差不多算得上是半人半神了。

　　明白了吗？成人不自在，自在不成人，天下没有白吃的午餐，很多麻烦是只有高阶层的人才需要操心的，他们的工资待遇股票分红社会地位和事业进取心决定了他们的日子好过不了。所以并不是所有的人在任何阶段都需要一心一意地惦记着怎么往上爬的，好多同事原地踏步踏了好久自得其乐，我虽然不害怕多操心但非常懒惰，连换个停车场都不愿意，也属于一动不如一静喜欢原地踏步的人。我们这种人并非不好，职业生涯规划课程就教导我们要根据自己的能力和性格安排职场路，如果爬得太快，过早地踏上不能胜任的台阶，也许就会提早走向职场末路。

我父母的年代就大不一样了，就算是没有什么政治上进心的普通工作人员如豪如龙叔叔他们要操心的事情也不少，哪怕只求自保都必须保持政治嗅觉敏锐，日夜悬心。经验也不可恃，反右的时候对领导提意见不行，"文革"的时候不同意打倒领导也是不行的，右派一当就是二十多年难以翻身，而"文革"中的派系则像个笑话似的很快就成了过眼烟云。普通老百姓、一般工作人员也要如先知般的有预见力，如圣人般的能够忍耐宽恕不记仇，如哲人般的能够看透世情拿得起放得下。别人的错不能计较，不能去要求别人道歉赔偿，要能够迅速地忘记过去面向未来，而自己走错一步则可能一失足成千古恨，没有后悔药好吃。

说起来我们这一代的人生要容易些，老公和我虽然爱学习，但买错了房卖错了股票的事情经常发生，大错不犯小错不断。但这所有的弯路和错误都是养分，我们在跌跌撞撞中成长，竟然也能够安身立命，不像龙叔叔只不过在私底下说错了一句话就要付出那么大的代价。我一直不怎么愿意写我父母那一辈的故事也是这个原因，觉得他们的故事很憋屈不爽气，长年生活在这种状况下的他们个性和为人处事也多少受影响，对很多事情就算不满意，很委屈，也不轻易行动，不能理直气壮地为自己争取公平公正，遇到好事又会不敢相信似的求全责备。

还是再来说几句江青吧。她贵为国母几十年，福气不算小了，当时也生儿育女人到中年，为什么心中就没有生发出一点点对人的宽容慈悲反而充满了刻薄怨恨呢？就算她从娘胎里带来骨子里就有着刻薄怨恨吧，为什么当时从上到下有那么强大的力量放大她的刻薄怨恨，把它发挥到极致呢？难道反封建反了那么多年还是留下了封建社会的黑暗面吗？中华文明五千年的光彩是我们的宝贵财富一定要留下，但它的黑暗面什么时候能够去除干净呢？

龙叔叔的事件应该没有大到可以上达天庭，江青可能完全不知道这件事，但对龙叔叔个人的打击则是巨大的。我也算是走过半个世界的人，见过的俊男美女不少，当年的龙叔叔绝对算得上是个美男子，到今天我还能够记得他打起鼓来秀发飞扬神采奕奕的样子。当了几年现行反革命后他虽然平反了，也恢复教书写书，但已经风采不再，失去了神韵，比路易小的他也已经去世好些年了。

写下这么多令人感伤的故事并不是要纠缠在这些故事里，而是期待我们和我们的后代子孙可以从黑暗中安然脱身，穿上中华文明的绚丽衣裳轻快地步入世界之林。

3

"文革"初年的报纸并没有像后来一样从第一版到最后一版都是喊打喊杀的大批判文章，还残留着一些趣味。有一天的报纸既登了批判"三家村"的文章，也登了一张图片。图片上的小女孩头上一对翘翘辫，煞有介事地坐在一张板凳上，跷着二郎腿在看报纸，可惜她胖胖的小手上举着的报纸是倒的，这装模作样的孩子原来还不识字呢。

那图片到底是画还是照片我有点记不清了，但老爸不停地拿那张图片取笑我是真的。他老是说图片上的小女孩就是我，我就是那个不懂装懂，还不识字却天天捧着本书看的傻丫头。这真的是天大的冤枉啊，我那时不识字是真的，要不然也不会一天到晚求人为我念书了，但字是正的还是反的我肯定知道，绝对没有把书拿倒过，我老爸的话不可信啦。

话说那时的大人们都是一脑门的官司，很难请得动他们为我念书，还好我的几本小人书已经请人念过无数次，都可以背下来了，完全可以凭着记忆一字一句地念。老爸一向认为要是女儿成了一个戴着深度近视眼镜的女学究的话，就是他作为父亲的最大噩梦了。因为太害怕这个噩梦成真，他每次只要看到我捧起书本就开始紧张得大呼小叫，我则反叛地只要有机会就捧着本书看。这样的追逐战到最后妥协成我可以看书，但是一定要凑在电灯下面看以免成为近视眼。

那时家里并无台灯，只在房子中间的天花板上垂下来一根绳子吊上一只灯泡。老爸在灯的下方放上一张椅子，让我站在椅子上看书。唔哦还是离灯太远了，于是他又在椅子上再放上一张小板凳。当我站在板凳上，凑到电灯前一字一句地念我并不认识的字时，老爸也得以松了一口气，觉得他女儿不会变成书呆子了。

其实任何人看到高高地站在架在椅子上的小板凳上看书的小姑娘肯定知道她已经是书呆子的前奏，想出这种办法来的父亲当然也是呆子无疑了。

这么日看夜看地看下来，字我算是慢慢地认得了，下一步就是到处找书看，没有书也没关系，只要有字就行……这么混到1968年复课闹革命，停摆了两三年的学校终于开门了，已经八岁的我进了小学一年级，当上了正式的小学生。我上的学校离唐家大院只有几步之遥，就在校正街街口上，名字叫韭菜园小学。

这学校和它的名字一样朴实，同学多是附近街道上的孩子，算术课开始教授一二三四，语文课则教我们横平竖直。我在幼儿园时代就已经学会了简单的加减法，语文方面我已经能够自己看书了，这么简单的课程真是无聊啊。还好幼儿园教导训练的规矩还在，于是我背着手坐得直直地开始了漫长的学校生涯。唉唉唉，我是个很倒霉的学生，整个学校生涯要么课程太浅让人无聊得要命，要么太深让人完全听不懂，怎么就没有上过刚刚好和我的程度相配合的学校和课程呢？

格格不入的还不止这些。我个子比别的同学都高大，说话文绉绉的，开口闭口我们小朋友怎样怎样，让同学们发笑，也闹得我自己挺不好意思的。有一次我说："没关系我们是朋友。"让他们哄然大笑不算，后来更被取笑得没完没了。原来幼儿园里教导的四海之内皆兄弟，人人都是朋友的概念在这里是不正确的，号称和男孩子是朋友关系带着暧昧的意味，对他们应该横眉立目作鄙视状，对女孩子则需勾肩搭背作亲热状，爱憎分明不可以有平常心。

在课堂里无聊到打瞌睡，人际关系又摸不着头脑，但一到运动场我就开始大放异彩了。我本来就长得比同学高大，好像还特别能跑，只要放开脚丫子跑起来任谁都追不上。那年头孩子们的游戏都是有关战争的，官兵抓强盗、红军打白军等等，分起边来也顾不上男女界限了，我变成每个队都争抢，大受欢迎的香馍馍。

在课堂上失意在游戏运动中得意的我放学回家继续疯，不知从什么时候开始，我从楼上下来从来不会一步一步好好走楼梯，都是从扶手上滑下来的。唐家大院的房子高，长长的楼梯分成两截在中间拐一个弯。我顺着滑倒着滑，先倒后顺先顺后倒，左偏腿右偏腿双手单手不用手，种种花样越来越复杂，难度也越来越高……照这样发展下去，我恐怕要步豪的后尘成为一名运动员了。当然我能不能当上运动员这件事不但和运动热情运动天赋有关，和老天爷的关系也很密切。

有一天打成右派下放到山西多年的画家林凡带着太太回乡探亲到我们家来拜访，大人们一边谈天一边都挤在楼下厨房里做饭吃，打发我到楼上去拿东西。天气热我有点心浮气躁，明明该拿的东西在房间里却没有看到，急急忙忙地空着手就往楼下冲。妈妈后来说她那天计划出门还在犹豫着要不要带上我，这可能也是让我心浮气躁的另一个原因。

总之我空手下楼一定是用滑的，那天赶时间也没有顾得上玩花活，直接用最简单的方式跨上楼梯屁股咪溜着朝下滑。谁知翻身跨上楼梯的动作有点太猛，一个冲劲就翻了过去，整个人都吊在空中，靠两条细胳膊撑着。我使劲地喊人来救我，但那天楼上静悄悄的，大家都集中在后院听不到我的喊声。我感觉吊了很长一段时间，小胳臂实在是撑不住了，想翻回楼梯上吧，试了几次都不成功。朝下看看，楼梯下方摆着一张竹躺椅，躺椅和楼梯之间只有一块小小的地方是平的，瞄准了那块小平地往下跳吧。

咚的一声巨响，我终于准确地落到了楼梯和躺椅之间，转一下头肩觉得没有哪里痛，就打算马上爬起来逃离事故现场。可是一翻身却发现搁在楼梯上的左腿动不了啦？！我挂在楼梯上的时候死命喊也喊不来的大人们这时随着一声巨响全都跑来了，芷青奶奶跑在最前头，把我的左腿往上一提，脚马上从小腿处软软的耷拉下来，都快弯成九十度了，形态古怪得怕人，看到这样芷青奶奶哇的一声大哭起来，捧起我的小腿就要揉。

跟着赶来的眼镜伯伯马上大喊："不能碰！！"在医院当会计的眼镜伯伯虽然不是医生但是有医疗常识，知道骨折处不能触碰反而要固定，触碰的话可能再次伤害受创处，变成粉碎性骨折就更麻烦了。

唐家大院里的住户们关系特别好，出了事都像一家人一样地着急出力。在眼镜伯伯的指挥下，有人马上到自己房里拿出软软的干净枕头为我固定小腿，大家七手八脚小心地把我移到一张竹床上，由四个男人稳稳地抬着去医院，伯伯老子和心慌意乱、手足无措的爸爸妈妈则跟在竹床旁招呼。命运坎坷的林凡叔叔伤心地说："我真的是个不祥的人啊，怎么到你们家做客都会出这样的事呢？"

我听任大人们折腾，不知道怕，也不知道痛，好像是在旁观别人的事情似的。那天也在我们家做客的豪的同学已经先一步骑自行车过去挂号安排了，所以我们一到医院很快就照了 X 光片，年轻的高个子医生拿着片子出来看到这么多人，问："谁是她爸爸？"路易忙往前跨了一步，医生满脸严肃地训他："你们怎么搞的，让孩子摔得这么厉害？你看，她小腿的两根骨头都断了，必须要动大手术。"

大手术的意思是划开腿上的皮肤，接好断骨然后用钢钉固定，等长好了之后再划开皮肤，取下钢钉缝合。医生说：这样可以接上骨头，但可能由此感染患上骨髓炎，还有就是这手术不小必须全身麻醉，麻醉本身也有一定的危险性。路易和豪对此全无主意，只提出这孩子幼儿时曾被诊断为先天性心脏病，全身麻醉是否有危险？医生很专业地说：这就难讲了，你们得自己考虑决定，确实有人麻醉了就没有再醒来。他们听了这话虽然担心也无计可施，还是签字把我送进了大大的手术室。

从摔下到手术我都没有吵闹哭叫，静静地听任大人的安排，进手术室前妈妈嘱咐我不要害怕要和医生配合等等，我也一一答应了。谁知手术室的门关上还不到十分钟就又打开，医生出来和路易豪说明他的新计划。

原来这冷静专业不苟言笑的医生也有医者父母心，他说因为我腿上的外伤极小只有黄豆般大，他舍不得划开还好好的小腿皮肤，说这么一来漂亮的小姑娘腿上留下伤疤长大后就不好穿裙子了，于是他决定试着在 X 光下用手正骨然后用石膏固定看看行不行，不行的话再开刀不迟。正骨是小手术也不需要全麻，妈妈爸爸松了一大口气，赶忙点头同意，称谢不已。

正骨不用全麻，整个过程我都很清醒，看着好几个医生捧着我的脚扳来扳去还一边商量一边轻松地谈笑，腿上酸痛不已。摆弄完毕之后，他们用浸泡了石膏的凉凉湿湿的纱布把我的腿从大腿根到脚指甲都包裹起来，石膏水干了以后我的整条左腿就直直的固定成了一根粗大的棍子，跟木乃伊似的。

小腿的康复过程并不顺利，但后来毕竟康复了。长大后不但能够穿裙子还依然能跑会跳，职业运动员虽然当不成，业余运动员倒是当上了，不但十几二十几岁的时候跑，四十多岁时还参加过短跑比赛，现在也还不死心地计划着是不是要再跑上一次，最后体会一把奋力奔跑起来风在耳边飕飕吹过的快感。老妈感激之余曾经试图寻找那位当时很年轻的高个子医生，希望能够当面表达感激之情，可惜经过"文革"的动荡之后一切变化都太大了，不但人找不到，病历也找不到，终于没有能够当面感谢恩人。

4

从医院回来后我顿时成了明星，附近的邻居们都带着孩子来拜访，及时利用我当反面教员教育他们的孩子不要调皮过了头，不然的话就会落到我这样只能伸着一条石膏腿枯坐在家中的悲惨下场。家里的大人们并不反感邻居们当着我的面拿我当反面教员教育他们的孩子，如有人来访一概热情接待详细讲述事故发生的前因后果，但他们倒是从来没有责备过我。

我的事例是不是对邻居的孩子们起了正面的作用减少了事故发生率不得而知，但对我本人绝对有用。几十年来我虽然热爱运动但再也没有发生过运动伤害，还成功地患上了恐高症，周末节假日和朋友们跋山涉水时，只要遇到稍微险峻一点的地理环境就毫不犹豫地表现出害怕退缩，所有人都能轻松迈过的沟沟坎坎我说不过就不过，完全不怕别人笑话，一点羞耻心都没有，这是后话。

当时的物质供应还不算最坏，肉食什么的虽然已经开始需要票证，但还有些漏洞，豪常常绝早起床到菜市场去设法买大骨头给我炖汤喝补充钙。当时她的学校也已经复课闹革命，进驻了军宣队，逍遥的日子已经结束，必须每日正常上下班了，如果担心婆婆芷青一个人照顾不过来的话，就必须利用午休时间冒着长沙夏日的毒太阳在七中和唐家大院间这段不短的距离里骑上一个来回。外婆肖妹这时检查出患晚期糖尿病而且病情还发展得非常快，一年前还能精神地和我们一起逃难步行一整天，如今已经腿脚发软到不能轻易过河了。

豪是教育家，当然也不会放过机会教育的好时期，我刚从医院回来时她就很正式地找我谈过，说："摔断了腿虽然是坏事，但你要抓住机会让坏事变好事，养成学习的好习惯。"这话当然有道理，后来豪的同事经常夸我，说这孩子真的是注意力集中坐功好，你看她坐在会议室里陪着我们开会，几个小时下来连动都不动地做自己的事情。那当然啦，你在七岁八岁调皮得连狗都嫌弃的年纪被迫一动不动地坐上一两个月试试？坐功练不出来才怪呢，几个小时算什么？小菜一碟蛋糕一块罢了。

我在韭菜园小学上学的时间不长就摔断了腿，开始了漫长的病休，但我的班主任王老师却坚持不懈地到家里来为我补课。她当时是刚参加工作的年轻老师，可能连二十岁都不到，圆圆的脸大大的眼睛梳一对长辫子，隔几天就到家里来一趟，补完课后还给我讲讲故事聊聊天帮我活动活动身体，这天使般明亮温暖的好老师让人永生难忘。

孜的丈夫赵叔叔也摔断过腿，知道动不了的无聊无奈，他在唐家大院养伤时更见识过我对书对故事的渴望，有一天他手捧十本小人书来看我了。这真是送了份大礼，那年头给我们买小人书都是一本一本地买，哪有人一买就是十本啊，我真的是太高兴了！这些书被我翻来覆去看了又看，不但消磨了我的养病日子，也让我的阅读能力进了一大步。

　　长长的夏日里，唐家大院的二楼暖风吹过，安静得好像连玉兰花开花落的声音都能听得到，这么寂静的日子我有时会突然感到害怕起来，扯着嗓子大声喊叫，务必把隔着后院在厨房里忙碌的芷青奶奶叫过来，她噔噔噔地冲上楼来却发现我完全没有事，不过就是一个人待得太闷了要见见人说说话。

　　寂寞的日子里偶尔燕子会来陪陪我，温柔甜美的燕子比我小几个月，一直哆哆地叫我姐姐，对我言听计从，我三岁的时候就曾经带她逛过大街，算是唐家大院里出过的大事故，像捉迷藏时藏在大柜子里睡着了让大人们找不到这样的中小型事故就数不清了。她这个时候的贴心陪伴为我带来了很多缠绵悠长的愉悦，虽然没有电视，没有收音机，也没有什么玩具，我们却可以姐姐妹妹呼来唤去地黏糊上好一阵子。

　　一个月后终于熬到了拆除石膏检查拍片看结果了。石膏拆了以后，我的左腿像根麻竿似的比右腿细小了一圈不算，腿的表皮还黑黑脏脏的难看极了。虽然没有了石膏固定，腿也完全不能弯曲，万一不小心弯了一下就痛得要命。拍片的结果也不好，说是接骨时搭上了，所以我的小腿处有四根骨头叠合，左腿比右腿短了五厘米，如果不修正的话就是一个瘸子，于

要节约闹革命

　　那段时间留下的照片不多，可能是因为要节约闹革命的缘故，我们三人的笑容也似乎都被"节约"掉了，连一向嬉皮笑脸的牧之也怪严肃地看着镜头。

是医生和妈妈他们商量着要把这条腿打断了重接。那天是小舅舅庞背着我回家的，我趴在他的背上心情低落极了，连话都不愿意说。

经过大人们的打听商量，安排我去一家有名的中医院里，找一个名医做打断重接的二次治疗。那天他们给我穿了一条粉红色的花裙子，裙摆大大的很像跳舞服，到了医院门口我忽然不走了，一屁股坐在医院门口的台阶上大哭，眼泪在脸上奔流，就像小河发大水似的，说什么也不肯进去。大人们哄我劝我，过往的病人医生也参加进来哄劝，动之以情晓之以理，说如果不做就会成为瘸子，不好看，也不能再跳舞了，我说瘸子就瘸子，不跳舞就不跳舞。他们为我找出了一个活生生的榜样，说这位年轻人为了接好手腕已经两次打断重接了，那人还给我看了看他的手腕，我一听就算今天打断了也还有可能失败就更不干了。

如果有八岁的小朋友看我的书的话我告诉你一条经验，平时不爱哭闹比较讲道理的孩子一旦哭闹起来效果就特别好。记住，哭闹不是常规武器而是杀手锏，要等到关键时刻再拿出来。那天围着我的人们都劝老爸老妈不必依从我，把孩子强抱进去就行了，有人更在那里嘀咕男朋友嫁人什么的，但老爸老妈还是尊重了我宁愿当难看的瘸子，永不跳舞，也决不遭二茬罪吃二遍苦的强烈愿望，带我回家了。当时他们就算拿出他们心里最担心的瘸子姑娘找不到男朋友嫁不了人的道理给我讲也是对牛弹琴，我肯定会一口顶回去的。

尊重了小屁孩的意见后，老妈的心里还是很犯嘀咕，特别是看到我跑跳起来就瘸得特别厉害的时候更是后悔不迭，担心得要死，但随着我慢慢长高，两条腿的不平衡竟然渐渐消失不见了，八岁时的我为自己做了一个正确的医疗决定。如今已经为人父母的我们也向老爸老妈学习，女儿的事情一般都尊重她自己的决定，虽然我们把她带到了这个世界上并养育她长大成人，但她的人生将由她自己决定并为之负责，我们的意见只能做参考。

第三十一章
屋漏偏逢连夜雨之二

1

　　1968 年的秋天，我的左腿虽然拆除了石膏但行动还是很困难，所幸腿骨已经长得比较结实，不太怕人碰了，于是，大人们就在后院的通风处架了一张竹床让我在上面坐卧。后院人来人往，比楼上要热闹得多，人人路过都和我谈笑一番，寂寞的日子已经过去了，再加上那时已经是秋天，过堂风吹着也比在楼上凉快得多。当然秋天蚊子也多，尤其喜欢叮咬行动不便的我，在我的大腿上咬了好几个比巴掌还要大鼓起来老高的包，这么大的包我从来没有看过，时不时地自己摸摸看看把玩把玩，后来也就消了。

　　也许是整天活蹦乱跳的我被强迫坐了一两个月身体变弱了，也许是吹多了过堂风受了凉，这天晚上发起高烧来，于是大人们带我去医院打退烧针。早上退烧后回家马上变回一个健康好动的孩子，一边唱着歌一边打扫楼梯，路过的大人都夸我懂事能干，到晚上又发烧再去医院白天退烧后又像没有事的样子。第三天晚上再次发高烧，路易不干了，无论如何不肯再耽误睡眠带孩子去医院打退烧针，和豪大吵起来。那时候路易和豪年轻气盛经常吵架，动静如果大一点的话伯伯老子或者是唐奶奶就会上楼来劝架，只要听到她们一边咳嗽一边重重地一步步走上楼梯来的声音，我就知道爸爸妈妈的争吵会在妇女们长篇大论的聊天声中大事化小小事化无了。

　　那天晚上来劝架的是唐奶奶，Solution 是唐奶奶陪豪带我去医院，被劳动和游行搞得很劳累的路易则如愿留在家中休息睡觉。医院的处置和前两天一样还是打吊针退烧，这针一打就到了凌晨四点，我的体温和前两天一样在药物的作用下退了下来，整晚在医院走廊打瞌睡的豪和唐奶奶遵照值班医生的吩咐收拾东西准备带我回家了。这时正逢医院交接班，凌晨来接班的是一位年纪比较大，以前为我们看过病，豪也认识的周姓医生。

按道理医院里比较资深的医生都不会当值夜班，尤其不会值凌晨那一班的，但资深业务强的周医生不在此例，因为他是"黑鬼"，当时医院大堂里还挂着"揪出国民党军医周某某"的大幅标语，安排他当值最辛苦的凌晨班理所应当。

豪不理会"黑鬼"什么的，她自己家里就有"大黑鬼"，看见周医生就像看见了救星，跑过去述说女儿已经连续三个晚上高烧了，她挺担心的，不知有什么别的毛病没有？周医生答说这反复的高烧不是好症候，他怀疑是得了脑膜炎，必须马上做骨髓穿刺确认，被儿子一年多前的脑膜炎吓破了胆的豪心惊肉跳地交钱办理了穿刺手续。几个医生护士把我的手脚压得紧紧地不让我动弹，然后麻利地在我脊背上抽骨髓。虽然是前所未有的锥心之痛，但他们把我压得太紧了没有办法挣脱，而且我已经发了三天的烧，想要大哭大闹都没有什么力气了。

天还刚刚透一点亮，医院里空荡荡的，豪把骨髓样本送到化验室后就站在窗口等候。两个女化验员接过瓶子边化验边聊天，声音清晰地传到豪的耳朵里。"脑膜炎"…"乙型的"…"在金井那边发病率高，大部分救不活…"，豪记起牧之得大脑炎时那位山东医生的话："大脑炎只要用药及时还有救，不死即傻的是乙型脑炎，"这一点点有限的医疗常识这时差点要了她的命，震撼得连心脏都停止跳动似的，木木地接过化验单走过去交给周医生，脑子里一片空白。

周医生说："所以我不放心啦，果然是乙型脑炎，你赶快转院吧。"豪急切地央求周医生说："我不转院，你救救我的女儿吧！"周解释说："这是传染病我们医院不能收治，你抓紧时间到传染病院去吧！"他不敢安慰病人家属还有多少指望，只催着赶快转院，赶快求治。

　　豪这时已经腿脚发软不能骑自行车了，把车子送到附近的亲戚家并托他们到唐家大院报讯，自己和唐奶奶一起叫了一辆三轮车直奔传染病院。等她们办好手续进了病房，芷青奶奶和路易都已经赶来了。传染病院把我安排在一间有十来个孩子的大病房里，给我换上了医院里的白衣白裤。豪死死地盯着女儿看，据她事后回忆，我当时已经再一次退烧，对大人们的所有安排都安然接受，言语清晰，态度平和，一点也不像过不了多久就要非死即傻的样子。

　　把孩子交给医院后豪回家休息，虽然很累但还是睡不着。第二天去医院，女儿看见人来了高兴得在床上蹦蹦跳跳，黑发浓密，眼睛灵动闪亮，完全没有病容，只是兴奋了一小会儿就脸色泛红疲倦乏力地躺下了，再看满屋子的孩子不是在抽筋就是嘴角泛白沫，比较安静的也眼神呆傻没有什么活力，只有自己的女儿看上去还比较正常，可是为什么没有给她打针或做什么医疗救治呢？

　　豪寻到医生办公室，向值班的女医生询问女儿的病情和采用的医疗手段。女医生不以为然地说："你不知道这是很厉害的病吗？这些现象都是后遗症没有什么办法了！"豪忙说："她刚得病怎么就是后遗症了呢？"女医生指着表格上的日期说："都十二天了，怎么不是后遗症呢？"豪急了："那不对，我们昨天刚来的，这日期记错了！"

　　女医生瞪大眼睛细看纪录，又叫过护士来询问，发现果然是登记错误。她抓着听筒就往病房跑，豪马上跟在她后面追，到了病房她按住我一边检查一边命令护士："赶快腾出一间单人病房来，转移！！"这时豪大概脸上露出了极端惊恐的表情，医生对她吼道："你不能走开，有话要和你讲！"听到这话豪更是吓得魂飞魄散，完全失去了理智，转身就跑出了门，冲到大门外寻得自己的小跑车，就像要逃离死神追赶似地跨上车就狠命地踩，不顾一切地从位于高坡上的传染病院门前的陡峭的山坡上飞驰而下，再冲进又窄又小的密集街道，一口气冲回了唐家大院。

　　下了车也不上楼回房间，跌坐在厨房门口面对天井的椅子上泪如涌泉地痛哭起来。唐家大院的后院这时静悄悄的，只有邻居李叔叔到厨房打水看见了大失常态的豪，问得缘由后他马上自告奋勇地要过河去寻路易，二话不说就走了。豪哭过一阵，又发了一阵呆，想着也还是必须要面对，无处可逃，抹掉眼泪又骑上自行车回医院了。

我当时已经被转移到一间单人小病房了，医生向豪解释说：误以为是后遗症滞留在大病房期间我已经染上了同样可怕致命的白喉，更麻烦的是治疗白喉的特效药马蹄血清与治疗乙型脑炎的药相互抵触不能用了……人都说天无绝人之路，但那天我的生命之路真的像是要被全部堵死了。

出了这样的责任事故，医院方面想尽办法救治，到单人病房的第一个晚上一直有一位年轻的男医生守候在我的病房里，医院也破例允许芷青奶奶留在病房里陪伴我。现在回想起来最危险的那个晚上医生们应该是在不断变换医疗方案，力图在没有路的地方寻找出一条路来。那一个夜晚也是我感觉最难受的一晚，医生护士们不停地进进出出，抽血打针喂药，吊针肌肉注射没完没了层出不穷，左腿受伤不能打就集中打右腿，终于把我的右腿也打瘸了再换左腿，两条腿都又痛又不能动，真的是难受死了。

被豪盛赞每次生病都安静听话配合，是个最好的小病人的我，这个夜晚终于不耐烦了，吵闹着不让他们碰我的右腿，也不让他们碰我的左腿。我只要一闹芷青奶奶就慌张地跟着乱，医生护士们一边安抚我一边安慰她，病房门开了又关关了又开。吵闹挣扎得累了也只好听人摆布，脸对着墙无力地耷拉着眼睛，心口像堵着一块大石头一样的难受，无法入眠，听着背后芷青奶奶和那位年轻男医生轻轻的谈话声，看着曙光一点一点地透过窗户射进房间里来，在我身体里纠缠不去的死神终于随着太阳的升起渐渐远去了。

脱离危险后，医院也没敢再给我换房间，让我一直留在单人病房里。我每天躺在床上静静地看着芷青奶奶做针线，只有在为我做肌肉注射的时候才闹脾气挣扎。摔断了小腿已经够倒霉的了，他们还在我的两边大腿屁股处不停地打针，打得肌肉都硬成一大块了，他们到底要怎样呢？难道真的要让我下不了床迈不开腿吗？我天天在心里怨恨着。

我生病的消息一直瞒着已经病得起不了床的外婆肖妹，她见我们很长时间都不去河西看她，不由得起了疑心，还凭着直觉分析出是我出了大问题，一直追问大舅万。万的吞吞吐吐更让她焦躁，发脾气道："小红到底得了什么病？你不实话告诉我，我爬也要爬过去看个究竟！"万只好告诉她实情，好在当时我已经脱离了险境，肖妹的情绪才慢慢平稳下来。

2

时局不好，家里老小都生病，但日子的河流还在不停地流淌，生生不息。相亲相爱的庞舅和黄冰坚姨虽然一个是因为"文革"老是毕不了业的大学生，一个是回乡知青，但还是决定结婚了。他们租了湘江边上的一家小旅馆里的一间房间做婚房，婚礼就在那家旅馆举行。

肖妹生病来不了，芷青在医院里陪着生病的我，新娘的妈妈饶老师也没有出席，只有万、路易和豪带着牧之出席了。有关婚礼的物质准备虽然乏善可陈，但来的同学朋友很不少。"文革"几年下来把大学生们都锻炼成了职业革命家，组织婚礼营造气氛简直是小菜一碟，他们安排得热热闹闹，让新人行礼唱歌说笑话，最高潮的时候，全场响起了"大海航行靠舵手"的高亢歌声，旅馆的客人和工作人员也都加入合唱。夹着初秋的燥热，人们的脸上放着红光，共同唱着大家都熟悉的歌曲，边唱边摇摆着身体，笑容满面，豪认为那一刻是当时的苦难岁月里难得的快乐时光。

人人都在放声高歌，是欢喜？是悲伤？是振奋？是宣泄？是麻痹？是无奈？是奋不顾身？是不管不顾？和别的民族比起来相对比较压抑沉闷的中国人，那年头常常集体放声高歌，确实不同寻常，耐人寻味。

当时的人们可没有这份闲心来思考为什么大家忽然都唱起来了这种事情。那天晚上婚礼结束，路易和豪把儿子放在自行车上推着往家走，走到靠近小吴门的铁路道口时，发现前面堵了好多人，心里疑惑这时间都已经快半夜了，不应该还有这么多人聚集在这里啊？

走近一看才知道是戒严了。铁路道口站满了佩戴袖章手持棍棒的人，个个满面威风目露凶光，虽然不知道是什么机构的人，但他们还是不由分说地阻止住了过往行人，行人也都乖乖地听指令没有人敢表示异议，于是慢慢地积攒了一大堆人在夜半的铁路两边。路易和豪一家三口回不去近在眼前的家，只能静静站在人群里观望等待，半夜里秋风渐凉，五岁的牧之已经趴在自行车上睡着了，路易和豪也越站越累，只好靠在路边店家的木板门上打盹，这一等就等了一夜，直到天大亮才放他们走人。

那天晚上被戒严堵在路上的还有参加了婚礼的万舅，他被堵在湘江边吹了一夜的风。住在旅馆里的新婚夫妇半夜也被叫起，接受民兵的盘查，套用现在的话来说，这真的是一场极具时代特色的婚礼。

原来那一夜是全市革命造反总司令部统一部署的大行动，又一次的"红色风暴"，新娘子黄冰坚的母亲饶老师当天晚上被抄了家，第二天河东芷青处、河西路易处也都被抄，逃难时放在敞开的房子里都没有丢失的收音机这次终于被抄走了，路易精心撰写的有关王国维《人间词话》的研究文章也被懂行的人抄走再也找不回来，这次抄家的面非常广，该抄的不该抄的都抄了，没有遗漏。

前几天和老公去看电影《The Monuments Men》，看到希特勒的军队抄来的物资在仓库里摆得密密麻麻层层叠叠，老公就轻轻地在我耳边说："'文革'中放抄家物资的仓库就是这个样子的。"他是男孩，也比我大几岁，跟着一帮野孩子到处跑，爬墙看过装抄家物资的仓库，更围观过武斗。

庞舅新婚后没有几天就和黄冰坚姨到医院来看我，他们坐在我小病房的椅子上和芷青奶奶心平气和地聊天，完全没有提到那几天发生的抄家事件，从头到尾都在谈论那天的喜宴。话说结婚那天婚礼前他们在长沙饭店吃了一顿饭，大概就是几个亲人一张桌子的酒席吧？芷青奶奶详细地询问吃的每一道菜，还不时地就这道菜的做法和味道发表些议论，记得提到过糯米八宝饭。

我当时身体还是很弱，躺在床上一言不发地听她们聊天，越听越馋越听越后悔，为什么我要生病呢？如果不生病不就可以和弟弟一起参加庞舅的婚礼吃上喜宴了吗？……这么馋这么想吃东西，当然是身体慢慢变好的表现，果然没有多久我就可以出院了。

3

我的母亲大人豪一直认为她在"文革"中特别倒霉，婆家娘家都有问题，亲戚朋友邻居也差不多都是牛鬼蛇神，连新结成的亲家也是有问题的家庭。你说"文革"中卫生防御系统停摆，不再给小孩打预防针导致流行病发病率增加吧，也不能这么倒霉两个孩子都先后得脑膜炎，概率高达百分之百吧，真的是喝凉水都塞牙，运气算是坏到家了。

但就是这么倒霉的妈妈也还是有人对她的处境羡慕得要命。话说我出院的那天，豪把有气无力的我放在自行车上推着走出医院大门时，好多住院时认识的妈妈们依依不舍地来相送，有的更拉着我的手扶着自行车一边断断续续地说着祝贺的话一边哭得抬不起头来。

那年头脑膜炎真的是很厉害的病，真的是非死即傻，很少有人能够全身而退。那天送我的妈妈们都有个前途难料，脑子多半已经烧坏了的孩子还躺在医院里，对豪能够带着一个虽然病快快但至少是没有后遗症的孩子出院羡慕不已。

记得有一个妈妈和我们最亲近，她是一个干练的农家妇女，她的女儿那年十三岁，长得结实高大，人也特别懂事顾家，她是在田里劳动的时候发病晕倒送到医院里来的，到医院的时候腿上还带着田里的泥巴。她的妈妈心疼这个劳动到最后一分钟的好孩子，一心巴望着她能活过来，更希望她能够健康痊愈没有后遗症，但直到我们出院那孩子都还没有清醒过来。那天她的妈妈一边用手擦着眼里不断流出来的泪水，一边拉着我们的单车送了一程又一程，送了好远。

这些妈妈们还不算最倒霉的，至少她们的孩子都还活着还有希望，更有很多妈妈已经带不回去她们的孩子了。我住院的时候不时听到突然爆发出来一阵妇女的号哭，惊天动地，那多半是一个孩子被凶险的病魔带走了。这病从发作到死亡如此短暂突然，要那些妈妈们怎么接受得了？

虽然老人家都说小孩子的病是来得快也去得快，但这几个月接二连三的伤病对我的打击真的是太大了，出院以后又照了一张相片，记得这张现在已经不知所踪的相片上的我真的是满面病容，瘦得都脱了形了。出院以后好长一段时间我都没有什么力气，大人们常常抱着我坐在后院晒太阳。

我当时都已经八岁，长得人高马大，早就是满院子疯跑，不扯着嗓子喊完全见不到影子的大孩子了，如今懒洋洋地趴在大人怀里休养生息，真所谓是一病三娇啊。记得当时妈妈抱着我坐在后院的时候时时有人来聊天，豪就一遍一遍地把我得病的来龙去脉讲给人听，大家就要感叹一番这病的凶险和能够痊愈的好运气……调养了好久才慢慢恢复常态，至于读书吗，好像一直等到第二年夏天过后才会再去学校。

话说豪是一个爱问问题的妈妈，我出院的时候她还找医生询问："不是说乙型脑炎非死即傻吗？为什么我的孩子能够痊愈呢？"医生说："你们真的是难得的幸运，乙脑是秋季蚊子传染的，如果遇上了刚开始的毒蚊，毒性太重，可以说无药可治。你女儿染病时蚊子的毒性已近尾声，咬她的毒蚊子还可能已经叮咬过别人了，所以还来得及挽救。"原来是屁股上被咬的那几个大包惹的祸啊！？

我能够活到今天，现代医学和医生们帮了好几次大忙，感激之余年少时一心想学医，当一个治病救人的医生来回报我曾经得到过的恩惠，阴差阳错间这个愿望落了空，也只能借着这个机会对当时救治过我和弟弟的医生们表达感激之情了，虽然只有周医生在我长大后妈妈曾经带我去当面感谢过，别的医生们后来都再也没有见过了，但他们的恩德我们一辈子都忘不了。

你想嘛，"文革"期间所有的行政管理机构都砸烂了停摆了，人人都在革别人的命或者是被别人革命，忙得顾不上正常工作和生活，但医生护士们还能够坚守岗位保持医院开门治病救人，夜班白班运转不休，真不容易啊。他们不但在非常时期保持正常工作还能够集中精神作出种种正确的医疗决定，就算是犯了医疗错误的传染病医院，一旦发现错误，不推诿不掩盖，迅速反应并千方百计地找出补救的路，就算是一切运转正常，医疗手段更完备发达的今天，这样果断明快的工作作风也是难得的，真让人佩服。

再说一句题外话，如今养生的话题非常热门，人人都把抗生素的副作用说得天花乱坠，好像抗生素是碰都碰不得的妖魔鬼怪似的。但你要知道抗生素的发明应用延长了人类寿命好几十年，特别是大大减少了孩子夭折的比例，虽然确实有副作用，也不能滥用，但它的存在绝对是功大于过的，如果没有抗生素，弟弟牧之和我都活不到今天。所以父母们遇到孩子得急病的时候，一定不要愚昧固执，耽误时机，副作用的事情以后再想别的办法排解吧。

4

把牛鬼蛇神们的家都抄了一遍又一遍以后，觉得他们的房子住得太舒服宽敞了，必须要赶到小房子里去住才行，而新搬进来的人家也有任务，叫作"掺沙子"。

唐奶奶搬出了她原来住的两间大房子，被赶到车库旁的小房间里去住。我们则要被安排到厕所旁边的小杂物间。那间房子紧靠厕所不算还特别小，只能勉强安排一张双人床，如何能够睡下我们一家五口三代人呢？

于是中学语文老师豪鼓起勇气去找这次行动的负责人办交涉，向他申述自家的难处，五岁的牧之和八岁的我则一左一右地紧贴着妈妈看热闹。

如今我和牧之的性格和为人处事非常不同，但当年我们却有很多共性。最大的共性是我们两个都非常好客，只要有客人来我们就欢天喜地的发人来疯，如果客人要走的话，我们就会想尽一切办法挽留，做出种种可爱状是软的，拦着门不让走是硬的，软硬兼施，计谋百出，无非就是喜欢人，难道已经人头滚滚的唐家大院还不够热闹吗？

那天的负责人一开始对豪的叙述很是不屑，但经不住不知轻重的牧之和我挤眉弄眼地向他表示友好，竟然动了恻隐之心，让我们住进了许奶奶家腾出来的位于天井旁的一间房。虽然比楼上的房子小得多，但比起厕所旁的小黑房来简直就是天堂了。

　　我们两姐弟一齐发萌的时候所向无敌，还觉得人人都可爱，连"掺沙子"搬进来的人家也很 Nice， 也许唐家大院多年来形成的和谐气氛真的足够强大，搬进来的人家也很快被同化了。

　　当然可能有什么阴暗面是我们小孩不知道的，但既然我的记忆里没有什么阴暗丑恶的东西，我也懒得去了解了，能够做到让孩子们没有察觉，也算是积了德，我们在唐家大院的最后时光依然温馨快乐，让人难以忘怀。我们家位于天井旁的房子虽然小，也还是大家的公共客厅，差不多每天晚上都欢声笑语的。

　　唐家大院里当时倒霉的人比较多，但当时得势的也不是没有，比方伯伯老子的社会地位应该就上升了不少，但她一点也没有乘势抖起来，还多少表现出了一点适应不良。比方当时安排她做代表去开完会回来，大家问她内容，她结结巴巴地说得不清不楚。要知道伯伯老子平日里伶牙俐齿，描述故事很能抓住重点营造气氛，但是遇到政治会议她相当抓瞎。

　　后来安排她到街道的小吃店去工作也不怎么成功。那么会做饭的伯伯老子到了小吃店居然施展不开，和同事们也处得不咋地。原来她的做饭技艺讲究的是清爽细腻，功夫到家，和小吃店要求的短平快大油重盐比起来还真的是阳春白雪到不接地气，而泼辣直白锱铢必较的市井争执她居然也不擅长，听她磕磕绊绊地向豪抱怨过好几次，后来好像也没有能够坚持下来。

　　伯伯老子是以唐家的厨娘开始和唐奶奶交往的，后来因为住对门的地缘关系和唐奶奶也走得最近，但"文革"前唐奶奶似乎没有在伯伯老子面前摆过什么主人的架子，她们二人常常一起吃喝，也常常打扮着一齐去看戏。"文革"中此消彼长，伯伯老子比较当红，但她和唐奶奶的关系却也毫无变化。

　　唐奶奶好热闹，之前她一个人住着那么大的两间房，她也不怎么在房子里待着，把饭桌都架在人来人往的门厅里吃饭，方便与人交流。如今她被赶到小房间去了也没有显露出什么倒霉相，日子还是过得不寂寞。

　　唐奶奶位于车库旁的小房子小极了，冬天里把火炉放在房子中间，烤火用的竹制烘笼上铺上棉被，大家坐在椅子上把脚伸到被子里这么一靠就能把门给堵住了。外边黑乎乎的一点娱乐活动都没有，里边也只有一盏昏暗的小电灯，大家一边烤火一边聊天再喝点姜茶什么的，你别说还真的是舒服，英文有个词叫 Cozy，说的就是这种气氛。

可见爱生活会生活，喜欢愉快过生活的"资产阶级反动势力"还是很强大的，真所谓"星星之火可以燎原"，古代人更聪明，他们说"野火烧不尽，春风吹又生"。

时局虽然不好，豪和她的同事还是找到机会就去公园去大专院校的大院子里游玩，多病多灾的我也抓紧时间疯长，还是小学生的我都已经快和妈妈一样高了（右二，右一）。

虽然老生病，但我长起个子来不含糊，总是被安排坐在教室的最后一排。

第三十二章
江头未是风波恶，别有人间行路难之一

1

1968 年秋天把我们从楼上的房间赶下来后，并没有就此消停让我们安生过日子，常常有人来找芷青问话，后来更发展到每天都来跟上班似的。芷青的问题没有解决，唐家大院终于不让住了，被逼着搬到位于冷僻小巷子里的陋室去住，并告诉路易和豪芷青是有问题的人，你们不可以和她同住，也不要和她多接触。

搬出去以后的路易和豪不放心突然被强迫单独居住的母亲，有时趁着夜深人静悄悄溜到芷青新搬的房子去，趴在窗子上朝里面看，只见她静静地躺在床上一点声息都没有，只偶尔翻一翻身。

芷青搬去的房子有前后两间面积不算太小，居然还是新建的。房子的原主人问题好像比芷青的更大，刚刚修好这两间房还没有来得及住就被赶回原籍老家了，房子当然被充了公，然后再把芷青从唐家大院赶到这里来。

房子虽然是新修的，但非常简陋，还只能算是半成品，它原来的主人应该处境一直都不怎么好，修房所用的建材都是用残次品勉强拼凑起来的。砌墙用的砖头有的是整块有的是半块，形状不一参差不齐，内外墙都没有粉刷，就那么让砖头裸露着，天花板也没有装，一抬头直接就能够看到房梁和房顶。住在这样的房子里，刮风时四面透风，下雨时房顶漏水，要在这里熬过长沙阴冷的冬天和多雨的春天还真是不容易。

当年的路易和豪都算得上是钻空子的好手，不让他们和芷青多接触的命令大概忘记了还要包括我们，而且说是不让我们同住也忘记了规定白天不能拜访或者是每次拜访只能待多长时间，所以白天在那里待上一天晚上回父母家睡觉也就可以算作遵守规定了。于是风头过后他们就打发我们去拜访奶奶，尤其是已经能够自如地独自在长沙城来去的我，就经常到芷青奶奶那里待上一整天。

芷青把后面那间比较暗的房子用做厨房和杂物间，那间房还常常漏雨，得在一两处地方放上脸盆接着屋顶上时不时滴下来的水，前面那间有窗户比较明亮，也不怎么不漏雨的房子则用做睡房、书房和客厅，窗户前放着书桌，房子中间架着火炉，炉子上架着烘笼，烘笼上盖着好几层软软的被子。

如果你坐在高高的靠背椅子上，把脚架在烘笼上再盖上被子，这么一边烤火一边看书的话，外面再怎么寒冷身上也是温暖的，再加上时时可以吃到端到眼前来的各种热气腾腾的吃食就更美了。我当年就用这种姿态看过好多书，副作用是因为看书的环境太过舒适，很多其实相当一般的书当时我都读得手舞足蹈觉得妙极了，搞得自己的阅读趣味非常的宁滥勿缺，一点也不高大上。

芷青奶奶每次见到我来都高兴得不得了，一阵亲热之后就安排我坐下来烤火看书吃东西，她对老妈从小训练我们做家务这件事嘴上不说心里不赞同，在她的字典里，子孙就是拿来娇惯的，不是拿来训练教育的，所以在爸妈家已经能够操持各种家务的我只要一到她家就十指不沾阳春水，连饭前洗手都不用起身，吃东西前后奶奶会拿来热毛巾为我洗脸擦手，而且她给我们吃东西也不是一日三餐，而是一日好多餐，隔一会儿就有点什么递过来。

我在芷青奶奶家里的姿势非常单一，就像是她家的一件常常需要喂点吃喝的家什，一天到晚捧着本书连话都不大说，她家的客人们来来去去，当着我的面说话聊天，完全不避讳内容，根本就当我不存在。

到芷青奶奶家来拜访的人主要是两大类。一类是她的女友们，有些是长沙的，有些是外地来的，外地来的还要在芷青这里住下来。比方叶紫的太太汤咏兰和姚二就都在这里住过不少的日子。

　　虽然年轻的时候都是她们那个年代有文化有能力曾经走南闯北的先锋妇女，如今却都衣着单调面色晦暗，已经完全失去了她们年轻时候的风华气派。她们一来就叽叽咕咕地说话，虽然也交流如今的形势，传播些小道消息，互相出出主意，但她们最喜欢谈的还是她们年轻时的故事，有时几个人的记忆出现偏差还可能争执起来。我一边看书一边有一搭没一搭地听着她们的交谈，觉得这些中老年妇女有时候还是会流露出小姑娘的神情，她们中各不相同的个性也会在聊天中逐渐显露出来。

　　第二类来访者就是来办学习班的人和外调的。外调的不定时，办学习班的开始两人后来一人，差不多每天都来就跟上班似的。来人头戴鸭舌帽，面色阴沉，一来就在窗户前的书桌上摊开纸笔，命令芷青坐在他对面的椅子上，开始一边盘问一边做记录。这时候的我虽然还摆着看书的姿态，身体却不知不觉地紧张起来，背脊僵硬连动都不敢动。

　　面色铁青的芷青奶奶直直地坐在来人的对面，问一句答一句，简短不含糊，这种经历于她极不愉快，但应对起来也还是有章有法，滴水不漏。来人离去时似乎也会把阴森的空气带走，奶奶的脸色顿时放松下来，又开始到后面的厨房里忙来忙去，我则把紧绷的身体一松，像一只懒猫一样团在椅子上一边埋头看书一边等着吃热乎乎的好饭菜。

　　芷青的新住所离唐家大院并不太远，应该是长沙大火后胡乱盖起来的一片简陋房子，狭小街巷里住的人家也多半是做体力劳动的。比方对面的朱爷爷就是拖板车的，　他当时并没有退休，每天都还要出去劳作。当年长沙城里的运输主要还是靠用人力拖动的板车，这工作很吃力但收入相当不错。

　　朱奶奶是全职家庭主妇，她每天的主要任务就是为朱爷爷做一顿营养丰富分量充足的晚餐，比方炖一只鸡或者烧一个红烧肘子，配上一大盆炒青菜外加一瓶白酒，老两口就坐在摆放在门前的小餐桌两旁的低矮靠背椅子上胃口很好地吃将起来。胖胖的朱奶奶的生活方式、做菜风格和芷青奶奶是完全不同的两个方向，芷青奶奶做的菜清淡细腻花样繁多但分量都很小，而朱奶奶做的饭菜往往就是简单的一荤一素、量大油足，但这些差别一点也不妨碍她们马上成为关系非常好的邻居，不但时时在一起谈天说地还互相关照，事事都可以托付，和亲人没两样。

要说这阶级斗争年年讲月月讲天天讲，怎么一到民间就讲不下去了呢？肖妹的房东沈大叔和芷青的邻居朱奶奶显然脑子里都没有阶级斗争这根弦，一眨眼间就和背景复杂得连儿女都不让多来往的人交上了朋友，还交得长长久久贴心贴意。

2

从唐家大院搬出来，我们就搬到河西师院的教师宿舍去住。路易原来住在教授楼分出来的一间小房间里，后来那间幽静的房子被人看中了，命令他搬家腾地方。正走霉运的路易心里抱怨嘴上不说，让我帮着收拾行李搬家。我当时虽然只有九岁左右的年纪但嘴很利索，一边快手快脚地帮不擅家事的老爸打包行李，一边大声抱怨学校当局不公平，莫名其妙地让我们腾房子给别人住。来帮忙搬家的同事看到这一幕觉得挺好笑，对路易说："老周你这女儿真不得了，小小年纪就这么能干厉害了。"

搬去的房子是住着很多人家的大楼，当然嘈杂得多，但对我而言却不是坏事，因为邻居多小孩就多，我的玩伴顿时增加了不少。当时小孩们没有多少功课要做，家长们心不在焉也顾不上管我们，大学还没有复课，安静空旷得好像整个岳麓山都是我们的后花园似的。我们玩耍的范围广，花样层出不穷，自由自在得就像山上的小鸟一样。当然我们不能飞，但我们可以上树，不但能爬到树上摘野果子吃，还能一群人盘坐在大树上讲鬼故事自己吓自己。

我在新地方很快交上朋友适应良好，但新生活对路易和豪还是很困难的。尤其是豪，第一次离开婆婆和妈妈独立组织一家四口的生活她十分抓瞎，以前还可以依靠食堂，如今革命是主业，生产是副业，生活更不值一提，食堂的服务和饭菜的质量和她在这间学校当学生时根本就没有办法比了，翻山越岭，走上老半天，再排上好久的队打回来的饭菜味道寡淡，缺油少盐，根本就吃不下去，她不得不开始自力更生学着做饭了。

　　会读书会教书会劳动的豪不会生炉子，不会做菜，但会想主意，她认为如果把所有的菜都放在一起煮上一大锅的话应该又营养又省事，煮一次就能吃上好几餐，听起来很有效率。于是她买了一口 大锅子放上一锅水，在里面放上西红柿丝瓜包菜还加上调味的榨菜，点上炉子坐上锅，自己坐在炉子前的小板凳上有一搭没一搭地为炉子扇风，还不忘在膝盖上摊本书看……你说我老妈的文艺范儿是不是挺足的啊，她当年也还真的是身型苗条矫健的文艺女青年，一点都不像两子之母。

　　不会做饭，还想走捷径，更心不在焉的结果，是扇了半天的炉子灭了，那一锅半生不熟的蔬菜汤要连吃好几天还真的是难以下咽。有个如仙女般不识人间烟火的妈妈真的是件很吃苦的事，十岁左右的我也只好提前下海早早地就开始学习怎么操持家务了。

　　当年主动跳出来担任我的家务教导员的人挺多的，比方舅妈比方赵阿姨，她们一边教导我一边不忘批评妈妈有时还捎带上婶婶，说是你长大后千万不能成为像她们那样只会读书不会做家务的女人啊……这么教导来教导去的结果是不但把我教导成总是认为做家务比读书重要，安顿一家的吃喝拉撒睡比求上进有出息。我成了烟火气十足仙气一点儿也没有的俗人，妈妈和婶婶经过多年操练也变得很会做菜持家了，这是后话。

　　生活上能马虎就马虎的老爸老妈对我的学业也懒得多费心思，鉴于我长得比同龄的孩子高，也一脸聪明相，把我从韭菜园小学转到师院附小的时候老爸老妈就自说自话地为我跳了一级，那年头跳级真的就是家长老师这么一点头就行了，当然也没有为我安排资格考试检查检查我的课业程度什么的。

　　到了新的学校新的班级，我的个子还是很高，还是被安排坐在教室的最后几排，但毕竟生病休息了很长时间还跳了级，师院附小的学生和老师的程度也不是街道小学可以比的，名牌幼儿园的那点积累已经耗光，我跟不上趟了。老爸老妈知道后倒是拿着书给我补了补课，考试前也帮着背了背单词什么的，一看我赶得差不多了他们就放了手，又一头栽进他们自己的烦心事里不再管我了。

　　我学习上的困难他们多少还算是帮了一把，另外的困难他们就完全不理会，由着我自生自灭了。比方说做红缨枪，当时学校规定每天早上上课前要军训，天还没亮就要去操场立正稍息拼刺刀也就算了，还要自备"武器"，要求我们每个人都必须要在某一天之前持有一杆自制的红缨枪，如果做不到的话会怎样处罚我倒是忘了，只知道这个艰巨的任务可把我为难死了。

　　当时老妈早出晚归过河上班常常不在家，老爸一天到晚跷着腿看书不管我的事，我愁得在四壁空空的家里穿过来穿过去，既找不到棍子也找不到红绸子更找不到尖尖的铁刺，就算是找到了这三样原材料我也不知道要如何把它们拼凑在一起变成一把可以刺人的枪，总不能拿根绳子把它们捆扎在一起吧？

　　为什么学校要我们这帮小孩一人准备一杆凶器呢？把我们训练出来后是要和谁们干仗？我们这帮九岁左右的孩子拿着把土制的红缨枪又能干得过谁？如果是十三种人的话，都已经被打倒还踏上了千万只脚永世也翻不了身了，难不成要我们去打美帝苏修或者是跨海去解放台湾？这么些重要的事情我都忘记问，只知道指定时间快到了，我还完全没有头绪，坐立难安。

　　家里找不着就到山上去找，山上找不到就到废弃的工厂里去找，求了男同学也求了女同学，想了好多办法托了好多人情，最后还是求了同学做总务的爸爸才做成的，当然同学的红缨枪很神气，我的很简陋，但到底是有了杆枪，可算是松了一口气，我终于在这学校待稳了。

3

　　1969年的暑假林兰来信，希望豪能够在暑假里去北京。一直在家上班不大去单位的林奶奶没有多少可以交心的朋友，有很多难题需要人商量，心慌意乱中也需要人陪伴，于是那年夏天豪带着牧之去了北京。

　　当时林奶奶对时代大潮很是困惑，有意想让小叔叔停学，反正学校也不教人功课，还时时需要到乡下劳动。中学教师豪主张不管怎样孩子要上学，小叔叔也不肯为避免下乡自称是独生子女。几年后立波知道这件事很是夸赞豪的主意，觉得这件事情办得妥当。

　　妈妈和弟弟去了北京，我和老爸在岳麓山过了整整一个夏天。第一次有了绝对话事权的老爸马上和我约法三章：第一，他不会管我到哪里玩和谁玩怎么玩玩到什么时候回家这些小事，不需要请示也不需要汇报，做不做暑期作业这等大事他更是提都没有提；第二，他会给我很多很多的零花钱，用完了还可以再要；第三，我可以对他大呼小喊，横挑鼻子竖挑眼，他总是笑眯眯地听着，不时还撩拨几句让我一蹦老高。当然一天到晚跷着脚看书的他听不听得进去我的咋呼就难说了。

　　这待遇应该是他从小就享有的，但老爸倒是从来没有这么惯过儿子，反而希望女儿能够有机会享受一把绝对的自由和当骄横女儿的权利。

　　我突然间拿到这么多自由和金钱后干了什么呢？据老爸说，一开始我表现得特别能干，把所有的家务活包括洗衣做饭打扫卫生等全干了，还对爸爸管头管脚的。一个九岁的孩子这么能干肯干顿时引起了舆论风潮，大家一致啧啧称奇，玩笑间连说亲的都有了。老爸马上嬉笑着补充：但是只做了三天，以后就不见人影了……老爸一直以来都以抹黑我为己任，他的话可信度是很低的，但我很快交上了一批狐朋狗党，开始满山遍野地疯玩倒也是事实。

　　我念大学的时候在岳麓山下又住了四年，但那时学习负担太重，心事沉沉，山居生活并没有给我带来多少乐趣，只有 1969 年那个暑假最堪回味。山上好玩的东西多着呢，大树成林，果实累累，鸟语花香，曲径通幽，溪水清澈。

　　庞大的大理石墓园里掩埋了那么多二战期间四次长沙保卫战中牺牲的国军将士，也许因为他们死的时候都非常年轻，还凛凛然有股正气，他们的墓园一点也不阴森，反而透着干净明亮，我们不但不害怕，还经常到那里去捉迷藏。

　　爸爸给的丰裕的零花钱也没有多少地方可以花，就买冰棒吃。平日里只能吃三分钱一支的白糖冰棒，现在不但可以吃得起五分钱一支的绿豆冰棒，还可以请朋友吃，让基本没有零花钱的朋友吃惊羡慕得不得了……啊，自由富裕的日子真好!

　　快要开学了老妈才从北京回来，用她的火眼金睛这么一扫就发现了问题的严重性。我不好好吃饭，老是吃冰棒，还一天到晚在山上摘些不知名的野果子吃，皮肤黢黑，肚子鼓胀，哪里还有什么女孩儿样? 最重要的是暑期作业一点都没有做，要老爸带孩子真的是靠不住啦。

　　老妈一边高声抱怨丈夫一边对我进行整顿，我也知道错了，还真的担心交不出作业，于是每天乖乖跟着妈妈过河上班，她开会时我就坐在旁边做作业，埋头苦干一个星期终于把暑假作业赶出来了。

　　有了自由却不能自律，尽情欢乐了一个夏天带来了非常严重的后果。

　　第一，老妈认为丈夫带孩子的能力实在太差，而且当时大学还没有复课，无所事事的大学老师们经常被送到乡下去劳动，而她的中学已经复课了，工作比较稳定，于是决定把家从条件比较好的师院宿舍搬到她工作的七中宿舍，离开了我非常非常喜欢的岳麓山，失去了快快活活在山上长大的机会，太可惜了。我一直到今天都在后悔，如果那年夏天我能够显示出可以自律生活的能力，最好还要表现出不但可以独立照顾自己还能照顾弟弟的能力，也许我们就不必搬到七中那个低矮潮湿的房子里去了。机会给过我的，可惜没有把握住，唉!

　　第二，鉴于我的学习一抓就灵，虽然贪玩但一旦有需要就特别坐得住，一个星期就能把整个假期的作业补上的表现，让老妈对我的学习潜力产生了严重误判，在转学时又顺便给我跳了一级。这间学校同样没有对我进行资格测试，就糊涂地同意了老妈的要求，而且因为我就算比同学小两岁还是高一头的状况，再次安排我坐到了教室的最后一排。

　　这个真的很要命，在新学校里老师讲什么我完全听不懂，看到周围同学一个个胸有成竹和老师对答如流的样子，我不由得自卑起来，坐在教室的最后排也特别容易精神涣散，所有的孩子都比我大也比我老练，我和他们合不来交不到朋友，虽然并不捣蛋，但渐渐地和团队游离，不再快活。第一次算术考试就拿回来一张三十六分的成绩单……这个有点让人困惑，怎么得了三十六分呢，应该是零分才对啊，我看着隔壁姑娘写算式写得飞快，依样画葫芦，难道真的蒙中了几道题？还是老师怕零分不好看白送了我三十六分？

现如今是学习至上，家长们压力大，孩子们叫苦连天。那年头"学习无用论"盛行，孩子们没法得到很好的帮助，也非常无奈。新来的孩子学习跟不上，得了这么低的分数，老师并没有在意，当然也没有给我脸色看。我总拿一百分的时候，老妈反复告诫我，成绩好简直算不得本事，学习这件事根本就不重要，和打扫房间做家务比起来，只能算小事一桩，于是我拿回来一张三十六分的成绩单的时候也没有半点羞愧之情。

优秀教师豪到底见多识广，这么张成绩单她根本懒得慌张，自己忙得团团转，也不会亲自下海为我补功课，只拜托隔壁的老爷爷为我补习。

我家隔壁住着一位白须飘飘的老爷爷，一天到晚端坐在一张阔大的书案前读佛经，一边读一边用毛笔在佛经上画圈圈。老爷爷从来不走动，也不和人聊天，家里只有老奶奶不慌不忙地操持着家务。据说这位老爷爷是很有名的数学名师，老妈托他为我补习小学算术简直是杀鸡用牛刀。

你别看七中是郊区中学，名师还挺多，也许那个时代每间中学里都藏着好些学问深厚的名师。正常的年代，他们这样的人这样的学问应该都不会停留在中学教书，但遇着时代变迁的时候，很多中国知识分子都会选择教书，而且有教无类，什么学生都收，什么学校都去，贩夫走卒也愿教，深山老林也不妨。这样的职业选择虽然清贫但不俗，而且和社会还有一定程度的疏离，很适合矜持的知识分子在乱世里安身立命。

前面说了中国历史就是一部中国知识分子史，虽然几千年来的朝代变迁，知识分子写历史的框架，是非观和审美情趣却没有什么大的变化，正史都没有超出《史记》的框架，野史笔记也渐渐地有了路数，评判标准强大到后来很多官员包括皇帝做重大决定的时候都能够猜到后代史家会怎么写而有所顾忌。

受到冤屈迫害的也可以很有底气地宣称："留得丹心照汗青。"非常相信后代史家的判断力和说实话的胆气，毫不犹豫地把自己的是非功过、思虑得失的表达权托付给了后代的史家，觉得这些非亲非故的后代知识分子一定可以读懂自己并书写出来传于后世……要说中国五千年历史文化是被知识分子所左右，更因为他们而延续，也不为过。

中国的知识分子既是弱者也是强者，弱的方面他们为了生存，为了富贵，更为了施展抱负，非常愿意服从皇权，由服从而屈从，更由屈从而至失去自我的例子很不少。

但中国知识分子这个群体面对整个历史长河的时候却十分强大，强大到从来没有真正地依附过宗教，当然他们很鼓励老百姓信教，自己有时间精力的话也非常愿意研究宗教甚至藏身宗教，有机会还改造宗教使其更趋合理完善。他们也从来没有真正地依附过皇权，他们对前朝皇帝横挑鼻子竖挑眼地品头论足，对当朝皇帝指手画脚告诫多多，并不真的相信皇权天授，只是很想和皇帝做交易：你给我管理权我帮你稳固地位，我们合作开创盛世吧。

上知天文下知地理，懂兴衰知荣辱的中国知识分子对自己在各种社会环境和境遇下的生存方式也做了不少的尝试和记录，几千年的经验积累下来，他们大致同意有机会获得管理权施展抱负就应该尽力为之，最极致甚至可以做到鞠躬尽瘁死而后已。

在野的则平心静气书写前朝旧史，撰写个人笔记，修身养性，培养个人情趣。竹杖芒鞋轻胜马，一蓑烟雨任平生……采菊东篱下，悠然见南山……生活美学信手拈来心随意转，耕读传家教书育人为社会做贡献。连顺序都有，正所谓：修身齐家治国平天下。我也可以冒昧地加上一句：审时度势，顺势而为。翻译成美国话就是：Situation Leader，翻译成粗糙的市井语言则为：就汤下面。

这个其实也不是中国独有，日本的富家子弟如果不是长子的话多半不能传承家业，有钱有闲的他们对艺术的喜爱和支持已经到了有人称日本的文化就是少爷文化的地步，觉得是他们的品位、喜好、支持和努力造就了源远流长的日本文明。

看出来了吧？周相公徐老五为自己设计的生活方式其实并非原创，而是中国知识分子的传承。白须老爷爷的学问到底有多深我当然不知道，但他和其他中学名师的运气却比同时代的大学名教授好得多，虽然不受重用，但也没有人把他们的学问拿出来放在太阳底下掰开来仔细寻找斑点，找到一星半点的都是一场麻烦。

他们自己的态度也很端正，不积极也不消极，遇到有人来请教绝不推脱，没有人来就自己和自己玩，还谨慎相处并不拉帮结派。这个生活态度也不是原创啦，古书上都有写的。

于是老爷爷接受豪的请托为我补习算术。我在那硕大无朋的大书案前和老爷爷并排坐下，他在一张白纸上写下算式为我讲解，然后出题目让我练习。他的教授简洁明了，毫无热情，我算题的时候他就继续研读佛经，我则一心二用一边做练习一边仔细端详他的书案。

只见薄薄的一卷卷佛经都是用黑色的毛笔字整齐地写在轻软的毛边纸上，读到满意的字句，老爷爷就用毛笔在旁边画上朱红色的圆圈。他每次读的佛经都干干净净没有任何印记，但每读一页他都坚定果断地打上不少饱满圆润的红圈。这得有多少本佛经给他读啊，每天读这么长时间，读得还不慢，又不能重复读，这么多本佛经是从哪里买来的呢？还是老爷爷自己抄写的？那我为什么总看见他读没有见过他抄呢？

瞧我读书多分心啊，一边听讲一边做题一边瞎琢磨。但名师就是名师，我一年的算术课程他几次就讲解完毕，练习过关，到学校应付考试没有问题了。老爷爷是修行已久的人，讲究清静无为，豪的请托这么快就完成了，他既不夸奖我也不夸赞自己，更不会自作主张继续往下教。当然如果我要求继续的话他是一定不会拒绝的，那年头其实谁有学习要求老爷爷都不会拒绝，但他不会主动教。当时要是能够这么跟着老爷爷学下去就好了，他肯定可以轻轻松松毫不费劲地就帮我把数学基础打得坚固无比。

可惜我天性中的爱玩爱热闹和老爷爷的冷寂清淡不合拍，补习结束任务顺利完成，我拍屁股就走人，马上投入到小孩子群里去疯闹，连头都不回。老爷爷没有表现出挽留，妈妈看到我赶上功课了也不再操心，同样没有对我提出继续学习的建议，这么好的机会就让我轻飘飘地放过了。以后的好多年，老爷爷一直静静地坐在我家隔壁画圈圈，我则再也没有向他请教过非常有用也非常有趣的数学，太可惜了。

我和弟弟

难得的全家福

第三十三章
江头未是风波恶，别有人间行路难之二

1

把家搬到七中后不但我的学校生活陷入困境，豪也适应得很艰难。

七中作为一所郊区中学也有特别出色的地方，最出色之处就是占地面积大。照当年我的眼光看来，校园大到无边无际走都走不完。虽然不如岳麓山那么郁郁葱葱显得挺荒凉的，但也有好些山坡树木，有不少宽阔敞亮的好地方适合盖房子，但却不可思议地选了一块低洼潮湿也非常狭小的地方建了一片密集简陋的教师宿舍，很可能是当年建教学大楼的时候搭的临时工棚。

建校后国际国内形势一片大好，重大事件连绵不断，就算地处城市边缘没有任何名气的中学也不能置身事外，大家与天斗与地斗与自己人斗忙得脚不点地，还要时刻惦记着解放全人类三分之二受苦受难的人民，当然顾不上好好为教师们重新修建宿舍啦。"文革"期间更是从先生产后生活发展到了全时革命不生产，改善生活环境这等小事就想都不用想了。

房子简陋到什么程度呢？地上既没有铺地板，也没有铺水泥，连三合土都没有打，房子就这么直接盖在泥巴地上。这泥巴地是真正的原生态，连铲平的功夫都没有做，坑坑洼洼的家具都摆不平。因为地势低洼这泥巴地还特别潮湿，大家都会把刚刚燃烧完换下来的蜂窝煤的煤灰倒在地上，带着火星的煤灰哧的一声就灭了，再用火钳往地上一拨，热辣辣的煤灰马上就吸满地上的湿气变成黏糊糊沉甸甸的一团。天花板是用薄薄的竹片编织而成的，年头长了有很多大大小小的洞，如果上面老鼠急急忙忙跑起来，天花板上就会落下一股股的灰尘。那年头不但人忙老鼠也忙，它们每到晚上就急急忙忙地跑来跑去，还不时地吱吱乱叫着打上一架，让人担心它们不但踢踏下灰尘迷住你的眼，哪天搞不好也许会跌下几只来砸到你的头上。

　　简陋的工棚虽然建得马虎，但多半都大大咧咧地霸上一大块地，最起码宽敞。但七中的教师宿舍却连这点好处都没有，几十户人家挤在一起共用一个水龙头一所厕所一个洗澡房不算，每套房子有两间房加上和人共用的半间厨房总共只有三十多平方米，还好当时大家都身无长物，家具也简单，倒也不觉得有多拥挤。

　　豪对家居环境不愿意马虎，这样的生活环境她忍受不了，于是决定自己动手粉刷房子和在天花板上糊报纸。也许是因为那年头每天都要开会到深夜，也许是粉刷房子的行动是临时想到的主意，她很奇怪地选择了半夜开工。那天晚上她借了梯子，调了石灰水，就一个人干了起来，把已经睡熟的我们连人带床移到房子中间，花了一个晚上竟然把房子刷了，房顶也糊了。

　　从第二天早上开始到以后的好多年，老妈都对自己那天晚上的好力气好干劲自夸自赞，说不知怎么的就能把他们两姐弟连着床挪到了房子中间。当然她调的石灰非常稀薄，墙也是只刷了一遍，加上她的臂力很有限，所以墙壁被她刷得一条条的，深浅不一。这个她老人家也有解释，反复对人说：我刷墙是为了用石灰水消消毒，并不是为了好看……行行行，这么神勇已经很让人佩服了，她老人家歪歪斜斜糊在天花板上的那几张报纸后来几年被我躺在高低床的上铺上读了又读看了又看，但到底还是抵挡住了老鼠们踢踏下来的灰尘，让我睡得很安心。

　　做饭方面她依然不太搞得定煤炉，尤其是早上我们要吃早饭上学的时候更是抓瞎，于是她买了一只大号的煤油炉，每天早上手忙脚乱地用架在书桌上的煤油炉为我们准备早饭。豪有天得意地向朋友介绍经验说，自从用上煤油炉以后孩子们上学就不用迟到了。我马上在旁边伶牙俐齿地说："不是这样的，这个星期我每天都迟到……"老妈的脸顿时被我气得通红。

　　当然我大部分时候都是很听话，很愿意为妈妈分劳的，九岁的我有时竟然能够收拾好房子，做好饭菜，等着妈妈下班回来吃。这么做了几次后，得意的老妈忍不住向同事夸耀，有一天她竟然不打招呼就带了同事准备回家来吃我做的饭，谁知那天我刚得到了一本书正在没命地看，房间没有收拾，饭没有做，连自家的头发都乱蓬蓬的……牛皮破产后不知如何下台的老妈紧绷着脸，我脑子还留在书里面木木呆呆的，连她怎么教训我的都没有听真切。

　　有时太积极了也会犯错。有天豪买了一大堆稻草堆在房子里，然后她就照例去开每天晚上都要开几个小时永远也开不完的会去了。那天下雨，天早早就黑了，我看着堆得满屋子的稻草觉得乱糟糟的很不像样，于是带着弟弟一起把稻草搬到厨房外的后院，又做了两个菜，收拾好房子摆上餐桌等妈妈回来吃饭……豪回来看见她好不容易买来准备铺在床上过冬的稻草，被我搬到院子里淋得湿答答的，根本就没有办法用了！她那个气啊，气了好多年。

　　正当我们跌跌撞撞地适应新生活困难重重的时候，深秋里外婆肖妹去世了。那天下着大雨，天色灰暗，得到消息后一直泪流不止的豪带着一双哭哭啼啼的儿女过湘江走山路去送了肖妹最后一程。

2

　　住在上海的这几年我没有开车，出门多半坐出租车。上海的出租车司机不像北京司机那么爱聊天，但毕竟我坐的次数够多，和他们聊起来的机会也不算少。有一次一位年轻司机表示他希望再来一次"文革"，于是我慢悠悠接口说："没有电视没有电影连电灯都只在过春节的那几天有电，出门不但没有出租车，连公共汽车都没有，要靠步行，你确定你真的要回去过那样的日子吗？"小伙子急得连连摆手道："我没有说要回到那样的日子啊！"我说："那就是'文革'生活的常态了，你倒是搞清楚点你到底要什么好吗？"小伙子从后视镜里仔细地看了我一眼说："大姐你看上去这么年轻怎么知道得这么清楚啊？"之后我们的谈话就围着怎么保养打转转了。

我一点也没有夸大其词，"文革"初年的狂乱持续的时间并不长，而漫长的"文革"十年的大部分岁月就是我向那位年轻司机描述的那样沉闷灰暗，就像狂风暴雨过后一片收拾不起的狼藉，就像高烧过后的虚脱，非常黯淡。

路易和豪在"文革"前是不管钱的，发了工资交给芷青就行了，如今被迫和妈妈分开生活，少不得要自己开始安排财务。"文革"虽然乱但工资还是照发，路易和豪的工资不算低，在当时的社会里我们家的财务状况应该算是还不错的，但也没有隔夜粮，一旦遇到我们生病，他们就会缺钱，一旦缺钱他们就去寄卖行寄卖东西。

家里稍稍值点钱的东西都被抄家的抄走以后，他们手上有寄卖价值的就只剩下几条呢子裤和豪的一块挺不错的手表了，这几件东西在寄卖行里进进出出几次之后终于被彻底卖断。另外还有那辆永久牌女式自行车，这车豪天天骑着跑来跑去，有时还要带上一两个小孩装上买的东西，是家里不可或缺的交通运输工具，可惜他们实在太缺钱，寄卖来寄卖去最后也卖断给了万舅。

结婚后的万舅过得很幸福，能干的舅妈把他的生活照顾得很好，他们两人的工资高没有孩子，常常来看我们，给我们买上很好吃但父母从来不会买的高级点心。万舅不时借钱给豪渡难关，后来一次缺的钱数目实在大，路易和豪就把自行车卖断给了万舅。当时公共交通停摆，家里也没有了交通工具，我们要去任何地方都得用走的，买了米啊什么比较重的食物也只能手提肩扛，当世界在往现代化迈进的时候，我们也在加快速度往后倒退，已经退到完全不借助工具全部靠人力的地步了。

其实那时候路易是很少回家的，他虽然没有正式下放到农村，但也是他们学院的劳动专业户，几乎长年在乡下劳动，有时要好几个月才能回来休息几天，连每个月回来领取工资然后送回家都做不到，于是他们几个长年待在乡下的劳动专业户只要有一个人回来就挨家送工资。

当时湖南师范学院有一个女教授是苏联人，高高胖胖的她和路易一样如有原罪般先天不如人，需要长年劳动锻炼。她到我们家送工资的时候总是趁着夜色来，用大毛巾把头脸包得紧紧的，敲开门把工资递给妈妈再悄声说一句话，就无声无息地消失了，跟搞地下工作秘密接头似的。当然她有张外国人脸，身形也比较引人注目，当时确实比路易更容易招惹麻烦，要她摸着黑到完全不熟悉的地方来送工资真是难为她了。

一旦知道爸爸要回家，弟弟和我就会热情高涨地把家收拾得干干净净，欢天喜地地迎接他回来。老爸在家的几天我是不需要洗碗的，晚饭后他总是马上打发我出去玩，说他会帮我洗碗。但他一直躺在摇椅上看书老是不动手，让我玩得很不放心，几次三番地抽空回来提醒他快快开始工作，免得老妈十点钟散会回家来找我的麻烦。老爸在家的时候很少，大部分的日子都是要求严格的妈妈豪带着我们过生活了，当然豪只在个人卫生家务劳动上对我们要求严格，读书什么的她并不放在心上，很坚决地要把我们训练成手脚麻利头脑简单的人。

我在新学校功课虽然勉强赶上了，还是不太合群，过得不怎么开心，人要是情绪不好，干什么都不起劲，在岳麓山上被人一再夸赞的泼辣能干劲在这间学校里一点儿也没有拿出来。记得当年老师对我的评语的最后一句话总是"要克服骄娇二气"。孩子的事还真是说不得，老师越是说我娇气我就越娇了起来，三天两头生病不上课，在家的时候比在学校的时候还多。至于骄气嘛，那应该是个误会，可能是因为我混不进普遍比我大两三岁的革命队伍，被边缘化了。

没情没绪地混了一阵子后，又遇到小学学制从六年改五年，我居然很快就小学毕业了。非常可疑地拿到了一张小学毕业文凭，在十一岁那年就进中学了！慢点慢点，我是八岁进的小学，十一岁进中学，就算天天上课也只上了三年小学，除掉生病劳动拉练游行，能上足两年学就不错了，这真是大跃进的速度啊，不要说你了，连我都觉得自己的小学毕业证书水分太大。俗话说天下没有白吃的午餐，今后如果因为小学基础没有打好遇到学习困难那也是理所当然的啦。

唔哦，忘了解释一下当年的专有名词，读者中如果有小屁孩或者外星人的话该看不懂了。劳动就是学工学农学军，记得那间小学的学军项目中有一项是攀崖，那崖不知是自然形成的还是加工过的，反正直上直下有好几个我们那么高，还是有点难度的。我们在老师的指挥下爬了几次以后，自己课间休息时也爬将起来，有一次我已经坑哧坑哧快爬到顶了，一个从上面要往下爬的男孩一定要我让他，我的后面还跟着好些孩子，想退也退不下去啊，争执中横蛮霸道的他把我从山顶上推了下来，狠狠地摔了一跤。

学工就是到工厂去劳动，这么小的一帮孩子能干嘛？于是牙膏厂安排我们把机器已经装好了但形状不规整的牙膏用手拍一下，叭的一声牙膏就顺溜了，顺顺溜溜的牙膏才可以打包装箱。叭叭叭，一天拍几个小时，拍上一两个星期是挺有实用价值的教育哈，我一辈子都知道如果嫌挤得歪歪斜斜的牙膏不好看的话，叭的这么拍一下就顺溜了。

如果毛主席发表了最高指示的话，大家是要欢呼游行的，"知识青年到农村去，接受贫下中农的再教育……"欢呼游行，口号喊得响彻云霄，全想不到这会给所有的家庭带来什么样的变化。

拉练倒是挺好玩的，大家把被子杂物打上背包，一边唱歌一边行军地走上一两天，最起码要在外面睡一个晚上，多半是另一间小学的教室，极端点的搞不好就在马路上摊开被子睡了。这个嘛好些是战争年代的余韵，可能也是最高指示"要准备打战"的一种准备吧？不过这年头世界上的军队都在往电子化机械化发展，移动起来不是坐飞机就是坐汽车坦克，我们这种打着背包走来走去的准军队真的还有用吗？

不管了，反正我们玩得挺痛快的，快到目的地的时候一些有后劲的孩子还能撒开脚丫子跑上一阵，把残兵败将般的大部队稀稀拉拉地甩在后面。好笑的是这准军事训练并无统一装备，背包打得五花八门大小不一，很多半路就散开了。食物也须自备，我的食物是一听到我们搞活动就比我们还兴奋的芷青奶奶半夜起来煎的面饼。食物带少了不够吃，带多了也不行，听说带了几个鸡蛋的同学受到批评，说是太奢侈了。

以上都是我短暂小学生涯的学习项目，是为记。

3

　　这时"文革"已经过去五年了，五年来中学的教师队伍减员得厉害，像老爷爷那样的名师已经不怎么上讲台了，骨干教师就是豪这一批"文革"前毕业的大学生。当时大学还没有恢复正常，没有几个大学毕业生可以分配到中学来当老师，而已经恢复上课的中学则年复一年地有大批新生进学校。

　　俗话说人有多大胆地有多大产，活人不能让尿憋死。当时想出来的急就章办法就是在应届高中毕业生里挑选出一部分学生短期培训一下，然后直接把他们分配到中学来教书。在中学六年里教过我的十几二十个老师中的大部分都是师训班毕业的年轻教师。请别笑话我是大跃进的小学毕业生，我的中学老师们也多半都是大跃进老师，师生还蛮般配的。

　　当时他们这批年轻教师来到七中的时候最小的十七岁，最大的也不到二十岁，由豪和几个骨干教师负责给他们做上岗前的职业培训。豪她们面对这么年轻的一群孩子般的同事也觉得稀罕，当着他们的面就议论说："你看她你看她，这么小，脸上的胎毛都还没有褪干净呢……"于是豪就顾不上教中学生了，整天忙着为稚嫩的年轻同事们补课。

　　这群新教师比豪"文革"前教导的学生都小，和豪这批教师的年纪学历经历的距离都太大，关系比较像师生而不太像同事，一时半会儿还亲近不了，反而是我马上就和她们混熟了。我当时还在读小学，和大两三岁的同学合不来，但和比我大六七岁的未来老师们太合得来了，我从小就特别喜欢和比我大一截的大姐姐们耗在一起，她们也都挺愿意带着我，所以这个时候我一有机会就跑到她们的宿舍去，她们也早就在讨论红明年进中学了要怎样怎样的话题。

　　偶尔和女儿宝宝谈起我的少年生活，这一段是她最不肯相信的了。她大声表示怀疑道："不可能，中学毕业生就来教中学，然后你还能够考上大学，然后你的老师还和你一起考试，再变成同学，这不可能的！"

　　在她眼里这当然是不可能的，她的老师都根基深厚经验丰富，幼儿园的老师中就有教育学博士，游泳教练中就有奥林匹克选手，中学的数学老师干脆就是从在菲律宾大学里担任数学教授的任上直接聘过来的，可以发表数学研究成果的数学家，她哪里见识过这么跃进的教师呢？而且不是一个而是一批，不是教一年半载，而是整整六年，可以说我的整个少年时代都是跟着他们混大的。

宝宝的求学生涯非常幸运，但我也有比她幸运的地方，她在那么多教导过她的中小学老师中结交过朋友吗？可以和老师变成朋友还交往一辈子吗？有过和老师一起成长的经历吗？这个经历是难得的，也可以说是一种幸运。学习的途径是各式各样的，毕业于名校得到高师指点当然是条好路，但从没有名气的学校毕业，在还没有学问根基但非常热情有干劲的年轻教师的教导下成长也另有益处。

当年如果让我在跟老爷爷学数学还是和同龄的小朋友疯玩中间做选择的话，我会选小朋友；如果让我从和小朋友玩还是当大哥哥大姐姐的跟屁虫之间做选择的话，我选择当跟屁虫。运气好的是当年的我还真的就有这种自主权，可以按自己的意愿三选一。

热情有余经验不足的年轻教师和比较早熟的学生中间最容易产生比师生情更丰富的感情。这化学作用挺复杂的，有崇拜有欣赏有挑战有惺惺相惜，有搞定和被搞定，驯服和被驯服，也有哥们义气相互关照……这复杂多变的感情和冲突被艺术家们看上了，美国和日本都拍过不少好看的校园剧，电影和电视都有，很多都是表现一个年轻没有多少经验，学问也不足的教师接手一个烂班生发出来的无穷故事。

豪的教育理念挺奇怪，她明明有办法安排我进一个不错的班级，但从来都不这么做，每次都听其自然地让我遇到哪个班就进哪个班。我踏进中学的第一个班级就烂得一塌糊涂，闹起来比电影电视里表现的烂班有过之而无不及，我同座的男生就时时把纸头放在嘴里嚼烂后团成一团甩到天花板上粘起来，他的口水干了以后这恶心的纸团就可能落到我的头上脖子里，我就嗷的一声怪叫着扑过去和他打架……

我们的语文任课老师梁老师梳着两条长辫子，那年大概只有十八岁，每次上课她都怪严肃地绷着一张年轻秀气的脸站在教室门口等我们自动变安静，这等待可能从五分钟变十分钟，或者越演越烈闹得隔壁班的老师都来探头，最后由校长出面弹压才能开始上课。当然别的老师上课的时候我们这个差班也可能闹到要校长亲自出面，不过还是梁老师的课叫校长的时候比较多。

年轻的梁老师搞不定学生，但一点也没有影响到我紧紧追随她，当她的跟屁虫的热情。我还是小学生的时候就和她关系好得不得了，这时更是下了课就去找她，泡在她的房间里，同学们给我起外号叫我小梁。不过我这个小梁只当了半年就离开她任教的班级了，另一个小梁则跟了她好多年，最后连打扮动作都和她有了几分相似。当然就资格来说我才是小梁一号，她只能算小梁二号，不过粘她的时间真的有够久，前几年我去北京，梁老师和小梁二号还请我吃饭来着，她们到现在还时时粘在一起呢。

这样的缘分其实也不算稀奇。当年豪刚从大学毕业第一次当班主任，在有经验的名师手上响当当的优秀班级到了热情的年轻教师豪手上就各项指标一落千丈，从优秀班级直接往差班坠落，不可收拾。雪上加霜的是没有过多久班上最重要最得力的学生干部就被军队挑去当运动员了，临走的时候他坐在豪的面前哭得抬不起头来，说在班级这么困难的时候自己留下烂摊子一走了之实在对不起老师同学……这么挣扎艰难的经历却让豪和这个班的同学包括那个只相处了几个月就参军离去的学生干部都结下了最深厚的情谊，几十年不变。以后越来越有经验也越来越淡定的豪再也没有和学生建立过这么深厚的感情了。

美国的教育界也很看重这种形式，很多地方都有大哥哥大姐姐的帮带传统，这种关系延续的时间可长可短，结果多半都很正面。女儿宝宝就曾经在高中时带过学妹学音乐，大学时带的学画的孩子就更多了，常常指着某画称这是 one of my children 画的，那是 one of my children 画的，自豪中带着几分轻松老练，让我觉得教学相长，带学弟学妹的过程中宝宝得到的益处也不少。

当然大哥哥大姐姐的传帮带只能用作正规教育的补充，仅仅依靠这种方式或者用这种方式代替正规教育是远远不够的。没有接受过系统正规的基础教育的我们以后就算机缘巧合有了深造的机会，也必然要付出代价。

4

十一岁的我进入中学后成绩还算不错，当时有一段很短暂的时间又开始重视文化学习了，我们参加了一次全市的统考，成绩不错的同学名单会挂在学校的墙上，记得我的英文和数学都上了榜。我那时个头还算是冲得快的，和同学们在一起外形上并没有显得特别小，但和同学的关系却有问题。

班上的女孩子都比我大两三岁，这个听起来不算太大的年龄差距当时却隔着她们已经是少女了而我还是小孩这道难以跨越的鸿沟，格格不入玩不到一起也是理所当然，好在我一直不停地生病转学，几乎没有什么固定的玩伴，落了单也没有太大的问题。

麻烦的是和男同学的关系，比我大几岁的调皮男生连没有经验的年轻老师都敢欺负，何况是我？更麻烦的是我自己大概也正好到了青春期比较躁动起来，以前遇到困难不过躲避游离的我这个时候似乎不再愿意吃亏，惹到我就反抗，说不定会动手。有时还主动出击搬来我一向不害怕的毛毛虫放在有了过节结下梁子的男生抽屉里吓得他嗷嗷大叫。有一次的冲突竟然严重到要出动妈妈带着我去男生家告状，乖乖女有了向问题少年转化的苗头。

暑假里我照例玩得很愉快，临到开学时却又生起病来，豪突然决定让我休学半年，明年和下一届新生一起再读一次初中一年级，我竟然留级了？！那年头父母和孩子都没有什么双向交流，就算是豪这样教育理念比较先进的妈妈也不问孩子的意愿，跳级也好留级也罢，都是她做主，从来不问我的意见，我在学校处境无论顺利或困难，什么地方顺利什么地方困难都不会向她倾诉，更谈不上把事情摊开来分析商量。

豪和我当时并没有建立起谈心的母女关系，但应该还是在不断地观察我，看我学习太不饱满就让我跳了一级这个很正确，后来接着再跳一级应该是误判。看到我一直有点适应不良，如今这个适应不良遭遇青春期更有了恶化的迹象，她趁机让我往下修正一级总算是没有一错到底。我听到这个决定后咧开嘴哭了大约五分钟就收场了，连眼泪都没有流。留级是件丢面子的事不哭说不过去，但隐约间又觉得这是一件好事，哭久了引得大人再改主意就麻烦了。

当年的中学不是个小概念，学生都有一两千，每天早上乌麻麻的人群从我们院子的大门前轰隆隆地走过，跟游行似的。等他们进了学校，教师宿舍里的老师们也走了，整个院子就静悄悄地好像只剩下我一个人。我关上大门，把门当成乒乓球台打，前抽后抽左推右拉，不亦乐乎。从小多病也不是完全没有好处的，独处从来难不倒我，自娱自乐有的是办法，豪老是说我是最好照顾的小病人，这话应该没有错。

一晃眼半年过去了，我再一次进入初中一年级，也终于迎来了命中注定的一帮同学，我将和他们共处六年时光，并交往至今。

第三十四章
悲欢离合总无情之一

1

"文革"到如今已经六年了，我已经从一个幼儿园的小屁孩长成了一个中学生，而祖父立波却还关在牢里，我对他的印象已经渐渐淡化到只剩下每次填表必须要填的"反动文人周立波"这么几个字了。不过当时我周围充满了各种各样的问题人物和他们的家属，所以我家的问题也并不让人觉得特别难堪。当然我家的这位名头大些，议论的人多些，好像也影响到了我入红小兵红卫兵的速度。

据老妈说当时我常常满心高兴地把别的孩子加入组织后散发的糖果带回家给她吃，让她挺难过的，觉得自己的女儿受到了歧视，怎么着也不能落到最后才被当时唯一的组织吸纳吧。当时的红小兵红卫兵虽然号称是先进组织，但覆盖面广到最后只剩下几个人留在组织外面了，开会的时候只有我们这几个人需要提前离开。当年的我却相当懵懂，对这些都不太计较，比较在乎的是有没有玩伴和有没有新鲜有趣的把戏。

豪对家人孩子的社会地位有计较有不平，但注意力明显已经被分散，她当时正大踏步地从不食人间烟火的仙女向能干有办法的家庭主妇转化，开始精打细算地管理钱以及粮票布票等一切票证，时时把这些复杂的花花纸头摊在床上比画一番。也开始向婆婆芷青请教做菜的秘诀，并从芷青那里接过了当家媳妇的重担，年节时请亲戚朋友来吃饭，记下长辈们的生日，到时就安排我提上两筒面条去送生日礼物等。不管是钱粮还是食物她都开始注意留一手，我们家终于有存款和隔夜粮了。

豪毕竟是有文化的人，真正用心做起来，主意和办法比老一辈的家庭主妇要多些。肉票不够，她托人找路子买了一些不要肉票的上等好肉，让我们吃了点新鲜肉之后，其余的做成腊肉挂在窗子上晾晒。可惜那腊肉做得太漂亮太惹人注目了，结果被小偷半夜偷走，让看到过那腊肉，眼馋过的人都惋惜不已。最后见过那腊肉的是当天开会到半夜，从工厂派到学校来做领导的工宣队负责人，事后她对豪说，早知道我应该把腊肉拿走就好了。可见腊肉是后半夜被偷走的，也可见一块腊肉在当时是件多么大的一事，可以引起领导和群众的议论纷纷。

布票不够，豪请妹妹孜从浏阳乡下买来棉花请人织成土布。她买了些劣质染料，在厨房里用大锅染成据说不显脏的土灰色给我们做衣裤，她技术不行，家里的锅子也不够大，染出来的颜色斑斑点点不均匀，不是不显脏而是时时显脏。我恨死那些难看的衣裤了，但穿它们的时间还真够长久的，直到屁股和膝盖都打上补丁了还在穿。

不过用这批本白色的布做成的被褥用起来却十分松软舒适，洗好并在太阳底下晾晒干透后会散发出一股好闻的味道，就算到了今天也是难得的好被褥。啊，我们家终于有了换季的厚薄不一的被褥了，没有柜子装这些被褥，豪便请人在门框上方装上架子把不用的被子捆在用旧床单做成的包袱皮里整齐地摞在上面。

终于豪开始想要家具了。当年在唐家大院的那些用上好木头精制而成的家具谁也没有放在心上，如今想要家具时却连一块像样的木板都没有。想了好多办法才找到些细细的木条、薄薄的木板，请人打成家具后再刷上暗红色的漆。这会儿知道要精致讲究了，用好不容易搞来的油漆细心地把新家具刷了一遍又一遍，看上去还以假乱真的可以误会成上好的红木家具呢。房子里的墙壁当然重新认真粉刷过，天花板也用白纸裱糊了好几层，家里虽然还是穷但明窗净几，暗红色的书桌书柜隐隐放出微光，乍一看还真的有了点气派。

　　当然豪不是一个人突然开窍变得这么接地气的，周围那么多可以商量的同好和帮手都是热情有余经验不足的新手。人们几乎同时对连续五六年的争斗产生了厌倦，也对二十年来的鼓足干劲力争上游阳奉阴违起来，有志中青年们不需要开会商议串联写倡议书表决通过等程序就齐齐从单纯热情变得莫测高深、滑不溜手，都成了人在心不在但也没有辫子给人抓的世外高人。政治热情下降，生活热情节节升高，为了改善生活他们几乎什么都学，什么都做，学做饭学做木器学做衣服学打毛衣外加多生孩子，要不是路易长年在乡下，万舅又发现得了癌症，我们家也说不定会再添一个弟弟或妹妹。

　　我当时没有多少功课要做，也没有电视可看，更没有书可读，时间多得没有地方花，当然也积极插手帮助妈妈。当时豪和她的同事们每天上班十几个小时，白天上班不算，晚饭后还要再回学校开会直到十点钟左右才结束，一天在家的时间有限，家里还有一个调皮捣蛋一不留神就可能闯祸的小男孩，所以这个家没有我的帮忙是玩不转的。当时院子里有孩子的家庭都这么运作，"穷人家的孩子早当家"唱的就是我们嘛。当着半个家的男女孩子们相邀着一起去自来水台洗菜洗衣洗被单，脱下鞋子挽起裤脚劈劈啪啪踩衣被，嘻嘻哈哈打打闹闹倒也不觉得有多为难。

　　中国的当家人从王熙凤开始就有了可以占些小便宜的福利，我这半个当家人当然也不能例外。当时粮食不但限量还分粗细粮，南方的粗粮就是红薯，把粗粗的红薯条和米混在一起煮出来的红薯饭会发出难闻的怪味还非常难吃，但和细细的白面混在一起用多多的油煎出来的红薯饼可真的是美味。我发现了这个烹调的诀窍，又找到了妈妈藏得很密实的两瓶好茶油之后大喜过望，每天晚上等妈妈去开会时我就会煎几张香香的红薯饼，就着昏暗的油灯和弟弟牧之分吃，吃了好长时间妈妈才发现已经快见底的油瓶，简直把她的鼻子都气歪了。

　　要知道那时候每人每月只有二两油，一家四口一个月连一瓶油都没有，还要应付人来客往和年节大事，炒菜都必须省着用，哪里可以大手大脚地用来煎饼吃？还天天煎！？当然我敢肯定那两瓶油不是计划油而是妈妈开后门买来的高价油，这个时候的豪已经和困难时期腼腆羞涩的年轻太太判若两人，交游广阔办法多的是。当时她本人也批评以前那个只会死死饿肚子的自己，常常对朋友说：我那个时候真的是笨啊，只看见那谁谁谁家用不知什么办法搞来的各种食物羡慕得要死……

红薯饼的秘密被发现后，吃的漏洞被堵住了，就往玩的方面想办法。当时牧之还小，很早就睡了，等他熟睡后我就和朋友们到院子里玩，在清洌的月光下跳橡皮筋踢毽子捉迷藏，玩得热火朝天，一直玩到大人们散会。一旦听到大人们的脚步声咳嗽声从山坡上传来，我们马上就作鸟兽散，一溜烟窜回各自的家，钻进被子闭上眼睛，妈妈进门时看到的将是一双熟睡的儿女。要是让她看到我们还醒着可不是什么好事，忙了一整天还精神抖擞的老妈说不定就会开始滔滔不绝地点评我们一天的得失，当然主要是有关失的点评几乎不会提到的。如果真的做错了事让她抓到辫子的话，也会把我们从睡梦或装睡中提溜起来教训。

牧之渐渐长大越来越难入睡，小伙伴们静悄悄地在我家的窗台外等候，窸窸窣窣神神秘秘，有时还会隔着窗户低声问："睡着了吗？怎么还不好啊？"如此一来牧之越发难睡了，睁大眼睛警惕着我的任何异动，怎么哄也不行。两面夹攻之下我终于决定带着弟弟一起玩，牧之早就在等待这一天了，兴高采烈地跟在我们屁股后头混，小伙伴们也很满意我决策的明智，大家可以早一些开始玩耍，可以玩得更过瘾些。

玩的时间延长了，渐渐不满意只在家属宿舍这片小天地玩，想到学校校区去探一探。校区很大，地势也很高，一条坡路下来到了家属区用围墙和一扇木头门隔开。大人们开会时会把门关上，散会回家时再把门打开。这个可难不倒我们，有个词叫作翻墙你知道吗？我们做得很熟练的。我最后一次翻墙时已经大学毕业当了老师，为了看场电影回来晚了和几个年轻同事翻墙而入，被保卫部门的同事用大手电筒照着，第二天再被领导找去教训说失去了为人师表的尊严，觉得实在太丢脸了，以后就再没有干过，这是后话。

妈妈和好友吴阿姨带着我们两姐弟和吴阿姨的儿子

要说我的性子吧还真的是太急，大饥荒时匆匆忙忙来到人间也就算了，如今遇到没法正常生活缺吃少穿的年头还没心没肺地一个劲疯长，让豪不断惊呼：红能穿我的衣服了！……红能穿我的鞋了！……红的身高超过我了！……我的衣服红已经穿不下了？？……当年才十二岁的我就长成了这么一副大人的模样，虽然只是个第二次就读初中一年级的留级生，性情还处于小孩和少女之间，而就个头模样来说放到高中生甚至大学生群中也不算违和。唉，营养不良没有后劲，冲得那么早那么快，到头来也不过是中等身高。

当年的我们翻墙而过到了黑漆漆的校区，有些好奇大人们每天开那么长时间的会到底在干什么？于是冒险摸到他们开会的房间趴着窗子朝里看。只见一个年纪挺大的胖胖的女老师正撅着嘴低着头站在前面，有人正用手指点着厉声教训她，说着说着就是一阵猛烈的口号声。喧嚣声中女教师一偏头看见了我们，恶狠狠地瞪了我们一眼后就把头又低下了，我们吓得一哆嗦赶紧就撤，从此再没有人提去校区玩耍的建议。我们在家属区照旧玩得和和气气欢欢喜喜，对大人的世界则完全失去了兴趣。我们这一代有一批人包括我对政治冷漠，对与人争长短对错没有兴趣，大概和少年时偶尔瞥见大人世界时所产生的强烈厌恶很有关联。

<h2 style="text-align:center">2</h2>

我们虽然艰难但热辣辣地在过生活在长大，日子过得飞快，但立波却已经在牢里待了四五年了。他进监狱的时候五十八岁，这年已经是六十多岁的人了。这么多年来他除了挨斗受审接受调查之外只有毛主席著作可以读，后来在他要求下给了一本英文版的毛主席语录，无事之余只能把这本书反复抄写。头脑那么清醒身体那么强健的他如何受得了这个？有一次焦躁起来大发脾气把门踢得哐当当响，喊道："我到底有什么问题查了五年都查不出结果来？人一辈子有几个五年啊？！"

自从1967年秋天豪带着牧之和我见过立波后，路易和豪终于知道1966年底失踪的立波还在人间，也知道他已经从群众组织的关押中转移到了正式的专政机构，主管单位当时叫省革委会人保组，工作人员都是在职军人。于是路易和豪每隔一段时间就向人保组写一次申请，要求探望立波。1971年9月林彪事件发生过后，事情慢慢有了松动，经过了这么多年不懈的申请，终于偶尔会批准安排我们去探视了。

路易和豪去探望过后也通知了林兰，于是林奶奶也申请成功从北京来看丈夫了。林奶奶还没有到，路易就收到了朋友的警告。"文革"前湖南省委请立波代为邀请的几个湖南籍的作家中有一位叫柯蓝，他和太太文秋都是立波当年在鲁艺的学生，他们夫妇带着孩子从上海回到湖南不久就遇到"文革"饱受打击，如今太太文秋已经恢复工作被安排在正好位于七中隔壁的湖南电视台工作，赋闲在家的柯蓝也跟着太太搬到了电视台，和我们家住得这么近当然常来往。顺便提一下，柯蓝戏剧、小说写得好，散文更是大家，"文革"后出任中国散文学会的会长，根据他的散文名篇改编的电影《黄土地》是中国电影的里程碑，很有影响力。

柯蓝十七岁就去了延安，在到鲁艺学习之前他曾经在延安的保卫部门受过训练也工作过，虽然已经离开多年但估计在公安部门还有些关系能知道些内幕，这时他特意过来告诉路易说林兰这次来湖南并不单纯，后面跟着尾巴，他劝路易能不接待就不要接待了，免得惹上麻烦。

路易和豪一直都在麻烦中，也不怎么在乎加点新麻烦，再说林奶奶到了长沙也确实没有别的地方可住可去，于是路易和豪还是安排她住在了七中，在小小的房子里为她开了一张行军床，铺上家里最好的床单被褥。高高胖胖的林奶奶这次是坐火车硬座来的，一路上还为我打了件毛衣作为见面的礼物，住在七中时她虽然不愿意出门，但还是不得不上公用的厕所。邻居们虽然不至于围观但也多少有点议论纷纷，林奶奶倒也能沉着应对，待人接物既不过分主动热情，也没有流露出任何尴尬回避的神情。

在路易的陪伴下见到立波时林奶奶忍不住抓着丈夫的手哭出了声，在旁边监视的工作人员马上厉声喝止："林兰，你要注意自己的态度！！"林奶奶忙放开了手不敢再哭……这么艰难地见了一面，连话都没有说上几句，只能说总算是看到了人，确认了丈夫还在人间，林奶奶就凄凄惶惶地回了北京，没有再来。

这时的林奶奶对生活的要求非常之低，后海的房子院子太大不安全，她搬到简易楼的逼仄小房子里去住，家里浩大的藏书被当成废品处理掉，对于最在乎的唯一的亲生儿子的前途她的最高愿望就是不要下乡。她不止一次地提到火车上的播音员，觉得自己在北京生养长大的儿子一口标准的京腔可以胜任这个工作，满心向往地说如果能当上就好了。

　　路易自己去探望立波不说，还陪着继母去看，周立波专案组一封信过去，他的单位就找他谈话，说是如果再不划清界限后果自负云云。路易和豪自己不好常去看立波就想到了我，决定让我定期去看望祖父。我当时虽然不在组织没有人管，而且是生病的专业户，请病假理所当然，但我的学校生活经过几年的波折好不容易到了一个合适的年级，交上了一批年岁相当的朋友，很不愿意再破罐子破摔地时时请假，再说去看爷爷在等候室等候的时候可能遇到些当过刑事犯的人，他们看我的眼神让我既害怕也恶心，真的不愿意一去再去。

　　于是豪很罕见地正式找我谈了一次话。现在想想在那个时候给一个十二岁的孩子谈这么个话题是相当有难度的，他们当然不能配合外面的口径妖魔化立波，这肯定会让本来就不乐意去的我更不愿去了，但是他们也不能说立波是好人，如今关在监狱里是受了冤屈，这个观念如果进入了我的脑海，回头在外面随口说出来可就惹上大祸了。

　　豪那天躺在床上，安排我坐在床头，难得轻言细语地和我谈心说：你看吧，人摊上什么样的长辈是没有办法选择的，要是有个住在乡下生活困难的祖父你就要省下粮食和钱寄给他，你的祖父坐牢呢你就要去探望他，这事虽然不是坏事但也不需要跟老师同学说，就说你不舒服请病假好了……绕来绕去地说了很长时间归结起来是两条：一，要对出身背景认命别委屈；二，探监的事只能做不能说。

　　委屈是比较高层次的情感，虽然长得人高马大，但毕竟只有十二岁的我还没有多少体验，豪解释得那么仔细只能算是未雨绸缪，但"只做不说"这个指令比较直接明白，我确实做到了，不舒服的探监程序也渐渐有了改善。我多去了几次以后和负责周立波专案的干部们熟悉了起来，他们会很快出来接我到会客室或他们的办公室去等候不必在门房多待了，有一次等到午饭时间了都不知道能不能见到爷爷，那位干部还带着我到食堂去吃了一顿饭。

　　再后来连大门口站岗的军人都认识我了，进进出出还会聊上几句。当时我大约两个星期去一次，但去了后能不能见到则由一些神秘的原因所决定，连专案组的干部们都不得而知，有时刚去就能见到了，有时等了很久也可能是一场空，出门的时候那些站岗的战士也会关心结果，见到了祖父立波他们笑眯眯地为我高兴，没有见到他们也会安慰安慰我。有时非常顺利见到了祖父我会很高兴地从楼里跑出来，还没跑到院门口就大声向他们报告结果然后再跑出去，他们看我太高兴跑得太快还会在后面追一句："小心汽车啊！"

慢慢熟悉起来后，环境越来越友好，我渐渐忘记了这是探监，觉得好像隔一段就去找爷爷聊聊天似的，当然这聊天的形式远远大于内容。人保组办公的地方就是原来的公安厅，有军人在大门口站岗但院子并不大，正对着大门的是主楼，宽大的楼梯上去是一间很大的会客室，房子大窗户大皮沙发也大。通常我要在这间气派的房子里等待良久才能听到汽车的声音，过一会儿，爷爷就会在专案组的干部们陪同下走进房间。

专案组的干部都是现役军人，身穿军装，冬天多半还会披上一件厚厚的军大衣。一两个干部加上爷爷，两三个高大的成年男人在沙发上坐下就会和我热热闹闹聊起来，聊的却都是有关我的话题，我的学校我的功课我的朋友我的弟弟我的兴趣爱好，如果我说了什么有趣或不通的话，都很轻松地靠坐在沙发上的他们就会仰头哈哈大笑，这时爷爷多半会得意地指点着我说："这孩子啊，真的是伶牙俐齿呢。"可不是吗？这会面什么都不能聊，什么都是忌讳，还好遇到了一个懵懂不知害怕的话痨孩子，总算能把一次又一次的会面进行下去了。

这种和谐当然是表象，有一次和爸爸妈妈一起见爷爷，工作人员有意无意地出去了一小会儿，正哈哈笑着聊天的立波的脸马上变得极其难看，急急忙忙低声对路易和豪说：某某某怎么能这样揭发我呢？这种形势下你说说我的坏话也没有什么，怎么能污蔑我害死了人？！人命关天这也是能够乱说的啊？！墙倒众人推，一向笑嘻嘻的立波那时受的冤枉委屈真不少，有的委屈伤痛也真的是痛彻心扉，他若真的是完全不放在心上也不会得上肺癌早早就离世了。

当然立波也还是算幸运的，当时除了我常去之外，他的二哥周二也间常去探监。当时周二是一个伴着儿子一家住在长沙的老人家，他每天天还没有亮就起床去包子店喝茶吃包子，然后再买菜回家。过着潇洒老年生活的周二很有些早年产业工人的豪气，不怕受弟弟的连累，不时买上些吃食去看望立波。不爱说话但豪爽讲义气的二伯爷福气也挺好的，儿孙满堂地活到快九十岁才去世。

3

每次去看祖父回来，路易和豪都会向我详细询问每一个细节，他们要从这些蛛丝马迹中分析判断出形势的好坏，应对的措施等等。有一阵子很久都不让探望了，路易和豪百思不得其解，按捺不住冒着可能再次受到划不清界限的指责前往询问，专案组的干部告诉他们：立波为着治疗眼疾住院了，并补充说：你们应该把这当成一件好事，如果没有什么意外的话，出院的时候就可以释放了。他们更嘱咐路易和豪：别想着去医院探望，以免节外生枝出差池。

路易和豪为这好消息暗暗高兴了好久，但时间过去了许久并没有通知他们去接人，于是他们拜托豪的堂哥也是他们二位的结婚介绍人徐叔华去医院探一探。叔华舅舅谎称要探视别的病人摸进了这间医院的眼科病室，一间间病房找下来并没有看见立波。路易和豪着急之余再去询问，专案组的人很生气地告诉他们，话痨又不知轻重的立波住院时和同病房的病人聊天，也许说了什么出格的话被那觉悟很高的病人一状告去，就又被关了进去，盼望已久的出院释放的计划黄了？！

路易和豪又气又急，简直是气急败坏，从那以后他们就对祖父立波那自来熟和谁都能很快说上话交上朋友的文学家气质严防死守，嘱咐我们不停地和立波说话，让他没有机会接触旁人。立波出狱不久有一次全家去游公园，我们玩得太高兴一时忘记了这嘱咐，转了一圈回来发现立波坐在公园的长凳上正和一位军人聊天，两人那亲热的样子好像是多年的老友……

豪当时那一急啊脸色都变青了，马上命令我们跑步上前把爷爷拉开。过后
她和路易还不停抱怨，担心事情再起变化。

　　当时他们虽然又气又急却也毫无办法，又等待了许久之后，终于有一
天通知路易去接父亲了。路易去到人保组，也就是后来的公安厅签字把父亲
接了出来，于是身无长物但却身体健康，神情如婴儿般坦荡的立波来到了
我们七中简陋的小家。喜心翻倒的路易和豪第二天就带着我们去离家不远
的烈士公园游玩，刚刚走到公园门口就遇到了无所事事也在游公园的柯蓝。
柯蓝握着老师立波的手什么也没有说，眼泪却流个不停，真的是千言万语，
欲说还休，唯有泪千行。

　　这伤感的重逢倒也没有破坏立波刚刚获得自由后的游兴，我们继续往
公园深处边走边玩。空旷的公园里没有几个人却又可巧遇到了七中的邻居，

　　由赵叔叔摄下的这张照片虽然已经在《人间事都付与流风》里用过了，还是在这里再回放一
次吧。

妈妈的好友吴阿姨夫妇他们带着相机也在游公园。吴阿姨的丈夫赵叔叔是留学过苏联的大学老师，有一架相机也很会照相，他和吴阿姨高声大气地安排我们照了一张全家合影，又热烈祝贺了我们家的喜事后方才离去。后来这张照片被一用再用，赵叔叔常常玩笑着要求版权费，我们当年的照片多半都是由吴阿姨赵叔叔的那架相机照下，需要付版权费的不仅仅是这一张照片啦。

第三十五章
悲欢离合总无情之二

1

祖父立波从监狱里放出来后在七中住了一阵子，他兴致盎然地投入到了我们的日常生活中，路易和豪就像多了一个要操心的孩子似的。对于他们定下的无数规矩条例，祖父和我们姐弟俩一样听话不争辩，但他也和我们一样无时无刻不在抓空子做小动作来突破那些被反复强调过的规矩条例，真的有点像玩猫捉老鼠的游戏。当然大部分时候立波自己多少有点不好意思直接挑战儿子媳妇的权威，就把我们两个推到前面做炮灰，得到的利益则可以均沾。我们要的利益不过是多玩一会儿，玩的花样野一点，别出心裁一点。路易和豪这一阵子心情比较愉快，也比较好说话，对我们的小动作常常是睁一只眼闭一只眼，有时假装没看见，有时又眯眯笑着默许，家里时时欢声笑语，气氛欢跃愉快得很。

立波在只有两间房的家里转来转去，看到房子虽小但井井有条，什么也不缺，就表扬儿媳妇的持家能力，对豪说："你这里真的是个殷实之家啊！"他在和我们玩耍之余也时时插手帮忙家务，一边做一边聊天，声音不高不低，连绵不绝，娓娓动听。他要是住了一阵子离开，大家就会若有所失地说一时间听不到爷爷说话的声音好像缺了点什么似的。和祖父立波共同生活是一件让人愉快的事情，他随和有情趣兴致高不别扭，确实好相处。年岁见长看的人多了才知道，有这般好性情的人真是难得，不信的话你参加回旅行团试试看？再不信邪的话和人合伙做个项目合作次生意也行。

　　在公司里遇到有和立波类似性情的人，我就会知道这人会升得高升得快了，以后的结果八九不离十，让我有了些许算命先生一语中的的快感，为了加强这快感偶尔还会提前把天机透露给某人听，某人常说上次你是蒙中的，如果这次再说对了才算真本事云云。哎哟哟，我又不靠算命赚钱养家，逞这种无谓的强一点意思都没有，不说也罢。

　　最近听人说："周立波周扬没啥了不起的，不过是时代的产物罢了。"确实没有啥了不起的，不过都是人罢了，再说谁又不是时代的产物呢？连《红楼梦》的前面几章都死死扣住了当年那个时代的写作套路，约定俗成的叙述风格，要不是作者写着写着开始越来越忘乎所以，越来越情不自禁，我们哪里能够读得到这么一本奇书？也不过是又看了一本同一类的书而已。但立波开朗愉悦与人为善的个性，与人交结的宽阔心怀和对生活的热情投入，确也比自以为是画地为牢天性刻薄无事生非的人高明不少，可以走得更高更远，也更容易成就大事。

　　当年的我们却没有什么大事要做，主要精力都花在做饭上，立波当了一阵子助手以后突然说他会做叉烧肉。这个可是广东菜我们湖南人不会做的，大家心向往之之下马上支持立波主导做叉烧肉。这个支持不光是口头的，得货真价实地贡献出肉票来。立波第一次主导做菜不肯马虎，要求要极好的精瘦的猪里脊肉条，泡在浓郁的上等酱油里，翻转等待之下果然制作出了上好的叉烧肉，吃得我们手舞足蹈。

　　"文革"前立波有时去广东过冬，但他没有写过有关广东的文字，住在招待所里应该也没有什么做饭的机会。但他真的会做叉烧肉，不知什么时候学习过还牢牢记下了，当然他做的叉烧肉用料太过讲究，一大块肉做成功以后收缩成了小小的几条暗红色香气喷鼻的肉让我们一下子就吃了个精光，在物质那么贫乏的年代可一不可再，没有第二次了。我们的肉票那么少，胃口那么好，用粗糙有分量的饭菜填饱肚子比较重要，这么精致的食物不合时宜啦。

　　祖父立波在我们面前就是一个有趣的玩伴，在路易和豪面前就是一个好脾气但要为之操心的父亲，但在外人看来他却还是一个智者，一个可以为人指点迷津的人。他出狱的消息不翼而飞，常常有人来拜望他。客人来了就和他分坐在茶几两边，隔着两杯冒着热气的茶水低声细语。

前几年有一记者采访我，问道：您意识到祖父是个"人物"是在什么时候？我答：祖父刚从监狱里放出来住在我母亲工作的中学里一间非常简陋的宿舍里，不停地有人，有的还是当时在职的官员来看望他，认真向他请教对时局的看法，他也很有风度地接待来访者，不亢不卑地应对，一点也没有刚出监狱的倒霉相，很有大人物的气度。那是我第一次从个人观感出发认为他是一个人物。

来访的人连绵不断，连豪的领导，七中的杨书记也来了。一间普通中学听起来没什么，其实是个大概念，要管理一两千半大不小的中学生加上百十来号教职员工家属的吃喝拉撒睡的学校第一把手必须得有相当的能力和权威，杨书记在我眼里就是一个威严、与人有距离的人。那天是杨书记第一次到我们家，瘦瘦的他披着一件军大衣脸色忧郁，和立波对坐在茶几旁一支接一支地抽烟。立波那天的神情也极其凝重，两个人除了长吁短叹之外基本上没有交谈什么，杨只偶尔轻声问一句，这怎么办呢？这可如何是好啊？！立波则看着他无言以对。

当年同志这个词已经被用烂了，那个年代遇到谁都互相称同志，其实真正的同志是不多的。在我看来，杨书记和立波才真的是同志，互不相识的他们二人完全不需要语言就知道对方在想什么，他们的过去他们的理想他们的奋斗他们的未来他们的担忧他们的无奈是如此的密不可分心心相印，说什么都是多余的。只要一想到杨书记瘦削忧郁的脸，他修长手指上夹着的细细香烟上冉冉的青烟，立波坐在他对面忧郁地低着头的样子，我就由不得和他们一样担忧起来：这可如何是好啊？！

当时的我也知道我们正生活在一个非常不好的时代，一切的一切都是那么艰难那么不容易那么别扭那么不正常，就算是基本的日常食物用品都要凭计划供应，分量还少得可怜，只有到过年的时候才可以凭计划买些红枣糯米之类的稍微特别一点的食物。公共汽车还停摆，这所有的日常食物用品都要靠我们慢慢地一步步走到老远老远的商店里排长队买下，再肩扛手提地搬运回家。有时候我一个人去采买，漫漫长路一步一步独自行来，很有时间思来想去，常常看小说，知道正常的生活不应该是这个样子的，我也由不得忧郁地想："这可如何是好呢？这样的生活到哪里是个尽头啊？"

你说要是真的生在贫瘠的地方，活得艰难，也算是天意，没有办法只有认命，但其实湖南得天独厚，是非常富庶的地方，土地肥沃四季分明雨水充沛，种什么都能长得绿油油的。勤奋的农民们想尽办法种点精致的蔬菜，偷偷摸摸挑到街上卖，买卖双方都跟做贼似地心虚气短，一遇到风吹草动就被当成资本主义尾巴狠狠割掉，我们又只能聚到大菜场里等着抢那几种都长老了也快捂烂了，正常年头只会用来喂猪的大路菜了，这般为难人到底是为什么啊？

毕竟只有十二三岁，毕竟是青春年少容易排解的年纪，一路忧郁地走到店门口马上想到：啊，就算再差也还没有差到打仗那一步，还算是和平时期啦。这么一想就豁然开朗，马上提起精神冲进店里去排队。必须要打起十二分精神的，今天要排哪个队才能不落空，必须要好好计划盘算，要是算不准站错了队，就可能白跑一趟，只有明天再来了。

2

立波在七中住了一阵子，又由我陪伴着在已经空空荡荡的五七干校住了几个月后，终于获准可以回北京探亲了，他带着我高高兴兴地坐火车上路，沿途风光都能引起他触景生情谈古论今的兴致，不但我听得津津有味，连同车的人都认真地在听。其实当年的人们也多半都是谨慎厚道的，他们当然看出来了立波学问深厚背景不凡，但都不打听追问，很有些君子之交的淡淡然。

北京冬天的刺骨寒风和湖南冬天的冷是没有办法比的，我从南方带来的衣服到了这里完全不合适，于是林奶奶把她自己不再穿的呢子大衣找出来，又张罗着为我买了头巾手套等装备，很快把我打扮成了一个北方姑娘，跟着已经换上厚厚的呢大衣围上围巾的爷爷，加上小叔叔，有时还加上彦邦叔叔的儿子仰东一起在北京城里逛。我们没有事，我们有兴致，也有体力，每人一张月票差不多每天都往外面跑，把北京城的里里外外角角落落跑了一个遍。

当年的街道景点都空空荡荡的没有人，好多地方在"文革"初年被砸得稀巴烂，如今也还没有收拾修缮，再说谁有工夫管这些啊？1973年、1974年间北京的生活和长沙一样也是民以食为天。记得"文革"初年我第一次跟着妈妈到北京的时候，见到的大人们都忧心忡忡不知所措，但还是遇到了好些意气风发正走在时代潮流前列的红卫兵大哥哥大姐姐们，两者就算同居一屋也各自拥有完全不同的精神状况，忧心的尽管忧心，昂奋的照样昂奋。1973年冬天这次到北京已经看不到这种截然不同的精神状况了，男女老少都一致奔向食物，冬季里寒冷灰暗的北京更让人向往摆着丰富食物的明亮餐桌。

人们谈论食物，制作食物，更多的是排队买食物。北京当然不如湖南物产丰富但毕竟是首善之都，食物的来源比较广泛，常常有出人意料之外的机遇让你劈头撞上。祖父和我当年在北京城里逛来逛去的时候，一旦遇到有人排队就赶紧先排上去，然后再问人家这是在卖什么？其实不管是卖什么我们都会排队买回家的，比方羊肉啦什么的当然都是好东西，再说立波最爱听人说话了，排队这么好的机会可以很自然地听人家讲话，他怎么可能放过？

爱说话会说话的北京人当然不会让立波失望，虽然当时他们和全国人民一样生活热情高涨政治热情低得令人起疑，但还是喜欢高声谈论包括政治在内的各种话题，他们言语诙谐嗓门大口气更大，谈什么话题都跟谈他们家胡同里小三小四打架似的轻松有把握，立波虽然从来没有用北京话写过小说，但一点也不妨碍他听得津津有味。

北京城逛得熟了我也自己一个人逛，当时好像谁上街都担负着碰到好东西就要排队买回家的职责似的。记得有天我一个人逛街看到卖天津对虾的队，于是排上去买了些回家，受到大家的一致好评，说是好多年没有吃

在北京被林奶奶打扮成北方姑娘模样的我

过的对虾今天终于吃上了。他们又疑惑怎么就有货了呢？怎么就这么巧让红给遇到了呢？赵阿姨更是多次埋怨我说怎么不多买点呢？好家伙，这么贵的对虾我是第一次看见也是第一次吃，要不是已经养成了见队就排见东西就买的习惯才不会去买呢。

当年的生活多么形而下啊，任何形而上的习惯就算还有，也算是毛病，得改掉或者隐藏起来。我当年帮忙赵阿姨做家事很勤快，跟她学做北方菜上手也挺快的，她夸我说："这孩子挺灵的，也勤快！"然后又遗憾地批评道："什么都好，就是不能让她手上有本书，一看上书这孩子就呆了。"瞧，连帮忙家务的阿姨都认为做事灵巧勤快是值得称赞的事，而爱读书的习惯却是要不得的坏毛病，除了耽误时间让人变呆之外一无是处。长此以往搞得我也认为自己顽强的阅读兴趣和习惯是件见不得人的坏毛病，必须偷偷摸摸地藏起来别让人家晓得了。

立波和林奶奶也有非常顽强的坏毛病，就是每天早上两三点钟就会自动爬起来工作，这时候还会有什么工作要他们做呢？这不也是有毛病吗？立波倒是早就知道了写字就是错，最好别动笔，所以他每天早上就坐在那里看看报纸翻翻书。而林奶奶则还是要写，不但写还写得挺麻溜，快手快脚地一会儿就写出一个剧本，一会儿就写出一个剧本，或者是同一个剧本一会儿就改一遍，一会儿就改一遍。我当时虽然每一个版本都读，但却没敢问她，这到底是新剧本呢还是同一个剧本的不同版本？

　　她是写儿童片的编剧，当年还算有那么一部儿童动画片在演，于是林奶奶就也写动画了。不过她写的都是那么个似曾相识的小英雄，最后一幕一定是那什么什么渐渐地远去……和还在上演的那一出的结尾一模一样。好在她也没有胆子拿出去给谁看，更没有人会拍她的本子，只有我这个只要是有字的纸就会抓过来胡读一通的呆孩子读过罢了。

3

　　万舅得了癌症，住在太太北京的娘家治病，我和爷爷买上礼物去看过他一次。后来和爷爷在街上走着走着我也常常提出来要去看万舅，爷爷就说你去我在外面等着你。他解释说因为他是亲家长辈，看晚辈一次就够了，不能经常去拜访，人家需要高规格的接待也是负担。

　　立波是研究人的专家，很懂得世俗的人情世故，但他和我之间更多的是朋友之交，长辈对晚辈的权威和责任都没有。比方我当年离开长沙去北京的时候，芷青奶奶和豪在我的棉衣内层里缝上了二十块钱，告诉我这是应急的钱，等到要回长沙时我就把钱从棉衣里拿出来准备给长沙的家人一人买一件礼物。

　　二十块钱当年是个不小的数目，但要买好几份礼物也比较为难，我算计来算计去的终于把这事给办成了，其中给芷青奶奶买的礼物最重，花的钱也最多。爷爷每天陪着我上街跑商店，听我一遍又一遍地算计那二十块钱，没有提任何建议和意见，只在最后叹道：你还是对奶奶最好啊！他说这话的样子我虽然到现在还记得，但当初也没有放在心里多想。

　　当年和爷爷一起离开长沙时，立波曾经表示出了要带我到北京去生活去念书的意愿，不过那年头已经和他年轻时大不一样了，早就不是心意一动就能换个地方开展新生活的年代，这种一厢情愿的想法是没有可行性的，就算有那么一点可能，这个时候的立波也不是能办成这种事的人。

立波当年到湖南去工作时把户口留在北京没有迁回湖南，如今他去北京探亲之后就在北京住下了。立波在湖南是头牌黑鬼，抄家抄得干脆，连家的毛都没有了，从监狱里放出来的时候连包袱箱子都没有，是真正的孑然一身。他在北京虽然不是 Nobody 但毕竟排不上一线，他在北京的家虽然也被抄过，还从大房子搬到了小房子，书啊家具啊什么的没有被抄走的也大部分被贱价处理掉了，但毕竟还算是留下了一个完整的家。

路易一如既往地认为立波不应该留在湖南，他多方活动为父亲争取到了这次探亲的机会，又和"文革"前一样极力劝说立波留在北京不要回来了。路易认为立波在湖南被斗得那么厉害，是因为他是湖南文艺界的第一面旗子，他若在北京，因为还有更多的旗子在前面，遭遇这种厄运的可能性要小一些，当然这番认定是路易的个人观点，"文革"中在北京倒大霉的人多于牛毛，哪里能够逃得过去？

改变在于立波。"文革"前路易时时在他面前提让他回北京的事，立波唯唯诺诺就是不听。经过了"文革"他变得很听得进路易的话了，大概对家乡湖南的一往情深也被打击殆尽，就真的借探亲之由一走了之，不再愿意回来。

当时他的工作单位还在湖南，单位就给他写信说你不管怎样也得回来学习学习文件吧？当年他们这帮所谓挂起来的人是没有工作可做的，但还是需要经常学习中央和地方的文件。因为他们的地位介于有问题和无问题之间，学习文件的档次也就很低，大概是些真的没有什么保密价值的大路文件。我和爷爷住在五七干校的时候也时不时要旁观这种文件学习会，几个霉头霉脑的老头围坐在方桌的四周，戴上老花眼镜慢条斯理地把连我都不觉得新鲜的过时文件读上一遍，再毫无热情但一本正经的一个个轮流着谈上几句感想，那个同样是倒霉鬼的组长就把文件仔细收进旧得没有颜色的包里，和另外几个老头拖拖沓沓地散去，学习会就算结束了。

这样的学习会当然不值得特意坐火车回来参加，于是立波回信说我的身体这般那般的不好，不能回湖南学习文件了，但是中央文件的精神我是知道的，赵某某同志每次到街道学习过文件后都会回来向我转叙，比较重要的文件精神夏某某同志也会在和我见面的时候向我传达。言下之意是既然有了赵夏两位同志的中转，对中央文件就已经有了充分的了解，不必回湖南学习，留在北京养病应该也不妨了。

这个赵某某就是赵阿姨，她虽然不识字，但还是有个街道组织偶尔会通知她去学习文件，至于她回家后会不会向立波传达我就不知道了，她老人家和伯伯老子一样非常聪明也能说会道，但我从来没有听到她发表过有关政治的谈话。当年林奶奶家里有两个小小孩的时候请了两名保姆，另一名保姆就是立波信中提到的夏某某了，她当时年纪比较轻也学得进去文化，所以后来就在北京找到另外的工作，不做保姆了，她工作得不错，好像还入了党，应该是可以接触到稍微高级一点文件的人，也一直和林奶奶他们常常来来往往，立波说的比较重要的文件来源就是指的她。

说到这里你觉得好笑吗？反正我觉得挺好笑的。周立波是第一、二、三届全国人民代表大会的代表，1965 年召开第三届全国人民代表大会后一直等到 1975 年才召开四届全国人大一次会议，所以从理论上来说这个时候周立波还算是在任期内的全国人大代表，但在实际生活中却已经边缘到了要靠或者是借口可以依靠两个保姆和社会政治生活相关联的地步。更好笑的是他自己说得很自然，没有委屈，还特别理直气壮，他所属的工作单位也觉得这是一个很摆得上台面的借口，就默许他这么拖着了。这是一个笑话，也确实是一种两厢情愿的状况，一方是要把他挂起来，不让他写作，不让他说话，不让他接触人，也不让人接触他；另一方更是想方设法地要更边缘化自己，唯恐不能够被人彻底遗忘。

当然后来祖父立波还是回过湖南，但每次都是来去匆匆，办完事情就走。虽然来去都是笑眯眯的，但显然对家乡已经没有多少割不断理还乱的缠绵了。

如今终于在北京住定下来了的立波不再需要写书看书，就开始承担起做家务的重任。家里的亲友们有时背地里嘲笑说在林奶奶的眼里儿子是最精贵的，自己是多愁多病的，连赵阿姨都因为有高血压不能干重活，家里的主要劳动力就是数立波了。那年头的家务活还真不少，为没有装暖气的房子生炉子，为生病的太太到医院排队挂号，在寒风中排队为儿子买书，排队买菜，仔细记下花费过的金钱……

偶尔插手家务的新鲜有趣和常年操持家务这种简单重复劳动的无聊和辛苦是完全不同的两个概念。生活里不再有意气风发，不再有文学艺术，有的只是日复一日年复一年的平凡琐碎和烦难，一辈子随心所欲不识柴米贵的立波这个时候终于补上了迟来的做丈夫和父亲的责任，但对于已经六十多岁的他来说这个转变也许真的是来得太迟了，虽然还是一如既往地开朗不抱怨，到底还是透出了几分力不从心的勉强，在寒风中排队为儿子买书冻得很萎缩的样子被当年他在鲁艺的学生偶然看见，不由得轻声一叹。

和立波相处过的人都夸赞他随遇而安的好性格，但他是不是也有几分太过于克己，太过于压抑自己的个性去迁就他人迁就环境呢？当年百般惯他宠他照顾他由着他想干什么就干什么的周相公芷青们看到这一切会怎么想怎么评说呢？也许这就是所谓的命运吧？

第三十六章
病来如山倒，病去如抽丝

1

虽然只有十三四岁，如果刻意收敛一点小女孩的言谈举止的话，已经可以冒充大人了。

刚满十四岁的我将要第一次独自坐火车从北京回长沙这件事让万舅特别紧张，他特意把我叫到病床前反复叮嘱，让我千万不要让人知道自己的真实岁数，一定要把小女孩的谈吐兴趣和行为举止去除干净，尽力向大人靠拢，就是说让我扮演一个大人。这个嘱咐非常明确具体，我做得很好，穿着一身旧军装的我坐了一天一夜的火车，同车厢的人始终把我当成年人对待，他们甚至猜测我是退伍的小兵，问我原来是那个部队的?

回到学校再次上学后我忽然开窍，原来调皮麻烦的男生是不必搭理他们的，距离和莫测高深的沉默会让他们乖乖地不再敢欺负我，不但不再欺负了还时不时地跑

我莫测高深的沉默虽然有点让人失望，他们嘀咕说这有什么不能说的?但也更让人觉得我挺成熟的了，还第一次有了来搭讪的人。这个第一次并不是同年龄的小伙伴，而是真正的成年人。唔哦，当然我的打扮和行事作风绝对误导了他，所以这次是不能算数的。

来表示一下友好，暗地里帮个小忙什么的。事实应该是在我开窍的同时，男孩子们也开窍了，觉得欺负女孩子不再好玩，他们转而开始讨好起我们来。在女同学中交结了几个死党，又摆平了调皮的男同学，加上不再缺课，我的学校生活终于渐入佳境，正常了。

当年正常的中学生生活和如今的中学生生活是完全不同的两码事，现在孩子读书这件事对学校和家庭来说都是重中之重，我们当年读书这件事不管是对学校还是对家庭来说都是最不重要的了。那年头学校最重要的事情当然是政治，早上要在声音嘹亮的同学带领下高声朗读毛主席语录，下午再由同学念报纸一小时，因为我本人就是那念报纸的学生，所以记得要念上一个小时，我们不是都认识字可以自己看报纸吗？为什么还要念一遍呢？搞不懂的。

天天读毛主席语录读社论读报纸之外还要听领导讲话，有的领导会讲话滔滔不绝，有的领导不会讲话结结巴巴。比方学校工人宣传队的有位老师傅就经常一句话要重复好多遍，但那也不妨碍他讲了又讲，一旦遇到他认为应该讲一讲想要讲一讲的时候，就会随便打断老师们的讲课，站在台上吭哧吭哧地讲上半点钟一小时什么的，哎，我们的时间不值钱啦。

唔哦，又忘了还要解释专业名词，当年认为有点文化的老师和以后可能会有点文化的学生都是需要改造的人，所以先是从军队后来从工厂派出军人宣传队和工人宣传队到学校指导工作。这些空降领导团队中也有非常好很有领导能力的人，有的就非常搞笑了。如今还能听到有些当过工宣队员的人怀念当年的神气，可不是吗？再有学问的人也得闭上嘴听他们说话，不管能不能说出有意义有意思有内容有趣味的话，反正掌握着绝对的话语权就对了。

不但要反复地学习听讲，还要写学习心得。当年的心得也非常八股，抄来抄去都离不开那些套话，大家的注意力主要集中在如何把字写得漂亮如何展出得精致。每个班级都会把大家的心得整齐地贴在墙上，还要加上装饰显得醒目，这个叫出墙报，是班级间比试高下的重要项目不可以掉以轻心。所以每个班级都会安排最心灵手巧有美术才华的同学负责出墙报，大家忙忙碌碌地在形式上精益求精，可能谁都没有认真琢磨过那些话的意思。

有一天我负责把写好的众多内容相似字迹各异的心得粘在墙壁上，手在一张字迹歪歪斜斜的纸上抹过来抹过去的试着把纸抹平，突然那张纸头上的一句话在我眼前晃过来晃过去终于让我琢磨起来，这句话就是："狠斗私字一闪念！"

私就是自我就是自己，这个是要不得的，不能说不能做也不能想，如果万一想了呢？要赶快压下去不能讲出来。这个虽然难吧还算是比较明确，可是一闪念怎么说？一闪念好快的，快得都抓不住对吧？要把它抓住了就不是一闪念而是一想头了。不但要抓住还要狠斗？人的行为要管思想要管，连一闪念都要管？不但管还要狠斗？？……我是好孩子，一直都很听话也有点呆气，一闪念这事那天我琢磨了好久都觉得没法操作，万般为难之后我终于想通了，既然抓不住就算了，有了一闪念就由它去，别告诉人，抓住了要狠斗更是大麻烦。这么一思考这句话就记到了现在，其余的套话则多半都小和尚念经有口无心地忘到了脑后。

如果遇到国家大事更是要停课集中学习，比方林彪事件发生的时候，我们就停课学习了好久的中央文件。既然是学习当然没有提问的道理，大家反复学习中央精神，讨论的时候再把文件上的话换一种形式再说一遍就行了。没本事换说法也没有关系，当年崇尚的就是朴素的无产阶级感情，出点没有文化的洋相比把话说得文绉绉的更符合时代精神，正因为是时代潮流有些人的没文化出洋相就很有几分装的嫌疑了。

当年第二重要的事情就是劳动，中学生的劳动比起小学生的劳动来技术和强度都大了好些。我们在学校挖防空洞可以把洞子挖得四通八达，最后都可以在里面上课了。到学农基地我们要在平地上开出水田，在山坡上挖出茶园，冬去春来年复一年，我们开的水田真的长出了稻谷，我们挖出的茶园真的收获了茶叶。学农基地一个学期要去一次到多次，我们像最原始的军人一样打起背包走上几十里路，然后把被子铺在稻草上打地铺，吃一菜一汤没有油水的大锅饭还要自带钱粮……这事有一后遗症，我到美国已经二十多年了，从来没有去露过营，每遇朋友邀请我就说这玩意儿年轻

按个头排排站着的我、吴阿姨、妈妈和弟弟。当年的我是不是真的像家里一柱擎天的主要劳动力呢？虽然还只是一个中学生，我那时不但已经有了女知青的模样，还已经接受过足够多的训练，可以在不久的将来送到乡下去了。

的时候已经玩过太多次了，你们玩吧，我去住酒店了。

和同学们一起干活虽然辛苦，但嘻嘻哈哈地边玩边干，时间过得很快，最艰难的就是做家里的活了。当年家里有两件非常辛苦的工作，一个就是做蜂窝煤，一个就是做按人头分配到每一家的用来修防空洞的战备砖。做这两件事情都需要一把子力气，而我们家因为老爸常年被派到干校劳动不在家，弟弟小妈妈病，只能主要依靠我了……真的是累啊，真的是力不从心啊，拿出吃奶的力气了，蜂窝煤和砖块还是做得歪歪斜斜没有模样，天都黑了，月亮都出来了，我还有小山一样高的煤堆或者是泥巴堆要完成，看邻居家有爸爸哥哥的都早早收工了，还都做得漂漂亮亮，我这里何时能够完工呢？

翻找出了下面这张多年不见的陈年老照片的时候，我自己也有很多感想：毕竟家里的祖宗是农民来的，我虽然生长在城市，但离农家的血液并不远，如果当年的一切再延续几年，我多半会成为一个能干的农村妇女，在田里院子里灶屋里忙得团团转，孩子啊鸡啊鱼啊就是我的生活重心，和长辈妇女们最多只有一点不同的就是我喜欢看书，抓到机会就会捧着一本书看。

当然世界在发展，形势在变化，中华民族或迟或早都会要赶上时代的潮流。只是我和我的同代人也许就被永远的拉下了，不再有机会步入现代社会。就算是我们，机会的门也是如此狭小，要有很多偶然的机缘才有可能穿过这条狭缝，看到另一番天地，这是后话。

2

我当年在芝加哥的英文老师思丹在中国教过几年书，有很多中国学生和朋友，算得上一名中国通，三年前她在我上海的家里住过一个星期，对我完成了一本书的写作这件事非常高兴，不但买下一批书嘱咐我寄给她所有能够读中文的学生朋友，还大发议论，说："你看看，你看看，学校教育虽然重要，其实家庭教育也是非常重要的，你虽然遇到了一个不能读书的年代，但是有一对知识分子父母可以在家里受教育，所以你长大了还是可以写出一本书来。"

我答："我爸爸妈妈不教我读书只监督我做劳动。"她愣了一下继续道："家里有藏书也可以自学嘛。"我答："我家里一本书都没有，妈妈当时也不准我看书。"她愣了一下睁大眼睛凑近我的脸逼问道："那你从什么地方找到这么多书读的呢？"美国的英文教育教到后面就是瞎聊天，我们聊过那么多那么长的时间，她当然知道我读过的书不少，除了语言的不熟练以外，我们海阔天空神聊起来的时候在内容和话题背景上并没有什么障碍。

我认真想了一下她的问话答说：我们当时是经由地下渠道搞到书的，然后再瞒着老师和家长以最快的速度把书看完。听到这里她眼圈都红了，开始详细询问当年我们找书读书的种种细节。

那年头要看上一本书真的是困难重重，首先是要找到书的渠道。书是黑书，不能在市场上买到，不能在图书馆里借到，也不能堂皇地摆放在家里的书柜里，老师父母不但不推荐我们看，还严防死守不允许我们看。我们偷偷摸摸跑到阴暗的角落里私相传递，跟搞地下工作似的。为了扩展书的来源，什么朋友都要交，三教九流也不顾，如果要交换书的话，也什么地方都要去，一些偏僻的小巷子、低矮灰暗的小房子，为了书我都摸去过，很多奇奇怪怪的人也都遇到过。

费尽心计用各种各样的方式找到各种各样的不同内容但同样无头无尾破烂不堪的书，每次都只有一天的时间就要看完，于是在得到书的那一天就像饿狼一样看得废寝忘食，上课的时候藏在桌子底下看，下课了满嘴谎言地告诉大人学校有活动然后躲在教室里看，一直看到天完全黑了，书上的字一点都看不见了才回家。

还是没有看完的话就比较麻烦了，老妈是不让我看书的，得等她睡着了再起来躲在被子里看，等到天快亮老妈快醒时这书就不得不放下了。如何能够在不能用闹钟的情况下做到半夜自动醒来这件事情的呢？大概特别饥渴的人都有办法激发出些特别的能力吧？不但要飞速地看完还要记住，书是那么的少，时间是那么的短，看不到书的人就听看过的人讲书。盲讲，书早就不知转到那里去了，更没有参考书，记不清楚的时候就编，但也不能瞎编的，唔哦，不合逻辑的话听众会提出疑点诘问的。

学农基地的晚上大家躺在床上没有灯黑呼呼的，就由我讲故事，同学们躺在床上鸦雀无声地听，弟弟们当然也听得多。最奇怪的是有一段时间曾经给只有小学文化程度几乎不能写字的舅妈张慧敏和当时还在读小学低年级的表弟徐泽讲……讲的居然是中国通史，范文澜版的，我只是看过一遍，当时手头并没有书就敢开讲。他们听得津津有味，每晚睡到床上就会迫不及待地要求我接着昨天的故事继续，舅妈还提问谈感想，听得很是投入。还在小范围的同学中间讲过世界史？！上帝原谅我，如果因为记忆不全误导了谁可不要责怪我喔，我也是没有办法对吧？

在我们那么渴望读书渴望知识也最有吸收能力的时候，用各种方法限制我们读书真的是罪过啊，我特别特别不能原谅的就是这一点，比不给我们吃不给我们穿，老是让我们做力所不能及也毫无意义的劳动更不能原谅的就是这一点。为什么那么坚决那么彻底地要把我们变成愚昧没有思想的简单劳动工具呢？谁给了这个权利让他这么折磨人的？？

对了，当时书的流通方式是交换，大家都不付钱，但是以书易书换着看。我家里没有藏书拿什么和人家交换呢？我的办法是拿速度空手套白狼。比方 A 借给我的书是两天为期，我花一天的时间看完另外一天转借给 B，从 B 处得来两天为期的书我快速看完以后再借给 A。当然单线交易是玩不转这种把戏的，必须多头交易才能换来时间差……

　　事情越来越复杂，接触的人也越来越多，大大超过了我这个中学生可以控制的范围。人人都说上得山多终遇虎，终于有一天出事了，交易中的一个环节掉了链子把书弄丢了，或者是被学校家长发现没收了，我却无力把书或同等价值的书从丢书人那里逼出来。借给我书的那位比我年纪大很多个头也长得粗壮的女生似有特殊背景，带着一群比我们都大，似乎已经成年的男人把我从家里叫出来，带到黑暗的角落里指手画脚地威胁。

　　那天她和他们的模样照我看来极其凶狠，而且人人都情绪激动紧张得不行。那位女生长有一双大手，握成粗大的拳头在我脸上挥来挥去地作势要打我，那些男人手上好像还拿着家伙，跟电影电视里卖毒品的人逼迫无意中丢失了大宗价值连城的毒品的下线小混混的情形差不多，当时我真的是快被他们吓死了。

　　是啊，当年每一本破破烂烂无头无尾的书都是很珍贵的，因为当年的书不但稀缺还是不可再生资源，丢了一本就不会再回来了。加上当时我们看书的食物链一环扣一环连得很紧密，也许丢了书对那个凶巴巴的女生来说也是一件不得了的麻烦事她也没法交代。

　　这事最后怎么收场的我已经记不得了，也许我在借书链条里找到了替代品？也许母亲大人在当地教书多年学生如麻，在年轻人中很有些响亮的徐老师这个名头在无形中解救了我？总之这事在爸爸妈妈不知情的情况下了结了，我也并没有真正挨打。但借书看书可能招惹上如同黑社会这样的大麻烦，而且我也确实无力解决这件事，还是让我产生了警惕，毕竟我从小就是乖宝宝，是被大人们夸大的，这么可怕的事不能够再让它发生了。所以后来我虽然还是借书看书，但毕竟收敛了好些，有些可疑的书源和人物我就克服书瘾避开了。

3

　　无聊啊还是非常非常的无聊，每天上课安静地看着窗子外面的水一滴一滴地落在泥巴地上，慢慢地在地上滴出一个小洞来，无聊得要命，没有电视没有书没有电子游戏脑子里空空荡荡的没有着落。当然偶尔会有电影看，每次有机会看电影的时候我都很盼望，把电影票放在裤子口袋里不时摸一摸，还天天做 countdown，还有五天就能看上电影了，还有四天，三、二、一，今天终于看上了！当然那几部电影都看过无数遍了，再回味一遍也消耗不了多少我们旺盛的精力、想象力和创造力。

于是我和我的几个死党就读书玩，功课简单到无趣，我们就比赛考试的时候看谁能最早交卷，能够在别人还在琢磨考题的时候就悄没声地站起来，走到讲台上去交卷，引起一片哀叹声，是如此的酷，姿态是如此的令人神往，让我们不惜苦苦地操练如何以最快的速度做数学题。比方去橘子洲头郊游，就安排分组游戏接力跑，每个跑到河边的同学要快速地把题做出来然后再跑回来，交棒给第二个再跑。哈哈哈，跑得气喘吁吁的看到纸上的数字都在跳舞，加上旁边大声加油声的骚扰，你能很快沉下心来做数学题吗？

只是考卷交得早，当然不能算本事，最酷的是很快交卷不算，还能够一点不错地拿到一百分或者九十八分。当时如果别人问你考得怎么样，最屌的回答就是满不在乎地低声嘟噜一句，"差不多九十八分以上吧。"考试完了我们几个早早就出了考场的女生凑在一起对答案，如果大家都做出了同样的答案我们就高兴地欢呼，还围成一圈蹦高高，让还在教室里受苦的同学更加心慌意乱……多么得瑟多么让人讨厌的一帮女孩子啊！当然我们也不是真的就那么爱学习，只是生活中没有别的好玩，无聊到拿这个当游戏了。

当年的功课一点也没有压力，学校和家长都没有逼迫我们学习或者表扬我们学得好，男孩子们看到我们的疯样子，自嘲地辩说他们要玩这个玩那个忙得很，没有功夫玩读书的游戏。当然也另有一帮女孩子喜欢拿着钩针织花样繁复的漂亮装饰品，娴静地埋着头织了一件又一件。这个我不喜欢也不擅长，完全不像是芷青奶奶的后代，一点也没有耐心，手也不灵巧，我更愿意和男孩子们下象棋。

要不就趴在地上做数学题，我们当时不但渴望读文学哲学历史地理也渴望学习数学，不知从哪里翻到一本破破烂烂的数学习题集就趴在地上做开了，也不知道要去请教近在眼前的老师，老师们当然也不会主动跑出来给我们做指导，完全是几个孩子自己瞎琢磨乱做。这样做来做去真的有用吗？可能对学习能力还是有点帮助的，也养成了我们遇到不可知的事物就好奇，就会去想法子解开的习惯，但这样的随性玩耍是不能够代替循序渐进的基础教育的。

记得大学二年级的时候我们到工厂去实习，那时的年轻工人们都神气得很，看到我们这帮跟孩子似的未来工程师大概有点不服，有天把我叫过去比试做数学题。那些特别偏特别怪其实也没啥用场的题目我小时候趴在地上可没少做，可能在量上面和题型的范围上面都比那几个青年工人多些，好像很快就赢了他们让他们，觉得非常扫兴，无精打采地回去撑着头开机床了。他们大概和我们小时候一样喜欢拿数学题做游戏，而且对自己的数学本领很自负吧？

其实他们是很有可能赢我的，只是他们出错了题。如果他们要求和我比试小学算术中最基本的乘法口诀表的话，那他们就赢定了。赢了之后就可以到处宣扬将要当工程师的了不起的大学生还不会背乘法口诀表这样的大糗事了。当然我这个重大短板还是有人看出来了，大学的高等数学教授有次就在我偷瞄文具盒上的乘法口诀表时敲着我的桌子轻声说：" 小姐，你已经是大学生了呢……"唉，谁让我没有上过几天小学呢，虽然都补过课，但光是理解了却没有经过一段时间演练的基本知识都没有在我的脑子里形成下意识还不属于我嘛，这世界上当然是有天才的，但那也不是我啊。

其实这世界上的大部分人都和我一样是资质中等的普通人，我们需要接受完整的基础教育，才能在今后的职业生涯、社会生活甚至家庭生活中游刃有余，成为一个好公民，如果缺失了就要补课，不然就会吃苦头，所以好的和比较好的国家都会提供九年到十二年不等的义务教育以便向社会源源不断地供应合格的公民，谁会莫名其妙地把基础教育一刀砍掉，而且一砍就是十年呢？而倒霉的我则扎扎实实从头到尾地缺了全部正常的中小学教育，为了这个缺失，不管是国家还是我们个人都将会付出巨大代价自不待言。

4

"文革"号称十年，1966 年开始一直到 1976 年 9 月毛泽东逝世才算是结束。但其实从 1971 年 9 月林彪事件之后事情就开始起变化了，疯狂的事情慢慢过去，社会生活有了好转的迹象。但俗话说病来如山倒、病退如抽丝，疯狂可以一夜之间爆发，好转却是如此艰难缓慢。

比方"文革"时大家都全时革命不工作，公共汽车停摆了好长时间。后来公共汽车虽然开始运营了，但比起没有来更让人心焦。当时的口号是"工人阶级领导一切"，工人们在社会生活中很神气，也当了好多年的职业革命家，或者是舒服的带薪逍遥派，如今突然要他们循规蹈矩地上起班来如何可能？他们开的车要么不来，要来就来上一串，有的离站老远就停下了，有的则嗖的一声飞驰过站上百米才停下来。

已经等得地老天荒的乘客们气喘吁吁地以百米赛跑的速度奔过去，司机可能只放几个人上车就嘭的一下关上门把车开跑了。是啊，领导阶级又有了革命经验，如何还能回来做这种无聊的服务工作？实在要做也要看老子今天高不高兴，不高兴的话就不能让你们把车坐痛快了。

坐公共汽车的人很多都不是领导阶级，只有老实地被车子要来要去没有脾气，如果遇到了把车开得规规矩矩的好司机就会庆幸今天的运气不错。但乘客中也有很多领导阶级的人，还有很多血气方刚的年轻人，他们在受到公共汽车要弄的时候有的跳着脚骂娘，有的趴着车门不让关，哪怕车已经启动了也不放手，看到底谁更狠谁更不要命？反正前不久大家还武斗来着，随时炸锅抄家伙上也不过是一句话的事。

公共汽车坐得不太平，也改变不了工人阶级是领导阶级这样一个事实，领导阶级是不能被强力整顿的，干部们都是刚刚结合进领导班子的原先的走资派，就算夹着尾巴做人都随时可能被再次揪出来，指望他们来整顿领导阶级，到头来还不知道谁整顿谁呢。后来的办法是请出"全国学习解放军"的解放军叔叔们来重新培训"工人阶级是领导阶级"的工人们，让他们能够重新学会开车，并心甘情愿地做回他们的本职工作。这么个一物降一物的妙招到底是哪位高人想出来的呢？

如是每辆车都由解放军驾驶，旁边则坐着一位实习的工人。军人们严格按照条例相隔一定的时间出车，还没有进站就减速，车停稳了才开门，等每一位乘客都上车了才关上车门再慢慢地启动……这一套动作好难的，军人们做得格外缓慢，好让实习的司机们能够一步步观察领会，过一段时间再由他们坐上驾驶座，军人们则坐在旁边指导……谢天谢天，经过这一番折腾，我们终于可以坐上正常行驶的公共汽车了。

我这人有点"和光同尘"，难得说人家的坏话，要是说呢，用的最刻薄的词多半就是说某人"成事不足败事有余"。这也是我多年职场工作的体会，大部分人哪怕资质再平庸，你让他去破坏一件事总是没有问题的，可是能够做成事情的人就太稀少珍贵了。

记得当年在大公司工作，听极厉害的人私下评说："别看我们的市场部有好几百号人，一个个站出来都光鲜亮丽能说会道，但真的有能力把生意谈下来的也就那么几个人。"也听特别懂大公司运作的高人很刻薄地说过："一个公司其实只有百分之十的人在真正做事，其余百分之九十都是打杂跑腿吃闲饭的。要只是打杂跑腿吃闲饭也算不错了，最怕的是还有扯后腿的，扯起后腿来以一当十，门板都挡不住……"

所以活到今天我只佩服能把事情做成功的人，一点也不佩服能搞破坏的人。

第三十七章
迟迟钟鼓初长夜，耿耿星河欲曙天

1

社会生活走两步退一步地慢慢恢复正常，大学终于也复课，开始招收少量的工农兵学员。这批学生是由工厂农村和军队推荐来上大学的，不需要经过考试，程度不一，年纪也有大有小。已经在大学当了好多年讲师却多半都在乡下参加简单农业劳动的路易终于有机会上台讲课了，这一上台不得了，他终于发现自己最喜欢的工作是讲课。工农兵学员程度高低不一怕什么？他一会儿讲深一点的文艺理论照顾水平比较高的几个同学，一看有人跟不上似乎要睡着了就开几个玩笑讲几个浅显的故事，于是大家听课的热情马上就高涨起来，他自己得意地把这种教学法总结为：弹钢琴。

既然要在大学里"弹钢琴"，路易不得不为自己准备些书籍，不能老依靠脑子里那点存货吧？于是他跑到废品收购站买了包括二十四史在内的一批旧书，豪请邻家的知青大哥哥用残次的木料打造的书架刷上暗红色的油漆后又堂皇地摆上了一排排书籍。当然这里面没有小说，连文言文小说都没有，都是一般人不会拿来作为消遣看的内容比较深奥的书籍。

我看见书就忍不住要去翻一翻，书上都是我看不懂的文言文怎么办？还好这个时候老爸已经不怎么下乡劳动了，虽然还是住在河西学院里，但到底回家的时候多一些。我故伎重施，拿出小时候不识字时缠着人讲故事的功夫开始缠着老爸讲柜子里那些他新买的旧书。他本人应该是更喜欢《文心雕龙》的，但考虑到我的水平实在没有办法理解这本中国古代权威的文艺理论书籍，只好讲《史记》吧。

《史记》那么多本从哪里讲起？讲哪些不讲哪些呢？我觉得老爸当时并没有认真挑选的计划，主要还是为了应付我的纠缠，当然他可能还是挑了些故事性强好讲述的篇章，记得他好像从来没有为我讲解过比较无趣的"本纪世家"等，主要还是从列传里挑故事给我讲。

那时候家里只有两间小小的房间，倒是有一张很大的八仙桌，吃饭时做饭桌，吃完饭整理一下就变成了我们的书桌。老爸和我凑在昏暗的油灯下合看一本从废品收购站里买来的，虽然没有什么破损但旧旧脏脏纸张质量也很差的平装《史记》，他用手指着书上的文字为我慢慢讲述那些古老的故事。老爸的讲述重点在故事，不大解释那些我不认识的字词句式，也不怎么就故事发议论，只有一次讲到"滑稽列传"的时候他很严肃地告诉我说：用滑稽的方式把话讲出来比用严肃的方式把话说出来更容易被人接受。昏暗的油灯下，老爸那张少见的近乎严厉的脸把这样一个应该比较轻松的道理传达给我时，气氛极其不搭调，让我把这个告诫记到了今天。

《史记》到底讲了多少篇我不记得了，倒是《西游记》他没有说上几页我是记得的。当时我和弟弟找到了一本《西游记》，缠着老爸让他从头讲起，他总是答应了又拖拉，到最后也没有讲几章，我到现在都不怎么喜欢看《西游记》，这应该是老爸的错啦。

《红楼梦》和《水浒》都是自己看的，家里后来跑出来一套纸张柔软细腻装潢精致带插图的竖排繁体字《红楼梦》被我发现了，竟然没有困难地读得津津有味。有天中午老妈睡午觉时，我摸出来躺在乘凉的竹床上读，被提前醒来的她发现大大地发作了一番后，还非常恼火地找人抱怨道："怎么得了啊，居然偷看《红楼梦》呢，才这么一点点大。"但是这套书却并没有就此从家里消失。只要书还在家就好办，我总有办法找到合适的机会和时间找出来一读再读的。长大后我自己买了好多套不同版本的《红楼梦》，还真的没有再找到过颜色手感那么好的版本了，莫非是最爱精致文玩的外公徐老五的遗物？

豪虽然管着我不让我看书，她自己却也开始看地下书了。"文革"后期大人们也开始传递一些地下书籍看来看去，她可笑地用一张报纸把书包上就以为我不知道那是一本好看的书，不会在她不留意的时候偷看？老妈和我这种猫捉老鼠的把戏到这个时候终于也进入尾声了，转折就是一本俄国诗人叶赛宁的传记。

那本书当然也是黑书，却是从老妈的朋友那里转过来的。大人们到底比我们小孩本事大，她们中间传播的书一般都比较完整干净，不像在我们中间传递的那些书每本都如同被狗啃过似的肮脏破烂，另外她们看书的期限也比较宽松。老妈很舒服地大模大样地坐在书桌前把用报纸包着的书摊在桌子上一边嗑瓜子一边看，看了一会儿居然说累了要休息？！我看书的姿态总是穷凶极恶东躲西藏什么时候这么舒服过？再说有书看的话高兴还来不及哪里还会感觉到累？于是她还没有看完，我已经躲着把这本书读完了。

家里总共只有三十多平方米大，既然她藏不下她的宝贝《红楼梦》，大概我偷书看这事她也心知肚明，虽然常常为这事发作，但放过我的时候估计也不是没有。这次她看完那本传记，合上书本，想了一下突然向我发问道：你要是遇到叶赛宁这样的人追求你怎么办？听到这问话我大吃一惊，话这么问当然是已经知道我读完书了，语气里没有责备的意思，倒是有了一点讨论的意味，讨论的还是当年在中学生中间连提都不能提的爱情问题？！老妈这个弯突然一转也转得太大了吧？

天才的俄罗斯诗人叶赛宁只活了短短的三十岁，却写下了很多绚丽的诗篇，他有过三次婚姻，还加上多次热烈的恋情，那位传记作家认为叶的个性里不但有蓬勃的诗意、强烈的爱情，也有不可抑止的忧郁，这种近乎美丽的忧郁不但让诗人自己走向自杀，也带给他爱的和爱他的女人们宿命般的悲剧人生，作者认为和他结交过的女人们中间除了有一个得以全身而退之外，其余的都有不幸的人生结局。有的女人在他死后活得了无生趣，有的女人到他的坟前自杀，连和他有过婚姻关系，当时比他更有名的舞蹈家邓肯也在他自杀两年后遭遇离奇的车祸去世……该传记作家认为邓的死亡和叶的死亡看起来像是两个独立事件，却在冥冥中似乎有所关联。

　　这样的人物，这样的书籍，当然是不太适合给文艺气质浓厚的青春少女读的，老妈的这一问恐怕是她的心声，我当时虽然还是少女却已经有了一个成年女子的身形和相貌，还不知深浅地看了无数良莠不齐的各类书籍，我要是当母亲的也会不放心啊。当时的我心里却想不到这些，只是得意老妈终于开始和我讨论书了，那我也不能随便拿话敷衍她，于是老实认真地答说："如果真遇到了那就是命，没有办法的。"

　　曾经的文艺青年，当时已是一个少女的母亲，豪听了这么政治不正确的回答居然并没有爆发那个时候她时时发作的脾气，居然深以为然地点了一下头，什么也没有说，看我的眼神有担忧也有那么一点赞许。这个事情之后我和老妈的关系终于平等了，虽然我还是不能长时间地捧着一本书看，但她和老爸却时时和我们讨论些书啊电影啊戏剧啊什么的，还非常重视我们的观点看法，很准确地假设我已经看过他们随便提起的某一本书了。

　　记得宝宝读高中的时候有一次和我起了争执，她理直气壮得意扬扬地对我说："女儿生下来就是来和妈妈作对的，你干吗要生一个女儿呢？"听到这么忤逆的话气得我当时都快背过气去了。豪当年是比我强势得多的妈妈，我自然从来没有这么当面顶撞过她老人家，但事实却也相差不远。老妈当年对我唯一明令禁止强制执行的就是读书和写字了，我这个兴趣多多没有长性的人却唯一对这件事几十年如一日坚持不懈，现在还有了愈演愈烈之势，如今每次给她老人家打电话都说些看了什么书写了什么文章之类的话，下意识里是要气她老人家呢？还是在示威？

　　而对她老人家当年差不多算是默许了的和忧郁多情的文艺男青年谈恋爱这件事我却深自警惕，像只狐狸一样的机警灵敏，闻到一点危险的气味就一避三千尺，绝不让自己陷入无法自拔的地步。有时还振振有词地教导老妈如何战胜她那深具中文系女学生特质的，如永远长不大的少女般的情绪化，学会拿不起就放下的干脆……仔细想想这也有几分对着干的意思吧？

2

豪开始看地下书，也终于默许我们看书，当然也是因为外部环境起了变化，当时虽然上面的政策没有太大的变化，但是人们变多了，随着大家对生活热情的高涨和对政治热情的低落，人和人之间的关系变得没有那么紧张了，没有几个人还会冒傻气跑去揭发这个批判那个，反而是中国社会固有的温情又慢慢抬头，比方我们家又开始每天晚饭后都有人来谈笑聊天了，当然豪她们固定每个晚上都要开几个小时的会议也变得只是偶尔才会开。

虽然方方面面都有所松动，但唯有一件事情依然是高度紧张的，那就是抓反标。反标就是反动标语，这个是可以延伸的，比方不小心用写有毛主席字样的报纸上厕所，拉扯墙上的纸头时没有注意把毛主席像扯破了等等都可能会变成严重的反标事件，被炸雷一样的暴喝声揪出来的嫌犯一个个面如死灰战战兢兢，而后续的批判和处理都可能要延续好长一段时间。

真正的反标也出现过。有一天晚上我和芷青奶奶睡在一个床上，在睡梦中突然有一道贼亮的探照灯扫过我的眼睛，一瞬间把我们的房子和床照得惨白，我被惊得一下子坐了起来，刚要叫喊就被芷青奶奶紧紧地握住了手，她做手势让我躺下别动。探照灯扫过以后房子里一片漆黑，暗夜里只听到房子外面有好多人在急促地走动，还有轻声但严厉的呵斥声，都是从隔壁白胡子老爷爷家里传出来的。我的心怦怦怦直跳，紧紧握着奶奶的手连气都不敢大声出。

以后的几天大人们老是背着我们密谈，隐约间知道是老爷爷的大女婿出了事。白胡子老爷爷有三个女儿，大女儿是个中学老师，大女婿则和路易一样是位大学讲师。当年的大学老师知识分子都长年到乡下劳动，个子不高的大女婿也晒得黑黑瘦瘦的，戴着一副旧旧的眼镜，一来就帮着丈母娘做些挑水之类的粗重家务。我们这一排宿舍住的大学讲师还真不少，像赵叔叔路易都是，他们当时年纪都不大，头脑灵便，言语活泼，常常聚在一起谈笑，记忆中这一位却从来没有和别人谈笑过，和他的老丈人白胡子老爷爷一样是位非常安静的人。

"文革"中抓人抄家也算常事，但这么大的阵势这么神秘的抓捕却只见过这一次，"文革"后听大人们说当时大女婿是被人告发说了反动话，被抓以后也不肯改口认错，最后死在了监狱里。多年来一直安静地读着佛经，与世无争，连只苍蝇也不肯打死的白胡子老爷爷经历了这个刺激后，不久也去世，他们一家就此消失在我们的视野里。

据说白胡子老爷爷出身贫苦，却从小非常渴望能够成为一个有文化的人，用"程门立雪"那样的谦卑和诚意苦苦地向人求教，坚持不懈，终于成了数学名师不说，还能够写得一手好文章，字更是写得极好。谁知道他那么苦苦求来的学问到头来却变得一无是处，白送给人都没有人要，他那笔苍劲有力的好字除了在佛经上画圈圈之外，只在我家的木桶上出现过。豪当时为我和弟弟一人买了一只洗澡用的木桶，烦请老爷爷在桶上分别写下了"仰之""牧之"这几个大字。

几千年来中国人都尊重知识，敬重知识分子，旧时不识字的人连有字的纸头都要恭恭敬敬地收起来不随便丢弃，偏偏到了老爷爷这个年代却一切都倒了个，难怪他并不劝我继续跟着他学习数学了，他那么苦苦求来的学问，怎么能这么轻易地就传授给我？而我却宁愿玩耍也不要求他老人家再多教些，真的是太不应该了。那天和妈妈谈起这位老先生，豪也非常后悔，说怎么就那么随便地让他为我们家的两只木桶写字呢？对他的那笔下足了功夫练出来的好字多么不尊重啊。

白胡子老爷爷名叫彭仲焱，是"文革"前数量稀少的二级名师，他老是留着一把长长的白胡子显得年纪大，真实的年纪也许并没有看上去那么老。我被探照灯惊醒的那个晚上整个院子都鸦雀无声，据说之前学校领导已经来打过招呼了，大人们其实都知道当天晚上会有事情发生，只有我们小孩子和当事人才被蒙在鼓里。

3

1976 年 9 月初毛泽东过世的时候虽然已经是秋天，长沙的天气还是很热的。湖南的追悼大会在可以容纳好几万人的东风广场召开。我们这帮高中生被安排担任会场的保卫工作，那天临走之前老妈看着我突然嘱咐说："如果有什么事情发生，你就赶快往家里跑！"这话让我大吃一惊，平时妈是非常注意不在我们面前讲任何政治不正确的话，当然她也不讲政治正确的话，她突然来这么一句太让我吃惊了，同时也让我非常疑惑，我牢牢地把这话记在心里，什么也不问，谁也不告诉。

穿着长袖白衬衫戴着黑袖章，被安排站在广场的后面担任保卫，我们隔着一段距离就站一个人，和密密麻麻的人群中间隔着一块空地。当然我们这些担负保卫工作的中学生既没有经过任何训练，也没有人事先告诉我们如果出现突发事件要如何作为，完全是样子货。当天如果真的有任何事情发生，我们除了往家里狂奔之外大概也不可能有什么作为吧。

那天太阳大天气热，我们的长袖衣裤扣得严严实实的，越来越感觉到闷，会议的时间很长，我们站在会场的外面几乎听不清楚讲话的内容，只有当时的湖南省委书记张平化在长时间停顿下突然爆发出一阵老年男人的哭声，震得麦克风嗡嗡地响。长沙闷热的秋天那么多人长时间地站在大太阳底下，会议开始不久就不停有人晕倒，被几个人抬着扛着从我们身边急急地走过。

打到"四人帮"这件事到底是哪天发生的我不记得了，长沙人也比北京人离政治远些，没有那么敏感。只记得有一天我下午没有课，如常走到一个比较远的菜市场买菜，路过一家工厂的大门抬头一看，赫然一条大标语写在墙上："庆父不死，鲁难不已。"

我吓了一大跳，以路易偶尔教我读过的那么几篇《史记》所认识的一点有限的古文知识来看，这是一条标准的反动标语，如今却用重重的墨汁大大地写在墙上。再看看周围的人，大家都安详地在反标下面走来走去，没有一个人表现异常的。我回到家谁也没告诉，不安地想着不是今晚就是明早就会爆发另一场抓反标的强大风暴。谁知几天的不安却是几天的安静，什么也没有发生，也没有任何人议论那条大反标，过了几天我还特意又去看了一眼，那条反标居然还在。

除了这件事让我心思不宁了几天以外，1976 年的秋天却有着渐渐开朗的明亮秋色，食物慢慢地多起来了，虽然还是要排队，但是分量和质量都有了大的改善，终于可以吃到像样的肉食了，更让我兴奋的是有了好多电影可看。当然这些电影都是"文革"前拍的旧电影，但对我这个六岁就遭遇"文革"的人来说这些电影全部都是新鲜的。

虽然人们还在不停地说"继续批邓，永不翻案"之类的话头，但传这些话的人都是带着意味深长的笑颜在说，听的人则有一副"我懂的"的默契，一边点头如捣蒜一边也憋不住坏坏的笑意，估计邓自己说的时候也是意态轻松面露笑容吧？当时不停地听到某人出来了，某部电影可以放了，某本书可以读了……绑得紧得不能再紧的绳索一点点松开，人们的脸上都露出了劫后余生的惬意。

1977 年的春节是我这辈子过得最好的几个春节之一，节前排队买食物队伍不长，食物很多，一群比我大的年轻人一边排队一边高声谈笑议论着已经看过的电影和马上要去看的电影，神采飞扬的他们也大度地把我扒拉进了他们的圈子，我终于正式脱离小屁孩的队伍迈入了青春大合唱，高兴得我简直有点抱怨队伍走得太快，排队的时间太短了。

年夜饭的饭桌是前所未有的丰盛，饭后青春大合唱的男女青年们结伴去游夜市竟然跑到我家来邀请我同行，老妈也爽快地答应了，还没有叮嘱早点回来之类的扫兴话。这是我十六岁的成人礼吗？应该是的，这毫无准备的成人礼是如此美好令人终生难忘。那年的新春夜市是多年来的第一次，有些灯有些花有些食物有些玩意儿有些爆竹有些人群，但都不算太多，在我看来却是恰到好处，之后的岁月里我其实有点害怕太过热闹的春节气氛，经常想方设法地逃离。

同伴们都是邻居的大哥哥大姐姐小哥哥小姐姐，平时有的不大搭理我这个小屁孩，有的只是居高临下地带着我们疯玩，今天他们全部转换了态度，很自然地和我平等谈笑，好像我从来就是他们中间的一分子似的。在排队买食物的时候因为太过受宠若惊，显得有点讷讷不能言的我这时也放松了下来，谈笑自如之外还有闲心感受到那个并不寒冷的新春之夜似乎已经有了醺醺然的春风悠悠地吹拂过脸颊。

4

1977 年夏天我高中毕业，虽然形势不断在变化，但已经实施多年的高中毕业生要下放到农村的政策并没有变，豪也开始为我的下乡生活做准备了。她请浏阳的孜姨买了当年的新棉花织成柔软的土布，再请裁缝在院子里用门板架起台子为我做被子褥子，还计划着做顶新蚊帐让我带到乡下去。老爸路易则在托人看能不能把我安排到位于偏远山区的三线工厂去当工人代替下乡。我自己则略带惆怅地告别了中学生活准备先狠狠地玩上一个暑假再说。

7 月的仲夏我的疯玩大计还没有正式开始实施，老妈就带着我去拜访她的一位老同学。这次拜访是老同学的丈夫主动邀请的，这位作风干练神情严峻的王叔叔是湖南省教育厅的重要干部，他太太是老妈的同学但平时来往并不太多，这位王叔叔我其实是第一次见到。他告诉我们他马上要去北京参加全国高校招生会议了，他认为这次会议将会对现有的大学教育做一个重大的改变，他说很多人包括他自己都会在会上提出对大学进行教育改革的建议和试行方案。

他推测明年可能会试行十多年来的第一次高考，估计在理工科方面会给应届高中生百分之五的名额，让他们跳过下乡两年再获推荐的门槛，直接参加考试，而文科学生他估计还是会需要先下乡锻炼两年。说到这里他看着我的眼睛严肃地说：听说你的成绩很好，你现在就要开始复习了，争取拿到百分之五的考试资格！然后他又嘱咐妈妈说：这个只是我的推测你不要告诉别人，另外红复习的事情也不要让旁人知道了，免得引起什么节外生枝的风波。妈妈忙忙点头称是。

王叔叔的这种思路和这番叮嘱是很有必要的，妈妈也特别能够理解，这样的风波也不是没有发生过。1973 年其实也举行过有限度的高考，在农村当知青的邻居大哥哥那次考得特别好，谁知遇到了张铁生交白卷事件，恰好他的右派妈妈那时也去了他下放的农村，这下不但没有进得了大学反而成了右派分子企图翻案的事件，倒霉的大哥哥上大学的事儿就彻底没戏了，以后的几年里同去的知青都以各种方式回了城，只剩他一个人还滞留在乡下混。

从王叔叔那里回来，爸爸妈妈马上开始策划，把我送到舅妈张慧敏处复习功课。万舅几年前癌症去世，舅妈伤心之余也只好振作，这时她把小表弟放在北京的娘家，自己则带着大表弟徐泽住在工厂的宿舍里。她的邻居们都是工人，对读书的事情不敏感，所以在她那里读书比较不引人注目。

舅妈张慧敏文化不高但却非常看重文化，她不到万不得已从来不写回信，但极喜欢收到信，我们写的哪怕是一张小便条她都读了又读看了又看，然后再收藏得紧紧的。她对我也特别偏爱，妈妈好不容易托人从外地买了块当年算得上高级也算得上昂贵的"的确良"布料请她帮忙做件衣服，做好后给妈妈试穿却并不合身，她不慌不忙地说："唔哦，搞错了，这衣服做得有点大，要不让红穿吧，红穿大小正合适。"于是衣服就真的归了我，这先斩后奏的忽悠功夫她做起来自如得很，妈妈也只能哭笑不得地接受既成事实。

对我要住到她家复习功课的事舅妈非常欢迎，于是我就在她家住了下来，和当时还是小学生的表弟徐泽每天清晨六点到九点在她家的阳台上复习功课，而舅妈则为我们准备好丰富的早餐后再去上班。结结实实读上三个小时书以后，我们姐弟二人再美美地吃上一顿早饭，余下的时间就不再读书了，带着表弟晃荡之余夏日的午睡可以睡上一个整下午，而晚上则是故事会，我们三人各自躺在凉床上由我给他们讲故事。

一个多月下来我把我们的初高中课本都过了一遍，当时我们的数理化课本内容很少，一两天就可以完成薄薄的一本书，空气干净凉爽的清晨学习效率也很高，再加上小学生徐泽的坐功非常了得，每天陪着我读三个小时书，他也坐在一边安安静静地做功课，平时他可是个话痨孩子，一刻也停不下来。看着我们两个每天早上乖乖读书的样子，舅妈高兴得不得了，高兴之余对我更是不知要如何疼爱才好，天天不惜工本地变着花样为我们做好吃的，有天中午正睡得迷迷糊糊的，只听到舅妈得意地对邻居朋友显摆说："你看看这孩子，眉眼跟画出来的似的，睡着了就像猫一样的安静……"她居然带着朋友来瞧我睡觉？！

　　过了一段这么舒服的读书生活，一天晚上爸爸妈妈突然来接我，他们眉开眼笑地说红今年真的能够考大学了，他们来接我回家正式开始复习。

第三十八章
晴空一鹤排云上

1

1977 年 8 月 4 日到 8 日由当时刚刚第三次复出的邓小平主持召开的科学和教育座谈会在北京召开，有三十多位专家教授出席，讨论非常热烈。在讨论的五天期间里，王叔叔所参加的全国高校招生会议已经结束，交上来的 1977 年高校招生方案里果然如王叔叔所预测的一样提出了要在应届高中生中经由考试招收一部分学生的条款，给出的具体名额是四千到一万，其余的二十多万名额还是延续"文革"的旧例准备招收由群众推荐领导批准的工农兵学员。

邓小平原来的设想是花一年的时间准备，1978 年正式开始全面恢复高考，就算是这个时间表其实还是很紧迫的，邓在会上也一再向教育专家们确认一年的准备时间够不够？但是座谈会的代表们非常强烈地要求马上就进行改革，他们认为"文革"的旧例一是埋没了人才，二是破坏了社会的风气，三是影响了中小学的教学积极性。而当时的教育部长刘西尧也表示如果推迟半年招生的话今年马上改制也是来得及的。

于是在"文革"中两次被打到，如今再次复出，虽然以前主持过国务院工作管理过整个国家当时却不过是分管科技和教育的国务院副总理的邓小平当场决定不再等了，马上就恢复高考，考试安排在当年的第四季度，而新生入学则延后到第二年的 2 月。会后做出的《关于推迟招生和新生开学时间的请示报告》的文件虽然名字毫不起眼却有着颠覆性的内容，而且意味着几乎不可能的工作进度。8 月 18 日由教育部以快报的形式报送，当时的国家最高领导人华国锋、叶剑英等当天就全部圈阅同意，用近乎神的速度完成了教育改制时间表的行政审批程序。

爸爸妈妈把我接回家就是在这个时候，虽然具体的考试方法时间表都还没有出来，但是今年会高考并且会允许我们应届毕业生参加考试则已经定下来了。豪有一位和她关系非常铁的女学生，她的父亲是国营大厂的总工程师，哥哥则是"文革"前名声最响亮的大学哈尔滨军工学院的学生，这位大哥哥保留下来了一整套"文革"前的初高中数理化教材。回到家没有多久妈妈就带着我去他们家把这套教材借回来了。

教材到手后，我开始每天清晨到家附近的一个藏在树丛里的凉亭里去读书。这个小小的凉亭藏得很密实，不知什么时候被我找到了，它虽然很小，但中式凉亭所必备的粗粗的柱子凉凉的麻石桌椅一样也不缺，干净隐蔽，真的是个读书的好所在。坐在这个四面透风的凉亭里果真感到清风习习，暑气全消，我心平气和地把大哥哥的教材一本一本拿来从头学起。这教材编得非常好，虽然内容很多，但循序渐进由浅入深跟搭积木似的，一步步学来，不但不觉得艰难，还有相当的乐趣。

回想起来我这辈子常常犯的一个错误就是钻牛角尖因小失大，当年十七岁的我却福至心灵地决定用七十分万岁的精神复习功课准备高考，当然这不是复习而是学习，这些功课对我来说都是新的。记得书上的每个章节都会讲一个问题，或者一个大问题带几个小问题，看明白原理后开始做书上的例题，例题简单明了还会附上详细的过程和答案，我把自己做的和书上的对比一下改改错就翻篇了，每一章后面的练习和书最后附的大段大段的总复习题，以前挺喜欢拿做题当游戏的我这次都忍着不再去碰了。

这样的方式可以在最短的时间内学到基本的原理达到七八十分的地步，考虑到理解偏差、考试失手等问题，最终能够得到六七十分就不错了，但毕竟比零分好太多，很符合当时需要快速地从无到有的特殊状况。那次能够为自己制定出这么明智的学习方式，我认为是在凉亭里学习的缘故。清凉的早晨秋高气爽，树木花草深处藏着的一个小小凉亭鸟语花香，真的是天赐的一个读书好地方。一个好的读书环境能够让人思路清晰，而杂乱浑浊的气氛却有可能使人心烦意乱，这个道理中国古代的读书人早就明白了，他们不但宣称"明窗净几好读书"，而且一旦有条件就设计构建让人心旷神怡的书房、后院和凉亭，真希望这辈子还有福气再在这么可人意的地方读点书呢。

因为用的是短平快的方法，所以没有多久我就把那套教材过了一遍，只盼望这些没有消化完全的知识能在我脑子里多少留下些印记。

2

当然光是早上读几个小时书已经不够了，白天晚上凉亭不能待的时候还是要趴在我家的大方桌上学习的。家里那么窄小，人那么多，桌子也不能让我独占，爸爸和文联的张叔叔就经常坐在桌子两边对着我的耳朵长时间的谈事情。张叔叔以前来的时候偶尔会带张电影票让我欢天喜地的出门看电影，把房间让给他们谈事情。如今我要高考了，当然不能出门看电影，就三个人共用一张桌子吧。张叔叔他们谈起事情来声音很大，注意力很集中，根本顾不上旁边有人，只有一次他临走时对路易夸我说：这样的环境下红居然也能够读得进书，真不错呢。

张叔叔是上海人，讲一口带上海腔的普通话，他和路易商讨的是有关周立波复出的问题。那个时候形势是在变好，但也不是一下子就全部翻过来了，还是在原来的语言环境下一点点地改，周立波的平反复出当时虽然已经呼之欲出，但在理论上他还顶着1973年从监狱里放出来时给他做的那个定性为"反动文人"的结论，连我考大学时填表都还是填的："祖父周立波，反动文人"字样。路易和张叔叔讨论的是如何拿出他结论中最厉害的一条开刀，那就是有关《韶山的节日》一文的那段公案。

以什么样的方式讲述那段故事呢？路易和张叔叔长时间地反复讨论，请立波写下了事件的前因后果。十多年没有写过文章的立波第一次寄来的初稿，路易看了抱怨说：爸爸怎么搞的，停了这么久不写，难道已经不会写文章了吗？怎么写得这么幼稚呢？他和张叔叔都毫不客气地向立波提出修改意见，立波也很谦虚地一遍一遍地改稿子。定稿后名为《韶山的节日事件真相》一文发表在《湘江文艺》1978年的第一期上，同期还发表了"文革"前担任《羊城晚报》副刊总编辑因为发了《韶》文而大受冲击的秦牧的说明文章。

1978年3月23日，"韶山节日事件"的另一当事人罗瑞卿在《人民日报》发表了给《湘江文艺》杂志的一封信，当天的《人民日报》也再次刊登了《韶山的节日》一文。到这个时候立波才算是正式复出了，也在1978年春天作为政协委员出席了第五届全国政协会议。并于1978年第七期的《人民文学》上发表了十多年来的第一篇也是他一生中的最后的一篇小说《湘江一夜》。

还是回到1977年的秋天。随着天气的渐渐变冷，高考复习的热潮愈来愈高，因为这次符合条件的考生最大的是1966届高中毕业生，最小的是1977届高中毕业生，聚集了十一个年级的学生，好多已经工作多年的人都开始复习备考，其中包括学校里教过我的众多年轻老师们，下放农村的知青也大多回城复习备考。时间只有短短的四个月，大家都在加速运转，学校的教务主任还没有忘记已经丢生了十多年的业务，马上就开始组织补习班，安排"文革"前的名师讲课。他自己也紧紧盯住进度，很快就摸清了考生的状况，站在院子里大声发表谁能够考上的预言。他的业务能力还真不是盖的，考生中不管是应届生历届生青年教师家属子弟，只要是被他点过名的居然全部都考上了。

那时候的补习班完全没有收钱这一说，教室的大门敞开着，只要挤得进去谁都可以进来，当然能不能听得懂就是你自家的事了，名师们一股劲地把他们认为可能会考的内容在短短的时间里讲出来，如果只有少数几个人能跟上进度他们也没办法。我毕竟已经快速地扫过两套教材了，老师讲的东西我多少能够接应得上，老师们欣喜之余个个都劝我报考他或她的那个学科，有的老师更是下了课就跑到我家来直接向爸妈提建议。

参加完本校的补习课，我们又跑到外校去听课，开始是到明星学校去听课，后来连市里都出面组织补习了，夸张到把补习课开到了大礼堂体育馆。这么大的场面，老师的板书看不见，声音听不清，我们大家从城的这一头奔到那一头，赶着去上各种各样的补习课，除了让人劳累之外我认为效果并不好，老师们没有时间了解学生，就没有办法做到有的放矢。

有一次我到了一家名校旁听一个据说大大有名的女老师的课。这个有年纪的女老师穿得很时髦人也长得精神，一阵风似地带着几个学生冲进教室，往台上一站就开始劈劈啪啪地讲。她那几个学生都一屁股坐在最前排为他们特意留出来的位子上，旁若无人地和她对答如流，把教室里其余挤成一团的学生们完全甩到了一边。这样有气势的老师我只在"文革"前见识过，"文革"十年里谁还敢为有知识而骄傲？所有的老师都是霉头霉脑的，越是有本领的老师越倒霉。

看到那个神气的老师和她带着的那帮同样神气的学生们，很真切地感受到世道变了，当然我在本校的补习班里也受到过很多特别的优待，老师们有时好像也很喜欢和我来来往往地对答，不过我们从来没有坐过特殊的位置，上课时大家挤成一堆，拿着个本子一通狂记。

虽然每天跟着大家像无头苍蝇般到处疯跑乱听补习课，其实这个时候我已经茫茫然不知道这复习要如何进行下去了，但还是本能地不肯随便做题让自己陷入无穷无尽的题海中。这时候家里对我的复习却变得越来越重视起来，已经把比较好的前房腾出来让我一个人学习和休息，其余的四个人都挤在小小的后房里早早地熄灯睡觉，连一点声音都不发出，每天还把前后房的门关得死死的，让我独自拥有一个完整的空间。妈妈临睡前会把为我准备的零食放在桌子上，还特意叮嘱说：高考复习的时候是没有人能够按时睡觉的，每个考生都必须要熬夜！

这么高规格的读书待遇我有生以来第一次享受到，受宠若惊之余，虽然觉得不知道要做什么，却也不好意思马上就爬上床睡觉，再说我是听话的孩子，妈妈说必须熬夜就熬夜吧，漫漫长夜一边把小花片之类的零食吃得咔哧咔哧响，一边把书再翻上一翻磨磨时间。半夜时分整个院子都静悄悄的，只剩几个考生的灯还亮着，两个考生出门上厕所碰了面，寒暄几句之后他们突然开始讨论起题目来，越谈越起劲声音也越来越响亮，一直谈到天快亮时才罢休……当时的邻居们大概多少都受到了我们这些晚上不睡觉的考生们的打扰，但却没有一个人提出来抱怨。

不但不抱怨，还想出很多办法来帮助我们。比方为我们补习政治的名师黄老师也曾经劝我报考政治专业，我那个时候对政治毫无好感就对他笑一笑什么也不说。其实政治学也是一门好学问，如果再和哲学一起研习的话则更好，黄老师应该就是学哲学出身的，学问高深自不待言，虽然我并没有答应报考政治成为他的同行他还是决定要帮助我。他连夜把政治课的内容做了归纳总结，把所有的重点密密麻麻地写在一张大纸上，还详细地标出了各类问题之间的内在外在关联，凌晨他拿着这张纸站在我家的房门前等着我睡醒了起床再交给我。

我到底有何德何能得到老师这样的关爱？不但自己没有"程门立雪"向老师苦求学问，反而是老师捧着他的心血站在我的房前等我起床！？想到这里真的是惭愧莫名，眼泪都下来了。仔细地研读黄老师精心做出来的总结，觉得整个政治课的内容就像一棵有主干有枝叶，枝繁叶茂的大树一样清晰地立在我眼前，豁然开朗之余马上联想到其他功课也可以照此办理。

于是我的熬夜晚读终于有事情做了，那年头常常为各类事项评比发奖状，家里大大小小的奖状还真不少，全部都是用厚厚硬硬的纸印出来的，结实到可以卷起来。翻找出家里的奖状，用这些厚纸的背面依照黄老师的榜样把每门功课的重点总结归纳，夜半更深时分，安安静静地做这份细致工作时脑子还特别好用，边做边想好多原来并没有学明白的地方竟然融会贯通了起来。做完一张就卷起来放在桌子上，过了一段时间居然堆出了一小堆神气得就像古代读书人桌子上堆的书简一样的小山堆。

学问和学习的方法都有了长进也不是没有代价的，夜晚的灯光下一边做功课一边看着自己的手，这手腕怎么看着看着就变小了啊？四个月的高考复习，我果然从一个结实的胖女孩变成了一个瘦得轻飘飘的，吹吹风就感冒的文弱女青年。老妈说参加一次高考就要脱一层皮，还真是没有错啊。

3

　　年轻的考生们如同拼命般地要抓住命运的机会，其中有些人就是十一年前听到1966年高考延后一年的广播时高兴地抛下书本投身"文化大革命"的老三届学生，也有我们这批刚毕业的高中生，但考生的主体却是经历过邓小平1973年到1975年复辟的那几届学生。那几年抓过一段学习也组织过高考，所以他们的文化基础比上不足比下有余，关键是他们正当年是体能最好可以拼命的青年人，我们这些少年是拼不过他们的。所以最后考进学校也是他们的人数最多，当时我们七七级进校的时候听说平均年龄二十二岁，是两头小中间大的结构。

　　为什么要这么拼呢？这还用说吗？大哥哥大姐姐们当年是一失足成千古恨，小哥哥小姐姐们虽然也摸到过机会的影子，却是机不可失时不再来，闪一闪就不见了。我们呢？更是从小就没有见识过机会长什么模样，如今机会的大门却奇迹般明闪闪亮晃晃地出现在眼前，好没有真实感啊，谁知道这门什么时候会再关上，机会什么时候又会再度消失呢？这个时候再不拼更待何时？

　　要说人们的担心也不是多余的，1975年那次反击右倾翻案风就不去说他了，就算这一次也不是高歌猛进毫无波折的。1977年8月13日为新的招生方案再次召开的高校招生会议就开得并不顺利，开了一个多月都结束不了，除了工作量太大时间太紧等技术问题外，重要的分歧还在大方向上，"文革"十年已经形成了一整套评判标准语言环境，再说1975年那次也是考试都完成了，因为有人搅局又全面翻盘，焉知这次没有流产的可能性？

　　于是邓小平再次召开会议，再猛推一把，说："……你们还没有争取主动，至少说明你们胆子小，怕又跟着我犯错误……现在群众的劲头已经起来了，教育部不要成为阻力……办事要快，不要拖！"一直要到10月中旬，当年高考才最后定局，离十二月份考试的时间只有一个多月了，多悬啊！那个时候的邓大人刚刚经历了两次靠边站前后长达十年之久，很接地气，对民心的把握更是精准非常，根本就不需要媒体智库帮他做民意调查就心知肚明。

　　是啊，当时考生和家长们还可以说是命运攸关，邓小平他们还算是掌着国家的大权职责所在，那王叔叔、黄老师、教务长和参加教育座谈会的专家们那么积极地促进这事要怎么说？那年头的气氛就是这样的，那个时候的人们真的是激情澎湃不计报酬地往前冲，"文革"中的愚昧恶意消失无踪，明敏善意却无处不在。中华文明能够源远流长延续几千年自有道理在，这么强大的自我修复能力就是其中的一个重要原因。

　　当年大家都心思灵动，也特别不拘一格，复习到后来也都意识到补习班的形式难以照顾个体的需求，一对一的教学方式更加有效些。当时老师少学生多供不应求，居然有人找我做起补习老师来，人数还不少。除了同学外，我中学的任课老师中也有来找我补习过数学的，还有一个比我年长许多的女青年，她在补习班认识我以后就自己找到家里来要求我为她补习，有段时间甚至天天都来。当年我们去上补习课没有交过钱，现在给人家补习当然也是义务还不需要预约时间，一敲门就进来了，一补习就是好几个小时。

　　当时不够时间准备全国统考是由各个省分头考试的。复习的最后阶段，常常有已经完成高考的外省考题传来，我念高中时一直负责出学校的油印报纸，对刻钢板印资料驾轻就熟，这时也不知是有人安排还是自告奋勇，反正每次有考题来我都花好长时间刻字印出，还一家一家送到每个考生的手里。有个年纪比我大几岁的女生好像并不怎么待见我的这番多事，每次接到考卷后都砰的一声关上门懒得搭理我，我却无知无觉地只要有考卷来还是去敲她家的门，旁边的邻居太太看在眼里，就说：红这孩子就是憨啊。没有心机的孩子命好，红今年一定能够考上的。

　　昨天我在健身俱乐部跳舞，老师是位英国小伙子，长发披肩，舞编得好极了。昨天他带着我们跳得大汗淋漓后开始做运动拉伸，平日并不多言的他却突然在缓慢的音乐声中长长的表白起来，他说：我是以音乐为生的人，住在这里教你们跳舞不是为了钱而是为了爱，我太爱你们，太爱你们这个地方的人了。不但我喜欢，好多做音乐艺术的人都喜欢……他点了一大堆知名音乐人的名字后继续说，硅谷这个地方的人虽然在做着改变世界的大事却心境开阔不傲慢，还特别善良好相处……哇，好感动！唔哦，跳了一场痛快的舞以后还能听到这么窝心的赞美，虽然我住在硅谷，并不说明我能代表硅谷的人接受这番赞美，但谁要管那么多？先高兴了再说：老师，我们也爱你！

舞蹈老师的话说得一点也没有错，好的人文环境是创造力的温床，不但可以激发出自身的能力还能够引人入胜，但要把一时的激情变成常态，让创造力像波浪似的层出不穷却是难上加难，既需要天时地利人和，也需要耐心和智慧。

4

高考已经进入倒数计时，不知哪位"文革"前参加过正规高考的前辈告诉我说，当年很多考生临考前一个星期什么也不做，尽情地玩耍，把书丢到一边。这经验很对我胃口，于是真的丢开考试的事情玩了起来，也不想想人家是认真学习了十几年的人，考试的内容都在脑子里生了根了，我们这种临时抱佛脚仓促上阵的人拿什么和人家比？当时豪是阅卷老师，早早就被集中关起来了，我自由自在地享受正规考生的考前放松玩耍，没有人管。

玩了一段时间，考试的前一天再翻翻我做在奖状背面的总结，顿时眼睛发直，脑袋都大了，这都是些什么东东啊？我怎么全部都不记得了呢？！惊吓之余赶紧爬上床睡觉，第二天鼓起勇气跟着轰轰轰的大部队走去考场，打开语文考卷一看，第一道题就是拼音翻译。我老妈豪是拼音很溜的中学语文老师，可是我却完全不会拼音。赶紧跳过看第二题吧，却是古文翻译，这个虽然也不会却似曾相识，猜一猜赶紧写下拉倒。还好马上就是作文了，我当时对语文考试完全没有复习，只拿着秒表练了几次写文章，对在规定时间里完成一篇完整的文章是有把握的。

第一天考完，精疲力竭，吃过晚饭爬上床睡觉，同院子的考生们晚上拉帮结派地跑过来找我对答案，却被芷青奶奶挡在了门外面，说是已经睡着了。两天考完后再对答案时却发现我化学考试居然没有翻篇，拉下了整整一页的考题，气得我一跺脚马上离开热烈的讨论人群回家睡觉了。正谈

1977 年的我，正面临命运的转折。

得兴奋的人们也很敏感，猜测说红大概是发现题目做错了不高兴……哼，要是有这么简单就好了，我心里的窝囊恼火都说不出口。

昨天晚上打电话和老妈聊天，她告诉我当时学校的校医金医生怕考生们失眠影响考试的发挥，主动给一部分考生发放了安眠药。事后她对豪说："我看你家红不需要，就没有给她了。"什么？当年我的憨已经那么出名了吗？连安眠药都不发给我？再说为什么我到现在才知道有安眠药这回事呢？可见当年还真的是憨。

憨姑娘终于就这么糊里糊涂连滚带爬地进了大学。十七八岁高中毕业进大学按说是件再平常不过的事情了，当年却是需要很多的幸运叠加在一起才能成为可能的奇迹。1977 年 12 月全国有 570 万考生参加高考，录取了 27 万 8 千人，录取率不到百分之五。1978 年夏天全国共有 610 万考生参加高考，录取新生 40.2 万，录取率不到百分之七。这两年考进大学的学生后来称为七七·七八届，是中国教育史上很特殊的一批学生。

过完春节终于开学了，爸爸妈妈帮我准备好行装，带着还是小男孩的弟弟送快满十八岁的我去上学，到了学校只见到处是人到处是行李，一片乱糟糟的喜气洋洋。老爸不顾一切地横穿马路，一辆已经开得贴近他身体才紧急刹车的大客车摁着大喇叭对他发出警告，路易不但不让路，还在马路中间跳起舞来，他把膝盖抬得老高两条腿飞快地倒腾，一边跳还一边对着坐在高处的大客车司机做鬼脸，从来没有看到过老爸这一面的我顿时惊得目瞪口呆。

到了宿舍当时个子小小的牧之像只灵活的小猴子一样很利索地爬到高高的箱子架上为我整理行李。他们三个离开的时候天色已晚，我送他们下楼去搭公车，走到路上妈妈回过身来看着灯火通明的宿舍说："哎，把你留在这里我就走得放心了，那些要把孩子留在黑灯瞎火的知青点的父母们该会走得多不放心啊……"

　　如果你以为从此就是"晴空一鹤排云上，便引诗情到碧霄"似的阳光灿烂的话，那你就和当年十八岁的我一样太天真了。天真这个词在中文里面是个好词，中国文化尤其喜欢赞美天真的少女，搞得很多心智已经成熟的女人还是会显现出天真的样貌和谈吐。而天真这个中文词所对应的 Naive 这个英文词却没有多少褒义在里面，用英文说人太天真的时候还带有没有经验，不够有智慧，缺乏判断力等意思，在有的语境里用起来简直和骂人的话没两样。当然这次我用"太天真"这个词的时候绝没有骂人的意思，但却也是用的英文的词义。

　　一个好的开端也仅仅只是开始，后面的路还长着呢。和所有的长路一样，风平浪静，激流险滩，样样都不会缺。

第三十九章
无边落木萧萧下

1

1978 年春天我们进大学的时候，高年级的学生还都是工农兵学员，第一次在食堂排队吃饭，她们当着我的面就说："瞧这小姑娘，这么小就上大学了嘿。"叽叽喳喳议论过后，她们毫不犹豫地就开始管教起我们这些小孩子来，指导我们的生活，安排我们做宿舍的卫生，训练我们做体育运动，同时也开始大大方方地向我们请教功课。

我们这帮没有社会经验直接考进来的学生虽然和学长们相处得很和谐，但却集体不会来事，或者说不肯来事，一个个跟阮籍的后人似地喜欢朝人翻白眼。当然翻白眼是技术活，不是想做就做得到的，不信你到镜子前试着翻一个给自己看看就知道了。我们的翻白眼近似动作就是集体坐着看书，领导来了连头都不抬，也真够恶劣的。当年来看望我们的各级领导非常多，来了多半都会受到白眼相待，满屋子静悄悄读书的学生，没有几个抬头和领导寒暄的，至于谁来谁往了说实话还真的没有搞清楚。

我老公当年是下乡知青，他身高力大，虽然错过了当职业运动员的机会，但一点也不怵干体力活，三年下来干得热火朝天，早把读书这回事忘光了，1977 年知道可以考试的消息时他还在大山里砍树运木头，仓促上阵，还没有回过味来就啪唧一下落了榜。还好这次只要等半年就是 1978 届高考了，半年后考上大学拿到通知单后他到处送糖。那年头有一可爱的习俗就是有

三年后他考大学时已经长成了一个壮小伙子，那时文化生活丰富了不少，但物质生活却并没有太大的提高，我们依然住在七中简陋的教师宿舍里。这两张相片是在同一个地方拍的，人长大了，树也长粗了，而低矮简陋的房子则更加破旧了，当年我们长大成人的地方照今天的眼光看和贫民窟、难民营的环境很相似。

我进大学的时候，牧之还是一个小男孩。

点喜事就送糖，大到结婚生子参加工作，小到加入了红小兵红卫兵都会送，考上大学这么件大事当然必须到处送啦。

　　这糖一送送到了公社书记那里，书记看到糖很疑惑，问道："你上大学的事儿我们怎么都不知道？你怎么转的户口？"要知道当年的潜规则一个人上调回城需要至少送给公社或大队一车木头加上三个名额，走一个还须得再带上两个，家里有条件的说不定会被要求送一台拖拉机，推荐上大学的价码就更高了。我老公当年也是气盛的年轻人，听书记这么一问他连回答都懒得回答掉头就走，边走边听到旁边的干部解释说："他是考上大学的，他转户口不需要我们批准……"

　　说起来我们从小受过那么多饥饿寒冷，折磨憋闷，有机会嚣张这么三五天也算是情有可原，这个时候天上虽然露出了曙光，世界的大门也在我们面前徐徐开启，但今后要遇到的困难要经历的艰辛还多得很，这也不过是刚刚开始。

"文化大革命"是以文化开始的，结束的时候也以文化复苏最迅速。当时的物质生活虽然有改善但还说不上有多丰富，我依然穿着打着大补丁的裤子去学校上学，房子的改善更是很多年以后的事情了，可是文化生活却真的是百花齐放，"文革"前的老电影外国电影都蜂拥地放了出来，书店里各种书籍一天天多起来，有的是旧书新出，有的则是见所未见闻所未闻的真正新书，人们的思想也超级活跃，要说是一次文艺复兴也不为过。

记得有一次在公共汽车站遇到了一位名校文科生，学文艺理论的，才认识了不到十分钟他就告诉我他们班有多少同学坐过牢，把我愣了一跟斗。这思想的冲突该有多激烈啊，刚刚还是阶下囚，如今就已经引领时代的潮流了。当然我们工科学校也不是世外桃源，偶尔也听闻来了警车，抓走的那谁谁谁据说是"三种人"。

这么多电影这么多书籍这么多新思潮我却都只能匆匆掠过，我在忙啊，忙什么呢？忙着攀登科学高峰呗。你别笑，那会儿还真的是这么提也是这么拼命努力的。长达十年不让读书，恨不得把知识的根都拔除干净，一百八十度大转弯以后老师教材都很缺乏，上课经常发的是仓促赶制出来的油印教材，和世界的沟通也还不过是刚刚开始，可是却对我们提出了很高的要求："科学有险阻，苦战能过关！"

其实应该补补课把用急就章的方式学来的基础知识打打牢再说下一步的，但是哪里等得了？就在薄弱的基础上往前狂奔吧，不管工科理科都奔世界科学最高峰，恨不得每一个人都像陈景润似地解一个世界最难题。这样的基础和条件提出这样的目标，就算是如今硅谷最异想天开胆大妄为的项目经理恐怕也会耸耸肩说：想太多了吧？

当然七七级七八级的水是很深的，有很多世外高人或者是受过世外高人训练调教的基础雄厚之人，几十年下来在各个领域里攀上了世界高峰的大有人在，但也有像我这样普普通通的应届高中毕业生，当时我们不管是谁，不管基础如何，不管困难在哪里，反正大家都做到了苦干，日日夜夜地苦干，没日没夜地苦干，起早贪黑地苦干。

1978 年的夏天天气酷热，快到第一次期末考试了，大家更是不睡觉了，教室里十点钟关灯就点蜡烛，老师来赶人就到走廊的灯下看书……我不喜欢，我很不能够适应这样的读书气氛，到那时为止我学到的那点本事都是在轻松玩闹的情况下学进去的，在这么肃杀的读书氛围里我的脑子就像闭起来了一样没有办法打开。说起来老天爷对我还真是不薄，我后来的工作环境嬉笑玩闹的花招多得让人招架不住，搞得我的学习兴致一直都很浓厚，把公司提供的所有千奇百怪的课程差不多都学完了还觉得不过瘾，这是后话。

这么辛苦却吃得不好，早上晨读完吃的早饭千篇一律就是稀饭馒头，没有鸡蛋牛奶等高蛋白食物，也没有新鲜蔬菜水果，还没有滋味，我勉强咽下几口馒头就去上课，上到第二堂课就已经饿得头晕了，却还要熬到第四堂课，等到吃午饭的时候已经饿过了头，完全没有了胃口，于是又一次进入到对食物没有兴趣几乎不吃东西的状况，瘦得躺在床上都觉得骨头硌得慌。

当然不是只有我这样，我并不算用功的学生也还是在抓紧时间玩，很多同学比我玩命多了，半夜醒来常常看到用功的同学还没有睡。记得当时我们被要求各项体育指标达标，每一个体育项目的标准都不太高但每一项都需要会，从小贪玩的我确实每一项体育运动都会一点所以马上就达标过关了。可是很多同学不会游泳就达不了标，于是组织他们用越野长跑来代替游泳项目。这次长跑却是一个悲剧，学生们长时间的营养不良、睡眠不足，再加上骤然在烈日下奔跑，途中晕倒的人不少之外，还有学生就此丢失了性命。

好不容易考进来的金贵学生就这样轻易地失去了，家长、同学和学校都震惊伤心不已。学校马上决定取消近在眼前的期末考试，提前放假让学生们回家休息，考试延期到开学后再进行。

大学生活的第一个学期在沉重的气氛下结束，大家没精打采地收拾行李书籍回家休暑假并准备开学的考试，我唉声叹气地回到家却又是当头一棒，刚刚解放没有多久，也一向为自己的身强力健自豪的祖父立波竟然得了肺癌，发现就已经是晚期了，具体情况爸妈也还不清楚，正急得团团转。爸妈知道我和祖父的感情最亲密就迫切地等待我放暑假，一回到家马上匆忙地由妈妈带着我去北京探望立波。

2

一路心情沉重地到了北京，住进了刚刚分给祖父立波的宽大新房子。一辈子不愿意为钱财生活待遇等事操心的立波，这几年为房子的事却也有了不少的苦恼；也许是年事已高，也许是身体已经不好，他开始抱怨没有暖气的房子，冬天生炉子的麻烦和费力，重新开始写作的他也渴望有一个比较安静宽敞的环境可以做书房，这次好不容易给他分了新房子，他竟然没有住上，搬家的时候他已经住进医院了。我们在这个新房子里好像也只住了几天，第二天吃饭的时候林兰就和豪起了冲突。

我们到北京以后林兰和豪谈了些什么我并不知道，估计是如今立波是重要人物住的是高干病房不能随便让普通人看视之类的话吧。徐老五的女儿豪并不是芷青一类的人，那天吃着吃着饭她把筷子一放说："坐牢的时候我们都可以看，凭什么生病的时候就不能看？"吵过之后的第二天，我们开始每天带着家里煎好的中药到医院看祖父。几天后的一个晚上她们再次争吵后，我们终于收拾行李搬出了祖父的家，从此以后我们再也没有在祖父的家里住过了。

当年看到她们吵架这一幕我很吃惊，林兰作为继母原来对路易不好等等我当时都不知情，"文革"中和林奶奶接触，虽然她并不是什么亲切的长辈但也很不错，和我们相互扶持着一起走过那段艰难困苦，她很依赖路易和豪，一直跟他们书信不断，对他们特别是对豪真的是有点言听计从的味道，那几年她和立波还多次发感慨说：以前多不懂事啊，都不知道什么人是重要的，以后条件好了一定要帮豪把病治好云云，怎么境况刚刚有一点改善就翻脸呢？就算是要变也用不着这么急啊，难道我们真的是只能共患难的关系吗？

几十年后和亲戚谈起来，亲戚说："哎，都是因为你啊，当年你考上了大学而她……她当然不高兴啦……"询之于老妈，她也告诉说，第二次争吵确实是为了我，林说这个时候没有心情接待客人，更不能听到小孩子的声音。

这算什么话？人到中年已经有一个上大学的女儿的我听到这里忍不住勃然大怒！身为长辈，家里的小孩子好不容易考上大学了，你既没有出钱也没有出力，陪着高兴高兴有那么难吗？虽然不是亲生的后代，但这么多年来奶奶长奶奶短的对你亲亲热热，就算是面子上也要过得去才行啊，连人之常情的表面客套都懒得做了吗？

那个暑假因为期末考试延期到开学的缘故，我一直在复习功课。做功课的时候也很少占用书桌，多半都是端着一个小板凳再找张椅子，趴在那里就做将起来。不占地方不说，也不讲究环境，大家在我旁边来来往往说话聊天都没有关系。就算是这样，林奶奶也不待见，甚至当着我的面她都说过，不喜欢看到我做功课的样子。这得有多霸道啊！

这个时候的林兰和当年那个虽然出生富裕家庭但受不了妻妾成群的复杂封建大家庭的阴郁气氛，十七岁就跟着老师投奔延安，在延安时虽然追求者众却坚持要和文化人结婚的那个有理想有行动力，天真不世故的女孩子还真的是判若两人呢。

写到这里，就算这事已经过去三十多年了，我还是有点伤心，想到这些年来在国外虽然无根无底无钱无势却没有几个人敢这么明目张胆地欺负我，没有多少人敢当众看轻别人的性别人种家庭出身教育背景英文程度，受到看重的反而是个性和能力，冲劲和坚持。却原来不知道或者是忘记了在自己的家里我是一个这么地位低下的人，只因为是乡下祖母的后代就矮人一头，连靠自己的力量考上大学都变成了人家不待见的理由。今天的我真的是很庆幸当年祖父刚出监狱时有意留我在北京却没有做或者是没有做到，如果在这样阴晴不定、是非不分的环境里长大怎么能够活得舒展快乐？搞不好连性格也会变得别扭不自信起来。

3

1978 年夏天刚到北京就从祖父家搬出来的我们其实处境很尴尬，豪好面子，不好意思把为何从公公立波家搬出来的是非讲给别人听，那么住到别的亲戚家就透着说不清道不明的古怪，于是我们决定看一眼立波后马上回长沙。三〇一医院的高干病房条件非常好，祖父的样子和平时看起来也还没有大的变化，但见面后他很坚决地要求我们留到 8 月 9 日他过完七十岁生日以后再回去。

祖父立波刚开始的时候应该不知道我们在家里发生的事，他一再地表示家里现在房子大了条件好了你们可以多住些时候再回去。那个时候的他也特别怀念故旧，给老朋友们写下诗句，让我们一家一家的送去。

接下来的日子里我经常到医院去陪爷爷，很多时候都是我们两个人单独在一起。我坐在他宽大病房的书桌上做作业他则绕着房间哒哒哒地踱步子，这所有的形式都和我们几年前在五七干校的时候一模一样，可是我们却再也回不到从前。两个人的心都闭起来了，再无当年那种无话不谈的心心相印，这个时候的我们还真的是无话可说。

我坐在那里安静地做着功课却时时有想要大哭的冲动。多委屈啊，爷爷的状况刚刚才好一点就得了这样要命的病真让人想起来就憋闷，我们来探爷爷的病却闹成这样也够让人憋屈的。我当时对发生事情前因后果并不太清楚，只知道很别扭很不愉快然后我们就搬出来了。爷爷当初不知后来应该也多少知道了，最少是知道我们已经搬出了他的家。但是我们那么长时间单独在一起却从来没有讨论过这件事，到底发生了什么？我们在北京住在哪里？怎么过这一天一天怪尴尬很为难的生活？唉，解决问题一向不是立波所长，他的一生中发生的很多事情都是这样在含糊中错过了。

当时立波对我也有叹气之处，他一提到我没有学文科竟然学了理工科就唉声叹气直摇头，路易和豪当然从来没有考虑过让我去学那倒霉的文科，立波却深知倒霉的关键不是文科，要倒霉时不管是什么学问都会倒霉的，可惜我从来不来征询他的意见。把晚辈当朋友也不是完全没有坏处的，久而久之晚辈也就没有把你当长辈看待了。

比方我当年考大学的事情来得太快没有多少真实感，决定专业时没有很认真地思考但也征求了很多亲戚朋友的意见，而且他们都很认真地作了回答，我当时并不是不听祖父的话，而是完全没有想到要去征求他老人家的意见，真的只把他当成了嬉笑玩闹的玩伴而忽视了他丰富的人生经验和判断力以及他对我的关爱，对这事我到今天都有悔意。

医院里一待就是半天，和祖父已经说不到一块儿了，就和护士玩。小护士和我同年，我们叽叽喳喳地有很多小女孩话可以说，她抱怨有的病人脾气大不好待候，我抱怨功课紧作业怎么做也做不完，但更多的时候我们无事开心凑在一起咯咯咯地傻笑。祖父立波也有年轻人陪着他瞎聊，有一位仪仗队的帅小伙子是文学青年，常常过来陪他聊天。立波一如既往地喜欢年轻有朝气的军人，常常夸小伙子长得高大帅气，是千挑万选出来的国家门面，我们一起散步的话他们两个高个子在前面走得飞快，我在后面紧赶慢赶地赶不上，简直和当年在长沙和祖父竞走时的情形一模一样。

祖父虽然暂时还没有病容，体能也还没有衰退，却不让出医院门，也对访客的人数有限制，如果有人来访我就出来接人。周扬爷爷和苏灵扬奶奶来探望爷爷，他们两位在会客室见到我时他们对我的那一通夸啊，今天想起来都有点脸红。周扬爷爷虽然和立波同岁，但当时的他和已经生病的爷爷比起来精神抖擞意气风发不可同日而语，苏灵扬奶奶也开朗亲切言辞爽快。他们虽然历经磨难，神色中却看不到一丝丝的阴影，也许还洗去了"文革"前的倨傲不近人情，已经趋于化境了。很多见过周扬的人对他和我一样印象深刻，何况当时的我见到的恰好是正处在人生顶峰时的他。

4

1978年夏天在北京尴尬为难的生活中终于等到了祖父七十岁的生日，姊姊托人买了一只在当时很难买到的大蛋糕去医院为他庆生。庆生会上大家都鼓足情绪打造欢乐的气氛却还是忘了要照一张照片。

那天生日会后祖父送我们出医院送了又送，于是我们说明天上火车前再来医院一趟。谁知第二天去医院时却遇到了警戒，到了医院门口都进不去，只好回长沙了，当时我们都没有意识到祖父七十岁生日那天对我们祖孙来说就是最后的一面。后来才知道那天的警戒是因为罗瑞卿大将突然去世。周立波和罗瑞卿原来并没有太深的渊源，却因为"韶山的节日"一文的事件被牵扯到一起，却都在境遇刚刚好起来的时候去世，命运的事情还真的是很难说啊。

我回到长沙后，家里再也没有安排过我去北京探望祖父。据说他后来也慢慢地有了病容，体力也渐渐地衰退了，等到医生和病人都对治愈没有了期盼的时候，立波提出来要回家住一住，于是他回到了分给他的新房子里住了几天，从家里再回到医院后，他的病情就更加每况愈下了。

知识分子是一群奇怪的人，他们的精神生活和物质生活同样重要或者是更重要，如果他们的精神受到困扰的话，他们的生命和才华都会受到影响。我不知道走到生命尽头的祖父有什么样的困扰，我们之间当时已经没有了深度交流也没有再见过面，但我总是觉得一向放得开不计较的祖父当时有困惑。除了照片流露出困惑的神情之外，他那个时候写的诗也遗憾地失去了他曾经那么洋溢的才气和充沛的艺术感染力。

1979年8月29日他写下了的最后一首诗祝贺全国第四次文代会召开：

> 艺术群英集一堂，
>
> 放谈国庆好时光，
>
> 扬眉奋笔歌四化，
>
> 万里文苑百艳香。

一个月后的1979年9月25日去世，终年七十一岁。

才华的枯萎和生命的凋谢同样令人感伤和让人叹息，让我们还是记住那个才华横溢的年轻作家周立波和他激越深情的诗吧：

> 要是有一天我死了，
>
> ——我喜欢生活，
>
> 但……也不怕死亡。

在生活里，我们没有栽种容易凋谢的玫瑰，

在死亡上，我们没有廉价的软弱的悲伤。

要是有一天我死了，

我希望我的朋友们，

……

把我自己拟好的这墓志，

刻镂在清风里：

死者是一个普普通通的男子，

一个洞庭湖边的山野的居民，

在生前，

他唱过歌，

他晒过太阳，

他碰到过几次危险，

在娘子关前，在九华山下，

他爱过人，他也和人打过架，

在这盈满了忧郁的酸辛的泪水，也迸着庄严的

战斗的火花的时代里。

留在人间的他的记忆会很快地消亡，

正和他的歌会很快地消亡一样。

但是，他所歌唱的刚强和反叛，

会更加壮旺，

他所歌唱的美丽和真诚，

会永远生存。

　　"文革"结束刚刚三年立波就去世了，他是当时最早辞世的文化人之一，人们惋惜之余哀伤不已，他的追悼会备极哀荣，当时的国家领导人叶剑英、邓颖超等送了花圈，胡耀邦、王震、王首道等和文艺界五百多人参加了追悼会。追悼会由巴金主持，周扬致悼词。

祖父立波生前最后回到他三里河寓所小住时的留影之一。因为写书的缘故，重新仔细地审看祖父立波各个时期的照片发现了很多奇特处，立波在 20 世纪 50 年代最当红的时候留下了好多面带忧郁的照片，1973 年他刚从监狱里放出来时照的相片却面带满不在乎的调皮样。20 世纪 70 年代末他虽然重病在身但应该说已经彻底翻过身来了，名声再起，生活条件也大有改善，他却又再次流露出了不知所措的神情，是什么在困扰已经走到生命尽头的他呢？

祖父立波人生最后阶段的留影

立波的葬礼，右二巴金，右三胡耀邦，右四王震，右五王首道。

5

　　祖父立波逝世的那天晚上把我从学校接回了家，然后就安排我们全家去北京参加追悼会，这时我却出乎人意料地执意不肯前往，父母老师同学怎么劝都不行，就是不肯再去北京。一向很听话的我这一次表现出了极其执拗的一面，心想爷爷都过世了再去也见不到人去有何用？再说大家都去了北京芷青奶奶怎么办？隐隐然还觉得境遇变好以后的立波和我之间有了距离，已经不再是那个和我亲密到无话不谈的爷爷了，也觉得如今围着他转的人多得很不差我一个，而奶奶这边却是孤零零的。

　　这么多弯弯绕的思来想去，却什么也不说什么也不解释，只一口咬定功课太忙脱不开身，其实当时正逢金工实习，算是四年大学学习期间最不

1981 年 21 岁大学毕业时的我

忙的时候了，让劝我的老师同学百思不得其解。平时乖的孩子一旦倔起来无人能解，爸爸妈妈只好带着弟弟上北京，我却时不时地从学校跑回家来陪芷青奶奶。

晚上陪芷青奶奶吃饭，吃到一半就有人来表示慰问和悼念，一起一起的人不断地来，奶奶就放下碗筷端坐在那里苦着一张脸一言不发，由着我和客人们应酬答对。客人们都走了，饭也凉透了，不吃也罢，芷青奶奶拿起一张小板凳就到隔壁邻居家去看电视。我们家当时还没有电视机，但隔壁梁老师家已经有了一台九寸的小电视，他们家总是会为奶奶留下一个好位置。电视演完，奶奶回家沉默地收拾睡觉，对丈夫立波的去世无语也无泪。

说起来我和奶奶的关系更亲密，却在很多地方和爷爷更相似，比方立波和我都是那种平时说话滔滔不绝，一到关键时候就哑口无言的人，这个方面一点都不像芷青。芷青虽然是平民的女儿，学问不高，没有看书的习惯，遇到为难事也从来没有见过她去和亲戚朋友讨论倾诉，但她却总是能够在任何时候都表现得尊重得体，不亢不卑。

是啊，她的丈夫去世了，伤感也好恩怨也罢，何必再痛？一辈子为立波流下那么多珍贵的眼泪，一滴一滴都化作了天上的云彩随风飘散，如今确实也没有眼泪再为他流了。别人不请她去参加葬礼，她什么也不说，什么要求也不提。别人到家里来慰问，她就默然端坐接受慰问。会觉得尴尬吗？造成这种尴尬局面的不是她，也不由她的意愿所左右，她只是受害者而已，何必自作多情地担责任添烦恼？日子原来是怎么过的现在还这么过，既没有期盼也没有伤心。平常日子平常过，粗茶淡饭又一天。

晚年的芷青和年轻的时候相比也有很大的变化，她对很多事情都看得很开包括对生死。她很早就为自己做了一套用高级面料做成的衣裤，那面料虽然是丝的却很厚很有质感，那白也是质朴的本白并没有经过漂染。她把这套飘逸的衣服放在衣柜的最上面一格抽屉里，好几次说："我去的时候就帮我穿上这身衣服走吧，我一辈子没有做过对不起人的事，当得起这身白衣服。"她每次说的时候都平平淡淡，没有任何伤感和怨尤，我也自自然然地把这话记到了脑子里。

1985 年冬天她老人家过世，我带着堂妹在文联干部的帮助下果然为她穿上了这套白衣服。看到穿着一身白衣的芷青奶奶我却不怎么满意，什么对得起人什么一身清白？我奶奶绝不能这么单单薄薄地走，她可是一个儿孙满堂福寿双全的老人家呢。当时文联派了一辆车帮助我们办理丧事，我带着堂妹坐着车子满城寻找，买了好几套绣着富贵花开的亮丽寿衣和精致鞋帽帮芷青奶奶穿在那身白衣服上面。

送她老人家出门的时候堂妹和我在年轻司机的帮助下不停燃放大盘鞭炮，噼噼噼噼啪啪啪啪，嘹亮清脆的响声连绵不绝，响声中堂妹和我相视一笑，心中的悲伤和郁结似乎都在这片响声中化开了。

第四十章
不尽长江滚滚来

1

祖父葬礼的那段时间因为陪着芷青奶奶在长沙没有去参加，对他老人家的去世没有太多的真实感，直到几个月后的一个晚上，睡在大学生宿舍里窄小的双层床上突然想起了祖父，思绪滔滔不绝，泪流满面，一夜无眠。他当年在五七干校时的一言一笑都活生生地出现在我的脑海里，第二天也不去上课了，趴在桌子上写了一整天，写得精疲力竭才放手。这段无头无尾的文字后来被老爸看到拿到编辑那里加加减减发表了出来，之后的岁月里好几次在意想不到的地方再次看到这些幼稚的文字让我脸红心跳却也无可奈何。

立波曾经是一个那么真实那么有个性那么有才华那么有活力的人，让人难以忘怀，他的好朋友周扬也忘不了他。周扬写过一篇名为"怀念立波"的文章登在 1983 年 2 月 7 日的《人民日报》上，那时立波去世三年了，周扬当时眼睛也不好，自己动手写文章已经很困难了，于是他请来顾骧代笔，自己口述。

"……许多往事犹历历在目，不时涌现心间，使人难以忘怀……立波天真乐观，总是以微笑看待生活，从不为抚摸自己的伤痕而叹息，也很少炫耀自己的才华而表露自满……"，周扬口述的过程中，常常泪流满面语不成声，顾骧写完后，周扬拿着稿子反复修改，在稿纸上都能够清晰地看

周扬在周立波追悼会上致悼词

到泪水打湿的痕迹。

少年叔侄如兄弟，周扬和立波在益阳老家叙起辈分来算是远房叔叔和侄儿的关系，但其实他们从年少时就在一起，确实情同手足。如今立波先走，周扬的哀痛过去了好几年都放不下，他和太太苏灵扬后来甚至留下遗言，希望和立波同葬在益阳回龙山上。生为友，死相伴，永不分离。

周扬虽然和立波同岁，却比立波长寿得多，但他的晚年过得极不平静，很多人甚至认为周扬一生波涛翻滚，最绚丽华彩的乐章却在他生命的最后岁月里。

2

周扬在"文革"中被斗得很厉害，也被关了九年之久，直到1975年才释放。"文革"前就得了肺癌做了大手术差点死掉的周扬奇迹般地熬过了漫长的苦难岁月，于 1975 年 7 月 14 日走出了秦城监狱。

周扬当时能够从监狱里放出来当然是最高层做出了明确的表示，1975 年 7 月 2 日毛泽东在周扬的部下林默涵给他的信上批道："周扬一案，似可从宽处理，分配工作，有病的养起来并治病。久关不是办法。请讨论酌情。"7 月 27 日，他把周扬的审查结论从"问题性质严重"改成了"人民内部矛盾"，当时正在主持中央工作的邓小平马上把这个结论拿到政治局委员中间传阅。

毛泽东指令下达后不到一个月，周扬一案六十三人，二十九人被释放，还有三十四人在原单位接受审查的也被解除审查。五人分配工作，二十六人等待分配工作，二十人养起来治病。但是包括田汉在内的十二人已经在"文革"中死亡，死去不能复生了。

1975 年 7 月的毛泽东怕是真的有点想念他曾经的爱将周扬了，一个月以内竟然四次提到他。在监狱里一待九年的周扬刚出来的时候因为太久没有和人交往了连话都不会说，只是流眼泪，过了好些日子才慢慢地恢复正常。出了监狱以后的周扬并没有马上恢复工作，他的部下倒是有些可以出来工作了，他自己则住在招待所里赋闲。对复出有期盼吗？好像有，但如何复出呢？江青正兴致勃勃地掌控着文艺界，哪里会放手？再说人不吃饭会死，不看戏不读书却只会让人枯萎愚昧盲从，这没啥了不起的。

恢复自由后的周扬开始访问旧友，其中最著名的一次就是去看了他的文坛宿敌冯雪峰，两人挥泪冰释前嫌。这次伤感的会面过后冯写下著名的"锦鸡与麻雀"一文，而周扬也马上写信给毛泽东希望能够帮助冯改善处境。

"文革"前周扬号称文艺沙皇，也有人称他为一代文宗或最后的文宗，他在文艺界的门生故旧遍天下自不待言，如今放出来了来看他的人很多，这些人赋闲的多，当然也有些还在位上，见了面却还是习惯性地听他的意见，他也不自觉地把文艺界的大小事当成自己的事时时操心。看来文宗这个头衔也不是白给的，他自然就有这个气场，不管在不在位都一样。这个时候的他也重新开始读书和做理论研究。

中国漫长的封建社会有一个传统文化就是贬官文化。由科举考试选拔出来的官员工作一段时间后，常常会因为派系斗争失败或站错了队受牵连，因为思想超前或滞后，因为不合眼缘或太合眼缘，因为不受欢迎或太受欢迎等种种原因被降级到偏远地方当小官，或者罢去官职流放到蛮荒之地。这些贬官除了最早期的屈原因为对没由来的不被理解太过震惊，悲愤交加而自杀之外，后世的大部分人都想得很开，都能很好地利用这段远离政治中心的时间提升自己。

他们或清理思绪提高学问著书立说，或游山玩水修身养性写诗作文。经过一段时间沉淀以后，他们中间有些人再一次回到权力中心另有一番作为，有的则在偏远蛮荒之地做出好成绩留下印记，甚至有把蛮荒之地改造成文化名城的例子。更多的则是因为经历因为心境因为闲暇而写下了流芳千古的好诗赋好文章。出自贬官之手的好诗好文是如此之多如此之好，和日本的少爷文化比起来从艺术的角度看有过之而无不及，从情怀格调方面来说更是不可同日而语。而那些一辈子没有经历过坎坷的好命官员中间虽然并不乏高才，流传下来的诗文和对后世的影响力却反倒不及前者。

我的意思是，做高阶管理者是既要有能力也要有思想还要有体力的工作，确实需要不时退下来休息学习充电，比方周扬领导中国文艺界十七年之久，时间也真是太长了，"文革"前几年他也确实已经到了力不从心维持不下去的地步。当然封建社会的贬官传统并非良性轮换，更新淘汰有很多非理性的负面因素，而"文革"更是颠覆了中华文明一向遵循的"士可杀不可侮"的文化传统，一再突破人性的底线，其负面影响将会长久而深远。

1975年到1977年的周扬，正是过的这种贬官生活，他没有放过这个机会，利用这段时间尽力地充实了自己。1976年10月"四人帮"倒台后一年多，1977年11月周扬始被安排到中国社会科学院当顾问，后改任副院长，并于1979年11月在第四次文代会上当选为中国文联主席，在野文宗再一次走到了台前。

3

20世纪70年代末80年代初，中国正处在思想非常活跃的时期，"文革"前的干部，文艺工作者几乎都在"文革"中倒过霉，这些在"文革"中被斗得七荤八素的难友们灾难过后痛定思痛团结得很紧。如今苦难渐渐远去，人们的想法开始有了分歧，他们"文革"前原本就是想法不同的人，倒霉的十年人人都从苦难和压抑中悟出了道理，这些道理却是不同的，还有就是随着视野的展开境遇的改变，人的想法也是会产生变化的。

经过九年的牢狱和两年的赋闲的周扬，悟出来的道理是："我错了。"这个悟是从监狱里就有的，所以他一出监狱就去看冯雪峰，而恰好冯这时也活到了大彻大悟的境界，两只漂亮的锦鸡才有了惺惺相惜的一握。为什么濒临生命最后一刻的冯那么自信自豪地认定自己和周扬是锦鸡不是麻雀呢？因为他们这个时候的思考已经超越了个人的恩怨得失，站在了一个历史的高度来看待别人和自己，看待整个中国文坛和中国。

放下自己的得失，放下自己的恩怨，只检讨自己，不强求他人，当然活得坦荡，当年我看见的周扬正是处在这种精神状态，面容眼神中坦坦然没有算计，却还是一如既往地对生命有敏锐的感知和热爱，要说这段时间是他一生中的黄金时代是没有错的。

据说当年他出狱后第一次见到立波夫妇，对当年在批斗大会上发过言的林兰说：你不是要和我划清界限吗？林兰脸一红这事就算过去了。这也就是好朋友的太太他才这么淡淡地刺上一句，别人对他的批判打击他可能连提都不会提。可是他自己却一次又一次地找上门来走上前去紧紧握着受过他整的人的手，眼泪双流地赔礼道歉，说了又说，做了又做。私底下会议上一再地道歉一再地痛悔，眼泪流了一次又一次，不管别人是接受还是不接受，他都照做。

我不记得整过人的人们中间还有谁做过这样多这样长时间这样伤感的忏悔和这样真诚的道歉。不是推诿不是掩盖不是期待人家淡忘，更别提还有那一不做二不休的加害者，希望或者真的动手把受害者埋起来毁灭掉让他们永不见天日，以此来掩饰自己的错和罪……总之忏悔和宽恕不是中国的文化传统，甚至不是亚洲的文化传统。

读过《人间事都付与流风》的朋友常常告诉我他们看书看哭了，细问起来他们多半是为着芷青而流下眼泪。中国人不分男女不分年龄，对芷青这种苦苦坚持后却受到背叛的遭遇都有几分感同身受，人们在为别人哭泣的时候其实都是在为自己哭泣。而我在为美国老师讲述周扬的故事，谈到他"文革"后如何向人道歉的时候，老师的眼泪突然如喷泉一样喷射出来，让原以为在讲一个冷静的政治故事对眼泪毫无准备的我一时手足无措，连故事都没有讲完。

中国和美国的读者为什么会对故事有这样不同的反应呢？照我的理解西方世界是以基督教文明为基础的，就算不信教的人也深受影响，而基督教很重要的一种情怀就是忏悔和宽恕，所以周扬"文革"后的作为能够深深地打动我的美国老师。而从来没有在西方社会生活过也不信教的周扬却不自知地具备这种情怀。

1979年在全国第四次文代会上的邓小平和周扬

4

"文革"结束，拨乱反正，并不是简单地回到"文革"前的十七年，当时反思的气氛很浓厚，但到底要走多远却费思量，大家的探讨很深入，思虑很深重，也或明或暗地开始产生分歧，当时对周扬的做法就有人不以为然，认为做得过了，而周扬却还在继续前行。

1983 年 2 月因为要为马克思逝世一百周年纪念准备发言，周扬组织了王若水、王元化和顾骧三位理论家帮他起草这篇大文章，三位中当年五十二岁的顾骧最年轻，在文化部工作的他这个时候常常为已经患有眼疾的周扬代笔起草文章文件。四个人住在天津的招待所里读书讨论写作，花了二十多天写出了这篇涵盖"马克思主义是发展的学说"，"要重视认识论问题"、"马克思主义与文化批判"和"马克思主义与人道主义的关系"四个部分的大文章。

这个时候的周扬已经是七十五岁的高龄了，当时已经在考虑要把他安排到一个比较高的像国家副主席全国政协副主席那样的荣誉位置上再退下来的事情，就是说他已经到了可以安享晚年不必再操太多心的时候了。这么一篇文章照今天的眼光看来并没有脱出老的框架，可是在当年却是很超前的论点和论断，在写作的过程中他们就已经预感到了可能会有反对的声音，可是周扬却认为"有不同意见可以讨论嘛"，坚持要把一些有可能引起争议的内容写进文章中去。

他说："……写纪念马克思的文章，对我有一种吸引力，也有一种责任感。我希望能够说一点意见，说一点多少有些新意的意见……新意就是探索。"

20 世纪 80 年代的我毫不关心政治，对这篇惹了大麻烦的文章一点印象都没有，但在后来的岁月里多次听老公提到他们当年围在清华大学学校食堂的门外默默无言地读这篇文章的情景。刊登在《人民日报》上然后再贴在食堂外的墙壁上的这样一篇洋洋大观的理论文章怎么能够吸引到这么多工科学校的学生围读，更集体被震撼到鸦雀无声呢？我一再地追问究竟。

隔了三十多年的岁月，老公对文章的细节记忆已经很模糊了，他只说读了这文章感觉很多事情将要起变化，也是应该起变化的时候了，是一种很强烈的信号。

这个强烈信号既然能够被虽然学习工科但一向对政治很敏感的清华大学的学生们接收到，当然也会被别人接收到。同样的信号在年轻的学生们眼里是让人精神振奋的改变的号角，而在另一些人眼里却是过头了，太过头了，已经到了不制止不行的时候了。七十五岁高龄的周扬竟然再一次走到了时代的前列，走到了风口浪尖上，这个他自己应该也是始料所不及的吧。

文章发表三天后，分管宣传的政治局委员胡乔木到周扬家中请他修改文章遭到婉拒，之后的冲突步步升级，从口头冲突到行政处分，后来更是谈话批示不断，火药味越来越浓。

僵持的局面一直延续到1983年10月12日，邓小平做了"不要搞精神污染"的讲话，严厉批判了人道主义和"异化"问题，以及文学现代派问题。到此争论终于尘埃落定，原本非常强硬的周扬再一次也是最后一次经历难堪的失败，于1983年11月6日以和记者谈话的方式表示拥护邓小平的讲话，检讨他在纪念马克思逝世一百周年研讨会上所做的讲话："轻率地，不慎重地发表了那样一篇有缺点、错误的文章。这是一个深刻的教训。"

"清理精神污染"虽然没有能够进行下去，但高龄的周扬却因此失了元气，之后的他郁郁寡欢，于1984年9月生病住院后终于精神不再，慢慢走向了凋零。

1984年12月29日，中国作家协会第四代表大会开幕。这个大会上发生的事情我听到不止一个与会者激动万分地向我描述过，当大会主持人宣读周扬从医院打来的祝贺电话时，这短短一句话的祝词却迎来了经久不息的掌声，掌声如雷。

雷声滚滚经久不息，掌声比以往周扬做几万字的大报告更加猛烈也更加持久，有人说掌声持续了两分钟之久，顾骧在掌声中忍不住热泪滚滚……

这么多艺术家聚集一堂，没有用笔没有用歌没有用任何他们擅长的艺术形式，而是用最简单的掌声表达了他们明确的态度和强烈的情感。路易也参加了大会，正好坐在获得过第一届茅盾文学奖的小说家莫应丰的旁边。莫作家一边拍手一边感慨地对路易说：做人做到这个程度，做人做到这个样子……啧啧啧，要是我的话就算死在今天也觉得值得啊！

几天后疯狂拍手的年轻作家们意犹未尽，给周扬写了一封表示敬意的信。这封普通的信件也引起了风潮，开始由九个人签字的信到最后签字人数高达三百七十一人。同一天更有十一个省市作家代表团以团体的名义联名给周扬写了一封慰问信。已经病倒在医院里的倒霉文宗得到了骄傲的作家们和喜欢闹意气意见难得统一的文化团体前所未有的热烈支持。

但不幸的是莫应丰一语成谶，周扬的病虽然由心病而起，却没有因为艺术家们对他最后的探索表现出的强烈支持而痊愈，反而一病不起，渐渐地失去意识，于 1989 年 7 月 31 日离世，终年八十一岁。同年 9 月 30 日，比他小六岁的太太苏灵杨也去世，再次追随他飘然远去。

5

1984 年 12 月 29 日那天应该谁也没有想到，当时的掌声竟然是周扬声望的顶峰，到他 1989 年去世的时候已经时过境迁，他的人他的故事都已经是过眼烟云。周扬的名声在他过世后再走下坡，有的人对他当年的反思不以为然，有的人不时回忆起"文革"前十七年他整人的历史，更多的后人因为周扬的复杂多面而觉得不好言说，认为不碰为妙。

当然还是有很多人私下里议论纷纷，就连我这个后人和局外人都听了一肚子周扬的故事。记得有一次我 带着父母到海南岛度假，因为是春节过后的淡季的缘故，我们有机会租了一个非常豪华的旅馆套间。房间阔大，布置大气不俗，面对大海的阳台上有一套沙发，还装有一个很大的露天浴池，让我可以一边看海一边泡澡，还可以一边和坐在沙发上的父母聊天。

父母年事已高，不能够爬山下海地到处疯玩，于是我们三人在海边和花园里散步，吃清淡的饭食水果，在看书聊天中度过假期。谈了几天后，我们惊讶地发现在这么美好的环境里三个人竟然不自觉地开了一场周扬讨论会，反复探讨周扬的成败得失，对他的思虑为难感同身受，设想当时他有没有第二种选择或者是打破僵局的可能性。

三个人发现到这一点以后都觉得有点可笑，老妈说周扬这个人就是抓人啊，翻译成书面语言就是他有故事，有能够把别人带进他的故事他的思路的能力，破坏了我们一个难得的好假期，老妈也无可奈何。

做人做事的目的是什么？为了一个怎样的理想我们曾经不惜抛弃身家性命地齐心奋斗？我们走了五十年的长路，长路漫漫有兴奋有沮丧有欢笑有泪水有胜利有失败……我们还记得年轻时的初衷吗？我们变了吗？我们还是原来的那个我们吗？是因为什么起的变化，是从什么时候开始起的变化？这个变化是必然的吗？还是可以避免的？

周扬晚年虽然是因为提出"异化"这个很有争议的观点而受到批评，他自己却并不是一个完全具有自由灵魂的人，他各个阶段的精神领袖鲁迅毛泽东邓小平对他的不理解，或者是他对精神领袖们的理解失误都让他深受打击。他虽然没有因为这些打击而如屈原般地愤而自杀，但他生命最后几年从失意中走向衰病走向生命终点的情景，是许多感受过他风华正茂时的意气风发精明强干的人们所不忍也不愿意看到的，他们一而再再而三地感叹命运的波折，世态的无常。

作为人的周扬虽然命运波折让人叹息，作为思想家的周扬却长留人间，他的思虑虽然局限于他的时代和他所处的环境，有很多今人不能认同的地方，但他不倦的思考和表述观点的勇气都将成为他生命的价值，让后人记忆追念。他的不忍他的软弱他的眼泪他的绝情，也和他的才华他的敏锐他的强悍他的霸气他的深情一样丰富生动地构成了一个名叫周扬的人。

6

　　《人间事都付与流风》《梦思故国静听箫》这两本进行了七年的书写到今天也终于走到尾声了。写作的过程中时时在思考要如何写，也时时在怀疑我为什么要写？用这种方式来写是对的吗？

　　用虚构的方式还是非虚构的方式来写这段历史呢？这段历史戏剧性强大到就算是最好的戏剧家也编不出来的奇特细节和汹涌高潮，我写的时候就算是用最平淡的文字描述，有时还常常需要放弃掉一些太匪夷所思的故事，以免过分刺激读者和我自己。

　　中国近代历史是非常奇特的，最大的奇特处就是普通人的生活和时代紧密相连，几乎无人能够置身事外，因为太同情经历过这许多波折和苦难的长辈们，我最终决定就用非虚构的方式来书写他们的故事。我的平凡人生本来并不值得书写，但还是把自己的童年和少年故事也写了下来，也就是当时所处的时代太特殊，如果不书写下来的话，后代子孙根本不会相信当年的我们就是在这样的环境中长大的。

　　当然书中的长辈们很多都是平民，并没有专门的人来为他们记录起居，当年的我们也被反复告诫规范不要写日记不要写书信，几乎没有留下什么文字记录，而我在书写的时候为了照顾大家的阅读习惯也用了一些小说的技法，读到这里你若认为你是在读一本历史小说我是没有意见的，用英文来说或者可以定义为：Based on True Story。

　　《梦思故国静听箫》结束在 20 世纪 80 年代，这个年代在中国近代史上也是一个非常活跃的年代，虽然物质生活还是很不富裕，但大家都刚刚张开眼睛惊奇地打量着未知的世界，也对个人和国家的前途充满了信心和期盼。我还会往下写吗？

　　20 世纪 80 年代到如今的这三十年被称之为第二个三十年，是中国走向世界的三十年，是充满机会也充满陷阱的三十年，虽然是和平年代却也同样波浪翻滚故事多多。我会用小说的形式接着书写这三十年的故事吗？答

历时四年，完成《梦思故国静听箫》写作的那个早春，于加州卡梅尔湾。

案是也许会也许不会。

亲爱的读者，感谢你的阅读，以后再见或者不再相见。既然你读我的书读到了结尾，我们也算得上是知交了，让我们相互祝福吧。祝福大家都有一个平安幸福，美好丰盛的人生。

2014 年 12 月 10 日于加州圣荷西

2015 年 1 月 21 日改于加州圣荷西

2015 年 5 月 15 日定稿于加州圣荷西

后 记

1

写作本书从头到尾历时四年，这四年里我去了三趟欧洲，今年更在欧洲待了一个多月。每次的欧洲行都感触良多，但因为挂记着要写本书的缘故，没有时间把这些感想好好整理出来，遗憾之余就借着写后记的机会讲几个欧洲故事吧。如果您看我的书已经看到后记这一部分，应该知道我是一个喜欢听故事也喜欢讲故事的人。

三年前的初夏，我在瑞典的首都斯德哥尔摩待了一个星期，因为刚巧有两件急事要办，本来想好好玩一玩的我那几天只好上蹿下跳地在第一次到访的斯德哥尔摩一通瞎忙。正逢白夜好时光，也临近夏季长假的北欧真的很难办下什么正经事儿来，我急别人不急，事情办得很不顺利，办到最后我也只好尽人事听天命，办事的途中也顺便玩一玩，到底是千山万水地来了，不玩白不玩。

要说我这人还算公平，虽然在瑞典办事碰了好几鼻子灰，那几天过得很不顺利，但还是认为这里是一个好地方。居住也旅游过不少地方的我对好地方有一套自己的标准，认为只要作为一个能讲一点英文，有很强的学习愿望，也有一定的学习能力，有一张随时准备展现笑脸的外国女性的我，能够自由安全地独自游走而没有太大困难的地方就是不错的地方。如果这游走还能不时遇到友好温暖的笑颜，热情有用或没用的帮助，衣饰整洁有的还精致有品位的男女老少，干净的环境还可能有特色的景致，卫生还可能有美味的食物，那就是好地方。斯德哥尔摩绝对符合我的以上标准，在我的好地方排行榜上名列前茅，我想更多地了解它。

于是临离开的最后一天我参加了一个旅行团，让导游带着再走一遍这几天因为办事的缘故其实已经走过好几遍的这座不算太大的城市。导游是个健康开朗自信的胖胖的高个子瑞典姑娘，她语速很快语气幽默的讲解涵盖了瑞典的历史地理，现代和古代的人物等等，内容非常丰富，真是一个聪明能干的好姑娘，许多路过好几次的地方被她那么轻轻一点就活起来了。

比方我们的车子盘山而上俯瞰城市的时候，她指着一根细细长长的旗杆上飘着的一面不起眼的小旗帜对我们说，别小看了这面旗帜（代表中立国的旗帜），这面小小的旗帜保护了我们两百多年没有经历过战乱，如今我们的好日子都是由这面旗子带来的。说得也是啊，刚刚才在她的带领下参观过他们的历史博物馆，比两百年更久远的历史里以当海盗闻名的瑞典人在他们拿打仗当家常便饭的时候过得可不咋的，我和老公刚还偷偷地嘲笑过他们当时的住房衣饰器皿生活方式跟同一时期的中国简直没有办法相比较，看起来过得跟上古的野蛮人差不多。

哪成想如今的瑞典人哪怕是一般的中产工薪阶层都跟以前的王公贵族似的娇生惯养，一到夏天就都要离开花团锦簇的城市搬到鸟语花香的山水间歇息好长时间，而且放假前一两周就已经不打算好好干活了。打扮得花枝招展的美容师宁愿和帅哥打情骂俏也不愿意替我剪一个头发，美丽的红唇一张一合嗲声嗲气地告诉我要想请她动动她的芊芊玉手修剪头发也不是不可以，明年早点来就行了。搞得我恼也不是笑也不成，狼狈地披着一头乱发继续行程。

路过我见过数遍的瑞典皇宫，导游姑娘开始拿他们的国王开涮。现任国王虽然年纪已经不小了，却依然像一个长不大的顽童，时不时地超速开车和警察捉迷藏，每年得到的超速罚单叠起来恨不得能有二尺高，搞得如今他的车只要一出皇宫的门后面就尾随着警察，不是为了保护他，而是为了就近管理不怎么好调教的国王，保护可能被他的高速行驶吓到的国民啦。

我们当然没有去查证这活泼的导游姑娘到底是在抱怨呢还是在拿她们

的国王开玩笑逗我们开心，嘻嘻哈哈中觉得这君主立宪制度走到今天这个地步，也是王有王的乐子民有民的好处，相安得很。嬉笑完之后不由得想起刚刚旅游过的俄罗斯，想起那相隔此地并不远，在地理上算得上是邻居的俄罗斯王朝结束时的血淋淋，不由得打了一个寒噤，感叹一声真的是同人不同命啊。

两个极为相似，两百年以前的很长一段时间都是以军事立国，互相打起来也各有胜负的王朝，如今一个虽然早就放弃了行政权力却还在作为国家的象征安逸地生活传宗接代，一个却已经被杀得断子绝孙消失在历史的烟云中都快一百年了。背景相似命运却如此不同的相邻的两个王朝是从什么时候开始走岔了路呢？我出门在外最怕寂寞，所以总是不怕麻烦地带着大量书籍，行旅中闲来无事，就简单地复习一下瑞典和俄罗斯历史吧。

两百年前的欧洲正好是封建王朝这个延续已久的政体开始起变化的时候，有的王朝开始实行君主立宪，有的王朝被革命血腥地推翻，纷纷扰扰。就算是比较安静的王国的王们也在时时思考是把行政权力放出去立宪呢？还是和祖宗们一样把实权抓在手中再传给不知贤愚的子孙后代？这个时候的瑞典王正好没有后代，如是他把拿破仑手下的一位将军收作养子让他继承了王位。据那位活泼的导游姑娘说，这位外国将军平白无故地捡到了一个国王的位置，是因为他模样长得高大威猛很似人君，被以貌取人的决策者们选上了位。

这个虽然是笑话却有一个喜剧的结果，话说相貌堂堂的卡尔十四世虽然是军人出身也热爱打仗，但他毕竟是外来的和尚不太有权威，而在他继位前已经连续打了好多年战的瑞典当时穷得要死，想打也没有力气打，顺势而为成了中立国，后来再进行了议会改革，利用安定的和平年代专心发展终于慢慢富了起来，尝到甜头后更是坚持奉行中立和不结盟的立场，两次世界大战都避开了战火，比起邻居们来就过得更安逸富裕了。

国家富裕，议会做大后，这位国王不甘寂寞的后代也曾经试图把国家往军事立国上回拉。那位活泼的导游姑娘很生动地描述说，一次世界大战前当时的国王古斯塔夫五世平日一向在开会时坐在椅子上打瞌睡，那天他突然醒来站起来很悲愤地大喊："我的陆军啊……我的海军啊……"当时的首相拍拍他的肩膀轻蔑地说：回去接着睡觉去吧。受此挫折以后的国王们就再也没有在国事上做过实质性的发言了，很老实地担当国家形象的责任，只时不时跟警察淘淘气找点存在感。当然这个活泼的导游小姐和她的前辈首相一样是个把国王当笑话的人儿，她的话头话尾是不是做了一点小夸张，我就不得而知了，反正是个喜剧故事，您听了能笑一笑就行。

2

同一时间段的俄罗斯王朝的历史就没有这么轻松了，首先那几个皇帝的名字就超级不好记。记得我第一次看俄罗斯历史的时候是在"文革"中，彼得大帝、叶卡捷琳娜女皇好办，事迹清晰形象鲜明，名字好记。一到后来的几个皇帝，什么亚历山大一二三，尼古拉四五六，一片模糊，理都理不清楚。当年我看书只能快速地看上一遍，没有办法看第二遍，理不清楚就得狠狠心放开手，好在也不需要考试，放手就放手，糊涂也只好由着它糊涂。

其实俄罗斯近代史最重要的转折点或者说转折机会恰好出现在距今两百年前的亚历山大一世当政的时间段。为了证明我所言非虚，让我找出一个很牛的人来支持我的论点。这个牛人叫托尔斯泰，他写了一本很牛的书叫《战争与和平》。据他自己说："我在最优越的生活环境里，花了五年连续不断的艰巨劳动，写成了这部作品。"而这本鸿篇巨制所描述的正是亚历山大一世当政时期所发生的故事。

亚历山大一世据说是位聪明敏感、受人爱戴、讨人喜欢同时也复杂多变、难以琢磨的人。作为一个有实权有实力有声望有思想的皇帝，他在位的二十多年里，据当时的俄罗斯贵族议论说："我们同拿破仑时而讲和，时而争吵，我们制定宪法，又废除宪法……"纷纷扰扰。虽然打败了不可一世的拿破仑，却是让人家把国家打得稀巴烂后的惨胜，连诱敌深入这样的好解释托尔斯泰也很不认同，他认为最后的胜利是各种不可知因素组合而成的，其中肯定有拿破仑的自大愚蠢，但却没有多少可以归功于亚历山大一世的深谋远虑。

亚历山大一世治下，广袤的俄罗斯帝国有一群富裕得打场猎都能动用到三百多只猎狗的贵族，更有一大群随时可以变身为军人的农奴，由他们组合成的军队可以欢天喜地地把打仗当成嘉年华，号称俄罗斯的军人喜欢打仗到要强摁着才不会冲得太快，只要皇帝一声令下就能毫不犹豫地远征欧洲充当欧洲宪兵。这样一支军队也可以在一句"我们完了"的天真无邪的叹息声中瞬间溃败，四散奔逃，连亲临战场的皇帝也挡不住。

那些由欧洲文化教养长大，多半都游历过欧洲，有些更在欧洲长居过的贵族们虽然时时和法国打仗，却还是满口的法语，连俄文都不大会写，其中有些深谋远虑的贵族们并没有因为打败了拿破仑而看低法国，反而时时讨论如何进行政治改革以便赶上当时由法国引领的时代潮流，当然反对改革的贵族们也势力强大。在这些意见两极的贵族和众多外国顾问包围下的皇帝犹豫摇摆，断了又悔，悔了又断。

1825 年夏天，四十七岁的亚历山大一世又一次受到年轻贵族们要求改革的逼迫，烦心之下离开首都去度假，于当年 11 月 17 日在度假地无预警地死亡。皇帝没有后代，位置应该传给弟弟，但是大弟弟住在欧洲很多年，过得很自在，不肯回国当皇帝，二弟弟是个乡下地主，也并没有想继位的打算，两个弟弟推来推去，俄罗斯大帝国竟然有二十五天的时间出现了权力真空。更有一个非常离奇的传言说，其实亚历山大一世当时并没有死亡，而是隐逸了。

三个兄弟都觉得皇权是负担并不贪恋，而青年贵族们要求立宪的改革呼声却很大，这不正是好时机吗？但事情却非常诡异地朝另一个方向突变了。1825 年 12 月 14 日，三弟勉强继位成为尼古拉一世的当天，却同时受到青年贵族军官们的包围要求就此改革，一天之间青年贵族军官们在强势进攻和等待新皇主动让步间数次摇摆，而新皇也在退位或怀柔或者是镇压等几种决策中犹豫不决，最后新皇竟然选择了最极端的方式，调来骑兵和炮兵镇压，当天就杀死一千多人，后来更是对参加这次事件的贵族青年们判刑流放。

史称十二月党人的这批年轻贵族和后来很多追随他们去流放地服刑的

他们的贵族太太女友们虽然遭遇到人生最沉重的打击，却被后人视为俄罗斯的良心而被永远怀念，他们人性的无私美好，对理想的执着追求和爱情的浪漫坚贞，以及他们的人生从天堂到地狱的离奇波折都被反复书写，吟唱至今。而后人因为对十二月党人有太多的同情太多的喜爱，也忽略了对这次政治事件的理性检讨，不忍也不愿意谈起他们在可以谈判的时候使用了兵谏这个很难控制的手段，而射杀新皇派出的谈判代表无疑也是把事件推向极端结局的重要原因之一。

尼古拉一世的时代从血腥中开始了第一天，和哥哥一样犹豫的他和贵族间的隔阂始终难以消除，一直靠征战找存在感。虽然多有胜利，同时也引来了英法联军，终于在克里米亚战争惨败前的困境中死亡，传位给史称亚历山大二世的儿子。

亚历山大二世从一个因为镇压贵族因为好战更因为战败而备受批评的父亲手里接下了统治俄罗斯大帝国的权利，他在位时间长达六十三年。托尔斯泰正是在他的年代里书写了《战争与和平》这本描写五十年前亚历山大一世时代故事的书。

一个伟大的作家一定是对人生有深刻认识的人，他一定知道人的生命有限，可以写作的时间更有限，而写作又需要那么多的条件来配合，简直可以说是机不可失时不再来。虽然好作家写什么都行，但最好的作家一定会慎重地选择他的写作对象，他所描述故事发生的时间和地点，以及他要通过这本书说明什么问题，或者说他希望通过写作这本书理清什么思路搞清楚什么问题。

托尔斯泰为什么会选择描写那个时间段的故事呢？是什么吸引他花费那么多宝贵的时间和精力来了解那段对他来说已经逝去的时代里发生的故事呢？因为历史又到了一个重要的转折点。这个时候的皇帝和贵族知识分子们再一次开始探讨社会制度改革的必要性和可能性，托尔斯泰的这本了不起的书不但故事精彩，人物鲜明，也充满了人性的探讨和政治的思虑，还有就是宗教的情怀。托尔斯泰并不是一个想教育读者的作家，他是个带着读者和他一起思考一起迷茫的人。有结论吗？历史没有结论，他就没有结论。

亚历山大二世虽然顶住了贵族的压力，制定法律解放了农奴，但并没有为这些理论上获得了自由的农奴们找到更好的出路，他们中多半变身为雇农和变身为地主的贵族保持了和前代大致相同的依附关系，有的利用自由的身份发家致富或者读书上进进入中产阶级，但也有一部分农奴虽然获得了人身自由却并没有找到安身立命的路，成为流民，造成了社会不安定。希望和皇帝达成共识的十二月党人当年的失败也促使改良派变身为革命派，激进的地下革命党多次试图刺杀皇帝。1881 年 3 月 13 日，亚历山大二世这个俄罗斯帝国最后一个有作为的皇帝终于遇刺身亡。

以军事立国的俄罗斯大帝国虽然还在持续扩充实力，越来越强大，但王朝的灭亡却已经无可避免，亚历山大二世以后的最后两代沙皇都已经无力回天，他的儿子亚历山大三世因为害怕暗杀连首都都不敢住，和前代的几位沙皇一样再一次地在自由和保守间摇摆，却在政治上几乎没有什么作为，在任十三年后病逝，传位给儿子尼古拉二世。

最后的沙皇尼古拉二世继承的是一个很不平衡的大帝国，国土辽阔国力雄厚却危机四伏矛盾重重，这个依然掌握着独裁大权的皇帝却如中了邪般地沉迷宗教，让宗教骗子牵着鼻子走，把皇家一直不肯放手的权力轻易地就交了一大半给一个愚昧的文盲，完全丧失判断力，让皇室成了一个笑话。

1917 年 2 月爆发的大罢工受到军队支持，3 月 2 日尼古拉二世终于宣布退位。随后成立的临时政府虽然许诺安置皇室却无法兑现，临时政府这个时候其实也自身难保，当时各派势力此消彼长，退位后的皇室被辗转迁移。1918 年 7 月 16 日，已经退位一年多的沙皇夫妇及五个孩子被枪杀，最小的儿子被杀时还只有十四岁。这时距离托尔斯泰所描写的亚历山大一世时期一百年左右，距离写作《战争与和平》的时间五十年左右，距离亚历山大二世被刺身亡不到四十年，是一个很悲惨的故事。

3

再讲一个短一点的故事。今年夏天在德国小城不来梅待了几天，这个富裕的德国城市小巧精致，妙趣横生，步行就可以很轻松地绕城而游了。在城里吃吃喝喝晃了几天后终于决定到位于旅馆斜对面的游客中心探一探看还有什么好玩的。游客中心告诉我他们每天都有市区步行游项目，可惜大部分导游都只会说德语，只有正午时分有一趟是由英文导游带领的，于是我们报了这个项目，顶着正午的大太阳和几个美国家庭一起再游一次我们已经游走了好几天的不来梅。

我觉得自己是个幸运的人，在大家对导游的一片讨伐声中还能不时地遇到极好的导游就是运气之一。今天的这个导游是一个中年男子，不修边幅，斜挎着一个书包，有点像大学里的教授，走路跌跌撞撞，说话结结巴巴，但一口德国腔英文语速飞快，急急忙忙生怕讲漏了什么，竟然又是一个特爱讲话的人，不来梅的地理历史建筑人物滔滔不绝张口就来，尤其喜欢强调不来梅的地方特色。

不来梅的地方特色是什么呢？这疙瘩的人和整体德国人比较起来显得特别灵活，爱吃爱玩，笑口常开，会做生意，还有就是他们敢于也喜欢开宗教的玩笑，同时也喜欢拿一切正儿八经的事情开玩笑，更经常拿他们自己开玩笑。是一群生活富裕讲究，号称喜欢做懒人，长得人高马大但多少有点玩世不恭的人们。

不来梅最早的宏伟建筑和欧洲的大部分城市一样是教堂，政教合一的早年间，教堂是宗教场所，也是政府部门，更是司法单位，同时还兼任着税务局的工作。不来梅是沿河修筑的一个商业城市，商人们对教堂的众多权力中，最感不满最想夺过来的就是税务局的工作。当年的老百姓也有意思，他们比较认同豪华富贵的建筑，认为要缴税就必须到这样的建筑里去交才合适，如是商会就和教会别苗头，在教堂的对面建起更富丽堂皇的商会大楼，终于把一部分税务局的工作夺过来了。

光是懂得大众心理学是不够的，商会的头头脑脑们也早就懂得了权力就是义务，收了税就要做服务工作的道理，他们开始监督商人们的商业道德，把司法部门的一部分工作也接过来了。怎么监督管理呢？话说天下乌鸦一般黑，无商不奸，当年的集市里也常有商人缺斤少两，如是导游就带领我们去看商会抓到奸商抽鞭子打屁股的地方，就在市场旁边行使司法权力，人家也早就懂得了杀一儆百的道理。

如何抓到奸商呢？商会的头头脑脑们也是商人出身很会打算盘，知道养一只城管队伍太麻烦太费钱，还不如让顾客自己监督商家，如是他们在市场中心立了一个人形碑，刻上尺度，顾客买了东西后可以自己到这里来复核，尺度不够的就到商会去告状，商会再过来执法，省时省力还管用。商人就是会算计，这么简单的复核标示他们也不放过，就势建成了一个人形雕塑，据说那身形壮实面目模糊的人就代表不来梅人，连城市的宣传工作顺便也做掉了。

导游得意扬扬地宣讲不来梅人的聪明史，谁知遇到了死板认真的美国人。游客中有一家人带着一个长得很结实的男孩子，看起来像是个高中生，他认真仔细地围绕着雕像转了一圈，指着雕像底部的文字问道：这写的是什么？导游答说：上面写的是不来梅是一个独立城邦的意思。这富裕的不来梅人也太精了吧，依靠帝国脱离了教会的辖制以后，又从帝国中分割了出来。独立城邦的意思就是不要向帝国缴税啦。

接下来的对话，导游事后可能会后悔自己话太多，言多必失，解释起来费周章。他交代完独立城邦的意思后又补充道：碑上这句话其实是假的，不来梅从来没有得到过帝国的独立许可，就自说自话地刻下了这句话，只是当时的帝国太官僚，没有人来查证罢了。听到这个补充那美国男孩吓了一跳，大声惊呼道：这么大的事情怎么可以撒谎呢？！导游斜着眼睛瞥了一眼那男孩耸耸肩说："就很短的时间里撒了个小谎不算什么。"然后带着我们快步离开那个越解释越麻烦的雕像朝下一个景点走去，走着走着又忍不住多话了："两百多年的时间在历史长河里只能算是一小段时间啦"……什么？原来不来梅人欺骗帝国竟然长达两百多年啊？！

这导游果真是个妙人，同时他也是一个以自己所居住的城市为荣耀的人。

4

虽然一直以来都有人鼓励我写作，自己也动心过好几次，但真正开始动笔的契机却是因为八年前回中国探亲时候的一个玩笑引起来的。第二天朋友们特意到我住的地方来听故事，一时间跳到我脑子里的故事是祖父周立波当年和周扬他们几个年轻人在上海闯荡的故事。这故事祖父当年和我住在五七干校的时候常讲，人物有趣，细节繁多，他讲得开心，我听得高兴，情急之中这些故事这些人物这些细节自然而然地回到了我的脑海。朋友们听得很开心，有人更比着手势说，这故事就像一飞冲天似的让人兴奋，于是他们建议我不如把故事写下来。

因为是我的信口开河吹牛引起的故事会，所以也不便马上拒绝，当时口里虽然含糊应了，心里却在想明天一回美国就会忙得脚不点地，哪里还有时间写故事呢？时过境迁马上就会被我丢到脑后啦。这种事情以前也发生过，后来朋友们还抱怨说讲好了要写的后来就没有消息了，所以这次也多少有些后悔不该乱说话再次引来麻烦。

第二天早上一阵子手忙脚乱后上了飞机，安静下来后突然思绪如潮……遥想公瑾当年，青春勃发，意气昂扬，端的是引人悠然神往啊。十几个小时的飞机我从来睡不着觉，正好把立波他们年轻时候的故事细细想起，写作冲动澎湃不可抑止，说干就干，下了飞机就去找中文软件开始学习打中文。

学习打字的进度如蜗牛般缓慢让人泄气，而故事在我脑子里波涛汹涌，急急忙忙要跑出来挡也挡不住，于是有一天拿着一个空白本子跑到公司附近的一个星巴克决定先用笔写写看。

来来来，万事从头来，先从益阳乡下祖宗们的故事讲起吧。也许益阳是个奇特的地方，也许我的祖宗们是一帮妙人，也许这些故事在我的脑海里盘旋数日终于能够蓬勃而出欢天喜地，第一天的写作如有神助，当天就完成了"美丽的益阳"一章。下笔如飞，写得自己都忍不住嘻嘻笑，惹得星巴克喝咖啡的人们不时偷瞄我这个在本子上不停地鬼画符自得其乐的人到底是怎么了？旁边座位上的那位男士还往我的本子上盯了好几眼。

写作的开端是如此的欢乐，如此地一泻千里当然停不下来，写了几个章节后打字的功夫也慢慢可以跟上我的思绪，写作终于进入正规了。但却渐渐发现这故事不简单，要做的功课那么多，遇到的问题更是越来越复杂，如一团乱麻般纠缠在一起理也理不清。

有时候真的很痛恨自己这种做事较真的脾气，原来预备欢欢喜喜花上几个月时间写一个好玩的故事，加上学会打字这个副产品，从此可以用中文和朋友在网上哈拉，有百利而无一害的一件小事儿竟然被我生发成费时七八年，长达五十几万字的两本书，世界上哪里去找我这样会自讨苦吃的大傻瓜？

女儿常常批评老公和我平日里太喜欢啦啦啦，简单快乐到不问世事。是啊，我们夫妇二人都喜欢化繁为简的生活，有机会就要嘻嘻哈哈一番，却想不到因为写作而认真了起来。仔细回望过去审视自身，心底里竟然有那么多的悲伤那么多的烦恼那么多的憋闷。本来这些悲伤烦恼憋闷已经埋葬在内心深处，安安静静地从来不出来多事，如今何苦要再去招惹它们？

最后一段的写作尤其艰难，好几次写得血压飙高不得不停下来休息，就算已经写到最后两个章节了也曾经想到过要放弃，和家人商量说要不打个电话给编辑说写不下去了，以后再说吧……我喜欢那个生活简单做事明快的我，喜欢那个懒懒散散憨憨厚厚是个有福气的中年胖太太的我，也喜欢那个忘记年龄跳舞跳到大汗淋漓的我，却不喜欢写到心里纠成一团泪流满面的我，更不喜欢深陷历史的泥沼不能自拔的我……

当然写作这件事和世界上大部分事情一样有多少艰难就有多少的益处，说实话通过这几年的写作，我学会了很多东西，懂得了很多道理。懂得了把伤痛深埋只是把麻烦滞后并没有解决问题，懂得了隐藏的伤口就像不定时炸弹一样有可能在最不愿意它露面的时候爆出来导致不可收拾，懂得了选在思想最成熟身体最健康最有力量的时候解决麻烦消灭困难是明智的。

懂得了强就是弱，弱就是强，懂得了向前看，更懂得了放下和宽容。当然也懂得了宽容的前提是加害者已经诚心悔悟，并已经给出了物质和精神的赔偿，也有了永不再犯的决心。懂得了如果在加害方并无悔意的时候就高喊原谅，那不叫宽容那叫懦弱或者叫好歹不分。更懂得了珍惜可爱善良人们的好意和恩情，明白了在真善美的环境里人们更容易显现明亮理智的一面，反之亦然。明白了前因导致了后果，历史的发展有其偶然，更有必然……也就是说，我比没有写作前要成熟了不少，如果有人读《人间事都付与流风》《梦思故国静听箫》这两本书得到了一些益处的话，得到最大益处的那个人肯定就是我。

江山故宅空文藻，云雨荒台岂梦思。经历过痛彻心扉的写作过程的我，如果还有兴趣和机缘再写的话，希望能够回到开始写作时的初衷，写下充满生命力的欢乐故事！

2014 年 12 月 18 日于美国加州圣荷西